THEODOR FONTANE
DAS ERZÄHLERISCHE WERK

19

THEODOR FONTANE

GROSSE
BRANDENBURGER AUSGABE

Herausgegeben von
Gotthard Erler

DAS ERZÄHLERISCHE
WERK

Herausgegeben in Zusammenarbeit
mit dem Theodor-Fontane-Archiv

Editorische Betreuung
Christine Hehle

THEODOR FONTANE

VON VOR UND NACH DER REISE

Plaudereien und kleine Geschichten

Herausgegeben
von
Walter Hettche und Gabriele Radecke

AUFBAU-VERLAG

Mit 2 Faksimiles

Modernes Reisen.

Eine Plauderei.
(1873.)

Zu den Eigentümlichkeiten unserer Zeit gehört das Massenreisen. Sonst reisten bevorzugte Individuen, jetzt reist jeder und jede. Kanzlistenfrauen besuchen einen klimatischen Kurort am Fuße des Kyffhäuser, behäbige Budiker werden in einem Lehnstuhl die Koppe hinaufgetragen, und Mitglieder einer kleinstädtischen Schützengilde lesen bewundernd im Schlosse zu Reinhardsbrunn, daß Herzog Ernst in fünfundzwanzig Jahren 50,157 Stück Wild getötet habe. Sie notieren sich die imposante Zahl ins Taschenbuch und freuen sich auf den Tag, wo sie in Muße werden ausrechnen können, wie viel Stück auf den Tag kommen.

Alle Welt reist. So gewiß in alten Tagen eine Wetter-Unterhaltung war, so gewiß ist jetzt eine Reise-Unterhaltung. »Wo waren Sie in diesem Sommer,« heißt es von Oktober bis Weihnachten; »wohin werden Sie sich im nächsten Sommer wenden?« heißt es von Weihnachten bis Ostern; viele Menschen betrachten elf Monate des Jahres nur als eine Vorbereitung auf den zwölften, nur als die Leiter, die auf die Höhe des Daseins führt. *Um* dieses Zwölftels willen wird gelebt, *für* dieses Zwölftel wird gedacht und gedarbt; die Wohnung wird immer enger und die Herrschaft des Schlafsofas immer souveräner, aber »der Juli bringt es wieder ein«. Ein staubgrauer Reise-Anzug schwebt vor der angenehm erregten Phantasie der Tochter, während die Mutter dem verlegenen Oberhaupt der Familie zuflüstert: »Vergiß nicht, daß Du mir immer noch die Hochzeitsreise schuldest.« So hofft es und heißt es in vielen tausend Familien. Wie sich die Kinder auf den Christbaum freuen, so freuen sich die Erwachsenen auf Mittsommerzeit; die Anzeigen der Saisonbillets werden begieriger gesucht als die Weihnachts-Annoncen; elf Monate *muß* man leben, den zwölften *will* man leben. Jede Prosa-Existenz sehnt sich danach, alljährlich einmal in poetischer Blüte zu stehen.

Die Mode und die Eitelkeit haben ihren starken Anteil an dieser Erscheinung, aber in den weitaus meisten Fällen liegt ein *Bedürfnis* vor. Was der Schlaf im engen Kreise der 24 Stunden ist, das ist das Reisen in dem weiten Kreise der 365 Tage. Der moderne Mensch, angestrengter wie er wird, bedarf auch größerer Erholung. *Findet er sie?* Findet er das erhoffte Glück?

Ja und nein, je nachdem wir das eine oder andere unter reisen verstehen. Heißt reisen »einen Sommer*aufenthalt* nehmen,« so ist das Glück nicht nur möglich, sondern bei leidlich normaler Charakterbeschaffenheit sogar wahrscheinlich; heißt reisen aber »dauernde Fortbewegung«, will sagen beständiger Wechsel von Eisenbahnen und Hotels, woran sich Bergerkletterungen und ähnliches blos anschließen, so muß man es gut treffen oder sehr bescheiden und sehr geduldig sein, um von seiner Reise *das* zu haben, was man wünscht: Freude, Glück.

In der That, es dreht sich alles um den Gegensatz von *Sommerfrischler* und Sommer*reisenden*.

Betrachten wir zunächst den Sommerfrischler, den Repräsentanten der guten Reiseseite.

Der kleine Beamte, der Oberlehrer, der Stadtrichter, der Archidiakonus, die sich in ein eben entdecktes Dünendorf begeben, wo ihnen gelegentlich die Aufgabe zufällt, den allerursprünglichsten Strandhafer abzuwohnen, diese alle können, wenn sie mit Sack und Pack und ausgerüstet wie eine Auswandererfamilie in ihrer Fischerhütte einziehn, unter Segeltuch und ausgespannten Netzen ein höchst glückliches Dasein führen. Sie werden, eh die Biederherzigkeit der alten Teerjacke, die erfahrungsmäßig höchstens drei Sommer aushält, in Gewinnsucht untergeht, für ein Billiges leben und die unvermeidlichen Ausgaben der eigentlichen Reise, der Locomotion als solcher, durch andauernden Blaubeeren- und Flundergenuß wieder balancieren können; die Kinder werden primitive Hafenanlagen im Sande machen, und die erwachsenen Töchter Muscheln und Bernstein suchen; unsagbar alte Garderobenstücke werden aufgetragen, Reminiscenzen an Cooper und Marryat neu belebt, vor allem auch Abmachungen auf Lieferung von Spickaal und Sprotten getroffen werden. Im ganzen wird man dankbar und wohlbefriedigt in die Heimat zurückkehren, gefestigt in allem Guten und gewachsen in der Kraft, die uns jede intimere Berührung mit der Natur zu geben pflegt. Nur vereinzelt unangenehme Eindrücke und Erfahrungen werden den Frieden einer solchen Sommerfrische gestört haben und der endliche Reiseüberschlag wird ergeben, daß man sich diese Erholung ohne nachträgliche Gewissensbisse wohl gönnen durfte. »Die Extrafahrt nach Putbus war zwar teuer, aber bedenken wir auch, es ist eine Erinnerung fürs Leben.«

So oder ähnlich wird es vieler Orten heißen und wenn ich Umschau halte, will es mir erscheinen, daß sich solche, in der Bescheidenheit ihrer Ansprüche Befriedigten immer noch zu Tausenden finden müssen, nicht blos an der Ostseeküste hin, auch in Schlesien, am Oberharz, und in den Thälern und Bergkesseln des Thüringer Waldes. Aber *alle* freilich, wie ich wiederholen muß, werden dieses ungetrübten Glückes nur teilhaftig geworden sein, wenn sie während ihrer Reisezeit sich damit begnügten, in gewissem Sinne zu den *Halb*-Nomaden zu zählen, mit anderen Worten, wenn sie vier Wochen lang auf ein und derselben Gebirgs- oder Strand-Oase aushielten.

So viel über den Sommer-*Frischler*, einen »Glücklichen.«

Aber sehr anders, wie schon angedeutet, liegt es bei dem Sommer-*Reisenden*, der, wenn nicht beständig, so doch vielfach unterwegs, immer in der Gefahr schwebt, seine Lagerstätte wechseln zu müssen. Es ist nicht zu leugnen, das Glück des mehr oder weniger seßhaften »Frischlers« ist für den eigentlichen Reisenden, für den Tag um Tag seine Weideplätze wechselnden Voll-Nomaden nicht da. Keine wirkliche Wüstenfahrt, was sonst immer ihre Schrecken sein mögen, kann verdrießlicher und räuber-umschwärmter sein. Auch in Sachen der Fata Morgana hat der eigentliche Tourist zu leiden, wie nur je ein Wüstenfahrer. Immer neue Hotel-Schlösser tauchen verheißungsvoll am Horizonte vor ihm auf, aber der Moment der Erreichung ist auch jedesmal ein Moment der Enttäuschung für ihn. Er findet Kühle, nicht Kühlung.

Ist das alles ein Unvermeidliches?

Nein. Nichts davon, daß man es nicht anders gewollt, daß man ja das Recht gehabt habe ruhig zu Hause zu bleiben, und daß jeder, der sich leichtsinnig in Gefahr begäbe, nicht erstaunt sein dürfe, darin umzukommen. Dies alles ist nicht nur falsch, es ist auch hart und grausam, denn die Reise-Benötigung, die bestritten werden soll, ist wirklich da. So gewiß für den Durstverschmachteten ein Zwang da ist zu trinken, so gewiß ist auch für den staub- und arbeitsvertrockneten Residenzler ein Zwang da nach einem Trunke frischer Luft, und wer ihm diesen Trunk verbittert und verteuert, der thut viel Schlimmeres als die Brauwirte, die dem Volke das Bier verteuern. Und doch geschieht es. Ja die traurige Erscheinung tritt ein, daß mit dem Wachsen des Bedürfnisses auch die Unmöglichkeit wächst, dieses Bedürfnis zu befriedigen. Der vorhandene Notstand, statt die Frage anzuregen: wie heben wir ihn? regt nur die Frage an: *wie beuten wir ihn aus*! Der Reisedrang, je allgemeiner er geworden ist, hat nicht Willfährigkeit und Entgegenkommen, sondern das Gegenteil davon erzeugt. Vielfach reine Wegelagerei. *Wirte*, *Mietskutscher* und *Führer* überbieten sich in Gewinnsucht und Rücksichtslosigkeit, und wer – im Gegensatz zu den vorgeschilderten, relativ seßhaften Reisenden – sein Reiseglück auf *diese* drei Karten gestellt hat, der wird freilich wohl thun, mit niedrigsten Erwartungen in die Situation einzutreten.

War es immer so? Mit nichten. Wie ganz anders erwiesen sich die Wirte vergangener Tage! Nur noch Einzel-Exemplare kommen vor, an denen sich die Tugenden eines ausgestorbenen Geschlechts studieren lassen. Wer sie voll erkennen will, der lese die englischen Romane des vorigen Jahrhunderts. Auch noch in W. Scott finden sich solche Gestalten. Es gab nichts Liebenswürdigeres als solchen englischen Landlord, der in heiterer Würde seine Gäste auf dem Vorflur begrüßte und mit der Miene eines fürstlichen Menschenfreundes seine Weisungen gab. Er vertrat jeden Augenblick die Ehre seines Standes. Er war nicht dazu da, um in den drei Reisemonaten reich zu werden, still und allmählich sah er sein Vermögen wachsen und gab dem Sohne ein Eigentum, das er selbst einst vom Vater empfangen hatte. Er waltete seines Amts aus gutem Herzen und guter Gewohnheit. Er war wie ein Patriarch; sein Gasthaus eine Zufluchtsstätte, ein Hospiz.

Auch in Deutschland gab es solche Gestalten, wenn auch vereinzelter, und ich entsinne mich selbst noch, wenn ich Ende der zwanziger Jahre die damals viertägige Reise von der pommerschen Küste bis in meine Ruppinsche Heimat machte, an solchen Wirtstafeln, namentlich in den mecklenburgischen Städten, gesessen zu haben. Eine geräuschlose Feierlichkeit herrschte vor, der Wirt gab nur den Anstoß zur Unterhaltung, dann schwieg er und belauschte klugen Auges die Wünsche jedes Einzelnen. Kam dann die Abreise, so mußten seine verbindlichen Formen den Glauben erwecken, man habe seinem Hause eine besondere Ehre erwiesen. Damals war jede Mittagsrast ein Vergnügen, jedes Nachtlager ein wohlthuendes, von einer gewissen Poesie getragenes Ereignis. Ich denke noch mit Freuden an diese Ideal- und Idyllzeit des Reisens zurück.

Wie sind jetzt die Hotel-Erlebnisse des kleinen Reisenden! Ich antworte mit einer Schilderung, bei der ich (vielleicht leider) Persönliches in den Vordergrund treten lasse. Persönliches und mit ihm das bis hierher nach Möglichkeit zurückgehaltene Ich.

Der Zug hält. Es ist sieben Uhr abends. Jenseits des Schienenstranges steht die übliche Wagenburg von Omnibussen, Kremsern und Fiakern; Hotelkommissionäre, Fremdenführer, Kutscher machen die bekannte Sturmattacke, allen vorauf ein zehnjähriger Junge, der sich mit unheimlicher Geschicklichkeit der kleinen Reisetasche zu bemächtigen trachtet. Alles wird siegreich von mir abgeschlagen, aber nicht zu meinem Heil. Es empfiehlt sich nicht, zu Fuß zu kommen und die bekannten Fragen zu stellen. Ein mittel-eleganter Oberkellner ritt, als ich in das Hotel eintrat, bereits auf seinem Drehschemel. »Kann ich ein Zimmer haben?« »Ich werde fragen.« Er frug aber nicht, schritt vielmehr gleich danach mit dem bekannten Silberblechleuchter die Treppe hinauf, mich der Mitteilung würdigend, »daß No. 7 soeben frei geworden sei.« Diese Mitteilung schien sich bestätigen zu sollen, denn beim Eintritt in die besagte Nummer fanden wir eine Magd bei dem herkömmlichen, in drei Akten: ausgießen, eingießen und überziehen sich vollziehenden Zimmer-Reinigungsprozeß vor. Ich war nicht begierig, Zeuge dieser Einzelheiten zu sein und zog mich deshalb lieber in den parterregelegenen Speisesaal zurück, um hier bei Beefsteak, Kulmbacher und den »Fliegenden Blättern«, nicht gerade Mitternacht, aber doch die zehnte Stunde heranzuwachen. Endlich war sie da; noch ein Sodawasser mit Cognac, und ich stieg wieder in meine nach dem Hof zu gelegene Stube hinauf, an deren niedriger Decke sich ein überklebter Balken hinzog. Oben angekommen, war mein Erstes eins der beiden Fenster zu öffnen, da mich die eigentümliche Stubenatmosphäre mehr und mehr zu bedrücken begann. Es schien auch zu helfen. Und nun schob ich mich, müde wie ich war, unter das Betttuch.

Ich mochte eine Viertelstunde geschlafen haben, als das Hinausfliegen mehrerer Stiefelpaare auf den Corridor und das Angespanntwerden eines Hotel-Omnibus (gleich nach 1 Uhr kam ein neuer Zug) mich aus tiefem Schlafe weckte. Zugleich empfand ich einen dumpfen Kopfschmerz, über dessen Ursache ich nicht lange in Zweifel bleiben sollte. Die »frische Nachtluft«, die ich, um der stickigen Stubenatmosphäre willen, einzulassen bemüht gewesen war, stieg leider nicht aus Himmelshöhen zu mir nieder, sondern aus Hofestiefen zu mir herauf und war ein Brodem, wie ihn jeder aus Erfahrung kennt, der, um etliche Jahrzehnte zurück, noch im *alten* Münchener Hofbräu seinen Krug getrunken hat. Nur hatt' ich hier die höhere Potenz.

Und an dieser Stelle mag ein kleiner Excurs gestattet sein! Daheim an den Ufern unserer guten Spree gehört es zum guten Ton, über unsere Berliner Luft zu skandalisieren, und es soll unbestritten bleiben, sie könnte besser sein. Aber was will die durchschnittliche Berliner Hausatmosphäre im Vergleich zu dem Dunstkreise sagen, der in den meisten Hotels und Nicht-Hotels Sachsen-Thüringens heimisch ist. Die Berliner Luft, auch wo sie am schlimmsten auftritt, ist ein Parvenu wie die Stadt selbst, jung, ohne Geschichte, ohne infernale Vertiefung. So schlecht sie sein mag, sie ist einfach, unkompliziert, so zu sagen frisch von der Quelle weg. Wie anders dagegen die Hausatmosphäre in den Früh-Kulturgegenden Mitteldeutschlands! Altehrwürdig tritt sie auf und man kann ohne Uebertreibung sagen: die Jahrhunderte haben an ihr gebraut. Sie ist *geworden*, vor allem sie ist undefinierbar, und wie man vom Kölnischen Wasser gesagt hat, das Geheimnis seiner Schöne läge in der *Lagerung*, so daß schließlich die Mannigfaltigkeit in einer höheren Einheit unterginge, so auch *hier*. Nur haben wir hier den Revers der Medaille.

Was aus Hofestiefen in mein Zimmer einströmte, gewann mehr und mehr an Gehalt, so daß ich als nächstes Rettungsmittel das Fenster schloß. Aber die Geister, die ich gerufen hatte, waren so schnell nicht wieder zu bannen. Sie waren *mit* mir, *um* mich und schienen wenig geneigt, sich so ohne weiteres austilgen zu lassen. Alle kleineren Mittel scheiterten; da kam mir der Gedanke, den Teufel durch Beelzebub auszutreiben. Ich steckte die »Bougies« an, ließ diese brennen, bis sich eine Schnuppe gebildet hatte und blies sie dann aus. Nachdem ich dies Verfahren dreimal wiederholt hatte, hatte ich eine Art grönländische Hüttenatmosphäre hergestellt, in deren Rauch und Qualm die »Frische der Nachtluft« endlich glücklich unterging.

Der nächste Morgen sah mich ziemlich spät an der Frühstückstafel. Der Wirt stand abwechselnd hinter und neben meinem Stuhl, was ich anfänglich geneigt war, als eine Auszeichnung anzusehen, bis ich gewahr wurde, daß die wirklichen Gegenstände seiner Aufmerksamkeit mir gegenüber saßen: eine kinder- und kofferreiche Familie, die den Abend vorher und beinah gleichzeitig mit mir eingetroffen war. Der Koffer, zumal der im Plural auftretende, giebt den Ausschlag und der mitteldeutsche mittlere Hotelwirt (in den besseren Häusern ist es besser) bemißt nach ihm das Maß seiner Gnaden, ohne sich auf irgend ein anderes Kriterium einzulassen. Und wie der Herr, so die Diener. Nur im Moment der Zahlung rücken die Kleinen sofort in die Rechte der Großen ein und während bis dahin alles was ihnen geleistet wurde, auf der Höhe eines Maulwurfshügels stand, tritt jetzt die Rechnungsforderung wie ein Finsteraarhorn an sie heran. Und in diesem Vergleich ist der ganze, auf die Dauer unerträgbare Zustand gekennzeichnet! Was in allem waltet, ist ein kolossales *Mißverhältnis*; weder der Ton, der herrscht, noch der Wert dessen, was geboten wird, entspricht dem Preise, der gezahlt werden soll. Ueber den einzelnen Fall wär' es unschwer hinwegzukommen, aber die Fülle der Einzelfälle erzeugt schließlich einen Groll, der fast mehr noch in der Unbill, der man sich ausgesetzt fühlt, als in den direkten Einbußen seine Wurzel hat. Ein Gefühl von Ungehörigkeit, und zwar nicht bloß in Geldsachen, begleitet den Reisenden von Stunde zu Stunde und bringt ihn recht eigentlich um den Zweck seiner und jeder Reise, um die Glättung und Ruhigmachung seines Gemüts. Er will den Vibrierungen entfliehen und zittert häufiger als daheim. Aerger hängt sich an Aerger, und der nach nervenstillendem Ozon verlangende Körper findet jene vorbeschriebene »frische Nachtluft«, die ihn bis an den Rand des Typhus bringt. Die Prätensionen und die Preise richten sich wo möglich nach dem Clarendon-Hotel in London, während doch der alte Herbergs-Charakter immer noch umgeht und sich wie Banquo, die Gäste schreckend, mit zu Tische setzt.

Auf die eine oder andere Weise muß hier Wandel geschafft, müssen die *Leistungen höher* oder die *Preise niedriger* werden. Das letztere wäre das bessere und ein wahrer Segen. Weg mit dem abgetretenen, lächerlichen Teppichfetzen, weg mit der tabaksverqualmten Goldtapete, weg mit dem schäbigen Plüschsofa und der türkisch geblümten Steppdecke, deren bunte Dunkelfarbe jede Möglichkeit zuläßt, vor allem weg mit dem großen Reise-Tyrannen, dem *Table d'hôte's-Unsinn*, weg mit den sieben Gängen, die bis zum letzten Bissen nichts repräsentieren als einen Wettlauf zwischen Hungrigbleiben und Langerweile. Denn wer wäre je an Leib gesättigt und an Seele erfrischt von diesem Zwei-Stunden-Martyrium aufgestanden! Statt dieses elenden Plunders eine gut ventilierte Stube, ein Stuhl und ein Tisch, eine Matratze und eine wollene Zudecke; vor allem die Freiheit, essen zu können *was* man will und *wann* man will. Die Herren Wirte sind des Publikums willen da, nicht das Publikum der Wirte willen. Aber überall verkehrt sich der natürliche Lauf der Dinge und gegen die Verkehrtheit ankämpfende Gemeinplätze werden wieder zu Weisheitsregeln.

Nach der Sommerfrische.

(1880.)

»Wir sind nun also wieder da, Eveline,« sagte der Hofrat Gottgetreu zu seiner Frau, denselben Abend noch, wo beide, nach einem sechswöchentlichen Aufenthalt in Ilmenau, wieder in die Residenz zurückgekehrt waren.

»Wir sind nun also wieder da. Und es ist auch *gut*, daß wir wieder da sind, was ich hier aussprechen darf, ohne mich irgend einer Undankbarkeit gegen die schönen Wochen schuldig zu machen, die jetzt hinter uns liegen. Ja, schöne Wochen! Ich war ein andrer Mensch, und nicht ein einziges Mal hab' ich von dem herrlichen Kickelhahn-Kamm in das Waldesmeer und die Waldesruhe niedergeblickt, ohne die Schönheit und Tiefe der dort oben eingerahmten Dichterzeilen an mir selber empfunden zu haben. ›Ueber allen Gipfeln ist Ruh‹. Ach, mehr als das; es war mir immer als ob ich es selber hätte schreiben können. Aber dies mag eine Täuschung sein, und wie mir krankhafter Ehrgeiz überhaupt fremd ist, so noch ganz im besonderen der dichterische. Der meinige, wie Du weißt, hält sich innerhalb vorgesteckter und erreichbarer Grenzen. Und ich hoffe, *daß* ich es erreiche. Freilich, all das liegt noch weit hinaus und ist im übrigen nicht *das*, worüber ich mich heute zu Dir aussprechen möchte. Was mich heute beherrscht und erfüllt, ist ausschließlich ein Gefühl des Dankes und der Freude. Denn, um es zu wiederholen, ich war ein andrer Mensch dort oben, eingehender auf Deine Wünsche, gerechter gegen Deine Vorzüge, vielleicht auch zärtlicher, wenn ich mich dessen rühmen darf.«

Eveline sah vor sich hin.

»Es waren schöne Wochen, und dies Anerkenntnis ist und bleibt unerschüttert. Aber je lebhafter ich dies alles empfinde, je lebhafter empfind' ich auch, wie gut es ist, daß wir wieder da sind. Ich sehne mich nach Arbeit und nach Bethätigung einer erneuten Kraft, einer wiederhergestellten Gesundheit, und wenn es mir eine Freude war, die Feder aus der Hand zu legen, so find' ich es eine noch größere fast, sie wieder aufnehmen und einer intensiven und bedeutenden Gedankenreihe, die mittlerweile höheren Orts für das Ganze gedacht wurde, Form und Ausdruck geben zu können. Und an welcher Stelle geschähe das hingebender, als an der, der ich anzugehören das Glück und den Vorzug habe. Ja, meine Teure, keinem anderen Zweige der Verwaltung möcht' ich angehören; es ist der einzige, darin noch die Traditionen einer alten und besseren Zeit lebendig sind, ebenso der einzige, mein' ich, an dessen Aufsaugung und Einverleibung von seiten des Fürsten noch nicht gedacht worden ist. Und vielleicht auch, daß er an unserem stillen Widerstande scheitern würde.«

Eveline lächelte.

»Wir sind nun also wieder da, und es ist gut, *daß* wir wieder da sind. Aber so gut es ist, und so sehr ich mich dieser Wieder-Einkehr in einen Zustand gewohnter Ordnung und erquicklicher gesellschaftlicher Gliederung freue, *doch* Eveline, dieser Aufenthalt in Gottes freier Natur, dies stündliche Stahlbad, dieser unausgesetzte Heilungsprozeß in Luft und Licht, all' das, mein' ich, darf nicht plötzlich wieder ein Ende haben. Ich will wieder ein bescheidenes Rad sein in der staatlichen Maschine, meinetwegen auch, wie die Malcontenten es ausdrücken, in der Alltags-Mühle des Hergebrachten und immer Wiederkehrenden, aber in meinem häuslichen und privaten Leben, wenn Du mir ein Ausharren in dem eben citierten Bilde gestatten willst, möcht' ich nicht *Rad* in der Mühle, sondern ein in einer ewigen frischen Brise gehender Windmühl-*Flügel* sein. Es ist eben, wie Du längst bemerkt haben wirst, ein unbezähmbares Luft- und Bewegungs-Bedürfnis in diesen letzten Wochen über mich gekommen, und in dieser erfrischenden und mich beglückenden Rotation möcht' ich bleiben, bis die Welle abgelaufen ist.«

»Du willst also, lieber Hermann, wenn ich Dich recht verstehe, den Dauerlauf in Permanenz erklären.«

»Ungefähr das … Und so gestatte mir denn die Specifizierung eines Programms, das ich Deiner Begutachtung und beziehungsweise Deiner Zustimmung unterbreiten möchte. Denn ohne diese geht es nicht. Eine staatliche Reform läßt sich erzwingen, eine Hausreform aber ermöglicht sich nur auf dem Wege friedlicher Kompromisse.«

»So laß mich hören.«

»Ich fange natürlich mit dem Anfang an. Es muß ein Ende haben mit dem ewigen Morgenschlaf und dem Einmummeln und der ganzen Bärenhäuterei. Nichts mehr von 8 ½ oder 9. Um 6 heraus. Und kein Unterschied ob Winter oder Sommer, und ein nasses Laken um, und scharf abgerieben. Und dann eine starke Bewegung, ein energischer Uebungsmarsch.«

»Ohne Frühstück?«

»Ohne Frühstück; ausgenommen ein Glas von unsrem Sprudel. Und dann vorwärts. Und jeder Platz ist gut. Ich denke, wir nehmen Schöneberg, immer an dem Botanischen vorbei, bis Steglitz oder Wilmersdorf. Oder auch den Lehrter Bahnhof. Es muß nur eine freie Stelle sein, an die die Luft heran kann und ein erfrischender Morgenwind. Und wenn es regnet, ich meine wirklich regnet, so haben wir die Halle mit dem Doppel-Perron und sehen wie der Zug abgeht. Ich sehe nichts lieber als das, und ist mir immer, als reist' ich mit jedem einzelnen mit. Und dann zurück, und dann unser Frühstück, das in solchem Momente wieder einen Ernst und eine Bedeutung gewinnt, und jenes Dankesgefühl anregt, das in sich selber einer Andacht nahe kommt. Und auch daran liegt mir. Denn ich hab' es satt, Eveline, so beziehungslos zu dem, was doch schließlich immer das Höchste bleibt, in den Tag hineinzuleben. Ich will Stellung nehmen, und wenn es sein muß (aber selbstverständlich ohne mich vorzudrängen), ein Zeugnis ablegen.«

»Und dann?«

»Und dann ins Bureau, freudig und frisch. Und mit dem Kopfweh, denk ich, soll es vorbei sein. Ein für allemal. Ich bilde mir ein, mich auf Präzisierung eines Gedankens zu verstehn und unter Umständen ein Widerspruchsvolles ins Lichtvolle kleiden zu können; aber es ist doch ein Unterschied, ob man sich am Stabe der Kritik ängstlich zu diesem Lichtpunkte heranfühlt, oder ob es Flügel der Morgenröte sind, auf denen wir, wie vom Geiste getragen, unserm Ziele mühelos entgegeneilen. Ich verspreche mir von dem Leben in und mit der Natur ein leichteres und besseres Arbeiten, und erinnere mich dabei mit Vorliebe jener allbekannten Zusammenhänge zwischen der physischen und geistigen Welt. An der Frage ›gefrühstückt oder nicht‹ haben mehr als einmal Entscheidungsschlachten gehangen, und ich sehe nicht ein, warum nicht an einem geschehenen oder nichtgeschehenen Morgenspaziergang ein mehr oder weniger klares oder unklares Reskriptum hängen soll. Es giebt ein Gedicht, in dem es immer wiederkehrend heißt: ›ich fühle so frisch mich, so jung‹; – in dieser Zeile hast Du meine Situation. Und so gewiß mir die Konservierung eines solchen Zustandes eine heilige Pflicht ist, so gewiß auch seien diese Thüringer Tage gesegnet, die mir den Weg und die Mittel dazu gezeigt haben. In jener ebenmäßigen Anspannung, die das Leben in der Natur mit sich führt, erfrischt sich unsere

Kraft nicht nur, sie steigert sich auch, und Du mußt selbst die Wahrnehmung davon gemacht haben.«

Eveline, die keine Freundin von Reflexionen, aber desto gespannter auf die weiteren Programm-Einzelheiten war, entgegnete lediglich: »Und wie denkst Du Dir unsren Nachmittag?«

»Als eine Kette bescheidener Vergnügungen, wie sie sich für unser Lebensalter und unsere Verhältnisse schicken. Um 3 Uhr nach Haus; um 3 ½ Uhr haben wir abgegessen und nehmen unsren Morgenspaziergang in Gestalt einer kleinen Nachmittagsreise wieder auf.«

»Aber Du bist seit Jahren an eine Nachmittags-Ruhe gewöhnt und wirst müde sein.«

»Ich werde *nicht* müde sein, *weil* ich nicht müde sein will. Es ist zuletzt alles Sache des Willens; *er* allein regiert und in nichts zeigt er sich größer als in der Ertötung des natürlichen Triebes. Wohin ich auch den Schlaf rechne. Nebenher aber bekenn' ich Dir gerne, bei meiner neuen Entschlußfassung auch eine gewisse Lebensbegehrlichkeit mit zu Rate gezogen zu haben. Es wird Dir bekannt sein, daß ein erheblicher Bruchteil aller Schlagflüsse mit dem Nachmittagsschlafe zusammenhängt. Und ist auch das Folgerichtige. Denn es rächt sich jeder Abfall von der Natur und ihrem Gesetz. Die Nacht ist Schlafenszeit und nicht der Tag. Ich entsinne mich einer Stelle bei Shakespeare, wo dieser in einer beträchtlichen Anzahl von Zeilen den Schlaf apostrophiert und den Schiffsjungen beneidet, der im Halbschlummer in den Raaen hängt. Er geht dabei durch alle möglichen und nicht möglichen Situationen und sagt, wie gewöhnlich, unendlich viel Schönes und Großes; aber vom Nachmittagsschlaf sagt er *nichts*. Und warum nicht? Weil der Nachmittagsschlaf ein superfluum ist und ein periculum. Also nichts mehr von ihm. An seine Stelle treten Excursionen und Partieen.«

»Aber wohin?«

»Unter Vermeidung des Tiergartens, in dem der Moder brütet, überall hin, wo Wasser oder Wind ihr Tummelfeld haben. Ich sage Tummelfeld, denn auf das Moment der Bewegung kommt es an. Ein stehendes Wasser ist Tod, ein bewegtes Wasser ist Leben. Also Stralau, Treptow, Eierhäuschen. Am liebsten aber auf die Höhen, ohne Rücksicht ob Tempelhof oder Tivoli. Da hast Du Natur und Freiheit und schaust entweder unter Dir auf das beherrschte Samos hin oder wendest Dich und siehst die Drachen steigen. Und dies ist das schönste. Denn je höher er steigt und je strammer und unsichtbarer die Strippe wird, desto sicherer sind wir eines Lebens- und Atmungsprozesses in einer reineren und allerreinsten Luft. Und Du weißt, wie viel ich dieser Luft verdanke. Sage selbst.«

»Und wie lange bleiben wir auf Tivoli?«

»Bis es dunkelt.«

»Es wird dann zu spät sein, um noch etwas vorzunehmen.«

»Aber muß denn etwas vorgenommen werden? Ich bitte Dich Eveline. Hat es denn nicht Zeiten gegeben ohne Concert und ohne Theater? Ach, meine Teure, das ist ja gerade das schöne dieser zurückliegenden Tage, daß ich den Weg zur Natur und zur Einfachheit des Daseins zurückgefunden habe. Muß es denn immer wieder ein Czardas sein? Oder die neunte Symphonie? Oder das Mysterium, erster und zweiter Tag? Oder gar ein Buffet? Ich bitte Dich, Eveline, wenn es etwas giebt, das ich hasse, so ist es der große Lachs auf seinem Paradebett von Petersilie. Nein, nein. Und die vier aufgespießten Krebse wie Schildhalter!«

»Aber Du wirst doch, lieber Hermann, unsere Gesellschaften nicht abschaffen wollen? Und auch nicht ein anständiges Abendbrot.«

»Im Gegenteil. Nur glaube mir, es giebt nichts Schwierigeres als eine Feststellung auf diesem Gebiet und die Beantwortung der einfachen Frage: ›was ist ein anständiges Abendbrot?‹ Ich kenne nur *eins*: eine saure Milch und ein geriebenes Schwarzbrot, nicht zu frisch aber auch nicht zu alt. Und nun wolle mir nicht einwenden, es gäbe dergleichen nicht mehr. In einer Stadt mit dreißig Kasernen und einer immer vollzähliger werdenden Garde, muß sich doch schließlich ein Schwarzbrod auftreiben lassen. Und ich fordere dies geradezu von Deiner Liebe. Vor allem aber, und darauf leg' ich den Haupt-Accent, brech' ich von heut ab ein für allemal mit dem Thee, diesem undeutschesten aller Getränke, das in seiner harmlosen Gestalt ein absurdes Absud von Hollunder und Johannisbrod, und in seiner perniciösen Form ein türkisch-orientalischer Haschisch ist, an den ich nicht Lust habe meine wiederhergestellten Nerven zu setzen. Und so resümier' ich denn in aller Kürze: regelmäßiger und an keine Bedingungen geknüpfter Morgenspaziergang, absolute Vermeidung alles Nachmittagsschlafes und Einführung einer sauren oder süßen Milch an Stelle des Thees. Und um neun Uhr zu Bett.«

Und er erhob sich, um den letzten Punkt seines Programms sofort ins Werk zu setzen.

Und andern Tages auch den Rest.

In aller Frühe war er auf, und da seine Rückkehr aus dem Thüringischen in die Manövertage gefallen war, wo schon um fünf Uhr ein endloses Trommeln und Pfeifen das ganze Stadtquartier aus dem Schlafe rüttelte, so war er nicht blos in der angenehmen Lage rasch und mühelos aufstehen, sondern auch den abziehenden Bataillonen eine Stunde lang folgen zu können.

Aber kaum daß die Manövertage vorüber und die fremdherrlichen Offiziere wieder abgereist waren, um daheim ihrer hier geäußerten Bewunderung einige kritische Bemerkungen anfügen zu können, als auch schon das Kaiser Wilhelms-Wetter umschlug und eine Regen-Saison einsetzte.

Die Rätin, so sehr sie sonst auf helle Tage hielt, hatte diesem Wechsel, als dem einfachsten und natürlichsten Mittel zur Wiederherstellung eines status quo ante sehnsüchtig entgegengesehen, aber freilich nur um nachträglich einer allerempfindlichsten Täuschung zu begegnen. Wie die meisten Frauen, hatte sie zwanzig Jahre lang an ihres Mannes Seite gelebt, ohne von seiner Eigenart auch nur annähernd eine richtige Vorstellung gewonnen zu haben. Er war eben ein Charakter. Und dessen sollte sie jetzt gewahr werden.

»Es regnet heute, lieber Hermann. Ich will Dich nicht zurückhalten. Aber Du solltest wenigstens …«

»… Die Gummischuhe … Nicht wahr? Ich bitte Dich, komme mir nicht mit solchen Weichlichkeiten. Außerdem ist der Gummischuh, was Du nicht zu wissen scheinst, ein sanitätlich überwundener Standpunkt. Es gilt vom Fuße genau dasselbe, was vom ganzen Menschen gilt: er braucht Freiheit und Luft. Einpferchung ist die Brutstätte jeder Krankheit.«

Und so brach er denn auf und ging weit, erst den Asphalt und dann die Chaussee hinunter, bis er ins Freie kam, wo nichts mehr war, und nur noch der Sperling auf dem Telegraphendrahte saß und bei des einsamen Wanderers Anblick sagen zu wollen schien: »Ist es möglich?«

In dieser Weise verlief der erste Regentag, und dem ersten folgte der zweite. Wohl unterblieben die Nachmittags-Partieen, aber in allem andern, insonderheit in der Abendverpflegung, wurde keine Veränderung vorgenommen, und die Milch, die, bei der herrschenden Kälte, nicht Zeit gehabt hatte ganz zu gerinnen, erschien nach wie vor auf dem Tisch.

»Ungeronnene Milch …«

»Auch *das* ist ein überwundener Standpunkt« entgegnete Gottgetreu, während er die Satte heranzog und es sich schmecken ließ. Oder sich wenigstens das Ansehen davon gab.

Als aber der dritte Regentag zur Rüste ging und der Rat sich wieder an seine Mahlzeit setzte, war es ihm, als ob die Milch eben so blau sei, wie die Satte selbst. Und als er sich nichtsdestoweniger bezwungen und gegessen und den Löffel wieder niedergelegt hatte, sah Eveline, daß er in ein Schwanken kam und immer zuckte.

»Gott, Hermann, Du zuckst ja. Lieber Mann, es ist ja, wie wenn Dir der Tod über den Rücken liefe.«

Der so zärtlich und ängstlich zugleich Angesprochene, versuchte zu lächeln. Aber seine Kraft war augenscheinlich im Abzug, und er litt es, daß man ihn zu Bette brachte. Kein Wort wurde laut und während er im Schüttelfroste lag, schrieb Eveline folgende Zeilen an den alten Geheimrat Krukenberg: »Lieber Geheimrat. Ich belästige Sie nicht gern, aber mein Mann ist, fürcht' ich, ernstlich erkrankt. Er kam schwer erkältet hier an und nahm diesen Erkältungszustand für eine Form höherer Gesundheit. Und seitdem hat er sich immer weiter abgehärtet und die Niederlage vorbereitet, die nun da ist. Ach, daß doch die besten Menschen so widerborstig sind. Ich bin recht in Sorge. Darf ich hoffen, Sie morgen mit herankommen zu sehn? Ihre Eveline G.«

Und um die Mittagsstunde fuhr der alte Krukenberg vor, der schon im Hause von Evelinens Eltern als eine damals erst werdende Berühmtheit aus- und eingegangen war und in gnädiger Erinnerung an alte Zeiten eine Vorliebe für die ganze Familie (die Gottgetreus mit eingeschlossen) bewahrt hatte, trotzdem sie mehr oder weniger »außerhalb seiner Sphäre« lag. Und die Rätin nahm ihn bei Seit' und berichtete kurz und hastig, wie's mit ihrem Manne stände. Denn der alte Krukenberg, obwohl er sich in eigner Person die höchste Weitschweifigkeit gestattete, hielt doch bei seinen Patienten auf einen allerlapidarsten Lapidarstil. Und nun trat er zu dem Kranken selber heran, der in jenem bekannten drusligen Fieberzustande dalag, in dem man Sterne fallen oder durch einen schweren und graugelben Nebel hin allerhand Feuerpferde galoppieren sieht.

»Nun, Gottgetreu. Wie geht es?«

»O gut genug ... Es muß etwas in der Milch gewesen sein ...«

»Allerdings. In der Milch ist immer etwas. Und wäre ja sonst kein Nahrungsmittel. Aber suchen wir die Schuld nicht an falscher Stelle; die Schuld liegt in der Regel an und in uns selber. Ich bitte Sie, Gottgetreu, Sie sind doch nun auch gegen funfzig ...«

»Zwei und funfzig« simperte der Angeklagte ziemlich kleinlaut vor sich hin.

»Um so schlimmer. Und anfällig wie Sie sind, mit Ihrer natürlichen Beanlagung für Asthma und Rheumatismus, *Sie* wollen einen alten Turnvater spielen und ohne Halstuch, frisch, fromm und frei, bei Sturm und Regen, in einem wahren Sündflutwetter, auf dem Kurfürstendamm spazieren gehn? Oder gar bis Wilmersdorf. Und abends eine Satte saure Milch? Und alles blos, weil Sie draußen in Thüringen ein paar hustenlose Tage gehabt haben? Es ist zum Lachen. Und nun hören Sie, wenn wir gute Freunde bleiben sollen: es wird morgens wieder ausgeschlafen, je länger, je besser; und danken Sie Gott, daß Sie nicht vor zehn Uhr früh an die Mitregierung des preußischen Staates heranmüssen. Und wenn Sie zwischen drei und vier, wie meine sächsischen Landsleute sagen, wieder ›daheeme‹ sind und sich's haben schmecken lassen – denn Ihre Frau versteht es; das weiß ich noch aus alten Zeiten und aus der Rosenthaler Straße her – dann legen Sie sich auf's Ohr und gönnen sich den Schlaf und die Ruhe des Gerechten.«

Es schien, daß Gottgetreu replicieren wollte.

Der alte Geheimrat ließ es aber nicht dazu kommen und fuhr in superiorem Tone fort: »Ich weiß, was Sie sagen wollen. Immer der alte Unsinn von Schlaf und Schlagfluß. Aber die Sache liegt einfach so: ›die meisten kriegen ihn von zu *wenig*.‹ Und *wenn* ich ihn denn schon kriegen soll, ich meine den Schlagfluß, so krieg' ich ihn lieber mit einem Rückblick auf glücklich ausgeruhte, als mit einem Rückblick auf fieberhaft abgehaspelte Stunden. Und das mit der Milch ist die Thorheit in der höchsten Potenz und eigentlich schon ein halbes Verbrechen. Unser Magen ist keine Molkerei, nicht einmal eine Selbelanger, und der civilisierte Mensch trinkt abends eine Tasse Thee; das erwärmt ihn und regt ihn an. Und dazu Brot und Fleisch. Oder doch etwas Tödter'schen Aufschnitt. Ohne das geht es nicht, und ich sag' Ihnen geradezu, ohne Tödter tödten Sie sich.«

In diesem Wortspiele hatte der alte Geheimrat seine gute Laune wiedergefunden und setzte, während er des Kranken Hand nahm, um noch einmal seinen Puls zu fühlen, in freundlicherem Tone hinzu: »So viel also für die Zukunft und ins Allgemeine. Für den Augenblick aber erbitt' ich mir ein absolutes Stillliegen und immer bis hundert zählen und ein dickes Feder-Deckbett an Stelle dieser nichtssagenden Steppdecke. Denn Sie schleppen einen wahren Erkältungs-Riesen mit sich herum, einen siebenmal aufeinander getürmten Katarrh. Und der muß erst heraus. Ich kenne die *Sommerfrischlinge*.«

Diese letzten Worte waren eigentlich schon im Vorzimmer gesprochen worden, und Eveline, die dem alten Freunde die Hand drückte, frug ihn ängstlich mit ihren Augen. »Is nichts« beruhigte dieser. »Aber es war doch nötig ihm den Kopf zu waschen. Er wird sonst rückfällig.«

Und den dritten Tag danach saß der leidlich wieder hergestellte Rat in einem Polsterstuhl am Fenster, ein schottisches Reiseplaid um die Füße gewickelt. Es war immer noch ein Wetter zum Erbarmen. Eveline las ihm die Zeitung vor und sagte, während sie hinaus wies: »Ich denke, Hermann, wir lassen ein Feuer machen. Es ist doch nichts behaglicher, als ein warmer Ofen, und eine Lampe mit durchbrochenem Schirm und ein dampfender Theekessel und – Reisepläne für den nächsten Sommer.«

Er aber nickte nur und sagte: »wie Du willst,« und bezeugte durch eine bedingungslose Nachgiebigkeit in diesem und jedem andern Stück, daß das »innere Düppel« einer starken Mannesseele gebrochen war.

Im Coupé.

(1884.)

»Hier meine Dame,« sagte der Schaffner und riß dienstfertig die Thür des Coupés auf, um sofort wieder im Gedränge zu verschwinden.

Es war auf einer Kreuzstation drei Stunden vor Köln und im Osten, von wo der Zug kam, zog schon dämmernd der Tag herauf.

Die junge Dame folgte der ihr so bestimmt gegebenen Weisung und stand eben im Begriff in das Coupé einzusteigen, als ihr aus dem Fond desselben ein Herr entgegentrat.

»Pardon«, sagte sie: »Ich vermutete ein Damen-Coupé.«

»Ein Coupé für Nicht-Raucher, meine Dame. Wenn Sie jedoch befehlen …« Und er machte Miene, das Coupé zu verlassen.

»Bitte, bleiben Sie, mein Herr … Nur keine Störungen … Uebrigens auch schon zu spät.«

Und sie nahm ohne weiteres Zögern den sich ihr zunächst bietenden Platz ein, während ihr Partner sich in die Ecke schräg gegenüber zurückzog. »Fertig« klang von draußen die Stimme des Zugführers und beide Insassen hörten nur noch, wie der vorübereilende Schaffner die blos eingeklinkte Coupéthür schloß. Im selben Augenblicke setzte sich der Zug in Bewegung und nahm unter rasch wachsendem Rasseln und Klappern alsbald seine volle Fahrgeschwindigkeit.

In der Haltung der Dame drückte sich, trotz des Vertrauens, das sie bei dieser Begegnung gezeigt hatte, eine nur zu begreifliche Spannung und Erregtheit aus, was ihrem

Gegenüber nach einer kleinen Weile Veranlassung gab, sich verbindlich und mit einem Anfluge von Humor an sie zu wenden. »Ich glaube«, begann er, »sprechen ist besser als schweigen, wenigstens in der Lage, in der wir uns befinden.«

Sie verneigte sich, während er seinerseits fortfuhr: »Sie haben den Mut eines raschen Entschlusses gehabt, und ich bitte den Schluß daraus ziehen zu dürfen, daß Sie viel gereist sind, in fremden Ländern; international, eine Dame von Welt.«

»Ich könnte dies zugeben«, sagte sie, während sie zu lächeln versuchte, »wenn es nicht etwas Beängstigendes hätte, sich im ersten Moment einer Bekanntschaft als ›Dame von Welt‹ angesprochen zu sehen. Ein eigentümlich zweischneidiges Wort, schmeichelhaft und auch wieder nicht. Uebrigens muß eine Dame von Welt mindestens dreißig sein. Und ich bin erst siebenundzwanzig.«

»Sonderbar. Als ich siebenundzwanzig war (beiläufig das glücklichste Jahr meines Lebens), war ich in einer ganz ähnlichen Situation wie Sie.«

»Nur mit dem Unterschiede, daß Sie keine Dame waren.«

»Nein. Und das macht freilich einen Unterschied. Aber doch nur in *einem* Stück. In der großen Hauptsache von Leben und Sterben, eine Sache beziehungsweise Frage, die mir damals ziemlich ernsthaft durch den Kopf ging, ist es gleich.«

»Und wo war das?«

»In England.«

»Ah.«

»Sie waren drüben?«

»Nein. Nicht bis *jetzt*. Ich stehe nur auf dem Punkt ... Aber ich unterbrach Sie.«

»Nun denn also, ich kam damals von Brighton, Nachtzug, um auf der wundervollen Küstenbahn, die zum Teil hart am Meere hinläuft, nach Dover zu fahren. Es ging in rasender Schnelligkeit und nur auf Station Hastings war eine Minute Verzug. Ich saß allein im Coupé. Mit einem Male wurde die Thür rasch aufgerissen und ein Herr sprang herein, ohne daß sich ein Schaffner oder Eisenbahnbeamter gezeigt hätte. Fast im selben Augenblick erlosch das in der Mitte des Wagens hängende Lämpchen, und ich sah nur noch die brennende Cigarre meines Mitreisenden und das Glühen seiner Augen. So wenigstens schien es mir.«

»Und?«

»Daß ich's Ihnen gestehe, ich ängstigte mich nicht wenig. Es war dasselbe Jahr, wo der in London lebende deutsche Schneidergeselle Franz Müller, unter Ausnutzung einer sehr verwandten Coupé-Situation, einen stattlichen rotblonden Engländer seiner Uhr und Kette, ja sogar seiner goldenen Brille beraubt und nach einem verzweifelten Kampfe und unter Oeffnung der Wagenthür schließlich auf die Schienen gestürzt hatte. Keine vier Wochen, daß ich in dem Studium des Prozesses ganz aufgegangen war. Und nun war ich vielleicht selber der rotblonde Engländer mit der Uhr und der Goldbrille. Daß ich umgekehrt der andere nicht war, wußt' ich nur zu gut.«

»Erzählen Sie mir dies alles,« bemerkte die Dame, »um sich angenehm bei mir einzuführen? Oder wohl gar zu meiner Beruhigung?«

»In gewissem Sinne, ja. Wenn ich etwas Franz Müllersches an mir hätte, würd' ich ein so naives avis au lecteur aller Wahrscheinlichkeit nach unterlassen und Sie lieber durch eine Geschichte höherer Tugend und Menschenfreundlichkeit einzulullen suchen.«

»Ah, ich verstehe. Nichtsdestoweniger wär' es mir lieb, Sie ließen das Thema fallen. Es geht mir im Kopf herum und quält mich, nicht um des Augenblicks, wohl aber um meiner nächsten Zukunft willen. Ich will nämlich, wie Sie vielleicht überhört haben, eben jetzt nach England, einem Lande, von dem ich ohnehin die Vorstellung unterhalte, daß es ein Tauris oder Colchis sei, wo die Fremden irgend einem Götzen oder sonstigem Etwas zu Ehren geopfert werden.«

»Etwas davon trifft auch zu. Nur statt des goldenen Vließes von Colchis haben sie drüben das goldene Kalb. Und ihm fallen Opfer genug. Trotzdem ist dies England, über dessen ›shortcomings‹, ein unübersetzbares Wort, ich vollkommen aufgeklärt bin, vergleichungsweise das Land der Nicht-Verbrechen.«

»Sie setzen mich in Erstaunen.«

»Woraus ich nur ersehe, daß Sie die wichtigste Zeitungsrubrik, die der statistischen Notizen, von Ihrer Beobachtung ausgeschlossen haben. Sonst würden Sie weniger verwundert sein.«

»Eine Vermutung, mein Herr, die doch nicht zutrifft. Im Gegenteil, ich lese wöchentlich die große europäische Sterbetabelle: Breslau 40, Berlin 30, London 20.«

»Da haben Sie's.«

»Was? In dieser Zahlenskala hab' ich doch nichts als die Prozentsätze, nach denen man in den großen Städten lebt und stirbt.«

»Aber darin liegt alles andere. Denn dem vielzitierten napoleonischen Satze ›daß das Land mit den besten Nähnadeln auch das der besten Brauer und Bäcker, der geschicktesten Architekten und Kunstreiter sei und überhaupt alles am besten habe‹, diesem Satze möchte ich doch zustimmen dürfen. Es steht eben alles in einem inneren Zusammenhang. Der Drang nach Vollkommenheit, wenn er überhaupt erst Wurzel geschlagen, entwickelt sich von dem Augenblick an in jeder Branche des öffentlichen Lebens, und wo man, sagen wir, Epidemieen am besten in

Check zu halten weiß, weiß man ebenso das Kriminale bestmöglichst in Check zu halten. Mit anderen Worten, wo die Gesundheitspflege dem Tod auf die Finger sieht, da sieht auch die Sicherheitspflege dem Dieb auf die Finger, dem Dieb, dem Einbrecher, dem Garotteur. Und so immer hinauf auf der Stufe des Verbrechens.«

»Ei, da seh ich ja bei dem Schritt über den Kanal, den ich vorhabe, meine Lebenschancen erheblich wachsen. Und mit der Lebenschance vielleicht auch meine Chancen auf Glück.«

»Gewiß, wenn Leben der Güter Höchstes ist. Aber ist Leben der Güter Höchstes? Schiller verneint es und ich meinerseits möchte von einem ›ja‹ und einem ›nein‹ sprechen dürfen. Nichts hängt an der Existenz an und für sich, nichts an dem Weg, den wir Leben nennen, als solchem, wohl aber alles an dem Zukünftigen, das diesen Weg begleitet. Und so gut bewahrt und äußerlich gesichert das Leben als solches in England ist, so wenig beneidenswert ist es in seinen Begegnungs-Einzelheiten für den, der sich nicht des Vorzugs erfreut, den oberen Zehntausend zuzugehören. Und welcher Fremde gehörte dazu? Kaum einer.«

»Und am wenigsten eine fremde Governeß, als welche Sie mir gestatten wollen mich Ihnen hiermit vorzustellen.«

»Da sind wir Kollegen. Ich war mehrere Jahre tutor in Rugby, Grafschaft Warwick. Aber wozu diese nähere Bezeichnung, als handle sich's um eine Briefadresse? Wer Governeß ist, bedarf keiner Geographienachhilfestunde. Rugby. Keine vier Wochen, daß ich mich von ihm trennte! Nun liegt es zurück, auf immer, und nach einem kurzen Besuch in meiner Vaterstadt (ich sollte sagen auf dem Kirchhofe meiner Vaterstadt) will ich jetzt über das große Wasser. Hab' ich doch praktisch sein in England gelernt und gehe jetzt über New-York nach Chicago, um daselbst eine Schule zu gründen. Ich bin guten Muts und fürchte mich nur ein wenig vor Heimweh und Einsamkeit, denn ein deutsches Herz, und nun gar ein Thüringisches, ich bin aus dem Schwarza-Thal, hört nicht auf, für seinen Duodezstaat und seine Kirchturmspitze zu schlagen. Aber was sprech' ich davon? Heimweh und Einsamkeit, die meiner vielleicht harren, bedeuten nicht viel, sind jedenfalls nicht das Schlimmste; Hohlheit und Hochmut ertragen müssen, das ist schwerer und das wird Ihr Loos sein, wenn Sie nicht ein besonderes Glückskind sind. Ich hoffe, Sie wissen, welchen Schritt Sie thun und welchen Widerwärtigkeiten, ja vielleicht welchen Demütigungen Sie mit einer Art von Wahrscheinlichkeit entgegengehen.«

»Ich weiß es und weiß es auch nicht. Unter allen Umständen aber vertraue ich meinem guten Stern und möchte mich, wenn an nichts anderem, so doch an dem Ausspruche aufrichten dürfen, den ich eben erst Ihrer Güte verdanke: wo die Nähnadeln am feinsten sind, sind auch andere Sachen am feinsten. Und unter diesem anderen auch die Behandlungs- und Umgangsformen.«

»Gewiß. Aber nicht dem Untergebenen und Abhängigen gegenüber. Nein, meine Gnädigste, dem kann ich nicht zustimmen. Der napoleonische Satz, den ich so leichtsinnig war zu zitieren und auf den Sie sich jetzt berufen, sollte nur ausdrücken: wo *eine* Geschicklichkeit gedeiht, gedeiht zuletzt jede. Das sind alles Dinge, die mit dem Schulungs- und Lernevermögen der Menschen, mit Abrichtung und Drill zusammenhängen. Aber die Gesetze der physischen und moralischen Welt sind nicht dieselben, gehen vielmehr umgekehrt und mit einer gewissen Vorliebe sehr verschiedene Wege. Beste Bildhauer und beste Soldaten, das mag sich decken und Sie mögen hinzusetzen: beste Schauspieler und beste Kanzelredner auch. All das läßt sich lernen. Aber das Herz läßt sich *nicht* lernen. Das hat der eine und der andere hat es nicht. Und wie mit den Individuen, so mit den Völkern. Am meisten aber in England. In einem und demselben Hause kann die feinste gesellschaftliche Form und die schlechteste Menschenbehandlung nebeneinander hergehen. Auch in dieser schlechtesten Menschenbehandlung wird sich immer noch eine gewisse mildernde Form aussprechen und das eigentlich Brutale wird vermieden werden, aber Sie werden den Eishauch der Lieblosigkeit und Gleichgültigkeit fühlen und vor allem das Von-Oben-Herab, das so tief empört.«

»Ein jeder schafft sich seine Stellung.«

»Um Gotteswillen, meine Gnädigste, nur nicht das. Unter allen redensartlichen Sätzen ist das der redensartlichste. Stellung schaffen im Hause eines Lords, dessen Omnipotenz nur noch von der Hochfahrenheit seiner Lady, von den beleidigend in die Front gerückten Zähnen seiner Zwillingstöchter und vor allem von den Insolenzen seines dreizehnjährigen Masters übertroffen wird. Stellung schaffen! Es bedarf schon eines erheblichen Maßes von Entschlossenheit, aus solcher Umgebung auch nur zu fliehen und den Mut eines Rückzugs zu haben. Ich will Ihnen mit dem herkömmlichen Vergleiche vom Vogel und der Schlange nicht ernsthaft beschwerlich fallen, aber das ist wahr, ein nur halbwegs zaghaftes Herz kennt in solcher Lage keinen andern Ausweg als Unterwerfung.«

»Ich glaube doch, daß Sie die Kraft, die Gott auch den Schwachen gegeben, um ein Erhebliches unterschätzen. Ich habe manches erfahren und allerlei Schmerzliches, ja Schlimmeres als Schmerzliches ist mir nicht erspart geblieben. Aber ich darf doch sagen, ich bin immer siegreich aus solcher Bedrängnis hervorgegangen. Allerdings hat alles, was ich sage, *eine* ganz bestimmte Voraussetzung: ein Appell an Ehre, Pflicht und adlige Gesinnung muß möglich und eines Verständnisses und in diesem Verständnis auch einer Würdigung sicher sein. Mit einem Worte, das Haus, in das ich eintrete, muß noch ein *Gewissen* haben, wenn auch vielleicht ein tiefverschüttetes. Ist dies Gewissen aber da, so gewinn' ich die Partie, so gestaltet sich alles zu einer Frage festen Auftretens und selbstverständlich des guten Rechts.«

»Und Sie haben das an sich selbst erfahren?«

»Ja. Und noch dazu im Herzen von Rußland. ›Ich bin in Ihrer Gewalt, Fürst,‹ sagte ich, ›und Gott und der Zar sind weit und Sie haben die Macht und die Mittel, mir Ihren Willen aufzuzwingen. Wollen Sie's? Gut. Erniedrigen Sie mich. Aber verlangen Sie nicht, daß ich die Hand dazu biete …‹«

»Und?«

»Von Stund' an hatt' ich gute Tage. Er war so liebenswürdig, wie nur russische Große sein können, und die Fürstin, eine große Dame, deren erstes Auftreten bei Hofe noch in die Kaiser Nikolaus-Tage fiel, verwöhnte mich wie ihren Papagei. Ich glaube, sie wußte, was vorauf gegangen. Vielleicht aus ihres Gatten eigenem Munde. Denn es war eine sonderbare Ehe … Doch, Pardon, ich sehe Sie lächeln.«

»Ja. Doch ist es ein Lächeln, das einer ganz unpersönlichen Betrachtung gilt.«

»Und welcher, wenn ich fragen darf?«

»Der Betrachtung eines beständig fortschreitenden Amerikanismus, eines eigentümlich freiheitlichen Entwicklungsganges, den zu verfolgen seit Jahr und Tag meine Passion ist. Ein solcher Appell an Gesinnung und Ehre, nicht blos vom Standpunkte landläufiger Moral, sondern von einem Standpunkte der Ebenbürtigkeit aus, das stammt alles von drüben, das ist modern, ist amerikanisch. Und jede neue Wahrnehmung davon erquickt mich.«

»Ich mag Ihnen nicht widersprechen, war aber bisher umgekehrt des Glaubens, die neue Welt lebe von Errungenschaften der alten.«

»In Nebensachen, ja. Ganze Pilgerzüge von drüben überschwemmen die paar Inseln und Halbinseln, die sich Europa nennen, und überall begegnet man ihnen, in Dresden vor der Sixtinischen, in Rom vor dem Papst und in Oberammergau vor dem gekreuzigten Christus. Ja, da stehen sie zu Hunderten und Tausenden und starren und gaffen und kritzeln ihre Notizen in ihre ›Guides‹ und ›Handbooks‹ und am Abend alles nochmal in ihre Tagebücher. Aber was bedeutet es? Unser altes Europa hat den Charakter einer Reisesehenswürdigkeit angenommen, wie Troja, wie Mykenä, wie die Pyramiden, und man bewundert, von Station zu Station, alte Schlösser und alte Kirchen, alte Waffen und alte Bilder und schließlich auch alte Menschen. Denn ein Provinzial- oder Kreistags-Deputierter, auch wenn er erst dreißig Jahre zählt, was ist er anders als ein alter Mensch?«

Es schien, daß seine Reisegefährtin antworten wollte. Er aber übersah es oder wollte es übersehen und fuhr seinerseits fort: »Ich sage das alles von einem gewissen amerikanischen Standpunkte aus, den ich, noch eh ich die neue Welt betreten, schon ganz aufrichtig zu dem meinigen gemacht habe. Deutschland, Italien, das alles ist den Leuten drüben ein bloßer Ausstellungspark geworden, eine Kunstkammer, ein archäologisches Museum, und ich würde, wenn sich's für Amerika um eine symbolische Darstellung unseres alten Europa handelte, Schliemann und Frau, mit dem Ausgrabungsspaten in der Hand, in Vorschlag bringen. Dabei trifft es sich glücklich, daß Schliemann ein Mecklenburger ist. Alles alt, alt. Auch das noch Unverschüttete wirkt schon wie ausgegraben. Zum Studium interessant, aber was frommt es dem lebendigen Leben? Und nun vergleichen Sie damit den Einfluß Amerikas auf *uns*. Unsere Daseinslust hat es auf der einen Seite gesteigert und das Elend, das aller Menschen Erbteil ist, hat es auf der anderen Seite, wenn nicht zum Schweigen gebracht, so doch eingelullt. Es bedeutet etwas und ist mindestens ein sinnreicher Zufall, daß wir der neuen Welt alle Mittel verdanken (oder doch die besten und wirkungsvollsten unter ihnen), unseren physischen Schmerz zu stillen. Und in der Geisteswelt ist es kaum anders. Amerika, wie viel es uns schulden mag, hat ein Recht, uns zuzurufen: ›Unser Schuldbuch ist zerrissen‹.«

»Und fürchten Sie nicht, sich durch Erlebnisse vielleicht widerlegt und umgestimmt zu sehn?«

»Nein. Das ist ausgeschlossen. Meine persönlichen Erwartungen können scheitern, aber ich kann in der großen Frage selbst ganz unmöglich anderen Sinnes werden. Es ist damit wie mit den zehn Geboten oder der Erscheinung Christi. Die zehn Gebote, zu denen ich mich freudig bekenne, mögen mir unbequem werden und die Heilslehre kann mir, sei's durch meine Schuld oder mein Schicksal, ihren Dienst und ihren Segen versagen, aber ich kann nicht erschüttert werden in meinem Glauben an ihr Recht und ihre Größe.«

»Sie so sprechen zu hören, beglückt mich, und wie jede Begeisterung mit fortreißt, so fühl' ich plötzlich eine Neigung in mir erwachen, England nur als eine Etappe zu nehmen und über kurz oder lang auch meinerseits den Schritt in die neue Welt hinüber zu wagen.«

»Sie sollten ihn wagen und zwar gleich, heute noch, und ich würde mich freudigen Herzens erbieten, auf lange hin, oder sagen wir lieber auf immer Ihr Führer, Ihr Anwalt und Beschützer zu sein. Darf ich erwarten, den Dienst, in den ich mich stelle, von Ihnen nicht zurückgewiesen zu sehen?«

Am Horizont stieg der Ball herauf und im hellen Wiederschein desselben erglänzte, während nach unten zu noch alles im Nebel lag, das phantastische Zackenwerk des

Kölner Doms. Die junge Dame ließ das Fenster herab und die frische Morgenluft drang ein.

»Ueberlegen wir's«, sagte sie ruhig, aber in heiterem Tone. »Jeder, der eine neue Rolle spielt, übertreibt leicht, auch wenn es die des Führers und Beschützers wäre. ›Quickness‹ soll ein amerikanisches Lebensprinzip sein. Aber man kann auch darin zu weit gehen.«

»Gewiß. Und nur *in einem* Punkte möcht' ich widersprechen. Es ist kein amerikanisches Lebensprinzip, um das es sich hier handeln dürfte, sondern ein Allerweltprinzip, und es lautet: Man soll den Augenblick ergreifen. Ist es der rechte, so bedeutet es das Glück.«

Er nahm ihre Hand und sie zog sie nicht zurück. Dann sagte sie: »Und meine Lady drüben in London?«

»Wahrhaftig ich vergaß ihrer. Und wie hieß sie?«

»Lady Pimberton, Euston-Square.«

»Gut. Wir schreiben ihr morgen von Brüssel aus, sehr artig und wenn es sein muß sogar devot. Und Miß Arabella (so wird sie doch wohl heißen) wird ihren ungarischen Tanz auch unter anderer Anleitung spielen lernen. Ich kenne britischen Musik-Enthusiasmus und alle Pimbertons, darauf leb' ich und sterb' ich, spielen nur *einen* Tanz. Mehr wäre Virtuosentum. Und Virtuosentum ist ›low‹ und ›shocking‹. Aber da ist Köln. Ich denke, wir richten unsre nächsten Schritte nach dem Dom und reichen uns noch einmal die Hand vor seinem Altarbild und seiner die Welt und das Heil in Händen haltenden Himmelskönigin.«

Der Karrenschieber
von Grisselsbrunn.

(1885.)

Der Sommer hatte mich nach Norderney geführt, nicht um zu baden, sondern lediglich um mal wieder die See zu sehen und bei der Gelegenheit ein Rendezvous mit ein paar alten Freunden zu haben, die regelmäßig ihre Ferien auf der, ohne schön zu sein, doch so reizvollen Nordsee-Insel zubrachten. Diese Regelmäßigkeit des Besuchs hatte auch zur Herrichtung eines Stammtisches geführt, in einem ziemlich abgelegenen Lokal, unmittelbar am Strande. Wir hätten, von seiner Höhe her, unseren Becher mit Leichtigkeit ins Meer werfen können, ganz wie der König von Thule. Statt dessen zogen wir es aber vor, über altes und neues zu plaudern, ja, verstiegen uns eines Abends bis zu dem Vorschlag, jeder solle, der Reihe nach, eine Geschichte zum besten geben, aber es müsse Selbsterlebtes sein. *Das* war Bedingung. Der letzte, der das Wort nahm, war Baurat Oldermann.

»Ich möchte« hob dieser an »eine Geschichte von einem Karrenschieber erzählen und zwar, damit das Kind vom Anfang an einen Namen hat, die Geschichte vom *Karrenschieber von Grisselsbrunn*.

Nun Grisselsbrunn, vordem eine nicht unberühmte Heilquelle, war seit Anfang dieses Jahrhunderts nebenher auch noch ein großer Kaffeegarten geworden, unmittelbar vor der Stadt L., und als diese, wie Sie wissen, im Laufe der 70er Jahre sich auszudehnen und alle Vorörter und Nachbardörfer in sich aufzunehmen begann, kam auch Grisselsbrunn an die Reihe. Kaum daß man die immer noch in Ehren gehaltene Quelle respektierte. Die ringsherum stehenden Pavillons und Buden aber fielen sofort und die Platanen und Ahornbäume schließlich auch, – alles um einem großen Hotelbau, samt einem Bazar im Erdgeschoß, Platz zu machen. Ich wurde, nach Gutheißung meiner Pläne, mit der Oberleitung des Ganzen betraut und überzeugte mich, gleich beim ersten Spatenstich, daß bei der meist sumpfigen Terrainbeschaffenheit, vor allem ein fester Untergrund geschaffen werden müsse. Damit ging ich denn auch vor und gab einem Bauführer und einem alten Polier, der uns als Ortsangehöriger gute Dienste leistete, die nötigen Weisungen. Lange Bretterreihen wurden gelegt und ein paar Dutzend Karrenschieber in Dienst gestellt, um den nötigen Kies und Sand, ganze Berge, heranzuschaffen und von oben her in die Baugrube hinabzuschütten. Zweimal des Tages sprach ich vor, um nach dem Rechten zu sehen, denn mir sowohl wie den Unternehmern lag daran, den Bau noch vor dem Herbst unter Dach zu bringen. Alles war ruhig, fleißig, geschickt, am geschicktesten aber ein rotblonder, schlanker, beinahe schöner Mann von Mitte dreißig, der sich, ohne daß er sich abgesondert oder den Aparten und Schweigsamen gespielt hätte, doch ganz ersichtlich von dem Rest der Mannschaft unterschied. Er war größer und stärker, Vollbart, die Augenlider gerötet, aber nur wenig. Statt der Jacke trug er ein enges Röckchen, dazu eine Militärmütze und dicksohlige Schnürschuhe, die mal einem Alpenreisenden gehört und gedient haben mochten. Alles war in desolatester Verfassung und überall von eigener Hand geflickt und zusammengenäht, aber der Schnitt dieser ramponierten Kleidung und vor allem die Haltung dessen, der darin steckte, machten es unmöglich, über ihn hinzusehen. In jeder seiner Bewegungen sprach sich, um das Modewort zu gebrauchen, ein besonderer ›Schick‹ aus, am meisten aber in der Art, wie er mit der Karre hantirte. Die Schiebebäume fest in der Hand haltend, hielt er mit dem Karrenrade genau die Mitte der Bretterlage, nicht viel anders, als ob es sich um ein Balancierkunststück im Zirkus gehandelt hätte, der eigentlichste Triumph seiner Geschicklichkeit aber war immer der Umkippungsmoment, wo er mit einem raschen und kräftigen Ruck den Inhalt der Karre von oben her in die Baugrube stürzte.

Das ging so Tage lang, und als anderthalb Wochen um waren, nahm ich Veranlassung mit dem Polier zu sprechen und mich nach dem Manne, der in allem so sehr von seiner Umgebung abwich, zu erkundigen. Aber der Polier war außer stande, meine Neugier zu befriedigen und wußte nichts, als daß sich der Betreffende vor etwa zehn oder zwölf Tagen zur Arbeit gemeldet habe. ›Und da nahm ich ihn. Denn karren kann jeder. Freilich, daß er nicht von uns ist, ist leicht zu sehen. Sehen Sie bloß seine Hände. Verbrannt, aber doch keine Arbeitshände.‹ Dies war alles, was ich erfuhr. Wenig genug und half mir nicht weiter. Da nahm ich denn eines Tages Veranlassung, an den Gegenstand meiner Neugier, oder richtiger meiner Teilnahme, selber heranzutreten und ihm zu sagen, ›ich bäte ihn, mich nächsten Sonntag in meiner Wohnung zu besuchen; von neun bis elf werd' er mich sicherlich treffen.‹

Und er kam auch. Sein Anzug, was auf einen Zustand höchster Not deutete, war derselbe wie Alltags: dasselbe Röckchen, dieselben Schnürschuhe, nur alles sehr geputzt und gebürstet, so daß ich den Eindruck einer herabgekommenen Existenz, eines Mannes von ursprünglich guter Erziehung und besten Manieren im verstärkten Maße hatte. Er blieb in der Thür stehen, verbeugte sich und sagte: ›ich hätte befohlen‹. Dann bat ich ihn Platz zu nehmen. Er rührte sich aber nicht und sah mich nur an und wartete, bis ich ihn anreden würde. Das that ich denn auch. ›Sie werden erraten haben, weshalb ich Sie gebeten habe, zu mir zu kommen. Sie gehören einer anderen Gesellschaftsschicht an und die „Karre zu schieben" ist Ihnen nicht an der Wiege gesungen worden. Sie sind aus einem guten Hause, haben Schulen besucht und sind dann früher oder später gescheitert, mit Schuld oder ohne Schuld, sagen wir mit, das ist das Wahrscheinlichere. Spiel, Weiber, Wechsel, vielleicht falsche. Und dann war es vorbei und die Geduld erschöpft und Sie hatten keine Familie mehr. Und so kam es, wie's kam …‹

Jeden meiner Sätze hatte er mit einem leisen Kopfnicken begleitet und als ich abschließend und fragend hinzusetzte: ›Ist es so?‹ sagte er: ›Ja. Es ist so. Wir waren unserer neun; davon sechs auf Schulen und in der Armee. Der Vater konnte nicht mehr …‹

›Gut; ich versteh'. Ich weiß genug und will nicht in Geheimnisse eindringen. Und nun hören Sie. Ich bin nicht reich, aber ich habe Verbindungen und denke, daß ich Ihnen helfen kann, wenn Sie Hilfe *wollen*.‹

Er schwieg.

›Ich werde,‹ fuhr ich fort, ›mit dem Polier oder besser mit dem Bauführer sprechen; er wird Ihnen eine andere Stellung auf dem Bau geben, und ich werde für Ihre Kleidung sorgen. Wo ein Wille ist, ist auch ein Weg. Sie sind groß und stark (ich hoffe auch innerlich) und Sie werden sich herausretten. Hier ist meine Hand. Alles wird davon abhängen, ob Sie die Kraft haben, diese Hand zu fassen und zu halten.‹

Er kam auf mich zu und ich sah, daß sich sein Auge mehr und mehr gerötet hatte. Dann sprach er mir kurz und knapp seinen Dank aus und ich fühlte, daß eine Thräne auf meine Hand fiel. Dabei war ich bewegt, wie er selbst und unter wiederholtem Zuspruche meinerseits schieden wir.

Noch denselben Tag sprach ich mit dem Bauführer, der, wie gewöhnlich, so auch an diesem Sonntage mein Tischgast war. Er ging auf alles ein und versprach, das Seine zu thun, ›aber freilich, bis vor Ende der Woche werde sich schwerlich was thun oder auch nur Rat schaffen lassen.‹ Ich war einverstanden und trat an demselben Abend noch eine kleine Reise nach Dresden an, die mich drei Tage von meinem Bau fern hielt. Als ich zurückkam, war das Erste, daß ich nach meinem Karrenschieber aussah. Er war aber nicht da.

›Sagen Sie, Polier, wo ist der … Nun Sie wissen schon, wen ich meine.‹

›Weiß. Er ist nicht wieder gekommen.‹

Ich war erschüttert und ließ Nachforschungen anstellen, wobei mich die Behörden aufs Bereitwilligste unterstützten. Aber umsonst. Es war keine Spur von ihm zu finden. Wohin war er? In die neue Welt – oder weiter? …«

Eine Frau in meinen Jahren.

(1886.)

»Erlauben Sie mir, meine gnädigste Frau, Ihnen Ihren Becher zu präsentiren …«

Die Dame verneigte sich.

»Und Ihnen auf Ihrer Brunnenpromenade Gesellschaft zu leisten. Immer vorausgesetzt, daß ich keine Verlegenheiten schaffe.«

»Wie wäre das möglich, Herr Rat! Eine Frau in meinen Jahren …«

»Es giebt keine Jahre, die gegen die gute Meinung unserer Freunde sicher stellen. Am wenigsten hier in Kissingen.«

»Vielleicht bei den Männern.«

»Auch bei den Frauen. Und wie mir scheinen will, mit Recht. Ich erinnere mich eines kleinen anekdotischen Hergangs aus dem Leben der berühmten Schroeder …«

»Der Mutter der Schroeder-Devrient?«

»Derselben.«

»Und was war es damit?«

»Eines Winters in Wien sprach sie von ihrem zurückliegenden Liebesleben und von dem unendlichen Glücksgefühl, all diese Thorheit nun endlich überwunden und vor den Anfällen ihrer Leidenschaft Ruhe zu haben. Und einigermaßen indiskret gefragt, *wann* sie den letzten dieser Anfälle gehabt habe, seufzte sie: vor zwei Monaten.«

»Und wie alt war sie damals?«

»Dreiundsechszig.«

»Also mehr als nötig, um meine Mutter zu sein. Und doch bleib' ich bei meinem Ausspruch: ›eine Frau in meinen Jahren‹ … Aber wer war nur die stattliche Dame, der Sie sich gestern anschlossen, um sie als Cavaliere servente bis an den Finsterberg zu begleiten?«

»Eine Freundin, Baronin Aßmannshausen, und seit vorgestern Großmutter, wie sie mir selbst mit Stolz erzählte.«

»Mit Stolz? Aber doch noch hübsch und lebhaft. Und dazu der feurige Name. Sehen Sie sich vor und gedenken Sie der Schroeder.«

»Ach, meine Gnädigste, Sie belieben zu scherzen. Ich, für mein Teil, *ich* darf sagen, ich habe abgeschlossen.«

»Wer's Ihnen glaubt! Männer schließen *nie* ab und brauchen es nicht und wollen es auch nicht. Soll ich Ihnen, blos aus meiner näheren Bekanntschaft, die Namen derer herzählen, die noch mit Siebzig in den glücklichsten Ehestand eintraten? Natürlich Kriegshelden, die den Zug eröffnen und schließen … Aber hier ist schon der Brückensteg und die Lindelsmühle. Wollen wir umkehren und denselben Weg, den wir kamen, zurückmachen oder gehen wir lieber um die Stadt herum und besuchen den Kirchhof? Er ist so malerisch und weckt der Erinnerungen so viele. Sonderbarerweise auch für mich. Oder besuchen Sie nicht gerne Kirchhöfe?«

»Grabsteine lesen nimmt das Gedächtnis.«

»Dem ließe sich auf einfachste Weise vorbeugen: man liest sie nicht … Aber freilich, es giebt ihrer unter dem starken Geschlecht so viele, die sich überhaupt nicht gerne daran erinnern lassen, daß alles einmal ein Ende nimmt, mit anderen Worten, daß man stirbt.«

»Ich für meine Person zähle nicht zu diesen, mein Leben liegt hinter mir und ich darf Ihnen ruhig wiederholen: ich habe abgeschlossen.«

Die Dame lächelte still vor sich hin und sagte: »Nun denn also, zunächst um die Stadt und dann nach dem Kirchhof.«

Und dabei passierten sie den Lindelsmühl-Steg und schlugen einen Wiesen- und Feldweg ein. Ueber ihnen zog Gewölk im Blauen und beide freuten sich des frischen Luftzuges, der von den Nüdlinger Bergen her herüberwehte. Hart am Weg hin blühte roter Mohn, und die Dame bückte sich danach und begann die langen Stiele zusammenzuflechten. Als sie schon eine Guirlande davon in Händen hielt, sagte sie: »Der rote Mohn, er ist so recht die Blume, die mir zukommt; bis Sechszehn blühen einem die Veilchen, bis Zwanzig Rosen und um Dreißig herum die Verbenen, an deren deutschem Namen ich klüglich vorübergehe. Dann ist es vorbei, man pflückt nur noch Mohn, heute roten und morgen vielleicht schon weißen Mohn und flicht sich Kränze daraus. Und so *soll* es auch sein. Denn Mohn bedeutet Ruhe.«

So schritten sie weiter, bis der von ihnen eingeschlagene Feldweg wieder auf eine breite, dicht neben einem Parkgarten hinlaufende Fahrstraße führte. Platanen und Ahorn streckten ihr Gezweige weit über das Gitter hin, aus dem Parke selbst aber, der einem großen Hotel zugehörte, rollten in eben diesem Augenblicke junge Sportsmen auf die fast tennenartige Chaussee hinaus, Radfahrer, Bicycle-Virtuosen, die hoch oben auf ihrem Reitstuhl saßen und unter Gruß und Lachen vorübersausten. Ihre kleinen Köpfe, dazu die hageren, im engsten Tricot steckenden Figuren, ließen keinen Zweifel darüber, daß es Fremde waren.

»Engländer?«

»Nein Amerikaner,« sagte die Dame, »meine täglichen vis-à-vis an der Table d'hôte. Und sonderbar, mir lacht immer das Herz, wenn ich sie sehe. Das frischere Leben ist doch da drüben und in nichts war ich mit meinem verstorbenen Manne, der ein paar Jahre lang in New-York und an den großen Seen gelebt hatte, so einig, wie in diesem Punkt und wir schwärmten oft um die Wette. Die Wahrheit zu gestehen, ich begreife nicht, daß nicht alles auswandert.«

»Und ich meinerseits teile diesen Enthusiasmus und habe mich, eh ich ins Amt trat, ernsthaft mit dem Plan einer Uebersiedelung beschäftigt. Aber das liegt nun zwanzig Jahre zurück und ist ein für allemal begraben. Amerika, weil es selber jung ist, ist für die Jugend. Und ich …«

»… habe abgeschlossen,« ergänzte sie lachend. »Freilich, je mehr Sie mir's versichern, je weniger glaub' ich's. Sehen Sie, dort ist der Finsterberg, nach dem Sie gestern Ihren langen Spaziergang richteten und der Sie jetzt zu fragen scheint: ›Wo haben Sie die Frau Baronin?‹ … Wie hieß sie doch?«

»Ich denke, wir lassen den Namen und was den Finsterberg angeht, er sieht mich *zu* gut aufgehoben, um solche Fragen zu thun.«

———

Unter solchem Geplauder waren sie bis an ihr vorläufiges Ziel gekommen und stiegen an dem Bildstöckl vorbei, die Steintreppe zu dem Kirchhofe hinauf. In dem gleich links gelegenen Meßnerhause standen alle Thüren auf und auf Dach und Fensterbrett quirilierten die Spatzen.

»Ich übernehme nun die Führung,« sagte die Dame. »Grabsteine lesen, so bemerkten Sie, nimmt das Gedächtnis. Gut, es soll wahr sein. Aber ganz kann ich es Ihnen nicht erlassen. Sehen Sie hier … Kindergräber; eines neben dem andern. Und nun lesen Sie.«

Der Begleiter der Dame säumte nicht zu gehorchen und las mit halblauter Stimme: »Hier ruht das unschuldige Kind …« Aber kaum, daß er bis zu diesem Wort gelesen hatte, so trat er aus freien Stücken näher an den Grabhügel heran, um neugierig den vom Regen halb verwaschenen Namen bequemer entziffern zu können.

»O nicht doch« unterbrach sie lebhaft. »›Hier ruht das unschuldige Kind‹, das reicht aus, das ist genug, und immer, wenn ich es lese, giebt es mir einen Stich ins Herz, daß gerade *dies* die Stelle war, wo die Preußen einbrachen, *hier*, durch eben dieses Kirchhofsthor, und das Erste, was sie niedertraten und umwarfen, das waren diese Kreuze mit ihrer schlichten, so herzbeweglichen Inschrift … Aber kommen Sie, Kindergräber erzählen nicht viel und sind nur rührsam. Ich will Sie lieber zu Ruth Brown führen.«

»Zu Ruth Brown? das klingt so englisch.«

»Und ist auch so: Generalin Ruth Brown. Uebrigens ist die Geschichte, die sich an ihr Grab knüpft, und zwar ganz äußerlich an ihr Grab als solches, eigentlich die Hauptsache. Denken Sie, die Generalin hat hier eine Art Mietsgrab bezogen oder wenigstens ein Grab aus zweiter Hand.«

»A second-hand grave?«

»Ja, so könnte man's beinah nennen. Dies Grab hier hatte nämlich ursprünglich einen anderen Insassen und war die leicht ausgemauerte Behausung eines bei Kissingen gefallenen Offiziers. Als dieser Offizier aber in seine, wenn ich nicht irre, westpreußische Heimat geschafft und die Gruft wieder leer war, wurde sie neugewölbt und neu gewandet und nun erst zog die Generalin ein. Es ist überhaupt ein Kirchhof mit beständig gestörter Ruhe, was niemand eindringlicher erfahren hat, als *der* hier …«

Und dabei war die Dame von dem Grabe der Generalin an ein Nachbargrab herangetreten, aus dessen Inschrift ihr Begleiter unschwer entzifferte, daß der Sattlermeister Karl Teschner aus Groß-Glogau seine letzte Wohnung darin gefunden habe.

»Haben Sie gelesen?«

»Ja. Was ist damit?«

»Nichts Besonderes ... Und doch ein Grabstein, den ich nie zu besuchen unterlasse. Sehen Sie schärfer hin und Sie werden erkennen, daß es ein zusammengeflickter Stein ist. Und das kam so. Den 7. Juli 65 starb hier (denn leider auch Kurgäste sterben) der Groß-Sattlermeister, dessen Namen Sie soeben gelesen haben und wurde den 10. desselben Monats an dieser Stelle begraben. Und genau ein Jahr später, ja fast auf die Stunde, schlug hier, vom Altenberg her, eine preußische Granate mitten auf den Grabstein und schleuderte die Stücke nach allen Seiten hin auseinander. Etwas unheimlich. Aber das Ganze hat doch, Gott sei Dank, ein versöhnliches Nachspiel gehabt, denn kaum daß die Glogauer Bürgerschaft von dem Grabsteinunglück ihres Groß-Sattlermeisters gehört hatte, so zeigte sie sich beflissen für Remedur zu sorgen und hat die Grabsteinstücke wieder zusammenkitten und alles in gute Wege bringen lassen. Eine Mosaik, die mehr sagt, als manche Museums-Mosaik. Aber nun bin ich matt und müde geworden und Sie müssen mich, ehe ich Sie freigebe, noch bis an meine Lieblingsstelle begleiten.«

Es war dies eine von einer Trauereresche dicht überwachsene, ziemlich in der Mitte des Kirchhofes gelegene Bank, in deren unmittelbarer Nachbarschaft ein prächtiger und durch besondere Schönheit ausgezeichneter Granitwürfel mit Helm und Schwert hoch aufragte.

»Wem gilt es?«

»Einem Freunde. Ja, das war er mir. Und daß ich es gestehe, mehr noch als das. Und dann kam das Leben, um uns zu trennen. Aber diese frühesten Eindrücke bleiben, wenigstens einem Frauenherzen. Fast ein Menschenalter ist darüber hingegangen (ich war noch ein halbes Kind damals) und wär' ich gestorben, wie's mein Wunsch und meine Hoffnung war, so hätt' es auch auf meinem Grabsteine heißen dürfen: ›Hier ruht das unschuldige Kind.‹ Aber ich starb nicht und that was alle thun und vergaß oder schien doch zu vergessen. Ob es gut und ob ich glücklich war? Ich habe kein Recht zu Konfidenzen. Aber es wurde mir doch eigen zu Sinn, als ich vor drei Wochen zum ersten Male diesen Kirchhof betrat und nach so viel zwischenliegender Zeit und ohne jede Spur von Ahnung, welches Wiederfinden meiner hier harren würde, diesem Denkmal und diesem mir so teuren Namen begegnete.«

»Was trennte Sie? Können Sie's erzählen?«

»Eine Frau in meinen Jahren kann alles erzählen, ihre Fehler gewiß und ihre Fehltritte beinah. Aber erschrecken Sie nicht, ich bin allezeit entsetzlich conventionell und immer auf der graden Straße gewesen, fast mehr als mir lieb ist. Es heißt zwar, die Straße sei zu bevorzugen und es mache glücklich, auf einen glatten Lebensweg zurückblicken zu können. Und ich will es nicht gradezu bestreiten. Aber interessanter ist der Rückblick auf ein coupiertes Terrain.«

———

So sprachen sie weiter und während ihr Gespräch noch andauerte, hatte sich ihnen der alte Meßner genähert, zwei Stocklaternen in der Rechten und einen großen Kirchenschlüssel an einem Lederriemen über den Arm gehängt.

»Was giebt es?«

»Ein Begräbnis, gnädige Frau. In a Viertelstund' müssens da sein. A Kind wie a Engel. Aber G'vatter Tod isch a Kenner un wenn er kann, nimmt er nichts schlechts. I werd' a paar Stühl' zurecht stelle für die gnädge Frau und den Herrn Gemoahl.«

»Nicht doch, Meßner, der Herr da ist nicht mein Gemahl. Er ist schon ein Witwer und hat abgeschlossen.« Und dabei malte sie mit dem Sonnenschirm in den Sand.

»Hätt i doch g'dacht, Sie wär'n a Paar, un a stattlich's un glücklich's dazu, so gut passe Sie zusammen. Und so charmant; besunners die gnädge Frau.«

»Aber Meßner, Sie werden mich noch eitel machen … Eine Frau in meinen Jahren …«

»Ach, die Jahre sind nichts, das Herz ist alles. Und so lang es hier noch schlägt, hat keiner abgeschlossen. Abschluß giebt erscht der Tod. Aber da kummen's schon. Und's is Zeit, daß i geh un die Lichter ansteck.«

Indem auch hörte man schon Gesang von der Straße her und nicht lange mehr, so sahen sie den Zug die Steinstufen heraufkommen, erst die Chorknaben, mit Kerzen und Weihrauchbecken, und dann der Geistliche in seinem Ornat. Dahinter aber der Sarg, der von sechs Trägern, zu deren Seite sechs andere gingen, getragen wurde. Und hinter dem Sarg her kamen die Leidtragenden und zwischen den Gräbern hin bewegte sich alles auf die Kirchhofskapelle zu.

»Sollen wir uns anschließen?«

»Nein,« antwortete sie. »Ich denke, wir bleiben, wo wir sind; es ist mir, als müßt' es mich dadrinnen erdrücken. Aber mit unserem Ohre wollen wir folgen, die Thür steht auf und die Luft ist so still. Und ich glaube, wenn wir aufhorchen, so hören wir alles.«

Und dabei flog ein Schmetterling über die Gräber hin und aus der Kirche her hörte man die Grabresponsorien.

Er nahm ihre Hand und sagte: »Die Tote drinnen vorm Altar predigt uns die Vergänglichkeit aller Dinge, gleichviel ob wir in der Jugend stehen oder nicht. Uns gehört nur die Stunde. Und eine Stunde, wenn sie glücklich ist, ist viel. Nicht das Maß der *Zeit* entscheidet, wohl aber das

Maß des *Glücks*. Und nun frag' ich Sie, sind wir zu alt um glücklich zu sein?«

»Um abgeschlossen zu haben?«

»Es ist ein sonderbarer Zeitpunkt, den ich wähle,« fuhr er fort, ohne der halb scherzhaften Unterbrechung, in der doch ein gefühlvoller Ton mitklang, weiter zu achten. »Ein sonderbarer Zeitpunkt: ein Friedhof und dies Grab. Aber der Tod begleitet uns auf Schritt und Tritt und läßt uns in den Augenblicken, wo das Leben uns lacht, die Süße des Lebens nur um so tiefer empfinden. Ja, je gewisser das Ende, desto reizvoller die Minute und desto dringender die Mahnung: nutze den Tag.«

―

Als die Ceremonie drinnen vorüber war, folgten beide dem Zuge durch die Stadt und eine Woche später wechselten sie die Ringe. Verwandte, Freunde waren erschienen. Bei dem kleinen Festmahl aber, das die Verlobung begleitete, trat eine heitere Schwägerin an Braut und Bräutigam heran und sagte: »Man spricht von einem Motto, das Eure Verlobungsringe haben sollen. Oder doch der Deine, Marie.«

»Kannst Du schweigen?«

»Ich denke.«

»Nun denn, so lies.«

Und sie las: ›Eine Frau in meinen Jahren‹.

Onkel Dodo.

(1886.)

Es war im Hochsommer, als ich in Beantwortung eines an einen gutsbesitzenden Freund gerichteten Briefes folgende Zeilen empfing:

»*Insleben* a. Harz, den 20. Juli.

Lieber Freund! Es freut sich alles hier, Dich wieder zu sehen, am meisten meine Frau, die nun mal von den großstädtischen Neigungen und Gewohnheiten nicht lassen kann. Du wirst auf der Veranda die herkömmlichen Dreistunden-Gespräche mit ihr führen und neben Litteratur und Theater vielleicht auch die kirchliche Controverse mit bekannter Unparteilichkeit beleuchten. Aber sei nicht zu gerecht. Frauen sind für Parteinahme, versteht sich, wenn es ihrer Partei zu gute kommt. Um diese Plaudereien, so denk' ich mir, wirst Du nicht herum kommen, auch kaum herum kommen *wollen*, wenn Du nicht inzwischen ein anderer geworden bist. Im übrigen, und dies ist die Hauptsache, werden wir sorglich im Auge behalten, was Dich zu uns führt: Du sollst von niemandem gestört werden, und ganz Deiner Erholung leben können. Sollte sich ein anderer Besuch einfinden, was nicht wahrscheinlich, aber bei der Nähe des Harzes und seiner sommerlichen Anziehungskraft immerhin möglich ist, so kennst Du ja unser Haus, und weißt, daß es Raum genug hat, sich darin zurückziehen zu können. Karoline vereinigt ihre Grüße mit den meinigen. Auch die Kinder freuen sich, und sind im voraus angewiesen, ihr Gepolter auf Flur und Treppen zu mäßigen. Komme denn also, je früher, je besser, und je länger, je besser. Ich denke, Du sollst alles finden, was Du suchest, am meisten aber Ruhe.   Dein Otto.«

Zwei Tage später traf ich in Insleben ein, und freute mich, die lieben Gesichter wieder zu sehen. Alle Kinder traten an: Albert, der Aelteste, war gewachsen, Alfred hatte sich embellirt, Arthur desgleichen, und nur Leopold, der Jüngste, hatte nach wie vor sein gutmütig, breites Gesicht und seine Sommersprossen. Am meisten aber erfreuten mich Alice und Maud, die zu kleinen Damen herangewachsen waren. Es fehlte nicht an den üblichen Scherzen und Vergleichen, denn mein Freund, wie der Leser bereits bemerkt haben wird, hatte bei der Namensgebung an seine Kinder die britische Königsfamilie als Muster genommen. Ja, es war ein glückliches Wiedersehen, der Hausherr zeigte sich unverändert in seiner Freundschaft, und die noch schöne Mutter erschien unter ihren Kindern immer nur als die älteste Schwester. Auch die Plauderlust war geblieben, und wir saßen gleich am ersten Abend noch auf der Veranda, als das Dorf schon schlief und in dem ausgedehnten Parke vor uns nichts weiter hörbar war, als das Wasser, das über ein Wehr fiel. Alles war so still und die Lampe vor uns flackerte kaum.

Es war sehr spät, als ich treppauf in meine Stube ging. Sie hatte nur ein breites Fenster, ein sogenanntes Fall- oder Schiebefenster, an das ich mich nun setzte. Der Blick war derselbe wie von der Veranda aus, aber schöner und freier, und ich sah in die Sterne hinauf, und atmete höher und tiefer. Und bei jedem Atemzuge war mir, als ob ich Genesung tränke. Dann ging ich zu Bett, und die lieblichen Bilder der eben erst durchlebten Stunden setzten sich in meinem Traume fort. Ich sah grüne Wiesen, und Maud und Alice beim Reifenspiel, und die Reifen flogen bis an den Himmel und fielen nicht wieder nieder. Und auf einer Graswalze saß die schöne Frau und sah dem Spiele zu, das die Mädchen mit einem leisen Gesange zu begleiten begannen. Aber die Mutter verbot es: »Er schläft, und wir wollen ihn nicht wecken, auch nicht mit Gesang.«

Ich war früh auf, ging durch den Park, und hatte den ganzen Tag über ein Gefühl, als ob sich mein Leben nach dem Traume der letzten Nacht gestalten solle: Kein lauter Ton traf mein Ohr, und Alt und Jung übte die Rücksicht, mich frei schalten und walten zu lassen. Ich wußte wohl, wem ich dies alles, und damit zugleich ein rascheres Fortschreiten meiner Reconvalescenz zu danken hatte. Luft und Licht heilen und Ruhe heilt, aber den besten Balsam spendet doch ein gütiges Herz.

———

Es war noch keine Woche vergangen und ich fühlte mich schon ein durchaus anderer. »Du bist ja wie ausgetauscht,« sagte Freund Otto beim Morgenkaffee. »Ich denke, Karoline, wir dürfen ihm jetzt ein zweites Frühstücks-Ei verordnen. Und noch eine Woche, dann kriegt er einen gerösteten Speck. Und haben wir Dich erst bei dem Mausebraten, so haben wir Dich auch in der Falle und Du kommst so bald nicht wieder fort.«

Ich stimmte zu, nahm an der Heiterkeit von ganzem Herzen Teil und machte, nachdem ich mich auf eine halbe Stunde verabschiedet hatte, meinen gewöhnlichen Morgenspaziergang. Als ich zurückkam, war der Frühstückstisch noch nicht abgeräumt, vielmehr fand ich das Ehepaar über Briefen, die mittlerweile vom Postboten abgegeben waren. Einige dieser Briefe reichte Otto zu seiner Frau hinüber. Ich konnte deutlich wahrnehmen, daß sich ein Lächeln um ihren Mund zog, als sie die eine Handschrift erkannte. Bald aber sah ich auch, daß sie mich von der Seite her anblickte, wie wenn sie mir etwas nicht ganz Angenehmes mitzuteilen habe. Sie besann sich aber wieder und sagte halblaut zu ihrem Manne: »Es wird schon gehen, Otto,« was dieser durch ein Kopfnicken bestätigte. Trotzdem konnt' ich den ganzen Tag über eine gewisse Zerstreutheit an ihr bemerken, zugleich eine größere Heiterkeit, als ihr sonst wohl natürlich war und die, weil nicht ganz natürlich, mit Anflügen leiser Verlegenheit wechselte. Dies alles entging mir nicht, aber ich legte kein Gewicht darauf und erst am anderen Morgen war es mir zweifellos geworden, daß man ein Geheimnis vor mir habe.

Der Tag war heiß, dazu hatte mein Zimmer die Vormittagssonne; links neben dem Fenster aber lag alles in Schatten und an diese Schattenstelle schob ich jetzt Tisch und Stuhl und las. Freilich nur kurze Zeit. Eine Müdigkeit überfiel mich, die mir freilich unendlich wohl that und um so wohler, als ich darin ein neues Zeichen wiederkehrender Genesung sah. So that ich denn das Buch aus der Hand und lehnte mich in den Stuhl zurück. In dieser Lage mocht' ich zehn Minuten oder auch mehr in einem erquicklichen Halbschlummer zugebracht haben, als ich durch ein lautes Getöse geweckt wurde, laut, wie wenn die wilde Jagd die Treppe herauf käme. Und eh ich mich noch zurechtfinden konnte, ward auch schon die Thür aufgerissen und der jüngste Sommersprossige stürzte mit dem Ruf auf mich zu: »Er ist da, er ist da!«

»Wer denn?«

»Onkel Dodo.«

Ich wußte nicht, wer Onkel Dodo war, war aber verständig genug, mich ohne weiteres zu freuen. »Ei, das ist schön,« sagte ich.

»Freilich,« rief der Junge. »Freilich ist das schön.«

Und damit war er wieder hinaus.

Eine Viertelstunde später kam der Diener, um mich zum

zweiten Frühstück zu rufen. Es sei heut etwas früher, weil der »alte Herr« eben angekommen sei.

»Onkel Dodo?«

»Zu Befehl.«

»Aber sagen Sie, Friedrich, wer ist das?«

»Das ist der Mutter-Bruder der gnädigen Frau. Regierungs- und Baurat. Aber schon lang a. D.«

»Verheiratet?«

»Nein. Alter Junggesell.«

»Nun gut. Ich komme gleich.«

Und da man auf dem Lande nicht warten lassen darf, am wenigsten, wenn ein Besuch angekommen ist, so war ich in fünf Minuten unten und wurde vorgestellt.

Onkel Dodo schüttelte mir die Hand und lachte herzlich. »Sie werden mir vorgestellt, aber ich nicht Ihnen. Meine liebe Karoline behandelt mich immer wie eine historische Person, die man kennen muß. Sagen wir wie Bismarck. Und ich habe doch nur *dies* hier mit ihm gemein.« Und dabei wies er auf die Stirn. »Aber ich meine nicht den Kopf. In *dem*, mein lieber Doktor, ist er mir über.«

»Ich bin ohne Titel, Herr Regierungsrat, absolut ohne Titel.«

»Desto besser! Uebrigens was ich sagen wollte, Kopf hin, Kopf her, es braucht nicht jeder ein Gehirn zu haben wie Kant oder wie Schopenhauer. Oder gar wie Helmholtz. Sie kennen Helmholtz? Der soll die größte Stirnweite haben, noch mehr als Kant, der im Uebrigen mein Liebling ist, von wegen dem kategorischen Imperativ. Aber das lassen wir bis später, das sind so Gespräche für eine Nachmittagspartie nach dem Waldkater oder der Roßtrappe. Denn es ist dummes Zeug, daß man unterwegs oder beim Steigen nicht sprechen solle. Gerade da. Das dehnt aus und der Sauerstoff strömt nur so in die Lunge. Natürlich muß man eine Lunge haben. Nu, Gott sei Dank, ich hab' eine. Und

Du auch, Leopold, nicht wahr, Junge? Wer Sommersprossen hat, wird doch wohl eine Lunge haben? Hast Du?«

»Freilich, Onkel. Aber hast Du uns auch was mitgebracht?«

»Prächtiger Kerl, Praktikus. Vor *dem* ist mir nicht bange. Natürlich hab' ich was mitgebracht, natürlich. Und hier ist der Schlüssel, dieser dritte, und nun lauf' auf mein Zimmer und schließe den Reisesack auf und pack' aus. Ich komme gleich nach und werd' alles verteilen, an Gerechte und Ungerechte. Oder seid Ihr alle Gerechte? Oder alle Ungerechte?«

»Ungerechte, Onkel.«

»Das ist brav, Ungerechte! Die Gerechtigkeit ist blos für die Komik. Da hab' ich vorigen Winter was gelesen, ich glaube, ›die drei gerechten Amtmänner‹ … «

»Kammmacher,« verbesserte Karoline.

»Richtig, Kammmacher. Versteht sich, versteht sich, Kammmacher. Amtmänner ist Unsinn, Amtmänner sind nie gerecht … Aber da kommt ja der Lammbraten. Das ist brav, Karoline. Du kennst meine schwache Seite; Lammbraten, er hat so viel Alttestamentarisches, so was Ur- und Erzväterliches.« Und dabei nahm er Platz und band sich die Serviette vor. »Aber nicht aus der Keule, lieber Otto,« fuhr er fort. »Wenn ich bitten darf, eine Rippe, das heißt ein paar; ich bin fürs Knaupeln und was am Knochen sitzt, ist immer das Beste.«

So sprach er weiter, und weil ihn das Sprechen und Knaupeln ganz in Anspruch nahm, konnt' ich ihn, ohne daß er's merkte, gut beobachten. Er mochte Mitte fünfzig sein, eher drüber als drunter, und konnte füglich als das Bild eines alten behäbigen Garçons gelten. Er war ganz und gar in blanke graue Leinwand gekleidet, die fast einen Seidenschimmer hatte; die Weste war derartig weit ausgeschnitten, daß man hätte zweifeln können, ob er überhaupt eine trüge, wenn nicht vorne, ganz nach unten zu, zwei kleine Knöpfe mit einem dazugehörigen Stück Zeug sichtbar geworden wären. Auch der Rock wirkte zeugknapp und fipperich, eine seiner Seitentaschen aber, aus der ein großes Taschentuch heraushing, stand weit ab und das wenige blonde Haar, dessen er selbst schon scherzhaft erwähnt hatte, war in zwei graugelben Strähnen links und rechts hinter das Ohr gestrichen. Demohnerachtet – wie schon die seidenglänzende Leinwand verriet – gebrach es ihm nicht an einer gewissen Eleganz. Um den Hemdkragen, der halb hochstand, halb niedergeklappt war, war ein seidenes Tuch geschlungen, vorn durch einen Ring zusammengehalten, während auf seiner fleischigen und etwas großporigen Nase eine goldene Brille saß. Letztere war in gewissem Sinne das wichtigste Stück seiner Ausrüstung. Er nahm sie beständig ab, sah sich, zugekniffenen Auges, die Gläser an, zog aus der abstehenden Tasche sein Taschentuch und begann zu reiben, zu hauchen und wieder zu reiben. Dann fuhr er mit dem Tuche nach der Stirn, tupfte sich die Schweißtropfen fort und setzte die Brille wieder auf, um nach fünf Minuten denselben Prozeß aufs neue zu beginnen. Alles übrigens, ohne seinen Redestrom auch nur einen Augenblick zu unterbrechen.

An mir schien er allmälig ein Interesse zu nehmen und befragte mich nun mit seinen Augen. Aber es war kein eigentlich schmeichelhaftes Interesse, sondern nur ein solches, das ein Arzt an seinem Kranken nimmt. Er hatte schon gehört, daß ich Angegriffenheits halber aufs Land gekommen sei, was, neben einiger Mißbilligung, viel Heiterkeit in ihm wachgerufen hatte. »Das kenn' ich, das kenn' ich; das sind diese modernen Einbildungen. Ich habe mir von diesen nervösen Herrchen erzählen lassen. Denke Dir, Karoline, von einem hab' ich gehört, er könne nur in blau leben und in rot schlafen. Ei, da bin ich doch besser dran, ich sage

Dir, ich schlafe den ganzen Tuschkasten durch. Uebrigens mit diesem hier ist es nicht so schlimm. Er hat sich verweichlicht und ist blos deshalb nicht recht im Zug. Aber sein Material ist gut und ich will von heut ab von Thee und englischen Biscuits leben, wenn ich ihn nicht in acht Tagen wieder auf die Beine bringe. Laß mich nur machen. Er muß nur erst wieder Vertrauen zu sich selbst fassen, und einsehen lernen, daß er, wenn nötig, einen Baum ausreißen kann. Es sind das Patienten, die durch wohlthätigen Zwang, oder, wenn Du willst, durch den kategorischen Imperativ, durch eine höhere Willenskraft wieder hergestellt werden müssen.«

Ich war gleich nach dem gemeinsam eingenommenen Frühstück auf mein Zimmer zurückgekehrt und ohne jedes Wissen und Ahnen, welches Gespräch inzwischen über mich geführt wurde, hatte ich doch ein sehr bestimmtes Gefühl, daß nach Eintreffen dieses Besuches meine glücklichen Tage gezählt seien. Ich empfand, daß ein Wirbelwind in der Luft sei, der mich jeden Augenblick fassen könne, und so warf ich mich in einen Lehnstuhl und seufzte: »Meine Ruh' ist hin.«

Es schien aber fast, als ob ich mich geirrt haben sollte, die nächsten Stunden vergingen stiller und ungestörter, als gewöhnlich, und eine flüchtige Hoffnung überkam mich, meine Situation doch für schlimmer und verzweifelter als nötig angesehen zu haben. Ich las also wieder, schrieb einen langen Brief und fütterte die Vögel, die sich auf mein Fensterbrett gesetzt hatten – dann vernahm ich von fern her das Rufen des Kukuks und frug ihn: »wie viel Tage bleib' ich noch?« »Kukuk« und dann schwieg er wieder. »Nur *einen* Tag.« Das schien mir doch zu wenig und ich mußte lachen!

Eine halbe Stunde später klangen die bekannten drei Schläge zu mir herauf, die regelmäßig zu Tisch riefen, denn im Hause meines Freundes wurde nicht geläutet, sondern mit einem Paukenstocke gegen ein chinesisches oder mexikanisches Schild geschlagen. Es war immer, als begänne der Opferdienst in Ferdinand Cortez.

Ich beeilte mich wie gewöhnlich, war aber doch der letzte (Maud ausgenommen, die dafür einen strafenden Blick erhielt) und gleich danach wahrnehmend, daß Onkel Dodo den Arm der Hausfrau nahm, nahm ich Maud am zweiten Finger ihrer linken Hand und sagte: »Daß Du mich gut unterhältst, Maud.«

»Geht nicht. Und ist auch nicht nötig.«

»Aber warum nicht?«

Ich fühlte, wie sie, während ich so fragte, mit dem Finger schelmisch in meiner Handfläche kribbelte. Zugleich hob sie sich auf die Zehenspitzen und flüsterte mir zu: »Onkel Dodo.«

Natürlich war es so, wir verstanden uns und kaum, daß sie das aufschlußgebende Wort gesprochen hatte, so nahmen wir auch schon unsere Plätze, die nicht mehr dieselben waren, wie die Tage vorher. Ich saß heute zwischen Maud und Alice, der Hausfrau gegenüber, die wiederum ihrerseits zwischen ihrem Gatten und Onkel Dodo placirt war, oder auch sich selber placirt hatte. Das Tischgebet, das sonst, trotz tiefwurzelnden Rationalismus im Inslebener Herrenhause Haussitte war, fiel aus Rücksicht für Onkel Dodo fort, der, um ihn selber redend einzuführen, »solche Kinkerlitzchen« nicht liebte.

Wir hatten unsere Servietten eben erst auseinandergeschlagen, und uns über die große schöne Melone, die der Gärtner uns auf den Tisch gesetzt hatte, noch nicht ganz ausbewundert, als ich auch schon wußte, weshalb wir im Hause, zwischen Frühstück und Mittag, drei stille Stunden verlebt hatten: Onkel Dodo war mit den vier Jungen im Park gewesen, um in einem breiten stillen Wasser, das hier floß, ein paar neue, für Alfred und Arthur mitgebrachte Angelruten zu probieren. Sie hatten auch 'was gefangen, einen fetten Aland, der jetzt als zweites, etwas fragwürdiges Gericht in Aussicht stand.

Alles ließ sich gut und heiter an und Onkel Dodo vor allem, nachdem er die Serviette bandelierartig umgeknotet und seine Brille, zu vorläufiger Rast, unter den Rand der Melonenschüssel geschoben hatte, konnte füglich als ein Bild des Frohsinns und Behagens gelten. Und ihm war auch so, wie er aussah. Als er aber den dritten Löffel Suppe genommen hatte, zog er sein Sacktuch aus der Tasche, wischte sich die Schweißtropfen von Stirn und Nasensattel und sagte, während er sich ostentativ fächelte: »Kinder, es ist reizend bei Euch, aber eine kannibalische Hitze: wenn ich nicht Maud und Alice vis-à-vis hätte, würd' ich glauben, in einem russischen Bade zu sitzen. Oder doch in einem römischen, was um einen Grad anständiger und civilisierter ist. Ich bitte das Fenster aufmachen zu dürfen.«

Und er wollte sich erheben. Aber Karoline sagte: »Du mußt verzeihen, lieber Onkel, unser Freund ist Reconvalescent und sehr empfindlich gegen Zug.«

Onkel Dodo lachte. »Zug, Zug. Es ist noch kein halbes Jahr, daß ich mit einem Australier, einem älteren Herrn aus Melbourne oder Sydney, von Meiningen nach Kissingen fuhr. Charmanter Kerl, noch frisch trotz seiner fünfzig. Er sagte mir, daß er alle zwei Jahre herüber käme, Geschäfte halber, und das erste Wort, das er jedesmal höre, wäre ›es zieht.‹ Und gleich darauf würd' alles herunter gelassen und hermetisch verschlossen. Ja, liebe Karoline, so sprechen Australier über Deutschland, Antipoden, Papuas und halbe Känguruhvettern. Und was das schlimmste ist, sie haben recht. Es giebt viele Lächerlichkeiten, aber das lächerlichste ist die Furcht vor dem Zug. Und damit müssen wir brechen. Denn was ist Zug? Zug ist eine Art Doppel-Luft. Und nun frag' ich Dich, ist eine Doppelkrone schlechter als eine einfache? Besser ist sie. Was gut ist, wird in der Steigerung besser.«

Ein paar Fensterflügel waren inzwischen aufgemacht worden, und Onkel Dodo, nachdem er ein paar Luftzüge gethan und tief aufgeatmet hatte, fuhr fort: »Ich halte Luft für das nötigste Bedürfnis, anregend und nervenstärkend und bei Tisch ersetzt es mir den Tischwein. Und nun noch eins, lieber Doktor, worüber wir uns notwendig verständigen müssen. Ich hasse nichts mehr, als Zudringlichkeit mit Ratschlägen, lasse grundsätzlich alles gehen und kümmere mich um nichts, aber dies Unbekümmertsein hat schließlich seine durch Moral und Christenpflicht gezogenen Grenzen und wenn ein Kind über einen Schießplatz laufen will, so halt' ich es zurück, und wenn einer auf dem Punkt ist, zu sticken, so bring' ich ihn aus der Stickluft ins Freie. Doktor, Doktor, ich bitte Sie! Drinnen in der Stadt laß ich es mir gefallen, laß ich mir *alles* gefallen; gut, gut, ich bin kein Tyrann. Aber Sie sind jetzt grad' eine Woche hier, hier am Fuße des Harzes, und fürchten sich vor Luft? Unerhört, unbegreiflich. Um was sind Sie denn hier? Um Bilder und Bücher willen? Oder um die Wache heraustreten zu sehen, wenn eine Prinzessin vorbeifährt? Um was geht man denn aufs Land? Um frischer Luft willen. Und nun haben Sie sie, können sie jeden Augenblick in vollen Zügen trinken und wollen den Erfrischungsbecher, um dessentwillen Sie hier sind, freventlich zurückschieben. Ich sehe wohl, ich bin zu rechter Zeit gekommen. Und wäre ich gleich hier gewesen, so säh' es bereits anders mit Ihnen aus. Luft, Wasser, Bewegung, – alles andere ist Gift. Ich wecke Sie morgen früh und dann beginnen wir unsere Kur. Um sechs Uhr ein Bad, natürlich kalt, daß uns die Zähne klappern, und dann abgerieben, bis wir rot wie die Krebse sind, und dann angezogen und eine Stunde durch den Park. Und danach das Frühstück. Und wenn wir dann morgen Mittag einen Zug hier haben, daß die Servietten flattern, als hingen sie noch draußen auf der Leine – glauben Sie mir, es thut Ihnen nichts. Immer nur Courage haben und Vertrauen zu sich selbst. In jedem von uns steckt ein Held und ein Weichling, und es ist ganz in unseren Willen gegeben, ob wir's mit der Kraft oder mit der Unkraft halten wollen. Ich habe meine Wahl getroffen und hab' auch schon manchen bekehrt. Und nun sind *Sie* dran, das heißt am Bekehrtwerden zu Kraft und Genesung und in vierzehn Tagen ist es Ihnen gleich, ob wir einen Nordost oder eine Windstille haben.«

Ich blickte verlegen vor mich hin und sagte dann, er habe gewiß recht und ich wolle auch keinen Versuch machen, ihn mit eigener Weisheit zu widerlegen. Ich berief mich nur auf den Sprüchwörter-Schatz deutscher Nation und erlaubte mir, ihm zwei davon in Erinnerung zu bringen: »alte Bäume dürften nicht verpflanzt werden«, das sei das eine, und das andere: »aus einem Hasen sei kein Löwe zu machen.«

Er lachte herzlich, und fuhr dann seinerseits fort: »Hören Sie, Doktor, das gefällt mir. Sie sagen, aus einem Hasen sei kein Löwe zu machen. Sehen Sie, wer sich so preisgiebt, mit dem hat es noch gute Wege. Ja, Doktor. Und dann, was heißt Hase? Seien Sie nur ein richtiger, ein richtiger Hase könnt' Ihnen Muster und Vorbild sein. Immer wachsam, immer im Kohl und wenn's Not thut, anderthalb Meilen in zehn Minuten. *Eine* solche Force-Tour und Sie sind für immer aus der Misère heraus.«

»Ich glaub' es.«

»Und Sie sind für immer aus der Misère heraus,« wiederholte Onkel Dodo mit Nachdruck, ohne meiner leisen Verspottung zu achten.

Ich hatte so gesessen, daß ich bei Schluß der Mahlzeit ein Reißen in der ganzen rechten Seite fühlte, schwieg aber und führte Maud auf die Veranda, wo jetzt der Kaffee genommen wurde.

Dies war ein reizender, von wildem Wein überwachsener Platz, nach vorn hin offen, mit einem freien Blick auf einen quadratischen und von einer Böschung eingefaßten Teich. Auf dem Wasser schwammen Schwäne, und eine Strick-Fähre führte nach der von Baumgruppen umstellten Parkwiese hinüber, die sich jenseits des Teiches dehnte. Weit zurück aber, und über einen abschließenden Waldstrich hinweg, ragte der Brocken auf, mit seinem in der klaren Luft deutlich erkennbaren Brockenhause. Nähe und Ferne gleich schön. Um den Tisch her standen Garten- und Schaukelstühle, und Alice, die die Häusliche war, goß den Kaffee in die kleinen Meißner Tassen. Ein Diener reichte herum, während ein zweiter, ein Tablett in der Hand, je nach Wahl einen Cognac oder Allasch oder ein Basler Kirschwasser in die kleinen Krystallgläschen schenkte. »Ah, das ist gut,« sagte Onkel Dodo. »Ich hasse, was sich ›Likör‹ nennt, und wenn er auf ›sette‹ endigt, so hass' ich ihn doppelt. Es hat etwas Französisches, etwas Süßliches, ein Anisette, ein Noisette, ein Rosette. Aber wo die gebrannten Wasser anfangen, fang' ich auch an. Wasser ist immer gut, gebrannt oder nicht. Ah, ein delikates Kirschwasser …«

In diesem Augenblick sah er, daß ich dankte. »Präsentieren Sie dem Doktor nur noch 'mal; er wird schon nehmen. Ein solcher Rachenputzer ist auch ein kategorischer Imperativ. Er hat 'was Männliches und sonderbar, ich bin abhängig von solchen Dingen. Ich kann Freundschaft halten mit Leuten, die sich einen Rettig oder einen Limburger aufs Brod legen, und zwei, drei Nordhäuser herunter kippen, aber ich könnte nicht Freundschaft halten mit einem Manne, der von Baiser-Torte lebt und Crème de Cacao nippt.«

Ich verneigte mich gegen ihn und sagte, daß ich ihm darin vollkommen beipflichtete. Nichts destoweniger könnt' ich ihm nicht zu Diensten sein, ich hätte sehr empfindliche Membranen und mein Zäpfchen entzündete sich leicht.

Er lachte wieder. »Ein Zäpfchen. Und nun gar ein entzündetes Zäpfchen. Aber woher das alles? Alles von dem unglücklichen Flanell und den Binden und Bandagen, die schon auf dem Fechtboden ein Unsinn sind und nun mit doppelter Watte mit ins Philisterium hinüber genommen werden. Immer Tücher und Kravatten, heute seidene, morgen wollene, ja, einen kannt' ich, der beständig ein rotes Florett-Band trug, wahrhaftig, wie, wegen geheimnisvollen Mordes, vom Scharfrichter appliciert. Und es war noch ein Glück, daß ihm's die Leute nicht zutrauten und auch nicht zutrauen konnten, denn er war die größte Milchsuppe, die mir in meinem Leben vorgekommen ist. Ich bitte Sie, was soll Ihnen die hohe Kravatte, die Sie da tragen und die vielleicht noch gefüttert ist. Ein Kopf muß so frei sitzen, wie wenn er sagen wollte: ›hier bin ich.‹ Das kleidet. Und dazu braucht man einen uneingeschnürten Hals, einen Hals au naturel. Ein entzündetes Zäpfchen. Hab' ich je so was gehört! Aber lassen wir's. Und nun sage mir, Otto, fahren wir in den Wald oder bleiben wir?«

»Ich denke, wir bleiben,« bat Alice.

»Ja, Kind, das ist leicht gesagt, wir bleiben. Aber was nehmen wir vor? Wir können hier doch nicht vier Stunden auf der Veranda sitzen und darauf warten, ob die Brockenhaus-Fenster in der untergehenden Sonne glühen werden oder nicht.«

»O wir spielen.«

»Spielen. Gut; meinetwegen. Aber *was* mein kleiner Schatz, was? Ist eine Kegelbahn da?«

Der Hausherr zuckte die Achseln.

»Dacht' ich's doch. Ich glaube, Otto, Du hältst das Kegeln für nicht fein und vornehm genug, ist Dir zu spießbürgerlich und ärgerst Dich, wenn die Kugel so hindonnert und der Junge, der im besten Fall immer nur ein Hemd und eine Hose anhat, alle Neune schreit. Aber Du hast unrecht, Otto. Nichts ist fein oder unfein an sich, es kommt lediglich darauf an, wozu wir die Dinge machen oder wie wir uns dazu stellen. Das Allergewöhnlichste kann auch wieder das Aparteste sein. Ich sage Dir, eine gute Kegelpartie geht über alles: Rock und Weste weg und den Gurt angezogen und nun die Kugel in der flachen Hand gewogen, als ob es die Weltkugel wär' oder die Schicksalskugel und es hinge Leben und Sterben dran. Und nun richtig aufgesetzt und siehe da, alle Hälse recken sich und am weitesten *der*, der an dem schwarzen Schreibebrett sitzt, und ›baff‹, da liegen sie wie gemäht. Und nun werden die alten Kegelwitze laut und der alte Conrektor sagt: ›wie Grummet sah man unsere Leute die Türkenglieder mähn‹. O, ich sage Dir, Otto, das ist wohl hübsch. Aber Du willst nicht und so haben wir denn blos die Wahl zwischen Boccia und Cricket.«

»Boccia,« sagte Maud.

»Ich bin für Cricket,« unterbrach Onkel Dodo, »trotzdem es englisch ist und alles Englische mir wider den Strich geht. Aber Cricket ist was gutes, (mehr als Boccia) und da heißt es denn aufpassen und die Beine in die Hand nehmen. Ich schlage den Ball und der Doktor muß laufen und ich freue mich schon kindisch darauf, ihn laufen zu sehn. Er muß laufen bis er fällt und wenn er, drüben auf der Wiese, die paar hundert Schritt zwischen dem Teich und der Sonnenuhr erst ein Dutzend Mal auf und abgelaufen ist und sich den rechten Arm beim Ballwerfen dreimal verrenkt hat, so hat er gar kein Zäpfchen mehr und trinkt morgen ein Basler Kirschwasser mit mir um die Wette und übermorgen ein Danziger Goldwasser.«

Und während er noch so sprach, war schon alles die Böschung hinab ins Boot und die Kinder zogen am Strick, bis die Fähre drüben landete. Dann kam das Spiel, an dem ich anfangs widerwillig, dann aber vergnüglich teilnahm, bis der Abend da war. Alles hatte mich erfreut und erquickt, und ich stand einen Augenblick schon auf dem Punkt, mich mit meinem Schicksal, das doch nicht so schlimm sei, zu versöhnen. Als ich aber um die neunte Stunde, wie gewöhnlich, in mein Zimmer hinauf wollte, legte sich eine schwere Hand auf meine Schulter, eine Hand, die mich gleich fühlen ließ, wessen sie war, und Onkel Dodo sagte mit jener Miene von Wohlwollen und Bestimmtheit, der nicht zu widerstehen war: »O nicht doch, Doktor, Sie dürfen noch nicht zur Ruhe. Ich habe schon mit Otto gesprochen und die Kinder folgen und tragen die Fackeln.«

»Aber, mein Gott, was giebt es? Soll wer begraben werden?«

»Im gewissen Sinne, ja. Wir wollen nämlich Hechte stechen, ich habe Harpunen mitgebracht.«

Als ich um Mitternacht den Tag überdachte, war es mir, als hätt' ich bis zu dem Erscheinen Onkel Dodos in Insleben nicht länger als anderthalb Stunden, nach seinem Erscheinen aber wenigstens anderthalb Wochen zugebracht. Es schwirrte mir der Kopf und ich wußte nur nicht, ob ich mehr betäubt war von dem, was mir die letzten vierundzwanzig Stunden gebracht hatten, oder mehr in Angst und Sorge vor dem, was mir mutmaßlich bevorstand. So viel war gewiß, aus dem stillen Schäferspiel war im Handumdrehen eins jener unruhigen Verwechslungs- und Verwandlungsstücke geworden, in denen an der Hinterkulisse der Bühne wenigstens drei Thüren und drei Fenster sind, in die beständig aus- und eingegangen oder hinaus- und hineingeklettert wird und unter jeder Tischdecke hockt einer und in jedem Kleiderschranke hat sich einer versteckt.

Im übrigen schlief ich leidlich und war gleich nach sechs auf. Am Frühstückstische traf ich Onkel Dodo, der sich allerpersönlichst unter eine Flut von Vorwürfen stellte, und zwar darüber, daß er die schönste Tageszeit verschlafen habe. Als ich ihm erwiderte »es sei ja kaum sieben« überkam ihn wieder einer seiner großen Heiterkeitsanfälle, die jedesmal etwas Elementares hatten. »Erst sieben« prustete er heraus. »Auf dem Lande, ... drei Stunden nach Sonnenaufgang, ... und *erst* sieben.« Endlich zur Ruhe gekommen, schlug er das zu seinem Frühstück gehörige rohe Ei mit der Spitze auf und sagte, während er es ziemlich geräuschvoll in einem Zuge austrank: »Freu' mich über Sie. Sie haben seit gestern Mittag ordentlich Farbe gekriegt und ich sag' Ihnen, noch drei Tage und Sie wundern sich über sich selbst und kommen sich, Pardon, selber höchst komisch vor, 'mal von Zug und Zäpfchen gesprochen zu haben. Ein entzündetes Zäpfchen. Kapital; wundervoll! Aber wenn geholfen werden soll, so muß System in die Sache kommen. Ich kann Sie nicht mit einem bißchen Cricket kurieren und auch nicht mit Hechtstechen. All das laß ich mir als hors d'œuvre gefallen, aber ohne Regelmäßigkeit in der Anwendung der Mittel giebt es keine Kur. Es trifft sich gut, daß unsere liebenswürdigen Wirte für den Augenblick nicht zugegen sind, und so schlage ich denn vor, wir machen ein Programm, oder, wenn Sie wollen einen Stundenplan. Denn in der That, eine jede Stunde muß herangezogen werden. Und da denk' ich mir denn ... aber bitte, schieben Sie mir das kalte Huhn heran, ich will es noch mal damit versuchen. Karoline sprach von jungen Hühnern; nun gut, sie mag es so nennen, aber alt und jung ist ein dehnbarer Begriff und ich darf sagen, ich habe jüngere gegessen. Otto, der beste Mensch von der Welt, hat hundert Vorzüge, nur Gourmand ist er nicht. Ich auch nicht, aber ich kann wenigstens ein altes Huhn von einem jungen unterscheiden.«

Ich lachte, was ihm wohlthat, denn er hatte das Bedürfnis, seine Jovialität auch anerkannt zu sehen. »Ah, Sie lachen. Sehen Sie, das gefällt mir. Sie wissen, im Mittelalter, in den alten Zeiten, als der Aberglaube und der schwarze Tod Arm in Arm über die Welt gingen, wenn da wer nieste, so galt es als ein gutes Omen und unser einfaches ›Zur Gesundheit‹ soll sich aus jenen Zeiten herschreiben. Aber was ist das Niesen gegen das Lachen! Und so viel ist gewiß, wenn ich einen herzlich lachen höre, so möcht ich ihm immer ›zur Gesundheit‹ zurufen. Ja, Doktor, gratulor. Sie sind jetzt wirklich Rekonvalescent und ich biete jede Wette, daß ich in acht Tagen Staat mit Ihnen mache. Denn Sie haben auch die Tugend, gehorsam zu sein.«

Ich wollte mich dagegen verwahren, er schnitt mir aber die Gelegenheit dazu nicht nur durch eine Handbewegung, sondern auch durch ein lauteres Sprechen seinerseits ab und fuhr fort: »Also das Programm. Unser Sechs-Uhr-Bad haben wir versäumt und ein Bad unmittelbar nach dem Frühstück geht nicht. So geb' ich Sie denn bis neun Uhr frei. Sie sehn, ich bin nicht so schlimm, wie Sie vielleicht meinen. Auch weiß ich recht gut, ein Mann wie Sie, will sich mal sammeln oder einen Brief schreiben. Nicht wahr? Ich seh's Ihnen an, daß Sie viel Briefe schreiben, eine schreckliche Angewohnheit und wer sie mal hat, wird sie nicht wieder los. Also bis neun. Und um neun gehen wir eine Stunde spazieren, halten uns an dem Inslebener See hin und nehmen das versäumte Frühbad nach … Sie schwimmen doch?«

Ich schüttelte den Kopf.

»Ei, ei. Aber es thut nichts, und wenn etwas passiert, ich kann tauchen und hole Sie wieder herauf. Unser *zweites* Frühstück nehmen wir dann unmittelbar nach dem Bade. Für den Platz lassen Sie mich sorgen. Keine tausend Schritt hinter dem See liegt der Burgberg, hundertachtzig Stufen, etwas steil; da klettern wir hinauf, setzen uns auf eine Steinbank und haben das schattige Buchengezweig über und die sonnige Landschaft vor uns: erst den See mit dem breiten Rohrgürtel und den wilden Enten, die beständig auffliegen und niederfallen, mal schwimmen und mal tauchen und bei dieser Gelegenheit ihres Daseins besseren Teil in den blauen Himmel strecken. Und dann kommt ein Wind über den See und fächelt uns an und schüttelt die Bucheckern vom Baum, wenn es schon welche giebt, ich bin meiner Sache nicht sicher, und dabei sitzen wir und verzehren ein Sool-Ei und überfliegen den blauen Strich der Berge bis zu dem alten Brocken hinauf, der mit seinem Backofen-Profil die ganze Vorgrundsherrlichkeit überragt.«

Ich sah ihn verwundert an, ihn mit so viel poetischer Emphase sprechen zu hören, aber er wiederholte nur »… der die ganze Vorgrundsherrlichkeit überragt und was am meisten in Betracht kommt, uns mit aller Dringlichkeit einlädt, ihn zu besuchen. Und er soll nicht lange mehr auf uns warten. Heut ist es zu spät; wir haben (mir immer wieder ein Vorwurf) die besten Stunden verschlafen, aber morgen, morgen. Wir machen's in einem Tag und bei Sonnenuntergang sind wir wieder zurück.«

»Aber der Sonnenuntergang ist ja gerade das Beste.«

»Thorheit. Erstens ist der Mittag ebenso gut wie der Abend, und wenn es blendet, was vorkommt, so setzen wir eine blaue Brille auf. Und dann zweitens, und das ist die Hauptsache: ›das Ziel ist nichts und der Weg ist alles‹, ohne welche Wahrheit und Reiseweisheit die ganze Brockenreputation sich keinen Sommer lang halten könnte. Denn haben Sie schon je wen gesprochen, der vom Brocken aus 'was gesehen hätte? Ich nicht. Und ist auch nicht nötig. Worauf es ankommt, das sind die Stationen: in Hohenstein einen Wachholder, auf der steinernen Rinne was Belegtes, in Schierke zwei Seidel und auf dem Brocken zu Mittag. Aber im Freien. Und wenn es dann so fegt und bläst und man erst seinen Reisestock und dann einen Stein aufs Tischtuch legt, damit es nicht weggeblasen wird, sehen Sie, Doktor, *das* ist die Freude, darin steckt die Genesung. Ob Sie die Türme von Magdeburg sehn, ist gleichgültig und hat noch keinen gesund gemacht. Aber der Wind. Im Wind steckt alles; kennen Sie die Geschichte von Christus und Petrus? Ohne Wind wär' alles Pest und Tod. Es wär' eine mephitische Welt, wenn der Wind nicht wäre. Hab' ich recht? Der Wind ist die Gesundheit und das Leben, und es wundert mich, daß die Griechen keinen großen Windgott gehabt haben. Einen kleinen hatten sie.«

Ich bestätigte.

»Nun sehn Sie. Ja, der Wind, auf den kommt es an und haben Sie *den* erst lieb gewonnen, so wollen Sie jeden dritten Tag hinauf. Und so weit bring' ich Sie noch. Und wenn mal ein Wetter kommt und einen in die Hütte treibt, zu Köhlervolk oder andern blutarmen Leuten, und wenn man dann das Wasser aus dem Schuh gießt und sich einen Friesrock anzieht, bis alles wieder an einer langen Ofenstrippe getrocknet ist, – sehen Sie, Doktor, das heißt leben und Leben genießen. Und so was müssen wir als Ziel im Auge behalten. Aber das alles ist Zukunftsprogramm, und vorläufig und für heute (Sie werden doch nicht ausspannen) sind wir noch auf dem Burgberg und begnügen uns mit ihm und marschieren, statt auf den Brocken, in weitem Bogen auf die Pfarre zu, wo wir Hochwürden, ich wette zehn gegen eins, bei seiner Zeitung treffen werden.

Ein charmanter Mann, nur ein bißchen zu seßhaft und nicht los zu kriegen von seinem knarrigen Reitstuhl ... Ich glaube, er bildet sich wirklich ein, er säße zu Pferde ... Nun, da haben wir denn unser Gespräch. Er hält zu Falk und will nicht nach Canossa. Sie doch auch nicht? Aber ich will Sie nicht in Verlegenheit bringen. A propos, haben Sie denn schon die Inslebener Kirche gesehen und die Gruft?«

»Nein.«

»Nun, dann muß der Küster aufschließen und Sie müssen wohl oder übel vom Pastor aus – der uns, wenn er nicht zu bequem ist, dabei begleiten kann – in die Gruft hinabsteigen und die Mumien sehn. Das ist eine Besonderheit dieser Gegenden und eigentlich unaufgeklärt. Und sie liegen da (denn es sind ihrer mehrere) wie noch lebendig und die Haut giebt nach und macht eine Kute, wenn Sie mit dem Finger drauf drücken ... Und dann zurück und zu Tisch ...«

»Könnten wir nicht vielleicht,« unterbrach ich, »erst in die Gruft steigen und *dann* in die Pfarre ...«

»Meinetwegen. Versteh, versteh. Ist Ihnen fatal, von der Mumie direkt hier wieder einzutreffen und gleich danach zu Tische zu gehn. Aber ich bitte Sie, Doktor, wie kann man so feinfühlig sein? Da hört zuletzt alles auf und Sie können kein belegtes Butterbrod essen, wenn zufällig einer begraben wird.«

»Kann ich auch wirklich nicht.«

»Prachtvoll. Was im Zeitalter der angegriffenen Nerven alles vorkommt ... Aber wie Sie wollen ... Erst in die Gruft also und *dann* zum Pastor. Und dann nach Haus und zu Tisch.«

»Und dann?«

»Ich denke, wir überlassen das der historischen Entwicklung.«

»Offen gestanden, mich persönlich würd' es beruhigen, genau zu wissen, was vorliegt, und was in Sicht steht.«

»Gut. Meinetwegen auch das. Und so schlag' ich denn vor, wir bestimmen Otto, gleich nach Tisch den Pürschwagen anspannen zu lassen. Er stößt etwas, aber das gehört mit dazu. Dann besuchen wir den alten Oberförster. Er ist froh, wenn er mal ein anderes Gesicht sieht. Und dann in den Wald hinein oder noch besser draußen am Wald entlang. Es ist jetzt freilich nicht viel los und die Hirsch' und Rehe schreiten einher wie im Paradiese (beiläufig, ich habe solche Bilder gesehen, ich glaube in Florenz) aber in drei Stunden wird doch wohl 'was zum Schuß kommen. Vesper fällt aus und für einen Nordhäuser sorgt der Oberförster. Das ist wichtig, denn bei Sonnenuntergang wird's kühl. Und dann nach Haus, wo uns die Jungens erwarten. Und ich glaube mit Sehnsucht. Denn wir wollen am Abend noch ein Feuerwerk abbrennen, auf der Liebesinsel, immer vorausgesetzt, daß der gute Otto, wegen seiner Eremitage, nichts dagegen hat. Und nun Gott befohlen. Ich sehe, daß Friedrich uns schon auf die Finger kuckt und abräumen will. Und hat auch recht. Alle Wetter, schon acht … Au revoir, Doktor. In einer Stunde draußen auf dem Vorplatz. Aber präcise, präcise.«

―――

Der Tag verlief programmmäßig und die Dämmerung war längst angebrochen, als wir nach mehrstündiger Fahrt im Walde, durch die hier und da schon ein paar Lichter zeigende Dorfstraße heimkehrten und vor dem etwas zurückgelegenen Herrenhause hielten. Ich war zu Schuß gekommen, selbstverständlich ohne zu treffen, Otto dagegen hatte zwei Birkhühner in seiner Jagdtasche. Schon auf der Vortreppe sahen wir uns von den Kindern umringt, die, voll Eifer und unter beständigem Ausschauen nach ihm, auf die

Rückkehr des Onkels gewartet hatten. Dieser kannte nichts Schöneres, als solche Neugier und Ungeduld und war gleich wieder unten, um den Kasten mit Feuerwerk auf eine kleine Gondel zu verladen, auf der man, unter Benutzung eines, vom Teich aus, durch alle Partieen des Parkes sich hinschlängelnden Grabens, bis an die ziemlich weitab gelegene Liebesinsel fahren wollte. Was nicht Platz hatte, ging zu Fuß und benutzte die kleine Bogenbrücke. Die Aufregung, in der sich alles befand, gestattete mir, unbemerkt im Hintergrunde zu bleiben und mich auf mein Zimmer zurückzuziehen. Ich war todmüde von dem Bad und dem Pastor und dem Pürschwagen und warf mich aufs Sofa und schlief ein.

Eine Stunde mochte ich so geschlafen haben, als ich von einem seltsamen Summen und Dröhnen erwachte. Mein erster Gedanke war, daß es Kopfweh sei, vielleicht von Erkältung, und so ging ich denn auf das noch offenstehende Fenster zu, um es zu schließen. Aber wie war ich überrascht und erschrocken, als ich im selben Augenblick einen Feuerschein über den Parkbäumen wahrnahm und nun auch in aller Deutlichkeit hörte, daß es die Feuerglocke war, die mir das Summen und Dröhnen im Kopfe verursacht hatte. Da hinaus lag die Liebesinsel und keine fünfzig Schritte weiter rechts standen die Dorfscheunen am Rande des Parkes hin. Ich lief treppab, um zu fragen; aber niemand war da, den alten Hühnerhund abgerechnet, der mir, von seiner Binsenmatte her, wedelnd entgegenkam und mich ansah, als ob er fragen wolle, ›was denn eigentlich los sei?‹ »Ja, Caro, wer es wüßte! Ich weiß es auch nicht.«

So trat ich denn, um doch etwas zu thun, auf die Veranda hinaus, zählte die dumpfen, langsamen Schläge, die sich fortpflanzten und mitunter war es mir, als ob auch von

Bins- und Minsleben her die Sturmglocke dazwischen klänge.

So horchend und zählend, sah ich endlich, daß Maud und Alice den schräg über die Parkwiese laufenden Kiesweg herunterkamen. Gott sei Dank. Und nun sprangen sie, während sie schon von drüben her grüßten, in die Strickfähre und zogen sich bis zu mir herüber.

»Ich bitt' Euch Kinder, was giebt es?«

»Alles schon vorbei.«

Und nun erzählten sie, daß eine der Onkel Dodoschen Raketen auf das alte Dach der Eremitage gefallen und in Folge davon der ganze Rohr- und Rindenbau rasch niedergebrannt sei. »Wir kriegen nun eine bessere,« sagte Alice. »Papa war auch in Sorge der Scheunen halber und Alfred lief, um die Spritze zu holen. Und deshalb haben sie gestürmt. Es war aber eigentlich nicht nötig.«

»Und die Mama?«

»Nun die kriegte natürlich ihren Weinkrampf. Als aber Onkel eine Nessel ausriß und sie damit schlagen wollte, weil er sagte, ›das hülfe,‹ da schlug es um und sie kriegte nun ihren Lachkrampf und gleich darauf erholte sie sich wieder.«

»Und kommen sie bald?«

»Ich wundre mich, daß sie noch nicht da sind.«

Ich meinerseits hatte nicht Lust, der Entwickelung dieser Tragikomödie beizuwohnen und bat deshalb die Kinder, mich bei den Eltern entschuldigen zu wollen. Ich hätte Kopfweh. Und unter diesen Worten zog ich mich auch wirklich zurück und schlief bald ein. Aber es war kein rechter Schlaf. Immer sah ich eine Rakete steigen und dann gab es einen Puff und dann fielen drei Leuchtkugeln nieder und dazwischen stürmte die Feuerglocke. Menschen sah ich nicht, mit Ausnahme Frau Karolinens, die, weißgekleidet und weinend, auf einer Rasenböschung saß und vor ihr Onkel Dodo mit einer Nessel. Ich konnte den Traum nicht abschütteln und war froh als ich um fünf Uhr aufwachte. »Früh, sehr früh.« Aber es paßte mir gerade, daß es so früh war, und rasch aufspringend, zog ich mich an und ging auf die Veranda hinunter, wo die beiden Ehegatten um Punkt sechs Uhr ihr erstes Frühstück zu nehmen pflegten.

Ich wollte mit ihnen allein sein und ihnen mein Herz ausschütten.

Es war gut geplant und auch wieder nicht. Denn eigentlich hätt' ich den Mißerfolg, der meiner harrte, voraussehen müssen. Ich fand nämlich Onkel Dodo bereits vor und wurde von ihm mit scherzhaften Vorwürfen darüber überschüttet, erst beim Feuerwerk, dann beim Feuer und zuletzt bei der Condolenz gefehlt zu haben. Ich entschuldigte mich, so gut es ging, und da Freund Otto mir von der Stirn herunterlesen mochte, daß ich allerlei zu sagen hätte, was Onkel Dodo nicht hören solle, so nahm er diesen beim Arm und sagte: »Komm, ich muß Dir noch unsre neue Torfmaschine zeigen. Für den Doktor, wie Du ihn nennst, ist es nichts.«

Und so gingen sie.

Karoline wies auf einen Schaukelstuhl und klingelte, daß man mir den Kaffe bringe. Dann sah sie mich freundlich an und sagte: »Nun, was giebt es, lieber Freund? Ich sehe, Sie haben 'was auf dem Herzen und ich will es Ihnen leicht machen. Ich fürchte, Sie wollen fort.«

»Ja, meine teuerste Freundin.«

»Und keine Möglichkeit?«

»Keine ... Denken Sie doch, er will mich in die Berge schleppen. Auf den Brocken und in einem Tage hin und zurück. Und überall ein Goldwasser oder ein Kirschwasser. Und ich mache mir aus beiden nichts. Und was soll ich auf dem Brocken? Er sagt ja selber, daß man nichts sehen könne. Und im Freien will er mit mir zu Mittag essen und wir sollen einen Stein auf das Tischtuch legen, damit es nicht fortfliegt. Ich bitte Sie ...«

Sie lachte herzlich und sagte dann: »Sie müssen fester sein und eigensinniger und nicht gehorchen.«

»Ach, meine teuerste Freundin,« nahm ich wieder das Wort »Sie wissen ja selbst, daß das nicht geht. Einem unleidlichen Menschen gegenüber hat man ein leichtes Spiel, man kann ihm aus dem Wege gehn oder ihm in seiner Sprache antworten und er wird sich weder groß darüber wundern, noch es einem sonderlich übel nehmen. Aber gegen die Bonhommie giebt es kein Mittel. Es ist damit – Pardon, Ihr eignes Haus ist liberal und ich bin es auch – es ist damit, wie mit dem Liberalismus: er ist *immer* gut, schon um seiner selbst willen, ob er nun passen mag oder nicht. Und wer da widerspricht oder auch nur leise zweifelt, ist ein schlechter Mensch. Es giebt nichts Schrecklicheres als die Menschheitsbeglücker par force, die gewaltsam heilen, helfen oder gar selig machen wollen. Ich habe nichts gegen das Seligwerden, aber, um den ewig alten Satz zu citieren, wenn's sein kann auf *meine* Façon. Und so möcht' ich auch geheilt werden auf meine Façon. *Des*halb kam ich hierher, *des*halb zu Ihnen, teure Freundin, die Sie gelernt haben, die Freiheit des Individuums zu respektieren. Oder auch nicht gelernt haben, denn dergleichen lernt man nicht; das Beste hat man immer von Natur. Und deshalb war ich so glücklich hier. Es ist mir hier immer, als fiele ein leiser sommerlicher Sprühregen vom Himmel und nehme mich unter seinen weichen und wohligen Mantel. Ja, teure Freundin, so war es auch diesmal wieder. Da, mit einem Male bricht Onkel Dodo herein und alles ist hin. Er hat nicht den weichen und wohligen Mantel, der Ruh und Frieden oder doch äußere Stille bedeutet, er hat nur Dr. Fausts Sturmmantel, der überall hinfegt und segelt, und je schneller es geht und je mehr Zug und Wind es giebt, desto schöner dünkt es ihm. Ich habe nichts dagegen; es mag für *ihn* passen, aber nicht für *mich*. Und so will ich denn fort, heute noch. Um zwölf geht der Zug von Halberstadt. Ich denke, wenn ich um elf Uhr fahre, komm ich gerade zu rechter Zeit. Oder sagen wir lieber um halb elf.«

Frau Karoline nahm meine Hand. »Ich sehe schon. Es sind ja nur vierzig Minuten von hier bis an den Bahnhof, aber Sie zittern schon bei der bloßen Möglichkeit einer Zug-Versäumnis. Und so will ich Sie nicht weiter bitten. Im September ist Kaltwasser-Congreß in Wiesbaden, wohin der Onkel unweigerlich geht. Und so glaub' ich mich denn, (immer vorausgesetzt, daß Sie wollen,) dafür verbürgen zu können, daß Sie den Faden, den Sie heute selbst durchschneiden, um jene Zeit ungestört wieder anknüpfen können. Der Herbst ist unsre beste Zeit und Sie sind wie Sie wissen, immer le bienvenu. Und nun geben Sie mir den Arm, daß wir noch einen Spaziergang machen. Ich habe noch allerhand Fragen auf dem Herzen: die Kinder müssen aus dem Haus, Albert gewiß und auch Alfred und Arthur. Aber ich schwanke noch, wohin und bin außerdem, aus Prinzip, gegen denselben Ort und dieselbe Schule für alle drei. Da hängen sie dann zusammen und leben sich in sich hinein, anstatt sich aus sich heraus zu leben.«

Und damit fuhren wir auf die Parkwiese hinüber und gingen in Geplauder den schräglaufenden Kiesweg hinauf, auf dem am Abend vorher, Alice und Maud in fliegender Hast herabgekommen waren.

Es war eine mich erquickende halbe Stunde, denn ich kenne nichts Schöneres, als den Einblick in eine ruhige, von keiner Leidenschaft getrübte Frauenseele. Als wir von unsrem Spaziergange heimkehrten, empfingen uns die

Kinder und alles war Glück und Friede. Die Freundin übernahm es, mit Otto zu sprechen. »Und um elf Uhr der Wagen« schloß sie. »Nicht früher.«

———

Und nun schlug es elf und mit dem Glockenschlag erschien Friedrich auf meinem Zimmer, um meinen Koffer in den Wagen zu tragen. Ich folgte rasch, nahm Abschied von den Kindern, groß und klein, die mich auf dem Hausflur unten umstanden, und trat, einigermaßen erregt und bewegt, auf die Freitreppe hinaus, auf der ich Karolinen und Otto bereits erkannt hatte. Wer aber beschreibt mein Erstaunen, als ich neben ihnen Onkel Dodo stehen sah, der eben ein paar dänisch lederne Handschuh anzog und dadurch andeutete, daß er mich begleiten wolle. Mein nicht geringer Schrecken wurde nur durch das Komische seiner Erscheinung einigermaßen wieder ausgeglichen. Er hatte nämlich, Tags vorher, seinen breitkrämpigen Strohhut verloren und sich in Folge davon unter Ottos Vorrat eine höchst merkwürdige Kopfbedeckung ausgesucht, die, gerade Mode, zwischen Bienenkorb und Feuerwehrhelm die Mitte hielt und mit der alten Krämpentradition ein für allemal gebrochen zu haben schien. Ich wollt' ihn darauf hin ansprechen, er aber, mit jener Hast und Quickheit, der meine Langsamkeit nicht annähernd gewachsen war, überholte mich und teilte mir in abwechselnd kurzen und dann wieder weit ausgeführten Sätzen mit, daß er vor dreizehn Minuten ein Telegramm erhalten habe, wonach, gegen Erwarten, *morgen* schon der Delegiertentag der »Turner und Hygienisten von Ober- und Nieder-Barnim« abgehalten werden solle. Natürlich in Eberswalde. Da dürfe er nicht fehlen, und zwar um so weniger, als, unter Anlehnung an den Doktor Tanner'schen Fall, die Frage nach der Nahrungsfähigkeit des Wassers in einer Comité-Sitzung zur Erörterung kommen solle. Für ihn persönlich stehe die Sache fest und bedürfe nur noch gewisser Einschränkungen. Ueber sogenanntes »Himmelswasser,« eine von ihm herrührende Bezeichnung, unter der er, namentlich in Gebirgsgegenden, Regen und Thau verstehe, möge sich, hinsichtlich seiner Nährkraft, streiten lassen, aber was Fluß- und Quell- oder gar Teich- und Seewasser angehe, so sei dasselbe seiner Natur nach ein *Infusum*, ein Aufguß, sozusagen *Erd*-Thee, drin sich, verdünnt oder auch concentriert, der Nahrstoff aus hunderttausend Wurzeln befinde. Gott sei Dank werde man Ende September, in Wiesbaden, in der Lage sein, der Frage näher zu rücken und endgültige Beschlüsse zu fassen.

Die letzten Worte, von lebhaften Gestikulationen begleitet, wurden schon auf dem Wagentritt gesprochen und kaum daß wir saßen und unsere Hüte noch einmal zum Abschied gelüftet hatten, als auch die Pferde bereits anzogen und uns vom Hof hinunter in das Dorf und gleich danach in die fruchtbare, mit Fabriken und Rübenfeldern überdeckte Landschaft hinaustrugen.

»Eine prächtige Brise,« sagte Onkel Dodo während ich gerade den Rockkragen in die Höhe klappte.

Beinah gleichzeitig mit uns, fuhr, von der andern Seite her, der Zug in den Bahnhof ein und in dem Menschenknäuel und einer ächten Bahnhofsverwirrung auseinander gekommen, erfüllte mich eine Minute lang die Hoffnung, in ein Nichtraucher-Coupee retirieren und so vielleicht entwischen zu können … Aber Onkel Dodo war auch Nichtraucher und da saßen wir denn, unserer Versicherung nach, wieder glücklich beisammen und »freuten« uns, nicht getrennt worden zu sein. »Bis Berlin hin,« begann er, »läßt sich schon 'was reden. Wir haben übrigens durchgehende Wagen. Es ist Ihnen doch Recht, meine Damen, wenn ich Luft mache?«

Diese letzten Worte waren an vier Damen gerichtet, die klugerweise, bereits die Rücksitze des Wagens eingenommen hatten. Und so kam ich denn an das offne Fenster und hatte die frische Luft eines Schnellzuges aus erster Hand. Ich hätte protestieren und auf Schließung wenigstens *eines* Fensters dringen können, aber ich kannte meinen Partner zu gut, um mich auf Erfolglosigkeiten einzulassen.

Um sechs trafen wir auf dem Friedrichsstraßen-Bahnhof ein. Eine geplante »gemeinschaftliche Droschke,« – die übrigens, bei dem mir längst angeflogenen Kopf- und Zahnreißen, ziemlich irrelevant gewesen wäre – ging an mir vorüber und Gott sei Dank *einsamen* Betrachtungen über »les défauts des vertus« der besten Menschen hingegeben, fuhr ich, zwischen den Pferdebahngeleisen der Dorotheenstraße, dem Tiergarten und meiner Wohnung zu.

Wie sich denken läßt, harrte meiner eine fiebrige Nacht. Am andern Morgen aber, als ich mich matt und angegriffen, an meinen Frühstückstisch setzte, fand ich bereits, unter Kreuzband, eine kleine Sendung vor. In der linken Unterecke stand Onkel Dodos Namen, mit der Zubemerkung: »In Eil.« Es waren zwei von ihm selbst verfaßte Brochüren, eine kleinere: »In balneis salus« und eine größere, die den Titel führte: »Beiträge zur Wiederherstellung des Menschengeschlechts.« Aber auch hier war ein Stück Latinität nicht vergessen, und sowohl das Motto wie die Schlußzeile der Brochüre lautete: mens sana in corpore sano.

Wohin?

(1888.)

»Ja, liebe Leontine, Du mußt Dich nun entscheiden, entscheiden *wohin*? Ich habe nicht Lust immer das Nachsehen zu haben und bei der ›Teilung der Erde‹, wenigstens so weit Bäder und Kurorte mitsprechen, immer wieder in den Himmel einer Dachstube zu kommen. ›So oft Du kommst, er soll Dir offen sein.‹ Das ist für Dichter, aber nicht für unserein. Erinnere Dich an Kissingen und unsere Debütnacht über dem Hühnerstall. Und all das immer für teuerstes Geld und immer noch um Gottes Willen. Ich habe das satt … Also *wohin*, Leontine?«

»Lieber James, ich bitte Dich, quäle mich nicht mit diesem ewigen ›wohin‹? Ich werde nachgerade nervös, wenn ich das Wort höre. Wir sind erst Ende Mai, haben also noch mindestens sechs Wochen. Uebrigens was heißt Hühnerstall und Himmel und Dachstube? Das sind Redensarten. Was Du so nennst, war ein Unterschlupf auf 24 Stunden, und den nächsten Tag hatten wir einen Salon. Es eilt wirklich nicht. Niemand bleibt schließlich ohne standesgemäße Wohnung, am wenigsten aber ein hoher Steuerzahler, wie Du.«

»Mache mir nicht Komplimente, Leontine, mache Vorschläge.«

»Nun denn: *Misdroy*.«

»Kennst Du Misdroy?«

»Nein. *Wenn* ich es kennte …«

»… Würdest Du vorsichtiger sein, am wenigsten aber mit ihm anfangen. Davon sei überzeugt. Denn wie steht es mit Misdroy? Misdroy hat erstens mehr Berliner als Berlin und zweitens, was doch bei Deinem Teint eine Rolle spielt, mehr Mücken als Berlin. Ostsee-Muskitoküste, nordisches Kamerun. Und was doch auch in Betracht kommt, wenn ich im Bade bin, will ich im Bade sein und nicht an der Börse. Ja mehr, Leontine, wenn ich Dir die Wahrheit sagen soll, ich geh überhaupt nur ins Bad, um die lieben alten Gesichter *nicht* zu sehen.«

»Worin ich Dir ausnahmsweise zustimme«, lachte Leontine. »Und so lassen wir denn Misdroy fallen und nehmen Norderney.«

»Gut. Das läßt sich hören. Aber andererseits bedenke, Norderney liegt nicht viel besser als Helgoland. In Emden zu Schiff und dann 4 Stunden auf See. Und 4 Stunden heißt allemal 6 Stunden. Und dann stößt das Schiff und die See rollt. Und Du wirst seekrank werden.«

»Ich werde *nicht* seekrank werden oder doch immer noch präsentabel. Glaube mir, James, der Wille thut viel dabei, wenn nicht alles. Auch *das* sind Erziehungssachen. Und schließlich, *wenn* ich es würde, so würde mich das nicht abschrecken, ein solches Opfer zu bringen, denn Norderney, um Dir's offen zu gestehen, gehört zu meinen angenehmen Erinnerungen. Und ich bin lange genug verheiratet, um mehr oder minder angenehme, jedenfalls aber poetische Erinnerungen gerne wieder aufzufrischen …«

»Ich bitte Dich, Leontine.«

»Ja, James, *poetische* Erinnerungen, trotzdem oder vielleicht auch *weil* ich damals noch ein halbes Kind war, nicht viel älter als unsre Lulu. Denke Dir, jeden Nachmittag, gleich nach Tisch, hatten wir eine Kegelpartie …«

»Dergleichen haben wir in Wilmersdorf auch. Selbst in Halensee …«

»Mit nichten, mon ami. Denn erstens war es ein Kegelspiel in den Dünen, mitten unter Strandhafer und blauen Disteln …«

»Nicht übel.«

»Und zweitens war das, was wir da hatten, keine landläufige Berliner Kegelbahn mit einem Brett und einer Rinne, daran man sich, wenn man nicht aufpaßt, immer einen Splitter einreißt, und einer von den Breslauer Ephraims (ich glaube der Lotterie-Inspektor) ist daran gestorben, sondern die Kugel hing an einem merkwürdigen altfriesischen Schiffstau, ganz so wie wir früher in unsrem Garten einen Ring an einer grünen Korde hatten, einen Messingring, der, wenn man's verstand, immer in einen an einem Birnbaum angebrachten Haken fiel. Und genau so fiel da die Kugel in die Kegel. Aber man mußte richtig zielen, und ich entsinne mich, daß Alfred Meyer, damals ein reizender Junge von kaum 17 und doch schon mit einem kleinen Schnurrbart, dreimal hintereinander alle Neune warf.«

»Wohl möglich, Leontine. Ja, sogar wahrscheinlich. Später freilich hat er Konkurs gemacht und ist nach Amerika gegangen. Und wenn er wirklich solch Kegelvirtuose war, wie Du ihn mir schilderst, so wird er wohl eine Tabagie drüben haben. Vielleicht am Niagara, dicht am großen Fall.«

»Du weißt, James, ich liebe solche Späße nicht, am wenigsten auf Kosten von Personen, die mir in meiner Jugend lieb und wert waren. Ich habe nicht die Prätension, meinen Willen durchzusetzen, man kann auch *das* verlernen, aber Du hast mich aufgefordert Vorschläge zu machen und Reiseziele zu nennen. Und dem bin ich nachgekommen. Und nun sage mir, was hast Du gegen Norderney?«

»Nicht das geringste. Wenn Du also willst, so nehmen wir Norderney. Warum nicht? Es ist schließlich keine Karaiben-Insel von anthropophagem Charakter und die wilden Triebe sowohl der einheimischen wie der eingewanderten Bevölkerung, die Hoteliers an der Spitze, sollen mehr auf

Gut als auf Blut gerichtet sein. Also, ich wiederhole, warum nicht Leontine? Aber so hübsch Du mir eben das Kegelspiel beschrieben hast, so find' ich es dennoch für fünf Wochen etwas zu wenig. Um so mehr, als ich fest überzeugt bin, daß ich niemals dreimal hintereinander alle Neun werfen werde.«

»Nein,« sagte sie mit jenem Ausdruck von Spott, darin Frauen, ihren Ehemännern gegenüber, allemal Meister sind. »Nein, James, *das* wirst Du nicht.« Und in ihrer plötzlich erwachten guten Laune schien sie grad' einen neuen Pfeil aus dem Köcher nehmen und ihren Triumph durch einen zweiten wohlgezielten Schuß vervollständigen zu wollen, als ein eintretender Diener den Justizrat Markauer meldete.

James ging dem Angemeldeten entgegen, der seinerseits, unter nur leichtem Gruße gegen den Freund, auf die schöne Frau zuschritt und ihr die Hand küßte.

»Geschäfte?« fragte James.

»Nein.«

»Tant mieux. Dann frühstücken wir zusammen. Meine Frau schwärmt eben für Norderney, gegen das ich nichts habe, wenn auch freilich nicht viel dafür. Aber daß sie ›Jugenderinnerungen‹ ins Feld führt, was immer eine schwache Position bedeutet, macht mir die Sache verdächtig. Sie, Markauer, kennen alle Bäder Westeuropas und noch einige mehr. Entscheiden Sie zwischen uns und geben Sie, wenn es sein muß, meinem aus bloßem Friedensbedürfnis geborenen ›Ja‹ die höhere Weihe. Noch schwebt alles. Wie steht es? Raten Sie mir zu diesem jugenderinnerungsreichen Eiland?«

Und während James noch so sprach, schob er seinem Gaste die beiden auf dem Frühstückstische stehenden Karaffen zu. »Port oder Sherry, Markauer? Oder vielleicht lieber Liebfrauenmilch oder Bocksbeutel oder sonst was

Urgermanisches? Wir brauchen uns blos im Spiegel zu sehen, um unsere Spezialberechtigung wenigstens vor uns selber nachgewiesen zu haben.«

Beide lachten, und nur Leontine die nach dieser Seite hin sehr empfindlich und im letzten Winkel ihres Herzens eigentlich Anti-Semitin war, trat an den offenen Flügel und strich mit dem kleinen Finger über die Tasten.

»Also Norderney« wiederholte jetzt James, während er Markauer einschenkte. »Doch jedenfalls dagewesen?«

»Dreimal. Erst 64 als es noch hannoversch war. Und dann 80 und 81.«

»Nun« sagte Leontine, vom Flügel her an den Frühstückstisch zurücktretend. »Lassen Sie hören, Freund. Aber vergessen Sie nicht, daß ich Sie kontrolieren und mit Hilfe davon in jedem Augenblick feststellen kann, ob Sie falsch Zeugnis reden. Also wenn ich bitten darf, ohne Parteinahme.«

»Gewiß, liebe Freundin. Aber werde ich pardonniert werden, wenn ich die Wahrheit sage?«

»Sie *sollen* sie sogar sagen. Ich liebe Wahrheit bis zur Leidenschaft. Es ist die Leidenschaft meiner reiferen Jahre ...«

»Von denen Sie nicht sprechen dürfen, am wenigsten im Zusammenhange mit dem voraufgegangenen und Gott sei Dank trostreicheren Worte ...«

James lachte, Markauer aber fuhr fort: »Nun also Norderney. Beginnen wir mit der Bodenbeschaffenheit. Da haben wir Dünensand, neuerdings intermittierend mit einem in allen drei Aggregatzuständen auftretenden Dünger. Oder wenn Sie wollen, Guano. Norderney soll nämlich à tout prix in einen Fruchtgarten umgewandelt werden, was mir vom Standpunkte der Agrikultur aus als ein höchst schätzenswertes, vom Standpunkte der Luftverbesserung aus aber als ein höchst fragwürdiges Unternehmen erscheint. Reine Luft ist selbstverständlich das dritte Wort, das man zu hören bekommt, aber nach meinen persönlichen Erfahrungen entstammt die diesen Namen führende, konstant über die Insel hingehende Brise keineswegs dem relativen Neuadel der Familie von Ozon, sondern der viel viel älteren und eigentlich über jede Geschichte hinausgehenden Uradelsfamilie derer von Schwefelwasserstoff. Ich glaube diese Bemerkung ohne Gefahr von Widerspruch machen zu dürfen, denn die Hölle, wenn mich nicht alles täuscht, ist älter, war *vor* dem Himmel …«

»Lassen wir das. Das sind zu schwierige Fragen, selbst für Sie, Markauer.«

»Und vielleicht«, fuhr der Justizrat fort, »ist es in einem gewissen, wenn auch unaufgeklärten Zusammenhange mit dieser hygienischen über Norderney hinstreichenden Luftwelle, daß sich unmittelbar am Strand ein Barackenhotel aufgethan hat, unter dem herausfordernden Namen ›Giftbude‹, wohinter sich selbstverständlich, in feiner Selbstironie, das reinste Gewissen verbergen soll. Aber man kann in der Selbstironie zu weit gehn und ihr ungewollt den Stempel der Selbsterkenntnis aufdrücken.«

»Sehr gut«, unterbrach James.

»Nehmen wir zu dem allem noch eine Musikkapelle mit Lohengrin und Tannhäuser in Permanenz, des weiteren zwei Resedarondelle mit eingestreuten Levkojen und jeden dritten Tag einen Seehund, tot oder lebendig, so haben wir im wesentlichen Norderney. Dann und wann fahren auch Dampfschiffe nach Borkum oder Juist oder Spikeroog, welche Fahrten sich als Vergnügungsfahrten ankündigen und in der That etwas zu versprechen scheinen. Aber nach dem bekannten Satze von den zwei Uebeln, unter denen man das kleinere zu wählen habe, kann ich Ihnen oder Jedem, der es mit seinem Vergnügen ehrlich meint, nur dringlich anraten, auf der Norderneyer

Strandpromenade verbleiben zu wollen. Und dann, meine Gnädigste, muß es denn überhaupt etwas langweilig Meerumgürtetes sein? Wozu der ewige Strand? Ich persönlich bin für Berge, für Alpen, und wenn nicht Rigi, so wenigstens Brocken, und wenn nicht der Brocken, so wenigstens der Oybin.«

»Ja, der Oybin,« unterbrach hier Leontine. »Bei Zittau?«

»Sehr richtig. Brillant orientiert. Kennen Sie den Oybin?«

»Nein. Nicht ich, aber Lulu. Lulu war vorigen Herbst bei Tante Sarah in Zittau, leider nur knappe zehn Tage, weil die Michaelisferien zu kurz sind. Aber als sie wiederkam, hörten wir nichts als Oybin und wieder Oybin. Und Sie kennen ihn auch?«

»Eigentlich nicht, meine Gnädigste, wiewohl ich weiß, daß man eine gewisse moderne Pflicht hat, alles zu kennen, wonach man gefragt wird. Aber der Wahrheit die Ehre. Ich nahm ihn nur so beispielsweise.«

»Nun denn,« entschied James, »da müssen wir notwendig Lulu rufen. Ich entsinne mich, daß wir ihr damals nicht zuhören wollten, denn wer läßt sich gern Aussichten oder Landpartieen beschreiben? Aber nun kommt sie doch noch zu Ehren.«

Und bei diesen Worten ging er an das Telephon und rief in die Kinderstube hinauf: »Lulu. Lulu soll kommen.«

Und nicht lange, so hörte man ein Singen und Trillern auf der kleinen eisernen Treppe, die, sich schlängelnd, vom oberen Stock her in das Wohnzimmer hinabstieg und einen Augenblick danach trat Lulu durch eine Tapetenthür ein, ein 13jähriger Backfisch mit einem dicken rotblonden Zopf, und ging, während sie dem Justizrate die Hand gab, auf den Vater zu, den sie heute noch nicht gesehen hatte. »Guten Tag, Papa. Fräulein Oberlin ist noch oben. Aber es war wieder so furchtbar langweilig, daß ich froh war, als ich Dich rufen hörte.« Und dabei stellte sie sich neben die Lehne des Fauteuils und ziepte den Vater an seinem Backenbart.

»Nein Lulu, nicht so. Gefährde mir nicht das Einzige, was noch festen Grund und Boden unter den Füßen hat. Jedes Haar ist mir heilig. Das verstehst Du nicht, mit Deinem dicken Zopf. Ich habe Dich nicht gerufen, um zu zerstören, sondern um aufzubauen. Wir sitzen hier nämlich im Hohen Rat und Du sollst entscheiden …«

»Ich weiß schon.«

»Was?«

»Was Ihr vorhabt und wozu ich ja oder nein sagen soll.«

»Nun?«

»Die Singhalesen.«

Alle Drei lachten, was Lulu ruhig geschehen ließ, weil sie, die ganze Zeit über, eine zwischen allerhand Jam- und Marmeladenbüchsen stehende Schachtel beobachtet hatte, deren hellrote Frühkirschen ihr entgegenleuchteten. Sie wandte sich dann auch ohne weiteres von des Vaters Stuhl weg, den Kirschen zu, die Steine mit vieler Ungeniertheit in die Hand pustend, während der Justizrat, seine kleinen Schweinsaugen immer kleiner machend, mit einer Art Feierlichkeit sagte: »Singhalesen! Oder was dasselbe sagen will: Zoologischer Garten. Hm. Sollte sich in diesem Kindeswort etwas von höherer Weisheit bergen? Ich glaube beinah. Was kein Verstand der Verständigen sieht … Ja, Lulu, Du hast es getroffen. Oybin. Bah, Oybin ist noch viel zu weit und ich behaupte mit jedem erdenklichen Nachdrucke, dies von unserer Lulu groß und ahnungslos in die Welt geschleuderte Wort ›Singhalesen‹ enthält nicht nur (wenn auch noch verkapselt) das einzig Richtige, sondern deckt sich auch vollkommen mit den Weisheitsanschauungen meines verstorbenen Freundes Meddelhammer.«

Der Justizrat, als er glücklich bis an diese Stelle gekommen war, war natürlich auf dem Punkt, die vorläufig nur ganz allgemein angekündigte Meddelhammer'sche Weisheit in Gestalt einer kleinen Geschichte zum besten zu geben, James aber, der ein kleines Universalgenie war und von Turf und Tattersall an bis zum Aquarell und lyrischen Gedicht hinunter, auf jedem denkbaren Gebiet dilettierte, hatte selbstverständlich auch eine Passion für vergleichende Sprachwissenschaft, Spezialität: Nomina propria, weshalb er alle Reisepläne, ja selbst Oybin und Lulu momentan vergessend, den Justizrat mit einer gewissen Forscherfeierlichkeit interpellierte: »Meddelhammer. Eigentümliche Namensbildung. Ich vermute holländisch.«

»Wohl möglich,« warf der Justizrat leicht hin, der, wie begreiflich, lieber zu seiner Geschichte kommen, als über etwas so Gleichgiltiges, wie Meddelhammers Namensabstammung, Rede und Antwort stehen wollte. James aber ließ nicht los und wiederholte nur: »Eigentümlich. Meddelhammer … Hammer ist bedeutungslos, weil Allerweltswort. Hammer ist Hammer. Aber *Meddel*-Hammer. Was ist Meddel? Meddel kann das englische Middle sein, aber auch Korrumpierung von unsrem deutschen Mädel. Ich muß mit einem Germanisten darüber sprechen. Middle-Hammer ist wahrscheinlicher, aber Mädel-Hammer ist amüsanter. Was meinen Sie, Justizrat, zu Mädelhammer?«

»Ich bitte Dich, James, in Untersuchungen der Art nicht zu weit gehen und lieber auf Deine nächste Nähe Rücksicht nehmen zu wollen. Es ist doch fraglich, inwieweit sich Lulu in die Kirschen vertieft hat.«

»O, sie hat sich gar nicht vertieft« sagte diese. »Sie hat alles gehört. Aber wenn Papa weiter nichts sagt! … Da hab ich doch schon andres von ihm gehört.«

»Ich sehe schon« fuhr James, seinem Pet einen dankbaren Blick zuwerfend, fort »daß mit Eurer Unwissenschaftlichkeit wieder mal nicht auszukommen ist. Ich lasse deshalb alles Sprachuntersuchliche fallen. Und nun sagen Sie mir, Markauer, was war das eigentlich mit Meddelhammer und seiner Reiseweisheit? Erzählbar?«

»O gewiß, wie Sie schon einfach aus seiner Lebensstellung ersehen können. Meddelhammer war nämlich Schulrat und wiewohl ich im allgemeinen gegen Schulräte bin, weil sie sich in Extremen bewegen und entweder greuliche Pedanten oder frivole Cyniker sind (einen kannt' ich, bei dem es vorkam, daß ich errötete, nicht recht zu glauben, aber trotzdem wahr) – also wiewohl ich im allgemeinen *nicht* für Schulräte bin, so war ich doch für Meddelhammer. Wenigstens dann und wann. Und warum? Weil er ganz unschulrätliche, lichte Momente hatte.«

»Merkwürdig.«

»Allerdings. Und nun denken Sie sich, eines Tages begeb' ich mich ins Museum, um mir die pergamenischen Altertümer, (*mir*, offen gestanden, etwas zu viel Leiberverrenkungen) anzusehen und als ich damit fertig bin und im Hinausgehen eben meinen Regenschirm wiedernehmen und mein Zwanzigpfennigstück, ich gebe nie mehr, aber auch nie weniger, in die Büchse thun will, da steht *wer* vor mir? Natürlich Meddelhammer. An und für sich nichts Staunenswertes. Aber *wie* stand er da? *Wie* stand er mir gegenüber? In einem so zu sagen kecken, graumelierten Reiseanzug, mit einem Tyrolerhut auf dem Kopf und einem Krimstecher an der Seite. Dazu Baedecker in der Hand und last not least die Frau Schulrätin mit einem merkwürdig modernen Rembrandthut neben ihm. Alle Wetter, Meddelhammer, sag' ich, wie kommen *Sie* hierher? Aber bitte, wollen Sie mich nicht zunächst Ihrer Frau Gemahlin vorstellen? ... ›Sehr erfreut‹ ... Und in Berlin und in dieser Julihitze. Wir müssen heute 30 Grad haben. Ich dachte, Sie wären in Ostende ...«

»Scheint mir kostenpunktlich etwas zu hoch gegriffen,« unterbrach hier James.

»Kann sein. Aber Meddelhammer schien an dieser Finanz- oder Standeserhöhung keinen Anstoß zu nehmen, nahm mich vielmehr ohne weiteres unterm Arm, was er seit vielen Jahren nicht mehr gethan hatte, weil ich in unserem Entwickelungsgange naturgemäß darauf verzichten mußte, kirchlich oder auch nur politisch ein Gegenstand seines Vertrauens zu sein und sagte, während seine Rätin immer en ligne mit uns vorrückte: ›Lieber Freund, eh' ich Ihnen auf Ihr Erstauntsein antworte, kommen Sie hier mit uns über die Friedrichsbrücke. Da drüben ist ein kapitales Frühstückslokal, in dem ich schon seit 3 Tagen mit meiner Frau das Frühstück nehme. Denn so lange wanken wir hier schon herum. Etwas anstrengend, wie – trotz allem Entzücken, das wir die ganze Zeit über empfunden haben, – nicht bestritten werden soll. Aber dafür sind wir mit dem alten Museum auch fertig; morgen kommt das neue an die Reihe und dann die National-Galerie. Darauf freuen wir uns am meisten. Und dann wollen wir hier herum mit dem Kupferstich-Kabinet den Schluß machen. Die Zeichnungen zu Dante von dem Boticelli sollen ja ganz ersten Ranges sein. Wobei mir einfällt, entsinnen Sie sich noch, Markauer, als wir zusammen Dante lasen? Auf dem Joachimsthal, in Ober-Sekunda. Sie wollten damals Dichter werden?‹ ... Ja, meine gnädigste Frau Leontine, das hielt mir dieser Schulrat in Hörweite zweier Galeriediener vor und ich konnt ihm nicht einmal widersprechen, denn es war die Wahrheit.«

Lulu lachte ganz unbändig. »Onkel Markauer und Dichter werden ... Onkel Markauer ein Dichter! Das ist aber doch zu komisch.«

»Da hören Sie's gnädige Frau. Zum zweiten Male die höhere Kinderweisheit ...«

»Naseweisheit,« korrigierte die Mutter und wollte weiter erziehn. James aber fiel ihr in die Zügel und sagte: »*Jetzt* nicht, Leontine. Keine Unterbrechungen. Markauer muß erst auserzählen. Dann können wir ja das Pädagogische wieder aufnehmen. Also …«

»… Also wir kamen glücklich in dem Restaurant drüben an und etablierten uns in einer Ecke, die Meddelhammer, zu meinem abermaligen größten Erstaunen, berlinisch-menschlich genug war, eine ›schmustrige Ecke‹ zu nennen. Er habe sie schon ausprobiert. Und ich muß sagen, es *war* eine schmustrige Ecke: großes Fenster in einer tief eingebauten Nische und die Spiegelscheibe durch einen grünen Seidenvorhang derart geschlossen, daß man persönlich ganz unbemerkt saß, während man, durch einen Spalt hindurch, das ganze Straßentreiben deutlich beobachten konnte.«

»Hören Sie, Markauer, Ihr Meddelhammer imponiert mir. Und ein Schulrat sagten Sie?«

»Nicht anders. Richtiger Schulrat. Aber hören Sie weiter, die letzten Trümpfe kommen noch. Ich war hungrig geworden, wie meistens, wenn ich mich eine Stunde lang ernsthaft mit Kunst beschäftige und so rief ich denn den Oberkellner heran und fragte, was ich wohl haben könne? Wir einigten uns rasch über Bouillon mit Ei, Roastbeef und eine halbe Larose, wonach ich meinen Schulrat artig auffordernd ansah, etwa, wie wenn ich sagen wollte: ›Mein lieber Meddelhammer, die Reihe des Bestellens ist nun an Ihnen.‹ Meddelhammer verstand mich auch vollkommen und beorderte nunmehr seinerseits zwei Gläser Portwein samt zwei Brötchen mit Chesterkäse, was mich doppelt überraschte …«

»Warum?«

»… Und worüber ich mir eine kleine Bemerkung erlauben möchte, immer vorausgesetzt, daß unser lediglich wegen des Oybin heranzitierter Liebling einen solchen Exkurs gestattet.«

»Ich gestatte alles,« sagte Lulu, während sie die mittlerweile stark angesammelten Kirschkerne beiseite that und sich die Hand an der Serviette putzte.

»Nun denn was mir in dieser Meddelhammerschen Bestellung einen so großen Eindruck machte, war einerseits das spezifisch Englische das sich darin aussprach, das Internationale, das gewiegt Reisekundige, während mir, auf der andern Seite, das blos Imbißartige, das quantitativ Geringfügige der Bestellung beinah noch mehr imponierte. Denn ich bekenne gern, wenn ich etwas nennen sollte, was im stande wäre, mir auf dem gesamten Gebiete des Frühstücklichen, den Begriff von ›wenig‹ auszudrücken, so würd' ich immer ein Brödchen mit Chesterkäse nennen. Namentlich jetzt, wo die Semmeln infolge der niedrigen Weizenpreise jeden Tag kleiner werden.«

»Sehr wahr. Die armen Bäcker. Nichts als Not und Sorge.«

»Nun«, fuhr Markauer fort, »ich sah auf der Stelle, daß Meddelhammer in meiner Seele wie in einem aufgeschlagenen Buche las (die Schulräte bilden alle so 'was von tieferer Menschenergründung aus) weshalb er, als zunächst meine halbe Larose und gleich danach auch die beiden Gläschen mit Portwein gekommen waren, mit mir anstieß und unbefangen sagte: ›Meine Frau und ich, lieber Markauer, müssen nämlich überaus vorsichtig operieren und unserem sehr angeregten Appetite Zaum und Zügel anlegen. Fast möcht' ich sagen, leider, denn drei Stunden Museum, mit immer neuem Sehen und Nachschlagen, sind wirklich kein Spaß und ich beneide Sie da mit Ihrem Roastbeef und Ihrer Tasse Bouillon. Aber man muß sich in die Schule nehmen, auch wenn man ein Schulrat ist, oder vielleicht dann erst recht. Wir essen um fünf und wenn man um 2 ½ ein reichliches Gabelfrühstück nimmt, so sitzt man um fünf als ein Unwürdiger bei Tisch.‹«

»Aber fünf ist etwas spät« warf James hier ein, der augenscheinlich die Tendenz verfolgte, den Schulräten neben den Banquiers eine bescheidene Stellung anzuweisen.

»Ganz meine Meinung« entgegnete Markauer »und ich nahm auch nicht Anstand, dieser meiner Meinung unverhohlen Ausdruck zu geben.«

»Und wie wurde das aufgenommen? Alle modernen Menschen sind ziemlich empfindlich in diesem Punkte.«

»Meddelhammer war es *nicht*,« fuhr Markauer fort. »Dazu war er doch zu klug. Er lachte nur und sagte: ›Fünf Uhr ist spät, natürlich, und wenn wir zu Hause sind, so essen wir gut bürgerlich um zwei. Nur keine Neuerungen, wo sie nicht nötig sind.‹ Ich meinerseits wollte selbstverständlich einlenken und alles wieder begleichen, er ließ es aber nicht dazu kommen und wiederholte nur: ›… *wenn* wir zu Hause sind. Wir *sind* aber nicht zu Hause, lieber Markauer, wir sind Reisende, ja, wenn Sie wollen, Berliner Stadtreisende. Als die Ferien anfingen, haben wir uns überlegt *wohin?* und sind nach dreitägiger Beratung, in der wir mehr als 50 Plätze durchgenommen haben, zu dem Entschluß gekommen, *hier* bleiben und uns als Fremde mit Berlin beschäftigen zu wollen. Wirklich als Fremde. Denn eigentlich leben wir gebornen Berliner doch nur in Berlin, um unsre Hauptstadt nie kennen zu lernen. Und nun sehn Sie, lieber Markauer, um diesem unpatriotischen Nonsens endlich ein Ende zu machen und vielleicht auch um ein Beispiel zu geben, wie's einem Schulrate zukommt, haben wir an demselben Tage noch unsere Koffer gepackt und sind um zehn Uhr abends, wo der große Pariser Zug ankommt, vor dem Hotel de Rome vorgefahren, haben uns als vornehme Leute, sagen wir als Russen oder Engländer, den Thee aufs Zimmer bringen lassen und noch anderthalb Stunden lang aus dem Fenster gesehen. Es war entzückend. Über die Linden weg, die bekanntlich keine sind, schimmerten die hohen, erleuchteten Fenster von der Passage her und alles wirkte wie spanische Nacht und Alhambra. Heut ist unser dritter Tag. Unter vierzehn Tagen thun wir's nicht und wenn es uns gefällt, legen wir noch eine Woche zu!‹ So berichtete mir Meddelhammer, während wir im munteren Geplauder in der Fensternische saßen, bis er plötzlich die Uhr zog und zum Aufbruch mahnte. ›Wir sind nämlich jetzt regelmäßig von drei bis vier bei Kranzler,‹ nahm er wieder das Wort, ›um etwas Eis oder eine Flasche Sodawasser zu nehmen und in jener Pedanterie, die mir, so zu sagen, von Standes wegen zukommt (und er lächelte hierbei), möcht ich auch heute keine Ausnahme machen.‹ Und siehe da, eine halbe Stunde später saßen wir, ich mit, wirklich bei Kranzler, jeder bei seinem Panaché. Glücklicher Weise kam auch ein Blumenmädchen und ich war in der angenehmen Lage, der Frau Schulrätin, einer übrigens allerliebsten Frau, die mehr an eine Rittergutsbesitzerin als an eine Schulregentin erinnerte, ein Bouquet überreichen zu können. Sie nahm es auch freundlich an und sagte, daß sie's bei Tische tragen würde. Dabei wies sie nach dem Hotel de Rome hinüber und gleich danach trennten wir uns. Und nun, meine gnädigste Frau Leontine, was sagen Sie zu solchem Schulrat und zu so vorbildlicher Reiseweisheit?«

Leontine schwieg, James jubelte: »Ich votiere, daß diesem Schulrat ein Denkmal errichtet werde, sagen wir ein Obelisk mit Inschrift und Sockelfiguren.«

»Welche?«

»Natürlich Meddelhammer in Front. Und daneben Kranzler und Mühling.«

»Versteht sich.«

»Vor allem aber Nacheiferung und Heeresfolge. Lulu, schenke dem Onkel Justizrat ein. So. Anstoßen. Es lebe Meddelhammer …«

»Meddelhammer und ein Sommer in Berlin!«

Auf der Suche.

Spaziergang am Berliner Kanal.
(1889.)

Ich flaniere gern in den Berliner Straßen, meist ohne Ziel und Zweck, wie's das richtige Flanieren verlangt. Aber zu Zeiten erfaßt mich doch auch ein Studienhang und läßt mich nach allem möglichen Alten und Neuen, was über die Stadt hin verstreut liegt, auf Inspektion und unter Umständen selbst auf Suche gehn. Ich mustere dann Panoramen und Tiergärten, Parks und Statuen, Vorgärten und Springbrunnen, ja ganz vor kurzem, an einem bedeckten, aber schon halb sommerlichen Apriltage, wandelte mich sogar die Lust an, es mit einer Revue der fremden Gesandtschaften zu versuchen. An ein Eindringen in ihr Inneres, war bei meiner Unfähigkeit für den Interviewer-Beruf nicht zu denken. Indessen das bedeutete nicht viel. Ich erinnerte mich vielmehr (und sog mir Trost daraus) einer nun wohl schon um 30 Jahre zurückliegenden Ausstellung, wo der von seiner Weltreise heimkehrende Maler Eduard Hildebrandt eine große Zahl seiner in Wasserfarben ausgeführten und seitdem berühmt gewordenen Skizzen ausgestellt hatte; – beispielsweise der Siam-Elephant, mit der blutrot neben ihm untergehenden Sonne, stand mir ganz deutlich wieder vor der Seele. Was mir aber zur Zeit jener Ausstellung am meisten gefallen hatte, waren einige farbenblasse, halb hingehauchte Bildchen, langgestreckte Inselprofile, die mit ihrem phantastischen Felsengezack in umschleierter Morgenbeleuchtung, vom Bord des Schiffes her, also in ziemlich beträchtlichem Abstand aufgenommen worden waren. Nur vorübergefahren war der Künstler an diesen Inseln, ohne den Boden derselben auch nur einen Augenblick zu berühren, und doch hatten wir in seinen Skizzen das Wesentliche von der Sache, die Gesamtphysiognomie. Das sollte mir jetzt Beispiel, Vorbild sein und in ganz ähnlicher Weise, wie Hildebrandt an den Sechellen und Comoren, wollt' ich an den Gesandtschaften vorüberfahren und ihr Wesentliches aus ehrfurchtsvoller und bequemer Entfernung studieren.

Aber mit welcher sollt' ich beginnen? Ich überflog die Gesamtheit der Ambassaden und da mir als gutem Deutschen der Zug innewohnt, alles was weither ist, zu bevorzugen, entschied ich mich natürlich für China, Heydtstraße 17. China lag mir ohnehin an meiner täglichen Spaziergangslinie, die, mit der Potsdamerstraße beginnend, am jenseitigen Kanalufer rechts entlangläuft und dann unter Ueberschreitung einer der vielen kleinen Brücken von größerem oder geringerem (meist geringerem) Rialtocharakter am Tiergarten hin ihren Rücklauf nimmt, bis der Zirkel an der Ausgangsstelle sich wieder schließt.

Eine Regenwolke stand am Himmel; aber nichts schöner als kurze Aprilschauer, von denen es heißt, daß sie das Wachstum fördern; und so schritt ich denn »am leichten Stabe,« nur leider um einiges älter als Ibykus, auf die Potsdamerbrücke zu, deren merkwürdige Curvengeleise, – darauf sich die Pferdebahnwagen in fast ununterbrochener Reihe heranschlängeln, – immer aufs neue mein Interesse zu wecken wissen. Da stand ich denn auch heute wieder an das linksseitige Geländer gelehnt, einen rotgestrichenen Flachkahn unter mir, über dessen Bestimmung eine dicht neben mir angebrachte Brückentafel erwünschte Auskunft gab: »Dieser Rettungskahn ist dem Schutze des Publikums anempfohlen.« Ein zu schützender Schützer und Retter; mehr bescheiden als vertrauenerweckend.

Von meinem erhöhten Brückenstand aus war ich indes nicht blos in der Lage, den Rettungskahn unter mir, sondern auch das schon jenseits der Eisenschienen gelegene Dreieck überblicken zu können, das, zunächst nur als Umspann- und Rasteplatz für Omnibusse bestimmt, außerdem auch noch durch zwei jener eigenartigen und modernster Zeit entstammenden Holzarchitekturen ausgezeichnet ist, denen man in den belebtesten Stadtteilen Berlins, trotz einer gewissen Gegensätzlichkeit ihrer Aufgaben, so oft nebeneinander begegnet. Der ausgebildete Kunst- und Geschmackssinn des Spree-Atheners, vielleicht auch seine Stellung zu Litteratur und Presse, nimmt an dieser provocierenden Gegensätzlichkeit so wenig Anstoß, daß er sich derselben eher freut, als schämt und während ihm ein letztes dienstliches Verhältnis der kleineren Bude zur größeren außer allem Zweifel ist, erkennt er in dieser größeren, mit ihren schräg aufstehenden Schmal- und Oberfenstern zugleich eine kurzgefaßte Kritik all' der mehr dem Idealen zugewandten Aufgaben der Schwesterbude.

Dieser letzteren näherte ich mich jetzt, um an ihrem Schalter das Abendblatt einer unsrer Zeitungen zu kaufen. Es war aber noch nicht da, was mich zu dem in ähnlicher Situation immer wieder von mir gewählten Auskunftsmittel greifen ließ: Ankauf der »Fliegenden Blätter«. Man zieht dabei selten das große Loos, aber doch auch eben so selten eine Niete.

Das Blatt erst überfliegend und dann vorsichtig unter den Rock knöpfend, war ich alsbald bis an den Anfang jener Straßenlinie vorgedrungen, die sich unter verschiedenen Namen bis zu dem Zoologischen Garten hinaufwindet, die ganze Linie eine Art Deutz, mit Köln am anderen Ufer, dessen Dom denn auch, in Gestalt der Matthäikirche, herrlich herübersah, die Situation beherrschend. Und nun kam »Blumeshof« mit seinem Freiblick auf den Magdeburger Platz und eine kleine Weile danach, so war auch schon der Brückensteg da, der mich nach China hinüberführen sollte. So schmal ist die Grenze, die zwei Welten von einander scheidet. Eine halbe Minute noch, und ich war drüben.

Kieswege liefen um einen eingefriedeten lawn, den, an dem einen Eck, ein paar mächtige Baumkronen überwölbten. Da nahm ich meinen Stand und sah nun auf China hin, das chinesisch genug da lag. Was da vorüberflutete, gelb und schwer und einen exotischen Torfkahn auf seinem Rücken, ja, wenn das nicht der Yang-tse-kiang war, so war es wenigstens einer seiner Zuflüsse. Ganz besonders echt aber erschien mir das gelbe Gewässer da, wo die Weiden sich überbeugten und ihr Gezweig eintauchten in die heilige Flut. Merkwürdig, es war eine fremdländische Luft um das Ganze her, selbst die Sonne, die durch das Regengewölk durchwollte, blinzelte sonderbar und war keine richtige märkische Sonne mehr. Alles versprach ethnographisch einen überreichen Ertrag, ein Glaube, der sich auch im Näherkommen nicht minderte; denn an einer freigelegten Stelle, will sagen da, wo die Maschen eines zierlichen Drahtgitters die solide Backsteinmauer durchbrachen, sah ich auf einen Vorgarten, darin ein Tulpenbaum in tausend Blüten stand und ein breites Platanendach darüber. Alles so echt wie nur möglich, und so war es denn natürlich, daß ich jeden Augenblick erwartete, den unvermeidlichen chinesischen Pfau von einer Stange her kreischen zu hören.

Aber er kreischte nicht, trat überhaupt nicht in die Erscheinung, und als mein Hoffen und Harren eine kleine Viertelstunde lang ergebnislos verlaufen war, entschloß ich mich ein langsames Umkreisen des gesandtschaftlichen Gesamt-Areals eintreten zu lassen. Ich rückte denn auch von Fenster zu Fenster vor, aber wiewohl ich, laut Wohnungsanzeiger, sehr wohl wußte, daß, höherer Würdenträger zu geschweigen, sieben Attachés ihre Heimstätte hier hatten, so wollte doch nichts sichtbar werden, eine Thatsache, die mir übrigens nur das Gefühl einer Enttäuschung, nicht aber das einer Mißbilligung wachrief. Im Gegenteil. »Ein Innenvolk« sagte ich mir »feine, selbstbewußte Leute, die jede Schaustellung verschmähn. All die kleinen Künste, daran wir kranken, sind ihnen fremd geworden und in mehr als einer Hinsicht ein Ideal repräsentierend, veranschaulichen sie höchste Kultur mit höchster Natürlichkeit«. Und in einem mir angebornen Generalisierungshange das Thema weiter ausspinnend, gestaltete sich mir der an Fenster und Balkon ausbleibende Chinese zu einem Hymnus auf sein Himmlisches Reich.

Schließlich indeß, nachdem ich noch wie von ungefähr einen in einer Hofnische stehenden antiken Flötenspieler entdeckt hatte, war ich um die ganze Halbinsel herum und stand wieder vor dem Gitterstück mit dem Tulpenbaum dahinter. Aber die Scene daselbst hatte sich mittlerweile sehr geändert und während in Front der massiven Umfassungsmauern etliche Berliner Jungen Murmel spielten, sprangen, in geringem Abstande davon, einige kleine Mädchen über die Korde. Die älteste mochte elf Jahre sein. Jede Spur von Mandel- oder auch nur Schlitzäugigkeit war ausgeschlossen und das mutmaßlich seit frühester Jugend immer nur mit Spreewasser behandelte starre Haar fiel, in allen Farben schillernd, über eine fusslige Pelerine, während die Gesichtsfarbe griesig war und die Augen überäugig vorstanden. So hüpfte sie, gelangweilt, weil schon von Vorahnungen kommender Lebensherrlichkeit erfüllt, über die Korde, der Typus eines Berliner Kellerbackfisches.

Ich sah dem zu. Nach einigen Minuten aber ließen die Jungen von ihrem Murmelspiel und die Mädchen von ihrem über die Korde-springen ab und gaben mir, auseinanderstiebend, erwünschte und bequeme Gelegenheit, die Zeichnungen und Kreideinschriften zu mustern, die gerade da, wo sie gespielt hatten, die chinesische Mauer reichlich überdeckten. Gleich das erste, was ich sah erschien mir frappant. Es war das Wort »Schautau.« Wenn das nicht chinesisch war, so war es doch mindestens chinesiert, vielleicht ein bekannter Berolinismus in eine höhere fremdländische Form gehoben. Aber alle meine Hoffnungen, an dieser Stelle Sprachwissenschaftliches von den Steinen herunterlesen zu können, zerrannen rasch, als ich die fast unmittelbar danebenstehenden Inschriften überflog. »Emmy ist sehr nett« stand da zunächst über drei Längssteine hingeschrieben, und es war mir klar, daß eine schwärmerische Freundin Emmys (welche letztere wohl keine andere als die mit der Pelerine sein konnte) diese Liebeserklärung gemacht haben müsse. Parteiungen aber hatten auch hier das Idyllische bereits entweiht, denn auf einem Nachbarsteine las ich: »Emmy ist ein Schaf«, eine kränkende Bezeichnung, die sogar zweimal unterstrichen war. Auf welcher Seite die tiefere Menschenkenntnis lag, wer will es sagen? Haß irrt, aber Liebe auch.

Sinnend und enttäuscht zugleich, hing ich dem allem nach, mehr und mehr von der Erfolglosigkeit meines Studienspazierganges und damit zugleich auch von der Notwendigkeit eines Rückzuges durchdrungen.

Ich trat ihn an und kaum eine Viertelstunde später, so lag auch schon die heuer im April bereits zur Maienlaube gewordene Bellevuestraße hinter mir und scharf rechts biegend, trat ich bei Josty ein, um mich, nach all den Anstrengungen meiner Entdeckungsreise, durch eine Tasse Kaffee zu kräftigen. Es war ziemlich voll unter dem Glaspavillon oben und siehe da, neben mir in hellblauer Seide, saßen jetzt zwei *Chinesen*, ihre Zöpfe beinah kokett über die Stuhllehne niederhängend. Der jüngere, vielleicht erratend von welchen chinesischen Attentaten ich herkam, sah mich schelmisch freundlich an, so schelmisch, wie nur Chinesen einen ansehen können, der ältere aber war in seine Lektüre vertieft, nicht in Kon-fut-se, wohl aber in die Kölnische Zeitung. Und als nun die Tasse kam und ich das anderthalb Stunden lang vergeblich gesuchte Himmlische Reich so bequem und so gemütlich neben mir hatte, dacht' ich meiner Platenschen Lieblingsstrophe:

> Wohl kommt Erhörung oft geschritten
> Mit ihrer himmlischen Gewalt,
> Doch *dann* erst hört sie unser Bitten,
> Wenn unser Bitten lang verhallt.

Eine Nacht auf der Koppe.

(1890.)

Koppenwirt Pohl war krank.

Es paßte schlecht, denn es war Hochsommer, und jede Stunde brachte neue Besucher, die bis Mitternacht tanzen und singen und, nach dreistündigem Schlaf in einem engen Bett und stickiger Stube den Sonnenaufgang sehen wollten. Im Vorflur, auf Schemeln und Treppenstufen, saßen Dutzende von Krummhübler Sesselträgern, die, von früh an, teils ermüdete, teils steigensunlustige Herren und Damen den Kegel hinauf getragen hatten, und selbst drüben in dem kleinen, schon auf böhmischer Seite gelegenen Nachbar-Koppenhause, begann es an Unterkunft zu fehlen. Ueberfüllung aller Orten, und ehe noch die sechste Stunde heran war, mußte schon die Fahne herausgesteckt werden, die etwaigem neuem Zuzuge zu verkünden hatte: »kein Platz mehr; Alles besetzt!«

Im Saale drinnen war Lärm und Lachen, und an einem langen, ganz in Nähe dreier Harfenistinnen aufgestellten Tische saßen Schüler aus Breslau mit allerhand Verbindungszeichen angethan und in ihrem ganzen Thun sichtlich beflissen, sich auf den Studenten hin auszuspielen; ihre Deckel klappten in einem fort, immer neue Seidel wurden herangetragen, und während einer, eine Art »Senior«, ziemlich weltmüde dreinschaute, schob sich ein Ganzjugendlicher immer näher an eine der Harfenistinnen, die seine Mutter sein konnte, heran und hatte dabei den Mut, ihr seine Huldigungen zuzuflüstern. Sie verstand ihn auch, was sich darin zeigte, daß sie die gewagtesten Stellen immer mit einem Fortissimo begleitete, worin dann, ungehört von den Andern, die jugendlichen Kühnheiten verklangen. Einige der diesem Schülertreiben zusehenden Gäste tuschelten darüber, was die »Herren Studiosi«, die sich dadurch geniert fühlen mochten, schließlich veranlaßte, den Tisch, an dem sie saßen, ins Freie zu schaffen. Es war eine von ihnen gutgewählte Stelle, denn nicht nur, daß die vom Dach herabhängende Fahne lustig über ihnen flatterte, neben ihnen stand auch ein großes, für das wissensdurstigere Reisepublikum aufgestelltes Fernrohr, dessen Besitzer, zu besserer Orientierung der unablässig Neuherantretenden, ebenso unablässig den landschaftlichen Erklärer machte. »Die helle Linie, die Sie da sehen, das ist Erdmannsdorf, und das Schweizerhaus daneben, das ist Sieckes Hotel, wo man die guten Forellen und das gute Pilsener kriegt, und die weiße Steinmauer dicht dahinter (aber es sind noch fast zwei Stunden), das ist der Hirschberger Kirchhof.« All das richtete sich selbstverständlich an das große Publikum, aber auch die daneben sitzenden jungen Herren vernahmen, sie mochten wollen oder nicht, jeden Namen und jede Ortsbezeichnung, und als der Ganzjugendliche, der eben noch der Harfenistin den Hof gemacht hatte, das Wort »Kirchhof« hörte, zog er, sentimental werdend, sein Gesicht in feierliche Falten und begann dabei vor sich hinzusummen: »es ist bestimmt in Gottes Rat«. Es waren im ersten Augenblick nur halblaute Versuchsklänge, bis seine Commilitonen, denen solcher Stimmungswechsel ebenfalls passen mochte, mit ihren angehenden Bierstimmen einfielen.

Elegisch klang es über den Vorplatz hin und auch zu Pohl hinauf. Der lag sterbenskrank auf seinem Bett, und einer von der Familie, der wohl sah, wie schwer er litt, sagte, während er sich niederbeugte: »Sollen wir 'runterschicken und bitten lassen, daß sie nicht weiter singen?« Aber Pohl schüttelte den Kopf und sprach etwas, was freilich nur der Nächststehende hören konnte. »Was sagt

Vater?« fragten die Anderen. »Er sagt, es ginge nicht, das könnten wir der Koppe nicht anthun; die Leute, die auf die Koppe kämen, die wollten lustig sein, aber nicht traurig.« – Und so ließ man's denn, weil Jeder fühlte, daß der Sterbende recht habe.

So war es oben, wo der Kranke lag. Unten im Saal aber lärmte die Musik weiter. An jedem Tische (denn es war kühl geworden) dampfte der Grog, und der Küchengeruch zog durch Flur und Haus. Um acht stieg die Dämmerung herauf, und um zehn war Pohl tot.

Er war still gestorben. Aber damit war es nicht gethan. So still der Kranke gestorben, so still auch mußte der Tote zu Thal; er durfte, nach seinem eigenen Wort und Willen, die Lust seiner Gäste nicht stören, das verlangte die Koppe so. Man sprach also mit den Trägern, die nach wie vor draußen auf Flur und Treppenstufen umhersaßen, und fand sie, so weit sie noch freie Hand und Verfügung über ihre Zeit hatten, auch sofort willig und bereit, ihren Koppenwirt, dem die Meisten von ihnen zu Dank verpflichtet waren, in aller Stille zu Thal zu schaffen. Eine Bahre war schnell zur Hand; darauf legten sie den Toten und überdeckten ihn mit so viel grünem Gezweig, wie da oben in der Steinöde zu beschaffen war. Und nun setzten sie sich lautlos in Marsch, vier, die die Bahre trugen, und vier Fackelträger daneben. Aber ihre Fackeln brannten noch nicht und sollten erst angezündet werden, wenn sie den kahlen Koppenkegel hinunter und in den dichten Wald am Fuße desselben eingetreten wären.

Unbemerkt ging der Zug an den Fenstern des Koppenhauses vorüber.

Inzwischen aber war Mitternacht herangekommen, und ein älterer Herr, der, während der letzten zehn Minuten, nicht müde geworden war, seine Taschenuhr mit der Wanduhr im Saal zu vergleichen, stieg im Augenblicke, wo diese zwölf geschlagen, auf einen hochlehnigen Stuhl und sagte: »Meine Herren und Damen. Eine Rede will ich nich halten ...«

»Nein, nein.«

»Eine Rede will ich nich halten. Aber wenn es den verehrten Herrschaften recht ist, so machen wir eine Wanderpolonaise.«

»Ja, ja.«

Die Harfenistinnen, wie verabredet, schlugen bei diesen Worten sofort mächtiger in die Saiten, und der wohlbeleibte Herr, von seinem Stuhle vorsichtig herabsteigend, eröffnete den Zug voll gravitätischen Humors, nachdem er zuvor seiner neben ihm stehenden Frau den Arm gereicht hatte. Diese trug einen etwas verschobenen schwarzen Scheitel, war auch älter als ihr Gatte, glich diese Mancos aber durch Temperament und eine bemerkenswerte Fidelität wieder aus, die sich unter anderem auch darin zeigte, daß sie eine über ihre Brust ausgespannte schwere Goldkette nach dem Takte der Musik beständig hin und her zog. Ihre seit wenigen Wochen erst mit einem Angestellten des Hauses verlobte Tochter folgte, mit diesem ihrem Zukünftigen, als zweites Paar.

»Mutter ist heute wieder so merkwürdig,« sagte der Bräutigam.

»Ach, laß ihr doch,« antwortete das Fräulein.

Und während das Gespräch in gleichem Tone sich fortsetzte, ging die zunächst im Hause selbst jeden Winkel und jede Ecke mitnehmende Polonaise nach der böhmischen Koppenbaude hinüber, wo der Führer des Zuges ein dreimaliges Hoch auf Kaiser Wilhelm ausbrachte. »Das ist, was ich Einverleibung nenne,« flüsterte er seiner Frau zu.

»Rede nicht so,« verwies ihn diese.

Schließlich aber war man wieder diesseitig in Haus und

Saal zurückgekehrt, wo sich jetzt, an alter Stelle, jeder Einzelne vor seiner Dame verneigte. Der Bräutigam aber sagte: »Nun komm, Hulda, wir wollen uns draußen die Sterne ansehen.«

»Ach was, die Sterne …«

Trotzdem gab sie nach, und als sie seinen Arm genommen und draußen ein beliebiges Sternbild für den großen Bären erklärt hatte, traten beide an ein einen Vorsprung einfassendes Schutzgeländer heran, von dem aus man bei Tagesschein einen wundervollen Fernblick hatte. Jetzt freilich lag Alles nur in nächtlichem Schleier, und erst als beider Augen, nach langem Suchen unten im Thale, wieder an den Fuß des Koppenkegels zurücklenkten, sahen sie, genau da, wo die dunklen Waldmassen ihren Anfang nahmen, ein plötzliches Aufleuchten. Und dann schwand es wieder und dann war es wieder da.

»Was ist das?« sagte die Braut.

»Das sind Glühwürmer.«

»Ach, bist Du dumm. Glühwürmer sind wie Streichhölzchen, und was wir da vor uns haben, ist wie ein Fackelzug. Ich habe den bei Moltke gesehn … Und nun komm wieder hinein; mich friert hier, und ich bin fürs Mollige. Und drin will ich dann die Schließerin fragen, was es eigentlich gewesen.«

Und sie fragte drin auch wirklich. »Wir haben da Lichter gesehen. Sind es Fackeln?«

»Ja,« sagte die Schließerin. »Es sind Fackeln; sie tragen einen alten Herrn nach Hirschberg hinunter. Er muß früh weg und will den Zug nicht versäumen.«

»Ja, Manche sind so ängstlich,« sagte die Braut. Und damit traten sie wieder in den Saal, in dem es inzwischen erheblich leerer geworden war, weil sich Verschiedentliche, wenn auch nur zu kurzem Schlaf, in ihre Stuben und Kammern zurückgezogen hatten.

»Ich denke, wir gehen nun auch,« sagte die Mutter, die mit der wachsenden Müdigkeit ihre Mutterwürde zurückgewonnen hatte.

»Nein, Mutter,« sagte Hulda. »Ich mache durch. Orntlich oder gar nich.«

»Gott, Du red'st immer, als wenn Du zu Hause wärst … Und was soll blos Hugo davon denken!«

»Ach, der.«

Die Nacht verging, und just um die Stunde, wo die Koppengäste, teils verschlafen, teils überwacht, ins Freie traten, um den Sonnenaufgang (der denn auch ziemlich kritisch aufgenommen wurde) Revue passieren zu lassen, trafen die Träger unten in Hirschberg ein, in der ebenso geräumigen wie gefälligen Stadtwohnung des Koppenwirts. Da stand Pohl bis den dritten Tag, und dann gab man ihm ein feierlich Begräbnis. Aber nichts davon drang bis auf die Koppe hinauf, nicht einmal der tiefe Klang der Glocken.

In dem Leben oben aber ging alles seinen gewohnten Gang und blieb auch so bis diesen Tag. Wie vordem, wenn alles besetzt ist, wird die Fahne herausgesteckt, um etwaigem neuem Zustrom ein Halt zuzurufen, und wie vordem treten gruppenweise die Wißbegierigen ans Fernrohr heran und horchen auf die Worte dessen, der nach wie vor den landschaftlichen Erklärer macht. Und wenn dann das Glas (und nur darin hat sich ein Wechsel vollzogen) auf seinem Zirkelweg an die Stelle kommt, wo der Hirschberger Kirchhof aufragt, so heißt es, in ganz geringer Abänderung des alten Textes: »… und das weiße Kreuz da, was die andern überragt, das ist *Pohls* Kreuz.«

»Wer *ist* Pohl?« fragt dann der eine oder andere.

»Pohl war Koppenwirt hier oben, und nun liegt er da unten.«

»So so,« sagt dann der, der die Frage gestellt. Und wenn er längere Zeit bleibt und sich oben anfreundet, so hört er vielleicht auch von der Nacht, in der Pohl, der Koppenwirt verstarb. Warum auch nicht! Es stört niemanden mehr. Nichts mehr von Wand an Wand, … alles weit ab.

Der letzte Laborant.
(1891.)

In dem schönen Hirschberger Thale liegt Agathendorf, eines der vielen großen Dörfer, die sich hier, in mehr als meilenlanger Reihe, beinah unmittelbar aneinanderschließen. Alle sind von malerischem Reiz, und auch in Agathendorf schießt das Bergwasser über ein Wehr und liegen die Häuser in wildem Wein, wenn sie nicht vorziehn einen Vorgarten zu haben, mit einer großen Glaskugel, drin sich die Landschaft spiegelt. Vor Agathendorf aber, und zwar auf Erdmannsdorf und Zillerthal zu, läuft auch noch die Gebirgsbahn an Spinnereien und Bleichen vorüber, während sich an der entgegengesetzten Dorfseite der leis ansteigende Kirchhof mit seinen Lilien und Sonnenblumen erhebt, ein weiter Totenacker, drauf außer den Agathendorfern, auch die hier eingepfarrten Nachbargemeinden, in viele Schläge geteilt, ihre Toten begraben. Und zwar in so viel Schläge geteilt, wie Dörfer vorhanden sind, und nur an der nordöstlichen Kirchhofsmauer entlang, will sagen da, wo die Reichen und Wohlhabenden ihre Erbbegräbnisse haben, tritt der *Besitz* (an Stelle des Todes) als eine Art Gleichmacher auf und gestattet es den Brückenbergern und Querseiffnern, den Wolfshauern und Langhüblern – immer vorausgesetzt, daß sie reich sind – ebenbürtig und durch keine Schlag-Einteilung länger getrennt, zwischen den Agathendorfern selbst zu ruhen. Eigentliche Gräber finden sich an dieser Erbbegräbnisstelle *nicht*. Alle die hier schlafen, schlafen hier wie unter einem Blumenbeet, an dessen oberem Ende sich regelmäßig ein in die Kirchhofsmauer eingelassener hoher Stein befindet, oft mit Namen und Datum, oft auch mit Verzierungen und Sprüchen. Einer dieser Steine trug, als ich diese Stelle besuchte, folgende mit Goldbuchstaben geschriebene Worte: »Hier ruht Joseph Hieronymus Hampel, *der letzte Laborant*, geb. 3. Mai 1799, gest. 3. Juni 1879« – auf dem Grabe selbst aber, einem Beete von besondrer Breite, wuchs ein gut Teil jener Blumen- und Kräuterwelt, drauf sich, allem Anschein nach, der hier in Gott Ruhende sehr zu seinem Vorteil verstanden haben mußte. Denn der Stein in der Mauer, seiner sonstigen Ornamentik zu geschweigen, war ein wertvoller schwarzer Marmor. Der freundlich meinen Führer machende Agathendorfer Küster bestätigte mir denn auch meine nach dieser Seite hin gehenden Vermutungen, und als wir bald danach im »Weißen Roß« unter einem prächtigen alten Birnbaum, der seiner Fülle halber gestützt werden mußte, plaudernd beisammen saßen und einem Gullasch und Grätzer Bier zusprachen, kam mein Begleiter meiner Bitte nach und erzählte mir von Joseph Hieronymus Hampel und daß er, ganz wie die Grabschrift besage, wirklich, »*der letzte Laborant*« gewesen sei.

———

»Ja«, hob er an, »der alte Hampel da drüben – und früher hieß hier alles Hampel und die Hampelbaude bezeugt es bis diesen Tag – der alte Hampel da drüben war noch aus der Zeit her, wo das hier vor uns liegende ganze Gebirge voll Laboranten saß, und zwar je höher hinauf desto mehr, weil jeder nach Möglichkeit an der Quelle sitzen wollte, d. h. da, wo der Enzian anfängt. Und da saßen sie denn auch wirklich um die Kirche Wang herum (die's aber damals noch gar nicht gab) und links bis an die Forstbauden und rechts bis an die Anna-Kapelle, Hieronymus Hampel aber saß in Langhübel, wo schon sein Großvater gesessen und sich einen guten, um nicht zu sagen berühmten Namen gemacht hatte. Denn an Arzt oder Wundarzt war damals, und noch bis in die neuere Zeit hinein, nicht zu denken, und weil es weit war bis nach Warmbrunn oder bis in die Schmiedeberger Apotheke, so waren die Baudenleute herzlich froh, daß sie die Laboranten so mitten unter sich hatten, die Laboranten, ›die so gut waren wie die Doktors und eigentlich noch besser.‹ Am frohsten aber waren die Langhübler, weil sie den Hieronymus Hampel hatten, unsern Hampel drüben, von dem ein berühmter Breslauer Arzt gesagt haben sollte: ›wenn ich nicht mehr aus noch ein weiß, dann schreib' ich an Hampel und der schickt dann 'was. Und der Fall ist noch nicht dagewesen, daß das Hampelsche nicht geholfen hätte.‹ Das alles wußten die Langhübler, und die paar Neunmalweisen, die darüber lachten und der Meinung waren: ›der berühmte Breslauer Doktor existiere gar nicht und alles sei blos eine von Hampel selbst und von Geschäftswegen erfundene Geschichte,‹ diese paar Neunmalweisen konnten nicht aufkommen, was sich am besten auf den Messen und Jahrmärkten zeigte, die Hampel nicht blos bis Hirschberg und Schmiedeberg, sondern sogar bis Lauban und Görlitz hin beschickte. Nach all diesen Orten hin gingen die kleinen länglichen, immer sechseckigen Flaschen, die, weil unten zugespitzt, regelmäßig umfielen (was durchaus mit dazu gehörte) – Flaschen, die meist mit ›Schlagwasser‹ gefüllt waren, und wenn nicht mit Schlagwasser, so mit Melissengeist, und wenn nicht mit Melissengeist, so mit Fingerhut-Tropfen. Dazu kam ein in kleine blaue Pakete verpackter Thee, ganz nach Art der alten Tabakspakete, darauf in wechselnder Schrift zu lesen war, ›daß man nur sehr wenig davon nehmen dürfe, weil er sonst zu stark sei. Wenn man aber recht recht wenig nähme, nur freilich *frisch* müsse er sein und vom letzten Jahr (was denn selbstverständlich auf jedem Jahrmarkt zu neuen

Ankäufen führte), so fiele das Wasser und die Rose ginge weg und die Sommersprossen auch.‹ Und jeder glaubte daran, natürlich mit Ausnahme jenes zweifelsüchtigen, aber bedeutungslosen Conviviums, das über Hampel und seine Kuren lachte. Im übrigen war der Glaube, der das ganze Hirschberger Thal erfüllte, so stark, daß kleine schlesische Leute, die nach Polen und Galizien hin verzogen, sich sowohl den Thee wie die Tropfen nachschicken ließen, weil sie wußten, ›daß es hülfe.‹ Bis in die Tausende ging der jährliche Versand, und Hampel war ein reicher Mann, bevor er noch das vierzigste Jahr erreicht hatte. Ja reich war er. Aber daß sein Geschäft so blühte, das war nicht blos ein Segen für *ihn*, das war auch ein Segen für andre, besonders für die Barfußkinder, die Beeren suchten, und mehr noch für die Reisig sammelnden alten Weiber, die, von Jugend auf im Walde zu Hause, natürlich auch mit den Gebirgskräutern trefflich Bescheid wußten und ihrem Brodherrn, außer dem ewigen Enzian, allerlei Feines und besonders Heilkräftiges brachten: Allermannsharnisch und Liebstöckel, Hirschbrunst und Teufelsabbiß, Venuswagen und Unsrer Lieben Frauen Bettstroh, woraus dann die merkwürdigsten Geheimtinkturen für kränkliche Männer und schwache Frauen gebraut wurden. Im ganzen darf man sagen, Hampel verfuhr in gutem Glauben, vielleicht sogar bezüglich eines hoch angesehenen Haarmittels, das er, viele Jahre lang, aus ›Marienhaar‹ mit ganz besondrer Sorgfalt destillierte, bis ihm eines Tages einer seiner sonst gläubigsten Anhänger mit aller Gemütsruhe sagte: ›Höre, Hampel, Dein Schlagwasser ist gut und Dein Melissengeist auch; aber mit dem „Marienhaar" kann es nicht viel sein,‹ und dabei lachend auf Hampels Perrücke zeigte. Das ärgerte diesen ganz ungemein und machte solchen Eindruck auf ihn, daß er, von Stund an die Marienhaar-Tinktur von seinem Preiskurante strich, trotzdem gerade sie zu seinen einträglichsten Tinkturen zählte.

Solcher als ›Fehlschläge‹ vom Preiskurant abgesetzten Nummern, immer Nummern neueren Datums, gab es noch ein paar im Laufe der Jahre, der alte Bestand aber blieb und wurde von Hampel nach einer Methode hergestellt, die schon zu Großvaters Zeiten, und vielleicht noch früher, gegolten hatte. Selbstverständlich erfolgte die Zubereitung all dieser Arkanas und Panaceen im *eigenen* Hause, welches letztere denn auch nicht blos ein Schmuckkästchen, sondern gleichzeitig eine Sehenswürdigkeit für Fremde war, die gerne bei Hampel vorsprachen und sich sein ganzes Laboranten-Gewese zeigen ließen. Unten im Vorderhause befand sich die hübsch eingerichtete Privatwohnung mit Klavier (später Harmonium), weil Hampel es liebte, Winters Choräle zu spielen und fromme Lieder zu singen. War er doch überhaupt ein Mann, in dem sich ein echt schlesischer Aberglaube, darin Rübezahl die Hauptrolle spielte, mit einem religiösen und sittenstrengen Zuge mischte. Stieg man dann von dem mit Fliesen ausgelegten Flur aus ins erste Stock hinauf, so sah man in die große halb offenstehende Tinkturenkammer mit ihren dicht besetzten Regalen, und abermals eine Treppe höher den Kräuterboden, auf dem Enzian und Arnika weit ausgebreitet lagen und Isländisch Moos in ganzen Säcken stand, die so groß waren wie Wollsäcke. Das alles war im Vorderhause. Daran schlossen sich dann, wenn man vom Flur her in den Hof trat, zwei rechtwinklig angebaute Flügel, von denen der eine nicht viel was anderes als eine schicht- oder etagenweis aufgebaute Luftdarre für Blaubeeren, der andere dagegen, der größere, das in eine Schatten- und eine Sonnenseite geteilte Laboratorium war. Auf der Sonnenseite – den Strahlen der Sonne nach Möglichkeit ausgesetzt – standen die großen Glaskolben, in denen die mit Weingeist, oder wie Hampel sich ausdrückte, mit ›Aquavit‹ angesetzten Wurzeln und Kräuter in praller Hitze kochen mußten, während sich an der gegenüber gelegenen Schattenseite die großen Apparate befanden, Kupferblase und Kupferhelm, aus denen die verschiedenen ›Geister‹ abdestilliert wurden, Dillgeist, Fichtengeist, Krausemünzengeist, Melissengeist. Welche Seite des Laboratoriums in Hampels Augen eigentlich die wichtigere war, war schwer zu sagen, weil das oft durch Monate hin fortgesetzte Extrahieren in der Sonne genau denselben Zweck verfolgte, wie das Destillieren aus der Blase, nämlich *den*, den ›Geist‹ frei zu machen. Sehr wahrscheinlich indeß, daß er dem, was die ziemlich kostspielige Kupferblase leistete, schon deshalb, weil sie kostspielig war, den Vorzug gegeben haben würde, wenn nicht eine der im Glaskolben extrahierten Tinkturen ein Gegenstand seiner besonderen Vorliebe gewesen wäre, fast als ob er geahnt hätte, welche Bedeutung gerade *diese* Tropfen für ihn gewinnen sollten. Unter dem nämlich, was, um ausgezogen zu werden, Tag um Tag in der Prallsonne stand, war auch ein Mineral, ein goldblinkendes Schwefeleisen aus der Seidorfer Gegend, das, genau so wie die Wurzeln und Kräuter, mit rektifiziertem Weingeist, ja man sprach sogar von hundert Grad Tralles, aufgesetzt wurde, was dann, nach dreizehnmonatlichem Ziehen, eine ganz merkwürdige Krafttinktur ergab, die wegen ihres Eisengehalts gegen Bleichsucht und Schwäche von geradezu phänomenaler Wirkung war. Wenigstens stand so auf dem Zettel, der jedem Fläschchen beigegeben wurde. Chemische Untersuchungen hatten nun freilich weder Schwefel noch Eisen in diesen Wundertropfen entdecken können, Hampel aber, als man ihm mit dieser Nachricht kam, hatte *nicht* nachgegeben wie damals mit der Marienhaartinktur, sondern sich umgekehrt aufs hohe Pferd gesetzt und mit superiorer Miene versichert: ›„der Geist" sei drin, und zwar erst der Schwefel- und dann der Eisengeist. Und dieser „Geist" sei viel zu fein, um sich mit Reagentien fassen zu lassen.‹ Das war ein großes Wort, das, wie jedes derartige Wort, Zweifler und Gläubige fand und schließlich auch nach Erdmannsdorf kam, um hier dem auf Sommerbesuch anwesenden König Friedrich Wilhelm III. bei Tafel erzählt zu werden. Bischof Eylert und Hofprediger Strauß waren mit zugegen. Ebenso der Kronprinz. ›Was sagen Sie dazu?‹ fragte der König in heiterer Laune, worauf die beiden geistlichen Herren natürlich lächelten. Der Kronprinz aber sagte: ›*Hampel hat recht.*‹

Und siehe da, ›Hampel hat recht‹ sagten schließlich *alle*, besonders aber die Hofdamen, unter denen sich in demselben Sommer noch ein wahrer Hampel-Kultus einbürgerte, was freilich mehr noch als in dem eben hier Erzählten in einer von unserm Hampel an einem armen aber liebenswürdigen Hoffräulein ausgeführten Wunderkur seinen Grund hatte. Dies Hoffräulein stand nämlich in einem ernsten Liebesverhältnis zu dem in Erdmannsdorf mit anwesenden Adjutanten oder Hofmarschall des Prinzen Wilhelm, unseres jetzigen alten Kaisers, und nur ein Feuermal unterm Kinn, das das sonst sehr hübsche Fräulein entstellte, ließ den von allerhand Aeußerlichkeiten abhängigen Liebhaber aus einem ängstlichen Schwankezustand gar nicht herauskommen. Alles nahm Teil an dem Schicksal der jungen Dame. Da trat Hampel persönlich auf, mit einer zweimal überdestillierten und mit weißen Zinkblüten aus der Josephinenhütte sorglich untermischten *Schneeball*-Essenz, und siehe da, in drei Wochen war das Mal fort und in fünf Wochen war Hochzeit. Das blieb Hampeln unvergessen und entschied viel viel mehr noch, als das voraufgegangene kronprinzliche ›Hampel hat recht‹ über sein weiteres Leben, das namentlich ohne diesen letzteren Zwischenfall nicht so glücklich verlaufen wäre, wie's thatsächlich durch noch vierzig Jahre hin der Fall war. Und hier muß ich den Gang meiner Erzählung auf einen Augenblick unterbrechen.

Es war nämlich kurz vor König Friedrich Wilhelms III. Hinscheiden gewesen, daß diese Scene mit dem Hoffräulein gespielt hatte. Nun stand zwar der neue König genau so wie der alte zu Hampel und dachte gar nicht daran, ihm die Geschichte vom ›Schwefel- und Eisengeist‹ je zu vergessen, aber unglücklicherweise traten um eben diese Zeit die Gesetze gegen Medizinalpfuscherei wieder frisch in Kraft, und auch Hampel sah sich davon bedroht und schien, trotz besten Leumunds, der Strenge dieser Gesetzgebung erliegen zu sollen. Ein Strafmandat folgte dem andern, und unser Langhübler Freund wäre verloren gewesen, wenn er sich nicht noch rechtzeitig des Hoffräuleins mit dem Feuermal erinnert hätte. Die stand jetzt hoch in Ehren, und als ihr die Bitte Hampels um ihre Protektion eines Tages zu Händen kam, säumte sie nicht, ihrem alten Freund und Glücksbegründer zu Willen zu sein, und wußte dabei die Dinge so geschickt zu wenden und zu leiten, daß das ewige Strafandrohen der Liegnitzer Regierung aufhörte. Hampel wurde zum ›Ausnahmefall‹ erhoben und erhielt schließlich sogar ein großgesiegeltes Reskript, darin ihm mitgeteilt wurde ›daß Seine Majestät der König befohlen habe, den etc. Hampel in seinem Laborantenberufe, von dessen segensreicher Wirksamkeit er persönlich Zeuge gewesen sei, bis an sein Lebensende zu belassen.‹

Und danach wurde denn auch verfahren, und als Hampel, viele Jahre später, auf 80 zuschritt, stand sein Ansehn so hoch, daß im ganzen Hirschberger Thale beschlossen wurde: dem ›letzten Laboranten‹ (denn das war Hampel mittlerweile geworden) ein Fest zu geben, und zwar im Warmbrunner Gasthofe zum König von Preußen. Ein in der Stadt lebender Geheimer Sanitätsrat, Original, der selbstverständlich die Praxis längst quittiert hatte, ›weil er alles Doktortum für eitel Medizinpfuscherei und nur das Laborantentum, diesen gesegneten Zustand der Wilden und Indianer, für einen medizinisch normalen hielt,‹ – dieser geheime Sanitätsrat trat an die Spitze des Festkomitees, und am 3. Mai 1879, will sagen an Hampels 80. Geburtstage, hatte die Feier statt. Zwischen Graf Schaffgotsch und Graf Matuschka saß der Jubilar, ihm gegenüber der Geheime Sanitätsrat und als dieser seinen Toast ausgebracht und die Trompeter-Badekapelle dreimal Tusch geblasen hatte, trat ein Telegraphenbote – dies war alles aufs genaueste verabredet worden – in die Thür und überreichte Hampel ein Telegramm, darin ihm seitens seiner alten, inzwischen längst zur ›Excellenz‹ avancierten Freundin mitgeteilt wurde: ›daß S. M. der Kaiser Wilhelm, der sich als Letzter aus jener Erdmannsdorfer Zeit, noch sehr wohl des alten Laboranten Hampel erinnere, besagtem Laboranten Hampel zu Langhübel den Kronenorden 4. Klasse verliehen habe.‹

Das war ›Hampels Tag der Ehren,‹ freilich auch einer seiner letzten Tage überhaupt. Denn von Stund an ging es bergab, nach Meinung einiger, weil er sich zu sehr erhitzt und danach unvorsichtig erkältet, nach Meinung anderer, weil er zu viel Ungar getrunken und sich am andern Tage mit seinem eigenen Schlagwasser kuriert habe. Gleichviel, am 3. Juni starb er – gerade einen Monat nach jenem denkwürdigen 3. Mai – nachdem er noch eine Stunde vor seinem Ende bestimmt hatte, ›daß er am 7. Juni, dem Todestage weiland König Friedrich Wilhelms III., seines gnädigsten König und Herrn, der in seinem edlen Herzen ein solches Wort wie „Medizinalpfuscherei" wahrscheinlich nicht 'mal gekannt habe, begraben sein wolle.‹

Und nun kam das Begräbnis.

Es war ein großer Tag, und in dem ganzen Hirschberger Thale gingen die Glocken, als der Zug von Langhübel nach Agathendorf hinunterstieg. Laboranten, die folgen konnten, gab es nicht mehr, aber Hampel hatte trotzdem seinen Kondukt: erst die Langhübler und Brückenberger Kinder, zu zwei und zwei mit Erdbeerblüten im Haar, dann Feuerwehrmusik mit Posaune und Tuba, danach die Schaffgotsch'schen und Matuschka'schen Förster und Haideläufer, und zuletzt die Kräuterweiber aus dem ganzen Gebirge, wohl zwanzig oder dreißig, die sich fein gemacht und auf Harken und Stangen all *das* trugen, was sie zeitlebens für den Hampel'schen Kräuterboden gesammelt hatten: Enzian und Arnika, Fingerhut und Besingkraut und vor allem isländisch Moos, das in langen, wirren Flechten von den Harken herniederhing.

Vierzehn Tage später hieß es: ›Alles im Hampel'schen Hause sei von der Regierung inspiziert und inventarisiert worden, und nur die zur Zeit noch auf Lager befindlichen Flaschen dürften auch fernerhin ausgeboten und ausverkauft werden.‹ Darüber sind jetzt acht Jahre vergangen, wie man wohl sagen darf, eine lange Zeit. Aber die Kammern und Regale sind immer noch voll, und einige sagen, sie würden auch nie leer werden.

Und es wünscht es auch keiner.

Denn wenn auch die kleinen sechseckigen Flaschen nie recht stehen wollten, der Glaube an sie steht unerschüttert fest.«

Gerettet!

(1891.)

An einem November-Vormittage, der Nebel fiel in Tropfen nieder, hielt eine Gruppe von vier Männern, Holzschläger aus dem gräflichen Forst, vor dem Theobaldstift in Agnetendorf. Sie setzten eine aus Baumstämmen zusammengebundene Trage vor dem kleinen Eingangsportal des Stiftes nieder und trugen einen auf die Schultern von zweien von ihnen sich stützenden Verwundeten so gut es ging zum heiligen Theobald hinein, wo die das Regiment im Stift führende Schwester Elisabeth die Männer freundlich, aber auch ernst und bestimmt empfing. Neben ihr stand Schwester Beate.

»Nun, was ist?« sagte die Oberschwester Elisabeth. »Das ist ja der Stephan, oben aus der Martinsbaude. Ist er verunglückt?«

»Ja, Schwester,« sagte der jüngere der zwei Miteingetretenen, ein Bruder des Verunglückten und Aloys mit Namen, »er ist verunglückt. Als wir den Baum umrissen, ist er nicht bei Seite gesprungen. Es sieht grausam aus, und er hat auch eine Ohnmacht gehabt … Ich hab' ihm noch zugerufen; aber er hat's nicht gehört oder hat schlecht aufgepaßt.«

»Schlecht aufgepaßt,« sagte Schwester Elisabeth. »Die heilige Jungfrau erbarme sich. Ich weiß, wie das bei Euch hergeht … Es wird wohl der Ingwer schuld sein oder der Wacholder.«

Als sie noch so sprach, kam auch der alte Doctor Melchers, den Schwester Beate mittlerweile herbeigerufen hatte. Der untersuchte das Bein und sagte: »Schwere Quetschung; aber der Knochen ist heil. Es wird sich machen, ohne daß wir eingreifen. So hoff' ich wenigstens. Freilich Zwischenfälle sind nicht ausgeschlossen.«

Und nun brachte man den Verwundeten, der kein Wort sprach und nur wie betäubt vor sich hin sah, in eine für ihn hergerichtete Zelle, drin Schwester Beate seine Pflege übernehmen sollte; die vier Männer aber – auch die zwei draußen Wartenden waren mittlerweile hinzugetreten – dankten der Schwester Elisabeth, vor allem Aloys, der ihr das Kleid küssen wollte. Denn das Stift genoß eines großen Ansehens in Dorf und Gegend. Und nun verabschiedeten sie sich und gingen wieder auf die Waldstelle zu, wo das Unglück geschehen war. Hier machten sie sich, ohne langes Säumen, aufs neue an ihre Arbeit und blieben dabei bis Spätnachmittag. Erst als es mehr und mehr zu dunkeln begann, nahmen sie ihre Aexte über die Schulter und stiegen höher ins Gebirge hinauf, wo sie zwischen Brückenberg und Kirche Wang ihre kleinen Häuser hatten. An dieser Stelle, einer Waldlichtung, lag auch das Haus, drin Aloys und sein Bruder Stephan wohnten und mit ihnen ihre Mutter, ein altes hexenhaftes Weib von scharfem Gesichtsschnitt, aber doch so, daß man noch deutlich sah, sie müsse mal sehr ansehnlich gewesen sein, aus welchem Umstande sich auch die Sicherheit herschrieb, mit der sie das Haus und die beiden Söhne beherrschte.

Aloys wollte von dem Vorgefallenen erzählen, kam aber nicht weit damit. Die Alte wußte schon alles und schien mit dem Hinunterschaffen und dem Unterbringen im Stift wenig einverstanden. Anfangs indessen zeigte sich ihre Mißbilligung mehr in Mienen und Bewegung als in Worten, und erst als Aloys auf den Doctor zu sprechen kam, wurde sie heftig und fuhr dazwischen: »Ja, der Doctor. Was sagt der? Oder hat er schon geschnitten?«

Aloys antwortete vorsichtig und unbestimmt.

»Hat er schon geschnitten? frag' ich. Oder ist er schon mit seiner Säge drüber gewesen? Er sägt immer und sagt dabei ganz ruhig: ›sie merken nichts‹. Und sie merken auch nichts, und nur wenn er fertig ist, dann suchen sie nach ihrem Bein. Aber da können sie lange suchen. Und was soll einer, wenn er nicht Arm und Bein hat. Arm und Bein heißt arbeiten. Und wenn wir nicht arbeiten, dann hungern wir.«

»Ach, Mutter, Du machst wieder Deine Augen und redst wieder so wild. Er hat ja das Bein noch. Und der Doctor sagt auch, er wird es wohl behalten.«

»Er wird es wohl behalten ... Du Dummbart, Du Kindskopp. Siehst Du denn nich? hörst Du denn nich? Er wird es wohl behalten, das heißt, er wird es *nicht* behalten, das heißt, daß es schon weg ist. Und was weg ist, ist weg und wächst nich wieder, und wir müssen hungern. Warum habt Ihr ihn nicht nach Brückenberg herauf gebracht? zu Legler oben auf der Josephsbaude. Legler, der versteht es, der hilft, weil er weiß, was arme Menschen sind ... Und die Josephsbaude war auch näher als das Stift, und Legler ist klüger als Melchers. Legler hat die Kräuter und hat auch den Spruch, und wenn er die Kräuter auflegt, dann geht das Fieber, und den siebenten Tag fängt es an zu heilen und die dritte Woche, da kann er wieder verdienen ... *Ich* kann nicht mehr verdienen, ich kann nicht mehr in den Wald und Beeren suchen. Und wenn auch ... Timm in Seydorf zahlt blos einen Pfennig, und einen Schein muß ich auch noch haben. Warum habt Ihr ihn in das Stift gebracht? Legler ist besser, der hat den Spruch ... O, Du heilge Jungfrau, vergieb mir meine Sünden ... Und Du heilger Theobald ... ich will auch kommen und in Deine Kapelle beichten gehen.« Und sie knixte und bekreuzigte sich vor einem an eine Ofenkachel geklebten Muttergottesbilde.

Aloys hatte wiederholentlich versucht, die Alte zu beruhigen, aber sie war nur immer heftiger geworden und hatte mit aller Bestimmtheit erklärt, sie müsse den Stephan wieder haben. Und weil sie damit fortfuhr, und Aloys, wenn er sich recht befragte, wohl auch ein gut Teil mehr an Legler als an Melchers glaubte, so war er zuletzt nachgiebig geworden und hatte versprochen, so's irgend ginge, der Mutter zu Willen zu sein. »Wir wollen sehen, Mutter, wir wollen sehen.«

Und dabei war's geblieben.

Um sechs war Vesper. Es hatte zu regnen begonnen und war kalt geworden. Die Dorfgasse lag in Dunkel, nur hier und da blitzte was auf, und solch schwacher Lichtschein kam auch aus einem kleinen Wirtshause, das dem Theobaldstift gegenüber lag. Um den Tisch herum saßen dieselben vier Leute, die vormittags den Verwundeten aus dem Walde heruntergeschleppt hatten. Drei davon tranken ihren Ingwer und sahen, die Beine weit vorgestreckt, stumpf und gleichgültig vor sich hin; der Jüngste aber, Aloys, war in Unruhe. Von Minute zu Minute stand er auf und starrte, während er das von Wasserdunst beschlagene Fenster putzte, nach dem Stift hinüber. Es war immer noch nicht Zeit. Endlich indessen nahm er wahr, daß die kleine Seitenpforte drüben aufging und Schwester Elisabeth heraustrat, hinter ihr ein paar andere Schwestern, zuletzt auch Schwester Beate. Sie wollten, wie jeden Abend, so auch heute zur Abendandacht und schritten auf einen überdeckten, aber an beiden Seiten offenen Gang zu, der die Verbindung mit einem daneben gelegenen Kapellchen herstellte. »Nun ist es Zeit,« sagte Aloys, und sofort erhoben sich alle und gingen über die Dorfstraße nach dem Stift hinüber, wo sich die drei älteren im Schatten der Eingangsthür aufstellten, während Aloys bei dem Bruder eintrat und ihm kurz mitteilte, weshalb sie kämen. »Gott sei Dank,« sagte der, »daß Ihr da seid. Schwester Beate ist gut, und der Doctor ist auch gut. Aber Legler ist ihm doch über. Legler hat die Kräuter und den Spruch, und der Doctor hat blos das Messer.« Und dabei hatte sich Stephan hoch aufgerichtet, und aus seinen Augen leuchtete es wie wiedergewonnene Hoffnung. Aloys seinerseits, als ihm feststand, daß der Bruder keine Schwierigkeiten machen würde, war aus der Zelle rasch in den spärlich erleuchteten Flur getreten und sah sich hier um, wie wenn er nach etwas suche. Richtig, da war es auch. Unter der Treppe, gerade da, wo gegenüber ein Lämpchen an der Wand hing, stand ein Krankenkorb, der Deckel daneben. Und nun rief Aloys die drei Kumpane heran, daß sie kommen und den Verwundeten in den Korb legen sollten; er selber aber holte noch ein paar Kissen und Decken heran, ums dem Bruder nach Möglichkeit bequem zu machen. Es half auch. Stephan lag jetzt gut gebettet, und als gleich danach auch die Tragebalken durch die hanfenen Ösen geschoben waren, setzte sich der Zug, durch Dunkel und Regen hin, in Marsch.

Gerad als es unten im Dorf acht schlug, waren sie wieder oben und traten in die mit Knieholz geheizte Stube. Die Alte hatte ihrer schon voll Ungeduld gewartet, und kaum daß sie den Deckel abgehoben, so warf sie sich neben den Verwundeten nieder und streichelte dem sie freundlich Ansehenden Stirn und Hände. Denn Stephan war ihr Liebling. »Er kommt noch heut abend,« sagte sie vertraulich und wie mit verklärtem Gesichtsausdruck; »morgen wär' es zu spät gewesen. Wollt' er schneiden?«

»Nein Mutter, er wollte nich. Aber so sagen sie immer.«

»So sagen sie immer,« wiederholte die Alte und nickte dazu.

Legler kam auch wirklich denselben Abend noch und nahm den Doctorverband ab, um statt seiner seine Kräuter aufzulegen, Wohlverleih und Bilsenkraut. Auf dem niedrigen Herde ging mittlerweile das Feuer nicht aus, weil der Vertrauensmann von der Josephsbaude gesagt hatte: »Wärme nimmt das Fieber«, und Stephan sah in die Flamme hinein und freute sich an dem Anblick und dem Knistern. Aloys aber, als er oben alles in die richtigen Wege geleitet sah, machte sich mit dem leeren Korbe wieder still nach Agnetendorf hinunter und paßte da den Zeitpunkt ab, ihn unbemerkt in den verdeckten Gang zu stellen, der vom Stift nach dem Kapellchen hinüberführte. Da fanden ihn am anderen Morgen die Schwestern, als sie zur Frühmette gingen.

Im ganzen Dorf aber, so sehr man die Schwestern wegen ihrer Gutthat und ihrer Frömmigkeit liebte und verehrte, freute sich alles, daß Aloys und seine drei Freunde den Stephan »wieder herausgeholt und gerettet« hätten. Schwester Elisabeth freilich, weil ihr alles wie Heidentum vorkam, sah ernst und mißgestimmt drein, und nur Doctor Melchers sagte vergnüglich: »So sind sie. Der letzte Laborant ist tot, aber mit dem letzten Kurpfuscher hat es noch gute Wege.«

Der alte Wilhelm.
(1892.)

Erst an dem Kretscham und gleich dahinter an dem katholischen Kapellchen vorbei, zieht sich, allmählich ansteigend, die Dorfstraße, von der aus kleine Seitenwege zu reizenden, inmitten von Wiesen und Feldern gelegenen und von den Fremden ganz besonders bevorzugten Sommerhäusern hinüberführen. In einem dieser Häuser, – eigentlich einem ganzen Wirtschaftsgewese, das, weil es unter Birken lag, den hübschen Zunamen »das Birkicht« führte, – war auch ich untergebracht worden und verlebte daselbst eine Reihe sehr angenehmer Tage. Was schließlich nicht Wunder nehmen durfte, weil überaus liebenswürdige Damen, alte und junge, die Mitbewohnerschaft ausmachten. Das Hauptcontingent stellte die Generalswitwe v. W. mit ihren sieben hübschen Töchtern, deren Gatte, bez. Vater im siebentägigen Kriege gegen Österreich tapfer und ruhmreich gefallen war, leider »ohne Dotation«. Jeden Nachmittag unternahmen die von W.'schen Damen, denen sich einige Geheimrätinnen – natürlich auch Witwen und auch mit Töchtern – anschlossen, ausgedehnte Partieen ins Gebirge, von denen ich mich grundsätzlich ausschloß, dafür aber das Hüteramt des Hauses übernahm, was mir hoch angerechnet wurde. Daß ich es damit sonderlich streng genommen hätte, kann ich nicht sagen. Ich setzte mich in der Regel unter eine dicht vor dem Hauseingange stehende Hängebirke, von der aus ich einem von einer Berglehne herabkommenden und unter einer kleinen Steinbrücke hinwegschäumenden Bache zusah. Ich verfiel dabei regelmäßig in Träumereien, aus denen ich immer nur auffuhr, wenn drinnen auf dem Flur die Wanduhr schlug oder einer der lang herabhängenden Birkenzweige mir in leisem Luftzuge die Stirn streifte. Kamen dann die Damen, entzückt von ihrem Ausfluge, wieder zurück, so trat ich jedesmal dienstlich an die Generalin heran und meldete: »Nichts Neues vor Paris.«

Eines Sonnabends saß ich auch wieder so da, das schäumende Wasser vor mir, als ich, in Entfernung von nicht viel mehr als hundert Schritt, eines alten Mannes ansichtig wurde, der, eine Karre vor sich, auf einem vom Kretscham her zwischen Kleefeldern sich hinschlängelnden Fußpfade herankam. Ich ging ihm ein Stückchen Weges entgegen und trat dann, als ich nah an ihn heran war, bei Seit', um ihn bequemer an mir vorbei zu lassen. Dabei begrüßten wir uns. Was auf der Karre lag, war nicht viel: ein Bettsack und darüber ein zweites kleineres Bündel, drin anscheinend einige Kleidungsstücke zusammengeschnürt waren. Eine Meerschaumpfeife mit Silberbeschlag und eine ziemlich abgebrauchte Bürste waren zuletzt noch dicht unter dem Knoten mit eingeschoben worden. Als Abschluß und Krönung des ganzen aber balancierte noch ein etwas zugespitzter Cylinderhut auf dem oberen Bündel. Der Alte selber war sauber, wenn auch ärmlich gekleidet, und was am meisten auffiel – ohne Kopfbedeckung. Er fuhr, wie jemand, der Bescheid weiß und außerdem ein Recht hat, ruhig auf das Birkicht zu, passierte den Brückenbogen und lenkte gleich dahinter auf eine rechtwinklig zu dem Wohnhause stehende Scheune hinüber, in deren offen stehendes Thor er mit einer geschickten Wendung einbog. Sein Gebahren, weil in allem den Stempel des Zuständigen tragend, erfüllte mich mit so viel Vertrauen, daß ich es mit meinem Hüteramt für durchaus vereinbar hielt, auf jede weitere Kontrolle zu verzichten und meine Schritte nach dem Kretscham hinauf zu lenken, wo ich hoffen durfte, gute Gesellschaft zu finden. Das war denn auch der Fall. Ich blieb da bei Skat und Bier, bis elf Uhr heran war, und als ich, unter glitzerndem Sternenhimmel, in meine Behausung zurückkehrte, schlief schon alles.

Wie der Letzte zu Bett, so war ich natürlich auch der Letzte wieder auf und durfte mich, als ich endlich auf dem von Birken überschatteten Vorplatz erschien, nicht sonderlich wundern, von seiten der Wirtin zu hören, es sei schon alles ausgeflogen, nach Agnetendorf hinunter, in die Kirche – die gnäd'gen Fräuleins schon gleich nach sieben. Ich nickte nur wie bestätigend dazu, weil ich von andern Sonntagen her wußte, wie die Fräuleins zu dieser Frage standen. In die Kirche gehen, war korrekt und standesgemäß und schickte sich für Adlige; Nicht-Adlige mochten faul sein und schlafen. Und die Fräuleins hatten darin ganz recht.

Es war ein wunderschöner Morgen, warm und frisch zugleich, denn es wehte leise vom Gebirge her. Der Kaffee wurde mir gebracht; dann ging auch die Wirtin, und ich machte mich schon auf eine mehrstündige Vormittagseinsamkeit gefaßt, als ich plötzlich aus dem blos angelehnten Scheunenthore denselben Alten heraustreten sah, der gestern, mit den zwei Bündeln auf seiner Karre, seinen Einzug an eben dieser Stelle gehalten hatte. Freilich kam mir auch wieder ein Zweifel, ob er's sei, so sehr verändert war alles in seiner Erscheinung. Er trug ein schneeweißes Hemd, den Hemdkragen vatermörderartig aufgeklappt, trotzdem ihm jede Steife fehlte, dazu weiße Strümpfe mit Schuh, hechtgraue Kniehosen und einen blauen Frack mit Sammetkragen und blanken Knöpfen. Als er beim Heraustreten mich gewahrte, zog er sehr artig, aber doch mit erkennbarer Rücksicht auf die Krempe, seinen Hut und setzte sich dann auf eine mehr als primitive Bank, ein auf zwei Holzpfähle genageltes Stück Brett, dicht neben der Scheune. Hier sog er die Wärme mit vielem Behagen ein, zugleich unter sichtlichem Interesse den Hühnern zusehend, von denen einige sich Erdlöcher gemacht hatten, während andere drüben auf der Kleewiese spazieren gingen.

»Guten Tag,« sagte ich und rückte mit meinem Gartenstuhl etwas näher an ihn heran.

»Guten Tag, Herr.«

»Warm heute.«

»Ja, warm. Aber immer noch nicht genug. Der Roggen braucht noch Sonne und unsereins auch.«

»Ich bin mehr für Schatten.«

»Ja, das machen die Jahre. Wenn man erst alt ist …«

»Bin ich auch.«

»Aber nicht so wie ich …«

»Na, wie alt denn Alterchen?«

»Achtzig.«

»Ja, da sind Sie mir ein Stück vor. Wollen wohl auch noch in die Kirche?«

»Nein, ich sitze blos hier und höre die Glocken gehen. Jetzt läuten sie das dritte Mal. Das ist so meine Andacht. In meinem Alter …«

»Ja, da will's nicht mehr recht, wenn man auch dicht an der Kanzel sitzt. Man hört nicht mehr alles … Und die Predigt ist auch meistens zu jung.«

»Ja, wenn man alt ist, ist alles zu jung.«

Ich lächelte, was ihm, so gut es ging, mein Einverständnis ausdrücken sollte, und ging dann auf eine nach der andern Seite hin gelegene Jelängerjelieber-Laube zu, die mir als Specialbesitz gehörte. Da wollt' ich einen Brief schreiben und die Zeitungen lesen.

Als ich damit geendet hatte, belebte sich's wieder um mich her. Die Kirche war aus, und die Wirtin, die als Erste zurück war, trat auf den Vorplatz hinaus, um das Kaffeegeschirr wegzuräumen, das noch auf verschiedenen Tischen umherstand.

»Da haben Sie ja, liebe Frau Meergans, einen neuen Gast im Hause. Ich hab' ihn gestern schon mit der Schubkarre kommen sehen. Wer ist denn der Alte?«

»Das ist der alte Wilhelm.«

»Ein freundlicher alter Mann. Und er sagt, er sei achtzig.«

»Das ist er auch. Vielleicht noch ein paar Jahre mehr.«

»Ich kann mich nicht recht in ihm zurecht finden. Schon gestern, in seiner Jacke, fiel er mir auf. Und nun gar heute. Wie kommt er nur zu dem blauen Frack und zu all dem andern?«

»Ich weiß nicht. Als wir vor funfzehn Jahren aus dem Böhmischen herüberkamen und das Haus hier kauften, da war er schon im Dorf. Und er trug auch schon Sonntags den Frack und den spitzen Hut, und sah auch ebenso alt aus wie jetzt. Aber das mag täuschen; wenn man selber jung ist, erscheinen einem die Leute so alt, als könnten sie nicht älter werden.«

»Und der alte Wilhelm heißt er?«

»Ja.«

»Und wie sonst noch?«

»Das weiß keiner. Vielleicht, daß es Schlächter Klose weiß, der der älteste hier ist und wohl schon Gerichtsschulze war, als der alte Wilhelm hierher kam. Wir fragen nicht gern, was einer war und woher er kommt. Und die meisten hier herum sind selber Neue und wissen noch weniger als wir.«

»Er macht den Eindruck, als ob er bessre Tage gesehen hätte.«

»Ja, so sieht er aus. Auch Alltags, wenn er seine Flickenjacke trägt. Aber ich glaub' es nicht. Daß er, was ich zugebe, so nach 'was aussieht, und sich so hält, als wär es was mit ihm, das, glaub' ich, macht blos der Frack und der Hut, und die sollen ein Erbstück sein, das ihm einer, den er treulich zu Tode gepflegt, aus Dankbarkeit hinterlassen hat. Er hat auch mal, so viel hab' ich gehört, eine kleine Baude gehabt, hier oben, nicht weit von der Anna-Kapelle; aber es ging nicht damit, und er kam herunter. Und nun ist er ein Ortsarmer.«

»Da muß er aber doch in ein Armen- oder Siechenhaus.«

»Ja, das mag in der Stadt so sein. Aber nicht hier. Wir sind eine arme Gemeinde; wo soll da ein Gemeindehaus herkommen, wenn's der Graf nicht baut oder der Kreis. Und am Ende wozu auch! Er ist ja der einzige Arme, den wir hier haben, und den füttern wir so mit durch. Bei jedem im Dorf, der ein Haus oder eine Kathe hat, ist er eine Woche, von einem Samstag bis zum andern. Immer mit der Betglocke zieht er mit seiner Karre ab und kommt er an. Und jeder freut sich, wenn er kommt. Denn er hat ein frommes Gemüt und spielt mit den Kindern und wiegt sie ein. Er ist überhaupt selber wie ein Kind und mit jedem Platz zufrieden und wenn's die platte Erde wäre. Da legt er sich seinen Strohsack zurecht und sein Deckbett darüber, und am Morgen schnürt er's wieder zusammen oder schiebt es bei Seit'. Und was er genießt, ist nicht der Rede wert; Jeder giebt es ihm gern, ein bißchen Kaffee mit Brot und Milch. Und eine Kartoffel mit Speck ist schon was Großes.«

»Ich glaube doch, daß noch was dahinter steckt. Er sieht eigentlich aus, als wäre er von Adel und wäre 'mal was ganz Feines gewesen. Gerade, wer es besser gehabt hat, der verlangt am wenigsten und ist mit allem zufrieden.«

»Ja, das soll schon sein. Aber ich glaub' es nicht recht. Und es kann auch eigentlich nicht sein. Denn er hat bei seiner Arbeit ganz die Hantierung wie wir, die wir uns von Jugend an mit Axt und Spaten haben quälen müssen. Er kann Holz spalten und Schindeln machen, und wenn eine Kiste kaput geht, so nagelt er sie wieder zusammen, ganz so wie wir, und wo Kühe sind, da geht er in den Stall und kann auch melken. Er hat keine rechte Kraft mehr, aber es geht doch.«

»Das alles kann auch einer lernen, der nicht immer dabei war.«

»Ja, aber man sieht doch den Unterschied, wenn einer so blos dazu gekommen. Er ist nun die nächsten acht Tage hier, da können Sie ja sehen, wie er's macht. Und Sie werden bald finden, daß er kein gewesener Prinz ist. Er ist einfältig ...«

»Das ist das Alter.«

»Nein, das ist seine Natur. Als wir herüberkamen, war er schon ebenso.«

Zu meinen Untugenden gehört auch ein Stück Eigensinn, und so wollt' ich nicht recht glauben, was mir die Wirtin gesagt hatte. »Da steckt doch noch was dahinter,« bei diesem Satze blieb ich und legte mich, weil seine ganz ausgesprochene Schlichtheit meinen Glauben eher stärker als schwächer werden ließ, auf ein Beobachten seines Thuns, das ein beständig wechselndes und ziemlich mannigfaches war. Aber auch damit kam ich nicht weit. Er harkte das Heu auseinander, wenn es trocknen sollte, und harkte es wieder zusammen, wenn es trocken war; er machte Botengänge nach Agnetendorf hinunter oder nach Kirche Wang hinauf, und saß, wenn man ihn nicht abrief, an einer auf der Scheunendiele stehenden Hobelbank, um da alles wieder in stand zu setzen, was zerbrochen oder irgendwie reparaturbedürftig war. Ein Topf Milchkaffee stand meist neben ihm, von dem er übrigens mehr nippte als trank. Die sieben Fräuleins waren viel um ihn her und suchten ihn in kirchliche Fragen zu verwickeln, denen er immer klug auswich. »Das gab es noch nicht, als ich jung war,« oder »das ist nichts mehr für meinen alten Kopf,« – das waren so seine Lieblingsantworten, und weil er sie meist mit einem artigen und feinen Lächeln begleitete, fiel ich immer wieder in die Vorstellung seiner Vornehmheit oder einer mal von ihm gespielten Gesellschaftsrolle zurück. Schließlich indes konnt' ich mich gegen die Wahrnehmung nicht wehren, daß ein paar bloße Zufälligkeiten mich irre geführt hätten, und als der nächste Samstag zur Rüste ging und der alte Wilhelm mit seinem Bettsack und Kleiderbündel unter freundlichem Gruß wieder an mir vorüberfuhr, genau denselben Schlängelpfad hinauf, den er die Woche vorher herabgekommen war, da wußt' ich mit jeder erdenklichen Sicherheit, daß er wirklich nichts andres war als ein Ortsarmer, der mal, – genau so wie mir's die Wirtin gesagt, – einen blauen Frack und einen zugespitzten Hut geerbt hatte. Die Sonne ging über dem Kretscham in aller Pracht unter, und während er da hinauffuhr, dem Anscheine nach immer mehr in die glühroteScheibe hinein, da kam mir die Frage: »was ist Größe? was ist das Ringen danach? Ist das Leben dieses Einfältigen nicht eigentlich beneidenswert? Arbeitsfroh bis zuletzt, eine Freude der Alten, eine Freude der Jungen. Und im Herzen ein Stück eigenartigen kleinen Glücks: der Frack und der Hut und die Kanne Milchkaffee zwischen den Hobelspänen.«

Professor Lezius
oder
Wieder daheim.

(1892.)

Der alte Professor Lezius, in seinen jüngeren Jahren Oberlehrer an einem Realgymnasium, hatte sich, trotzdem seine Mittel nur unbedeutend waren, schon seit langer Zeit aus seinem Lehramte zurückgezogen, wobei, neben einem gewissen Freiheitshange, wohl auch der Wunsch mitgewirkt hatte, seinen zwei Lieblingsstudien ausschließlicher leben zu können, der Botanik und der Anthropologie. Letztere betrieb er, nach seinem eigenen Zeugnis, nur als Dilettant; in der Botanik aber war er Fachmann und arbeitete, seit er frei war, an einem großen Werk über die nordeuropäischen Gentianaceen. Er war dabei nicht ohne wissenschaftlichen Ehrgeiz, dem ein nun schon weit zurückliegendes, in die vierziger Jahre fallendes Ereignis, eine ganz bestimmte Richtung und zwar ins Entdeckerische gegeben hatte. Damals nämlich, als er sich eines Morgens bei seinem Freunde, dem Sternwart-Assistenten Johann Gottfried Galle, befunden hatte, war bei eben diesem von Paris her ein Brief eingetroffen, in dem der berühmte Leverrier an seinen Kollegen Galle folgende Worte richtete: »Lieber Galle! Suchen Sie doch in der Uranusgegend weiter nach. Ich habe herausgerechnet, daß dort ein Planet fehlt, und er muß sich finden.« Und siehe da, keine drei Monate drauf schrieb Galle von Berlin aus an Leverrier zurück: »Cher Leverrier. Ich hab ihn.« Und wirklich, die Welt hatte von dem Tag an einen Planeten mehr. Dies Erlebnis, wie schon angedeutet, war für Lezius' Entwicklungsgang als Wissenschaftler entscheidend gewesen. Er suchte seitdem nach einer Brücke von Gentiana pannonica nach Gentiana asclepiadea hinüber, zwischen welchen beiden eine noch unentdeckte Species liegen mußte. Daß er diese finden und sich dadurch ebenbürtig neben seinen Freund Galle stellen würde, stand ihm so gut wie fest. Seine Frau und Tochter freilich, die beiläufig die etwas ungewöhnlichen Namen Judith und Mirjam führten, teilten diese Zuversicht nicht und gaben ihrem Zweifel auch Ausdruck, wodurch sich Lezius übrigens keinen Augenblick abhalten ließ, einerseits im Niederschreiben seines Manuscripts, andrerseits in seinen wissenschaftlichen Wanderungen fortzufahren. Auf diesen abwechselnd in die Karpathen und die Sudeten gehenden Studienreisen war er monatelang einsam und hatte während dieser Einsamkeitstage keinen anderen geistigen Zuspruch als den, den ihm Bastians Werke gewährten, von denen er immer den einen oder andern Band mit sich führte. »Sein Stil,« so viel gab er zu, »ist nicht immer leicht verständlich, aber ›leichtverständlich‹ – das kann schließlich jeder; Leichtverständlichkeit ist Kellnersache. Wer was Tiefes zu sagen hat, wird selber tief, und wer tief wird, wird dunkel.« Unter Excursionen, wie die vorerwähnten, waren ihm viele Jahre vergangen, bis ihn häusliche Störungen (darunter auch persönliche Krankheit) fast ein Jahrzehnt lang an Fortsetzung der ihm ebenso zum Bedürfnis wie zur Gewohnheit gewordenen Ausflüge gehindert hatten. Erst ganz neuerdings, diesen letzten Sommer, war er nach wieder hergestellter Gesundheit zu seinem alten Programme zurückgekehrt und hatte seine Studienreisen in alter Lust und Liebe wieder aufgenommen, selbstverständlich ohne Gepäck, wenn man nicht ein zusammengerolltes, nur mit einem Minimum andrer Zuthat beschwertes Plaid als solches gelten lassen wollte. *Mit* Gepäck aber traf er heute, nach siebenwöchentlicher Abwesenheit, wieder in Berlin ein und zwar mit einer unterwegs erstandenen Weinkiste, darin er, von ein paar Nebensächlichkeiten abgesehen, den wissenschaftlichen Ertrag seiner diesmaligen Wanderung in Gestalt eines umfangreichen Herbariums untergebracht hatte.

Sechs Uhr sechs Minuten hielt der Zug in Bahnhof Friedrichstraße. Lezius liebte nicht empfangen zu werden, und so war denn auch niemand da, was ihn sichtlich erfreute. Eine graue Filzmütze auf dem stark angegrauten Kopf, einen Spatenstock in der Hand und die Botanisirtrommel en bandoulière, so stieg er die Bahnhofstreppe hinunter und empfing unten von dem Schutzmann, an den er herantrat, die Blechmarke 1727. Diese, samt Gepäckschein gab er ab, und eine Minute später rief auch schon der von ihm ins Vertrauen gezogene Kofferträger in die Droschkenwagenburg hinein »17 ... 27 ...« »Hier!« antwortete eine Hintergrundsstimme, deren Hintergrundscharakter sich durch natürliche Berliner Heiserkeit gesteigert sah. Und nun flog die Kiste auf die Droschke hinauf, Lezius kletterte nach, und fort ging es, erst in die Friedrich- und gleich danach mit scharfer Biegung in die Dorotheenstraße hinein.

Der alte Professor sah hier, so gut es ging, durch das erst nach langem Bemühen in seine Versenkung niedergleitende Fenster auf die Straße hinaus. Hm, das also war Berlin. Versteht sich, es mußt' es sein. Was da neben ihm hin und her fuhr, das waren ja die Pferdebahnwagen, und an dem einen las er sogar: »Nach dem Kupfergraben.« Er nickte, wie wenn ihm nun erst alle Zweifel genommen wären, und eine kleine Weile, so sah er auch schon in eine Allee herbstlich gelber Bäume hinein, an deren Ende die Victoria, deren Profil ihn immer an Fanny Lewald erinnerte, golden aufragte. Die vergoldeten Kanonen darunter schossen noch immer in den Himmel. Es war also alles richtig. Und nun kam auch das Thor und der Tattersall, und gleich dahinter der

Bismarck'sche Garten (»wo er wohl jetzt ist?« brummelte Lezius vor sich hin) und zuletzt erschien auch der Potsdamer Platz mit dem reitenden Schutzmann und dem Café Bellevue, wo zu dieser Stunde mehr Kellner als Gäste waren. Ein Bekannter grüßte freundlich von einem der kleinen Tische. Dann bog die Droschke noch einmal rechts ab und hielt eine Minute später vor Lezius' Haus, das noch einen Vorgarten, ein sogenanntes »Erbbegräbnis«, hatte.

»Können Sie das Gepäck nach oben schaffen?«
»Ja, wenn Sie bei dem Schimmel bleiben wollen.«
»Versteht sich; ich werde bleiben.«

Und nun schob sich der Kutscher die Kiste, die seitens ihres Besitzers ziemlich euphemistisch als »Gepäck« bezeichnet worden war, auf die Schulter und schritt mit ihr auf das Haus zu, während Lezius, wie versprochen, neben den Schimmel trat, um sich durch Klopfen und Halsstreicheln der Gunst desselben zu versichern.

»Er hat nicht gemuckst.«
»Nein, er weiß Bescheid. Man blos das Bimmeln kann er nich leiden.«

Damit brach das bei Rückkehr des Kutschers angeknüpfte Gespräch wieder ab. Lezius aber sah noch einmal in die Droschke hinein, ob er nicht etwas vergessen habe (was übrigens kaum möglich war) und stieg dann unter einer gewissen Verdrießlichkeit, weil ihm das Steigen schwer wurde, seine drei Treppen hinauf. Eine Guirlande fehlte glücklicherweise, dafür aber stand die Thür weit auf, und in der Thür begrüßten ihn Frau und Tochter. Ida, das Mädchen, stand daneben.

Lezius küßte Frau und Tochter und gab Ida die Hand. Das vorderste Zimmer war neu tapeziert worden und roch nach Leim. Aber der Professor ignorierte das und sagte nur: »Ja, da bin ich nun mal wieder. Sehr hübsch; wirklich … Habt Ihr schon Kaffee getrunken?«

»O, schon lange. Es ist ja schon halb sieben.«

»Richtig. Eigentlich eine unglückliche Zeit, zu spät oder zu früh. Nun, dann möcht' ich wohl um etwas Sodawasser bitten. Ist doch da?«

»Versteht sich, Papa. Du trinkst ja immer gleich Sodawasser.«

»Ja, man hat so seine Gewohnheiten; jeder hat welche ... Na, wie geht es Euch denn eigentlich? Nichts vorgefallen? Keine Alarmierung? ... Und Ida, Sie waren ja wohl in Drossen. Auch überschwemmt gewesen?«

»Nein, Herr Professor; wir haben eigentlich blos Sumpf.«

»Desto besser. Ja, was ich sagen wollte, mitgebracht hab ich nichts. Was soll man am Ende auch mitbringen? Aber da fällt mir ein, eine Kiste mit Preißelbeeren, die hab' ich doch mitgebracht, die wird noch nachkommen. Vielleicht morgen schon; die Leute sind übrigens ganz zuverlässig. Und das Liter blos dreißig Pfennig.«

»Hier kosten sie funfzehn.«

»Ja, das sind die gewöhnlichen. Aber meine, das heißt die, die ich mitbringe, die sind dicht um Kirche Wang 'rum gepflückt. Und ich habe den beiden kleinen Mädchen auch noch ein Trinkgeld gegeben.«

»Da werden sie wohl glücklich gewesen sein.«

»Schien mir nicht so. Sie hatten wohl mehr erwartet. Aber da fällt mir ein, daß ich *doch* was für Euch habe, nicht viel, aber doch was: ein Stehaufglas aus der Josephinenhütte und dann noch zwei Theegläser, für Dich und mich. Mirjam wird es nicht übel nehmen, daß es bloß zwei sind. Die Theegläser sind übrigens in der Botanisirtrommel.

Ida, Sie können sie herausnehmen; aber nehmen Sie sich in acht. Wir wollen heute gleich daraus trinken und können dann auch anstoßen.«

Nach einer Stunde saß man beim Thee. »Kinder,« sagte Lezius, »Euer Thee ist wirklich sehr gut, jedenfalls besser als im Gebirge. Thee ist so zu sagen Kultursache, man erkennt die Klasse daran. Ueberhaupt, ich finde es eigentlich ganz nett bei Euch. Es hat doch auch seine Vorzüge, wieder zu Hause zu sein, und wenn ich recht höre, rufen sie grad' ein Extrablatt aus. Giebt es denn noch immer welche?«

»Gewiß Lezius. Aber es steht nie was drin; Du wirst sehr enttäuscht sein.«

»Ganz unmöglich. Ich kann nicht enttäuscht sein. Ich will blos mal wieder sehn, wie ein Extrablatt aussieht … Aber mißversteh' mich nicht, wenn Ida keine Zeit hat …«

»Ich bitte Dich, Lezius … natürlich hat sie Zeit. Ida, gehen Sie nur und holen Sie das Blatt … Uebrigens ist der Schulrat Rönnekamp gestern gestorben, gestern abend.«

»Ist er? Schade. Thut mir leid. Und sehr alt kann er noch nicht gewesen sein. Er lief immer wie'n Wiesel, jeden Tag seine drei Stunden; ich bin ihm noch, eh' ich reise, beim Neuen See begegnet. Aber das Rennen, so viel ich davon halte, es hilft auch nichts; wenn der Sand durch ist, ist er durch … Und gestern abend erst, sagst Du … Na, Kinder, heute werd' ich auch nicht alt; ich weiß nicht recht, woran es liegt, aber es ist so – im Gebirge war ich immer frisch, ordentlich ein bischen aufgeregt, natürlich nicht sehr, aber doch bemerkbar, und hier in Berlin bin ich gleich wieder matt und schlaff. Freilich, wo soll es auch herkommen! Ist denn noch Kunstausstellung?«

»Ach, Papa die Kunstausstellung ist ja lange vorbei.«

»Na, das ist recht gut. Ohne Brille geht es nicht und mit Brille strengt es an. Und eigentlich versteht man doch nichts davon. Das heißt, ein bißchen versteht man schon. Weißt Du noch, wenn ich immer in Italien sagte: ›Judith, das hier, das ist 'was.‹ Und dann war es auch immer was.«

Lezius, wenn er von der Reise kam, so viel wußte seine Frau von alten Zeiten her, holte den im Gebirge versäumten Nachtschlaf tapfer nach; er schlief denn auch diesmal wieder bis in den hellen Tag hinein.

»Soll ich ihn wecken, Mama?« fragte Mirjam.

»Nein Kind, er muß ausschlafen; da kommt er am ehesten wieder zu sich.«

»Also, Mama, Du findest doch auch ...«

»Freilich find' ich. Aber es hat nichts auf sich. Dein Vater war immer abhängig von dem, was ihn umgab. Ist er hier, so geht es ganz gut, oder doch beinah' ganz gut, aber in einem wilden Lande verwildert er. Er ist ein bißchen verwildert.«

»Es ängstigt mich doch, Mama.«

»Nicht nötig. Du weißt das nicht so, weil er jetzt ein paar Jahre nicht fort war. Aber ich weiß Bescheid, ich kenn' ihn, und wenn er erst wieder bei Huth war und seine ›Herren‹ getroffen und bis Zwölf seinen Brauneberger getrunken hat, dann ist er bald wieder in Ordnung.«

Lezius kam sehr spät zum Kaffee.

»Sollen wir Dir frischen machen?« fragte seine Frau.

»Nein, Judith, es ist nicht nötig. Er kann doch am Ende blos kalt sein, und kalt schadet nichts; wenn er nur Kern hat. Auf den Kern kommt es an. Im Gebirge war er immer ohne Kern. Das ist das Gute, daß man sich draußen nicht verwöhnt. ... Ist denn Virchow schon wieder zurück?«

»Ich glaube nicht.«

»Na dann hab' ich nichts versäumt. Ohne sein Präsidium ist keine Sitzung oder doch nicht leicht. Und nun will ich in den Tiergarten und sehen, ob noch alles beim alten ist ... Die Stühle stehen doch noch?«

»Gewiß, gewiß.«

Und damit erhob sich Lezius, um seinen Vormittagsspaziergang anzutreten.

Als er nach geraumer Zeit wieder nach Hause kam, sah er, daß frische Blumen in der Blumenschale lagen; seine Frau saß auf dem Sofa, die Tochter neben ihr auf einer Fußbank. Sie hatten eben wieder über ihn gesprochen.

»Nun, Lezius, wie war es?«

»O ganz gut. Ich habe da, gerade wo der Weg zu Kroll führt, wohl eine Stunde lang gesessen. Alles für fünf Pfennig. Es ist doch wirklich sehr billig, fast noch billiger als in Schlesien.«

»Nun ja, billig ist es.«

»Und dann bin ich, auf Bellevue zu, die Zeltenstraße hinunter gegangen, wobei sich's glücklich traf, daß mir eine Semmelfrau begegnete. Denn ich hatte meine Semmel vergessen ...«

»Aber Lezius, Du wirst doch keine Semmelfrausemmel essen!«

»Nein, nein, ich nicht. Es war ja nur, weil ich schon an meine Lieblinge dachte, oder wie man auch wohl sagt meine Protegés. Und da bin ich denn auch gleich die Querallee hinauf bis an die Rousseau-Insel gegangen, wo sie immer auf- und abschwimmen. Und als ich mich da gesetzt hatte, mußt' ich, ich weiß eigentlich nicht warum, gleich an die Große Teichbaude denken und auch an den Großen Teich.«

»Ja daneben können wir freilich nicht bestehen, und am wenigsten die Rousseau-Insel.«

»Eigentlich nicht. Aber dafür haben wir hier die Enten; die fehlen da. Und da hab' ich denn auch gleich meine Semmel verfuttert und muß Euch sagen, es war eigentlich das Hübscheste, was ich bis jetzt hier gesehen. Das Allerhübscheste aber war, neben mir stand ein kleines Mädchen, die konnte nicht weit genug werfen, und so kam es, daß ihre Semmelstücke nicht ins Wasser fielen, sondern immer auf den Uferrasen. Und da hättet Ihr nun die Sperlinge sehen sollen, die gerade zu Häupten in einer alten Pappel saßen. Wie ein Wetter waren die darüber her und jagten sich die Krümel ab. Es ist doch merkwürdig, wie die Sperlinge hier alles beherrschen! der Sperling ist wie der richtige Berliner, immer pickt er sich 'was weg und bleibt Sieger. An der Großen Teichbaude gab es, glaub' ich, gar keine Sperlinge. Dafür standen da freilich die Gentianen wie ein Wald, alles blau und weiß … Aber zuletzt, es geht hier auch … Virchow, so viel hab' ich im ›Boten aus dem Riesengebirge‹ gelesen, soll ja diesen Sommer wieder allerhand Schädel ausgemessen haben, noch dazu Zwergenschädel aus Afrika … Ja, das muß wahr sein, daß ich die Anthropologische habe, das ist doch 'was. Das hilft einem ein gut Stück weiter.«

»Aber Lezius, veranschlagst Du uns denn gar nicht?«

»O, versteht sich; versteht sich, veranschlag ich Euch.«

Mutter und Tochter sahen einander an.

»Ihr glaubt es wohl nicht recht? Wahrhaftig, ich veranschlage Euch … Ich muß mich nur erst wieder zurecht finden.«

Anhang

Stoff

Manchen Romanen und Erzählungen Theodor Fontanes – zum Beispiel »L'Adultera«, »Schach von Wuthenow«, »Quitt« und »Effi Briest« – geht eine gut dokumentierte außerliterarische Begebenheit voraus. Eine vergleichbar konkrete, ereignisreiche oder gar skandalöse »Stoffgeschichte« gibt es für die Mehrzahl der in dem Band »Von vor und nach der Reise« versammelten Texte nicht. Dem poetologischen Konzept des Realismus entsprechend sind freilich auch diese Novellen, Plaudereien und Studien keine bloßen Produkte der Phantasie, sie sind vielmehr mit einer Fülle von autobiographischen Reminiszenzen, poetischen und historischen Allusionen imprägniert. Fontanes Reise-Erlebnisse werden genauso gespiegelt wie seine vielfältigen beruflichen Erfahrungen als Apotheker, Journalist und Leser; gelegentlich findet man sogar Anspielungen auf seine Charaktereigenschaften. Wie in den Romanen werden viele historische Personen genannt: Bismarck, die Schauspielerin Wilhelmine Schroeder-Devrient, der Maler Eduard Hildebrandt, die Ärzte Virchow und Jacob Peter Krukenberg, Moltke, der General George Brown und die Familie des Obersten von Wietersheim. Hin und wieder kommen auch »Originale« vor, die Fontane während seiner Sommeraufenthalte in Schlesien kennengelernt hatte: Nachbar Kajetan Legler aus Arnsdorf und Schlächter Klose aus Krummhübel. Neben den historischen Namen sind es vor allem Vorgänge im deutschen Kaiserreich, auf die Bezug genommen wird: der Kulturkampf, das moderne Gesundheitswesen, Schliemanns Ausgrabungen in Troja und Mykene und das Auswandern nach Amerika (vgl. »Altes und Neues – Erzählformen des Übergangs«, S. 162 f.). Eine Stoffgeschichte im engeren Sinne aber, aus der die fiktionale Handlung entstanden ist, lag nur vier Erzählungen zugrunde: »Der Karrenschieber von Grisselsbrunn«, »Eine Nacht auf der Koppe«, »Der letzte Laborant« und »Gerettet!«, wobei die außerliterarischen Anregungen nur für die mittleren beiden Erzählungen nachweisbar sind.

Fontanes unentbehrliche Helfer

Die Ermittlung der historischen Fakten, die in diese vier Prosastücke eingegangen sind, gestaltet sich schwierig, weil keine Primärquellen wie Zeitungsausschnitte und Briefe überliefert sind, auf die Fontane zurückgegriffen hat. Er bezog seine Informationen hauptsächlich durch mündliche Berichte von Freunden und Bekannten sowie aus der Korrespondenz mit Georg Friedlaender. Da dessen Briefe aber nicht überliefert sind, bleiben große Lücken. Fontane war wie immer auf »seine« Stofflieferanten angewiesen, die ihm geeignetes, das heißt poetisch verwertbares Material zutrugen. Eine bis heute nicht ermittelte »Erzählung« von Moritz Lazarus war das Vorbild für »Der Karrenschieber von Grisselsbrunn« (vgl. Tagebuch, 13. April 1884), und für die schlesischen Geschichten waren es Martha Zölfel, die Witwe des letzten Krummhübler Laboranten (vgl. Reitzig in »Heemteglöckla«, Nr. 13 [1957]), und Georg Friedlaender, die Fontane mit »Nachrichten aus der kleinen Welt« (Fontane an Friedlaender, 25. September 1892) versorgten. Gemeint waren damit vor allem Alltagsgeschichten aus dem Hirschberger Tal, etwa »die Geschichte von der alten Jerschke« (12. November 1888), die Eingang in die Erzählung »Gerettet!« fand. Fontane schätzte Friedlaenders Berichterstattung, weil er ihm »nicht nur blos Anschauungen über dies und das« übermittelte, »sondern oft auch das ›dies und das‹ selber« mitteilte (Brief vom 12. November 1888). Bekannt sind also nur die Informanten sowie Fontanes Aussagen in seinen Briefen und Tagebüchern; andere Quellen gibt es nicht. Deshalb bleibt nach wie vor unklar, über welches Wissen Fontane verfügte, was er daraus auswählte und in seine Texte wörtlich oder verfremdend übernahm.

Hinzu kommt ein letzter Aspekt, der die Rekonstruktion der Vorlagen erschwert. Fontane hat für seine Textsammlung offensichtlich keine gezielten Lokalstudien betrieben, sondern mittelbar aus denjenigen Recherchen geschöpft, die er für andere Projekte unternommen hatte – etwa für »Der deutsche Krieg von 1866«, »Quitt« und den Balladenplan »Annemarie«. So hatte er in seinen Notizbüchern Lageskizzen, Karten und Ortsübersichten aus Kissingen und dem schlesischen Riesengebirge für historische wie fiktive Handlungsorte angefertigt, wobei er dieses Material dann nicht nur für die drei poetischen und journalistischen Werke, sondern auch für »Von vor und nach der Reise« verwertete, nämlich für »Eine Frau in meinen Jahren« und die letzten vier in Schlesien spielenden Erzählungen. Infolgedessen findet man keine Hinweise auf stofflich-historische und erzählerisch-fiktionale Zusammenhänge, die über das in Briefen und Tagebüchern Genannte hinausgehen.

Autobiographisches

Voraussetzung für die Entstehung der Textsammlung waren sicherlich die Erfahrungen, die Fontane auf seinen Reisen als Sommerfrischler und Tourist gesammelt hatte und die zu Beginn des Essays »Modernes Reisen« bereits anklingen. Die meisten Schauplätze waren Fontane bestens vertraut: Seine Wohnorte Berlin und Leipzig, wo er als Apothekergehilfe zwischen 1841 und 1844 mit einigen Unterbrechungen gearbeitet hatte, die Sommerfrischen im Harz, in Kissingen und auf Norderney sowie die Reiseziele in Thüringen und am Rhein. Zwischen 1868 und 1892 verbrachte er zahlreiche Arbeitsurlaube im Riesengebirge, und auch die hier erworbenen Ortskenntnisse waren für die Gestaltung der fiktiven Handlungsräume der fünf »Geschichten aus dem Riesengebirge« wichtig. Mit der Erwähnung der »lieben Frau Meergans« in der Erzählung »Der alte Wilhelm« knüpfte Fontane etwa an seinen Aufenthalt im Haus Meergans in Krummhübel an, wo er mit seiner Tochter Martha vom 19. August bis zum 18. September 1887 logiert hatte (Tagebuch, 1. März bis September 1887). Sein pharmazeutisches Wissen war nützlich für die detaillierte Beschreibung der unterschiedlichen Herstellungsverfahren von Heilmitteln in der Erzählung »Der letzte Laborant«. Überdies spielte er auf seine eigenen Abneigungen und Passionen an, wie im Gespräch über die Empfindlichkeit gegen Zugluft (vgl. S. 61 f.) oder mit der Erwähnung des leidenschaftlichen Briefeschreibens in »Onkel Dodo« (vgl. S. 69) und des Spaziergangs im Berliner Tiergarten in »Professor Lezius oder Wieder daheim« (vgl. S. 142).

Der Bezug zur eigenen Biographie ist am deutlichsten in der Skizze »Auf der Suche« (vgl. »Altes und Neues – Erzählformen des Übergangs«, S. 164 f.), wo an die Ausstellungen des Berliner Malers Eduard Hildebrandt erinnert wird (vgl. S. 97 f.), die Fontane als Kunstkritiker besucht und in mehreren Zeitungsartikeln besprochen hatte. In einem Brief an Paul Lindau betonte er schließlich, dass in der »Plauderei« aus seiner »Feder« zumindest für ihn der Unterschied zwischen dem Autor-Ich und dem poetischen Ich verwischt worden sei: Fontane identifizierte sich mit dem fiktiven Flaneur »vor der chinesischen Gesandtschaft« (Brief vom 8. Mai 1890).

»Nachrichten aus der kleinen Welt«: Friedrich Pohl und Ernst August Zölfel

Der Erzählung »Eine Nacht auf der Koppe« liegt eine Begebenheit zugrunde, die sich fünf Jahre vor Beginn der Niederschrift ereignet hatte: Im Sommer 1887 starb der Koppenwirt Friedrich Pohl während der Hochsaison in einer seiner Hütten und wurde heimlich hinab nach Hirschberg getragen. Pohl hatte 1875 die beiden Gasthäuser auf der schlesischen und böhmischen Seite der Schneekoppe erworben und seinen Betrieb zu einem über das Riesengebirge hinaus bekannten Unternehmen ausgebaut, das noch im 20. Jahrhundert in der dritten Generation geführt wurde (vgl. die anonyme Notiz in »Heemteglöckla«, Nr. 43[1955]). Es kamen viele prominente Gäste; auch Mitglieder der preußischen Königsfamilie sollen dort eingekehrt sein. Die Tageszeitung »Der Bote aus dem Riesen-Gebirge« berichtete häufig über die Neuigkeiten von der schlesischen Baude, etwa vom jährlichen Aufstieg Pohls zur Saisoneröffnung oder von den stets überfüllten Vergnügungsveranstaltungen.

Fontane hatte vermutlich mündlich vom Tod des Koppenwirts erfahren, dem er selbst einmal persönlich begegnet war (vgl. Fontane an seine Tochter Martha, 27. August 1884); ein Zeitungsbericht über Pohls Tod ist bisher nicht ermittelt. Woher Fontane die

Koppenwirt-Episode kannte und wie viele Einzelheiten er davon wusste, ist nicht mehr zu rekonstruieren. Es ist anzunehmen, dass er schon lange vor der Arbeit an der Erzählung im Juni 1893 davon gehört hatte, denn am 22. Mai 1893 bat er Friedlaender um eine grobe Skizzierung der Hintergründe, über die er »nur so viel« erfahren hatte: »Pohl lag oben im Sterben, so zu sagen ›heimlich‹, und heimlich wurde er auch, als er todt war, zu Thale geschafft. Ich entsinne mich, daß das alles sehr phantastisch war, habe aber alle Details vergessen. Könnten Sie mir da aus der Noth helfen? Es genügt für mich, wenn ich für die Hauptsituationen die bloßen Ueberschriften habe; das Ausmalen leiste ich dann schon aus eignen Kräften.« Nach Friedlaenders Antwort wandte sich Fontane erneut an den Freund mit der Bitte, noch mehr Informationen – auch durch einheimische Zeugen – herbeizuschaffen: »Der Anfang ist gut und der Schluß ist gut (der Blick per Teleskop von der Koppe aus auf das weiße Denkmal [es ist doch weiß?] in Hirschberg), nur das Mittelstück, von dem ich mir anfänglich am meisten versprach, läßt noch viel zu wünschen übrig. Das ist das Herabschaffen des todten Pohl von der Koppe zu Thal. Ich denke mir, daß es in derselben Nacht stattfand, möglichst still und verschwiegen, um die nach dem Spiel der Harfenistinnen tanzenden Paare nicht zu stören. Aber wie war nun, etappenweise, dieser Transport bergab? Es giebt ein berühmtes Gedicht von Platen ›Klagelied Kaiser Otto des Dritten‹, wo sie den jugendlichen todten Kaiser, von Rom her, nordwärts über die Alpen tragen. So was muß sich auch von Pohl I. erzählen lassen. Wo machten sie Rast? Wie war die Begleitung? Stockduster oder mit Stocklaternen? Wie ging es weiter als sie unten waren? etc. etc. *Ohne* diese Dinge bringe ich die Forsche nicht recht 'raus. Der Zauber steckt immer im Detail. Also bitte, richten Sie *hier* auf Ihr Auge. Von dem allem aber weiß man muthmaßlich in Schmiedeberg und bei zu Thal wohnenden Personen ebenso viel, wie oben auf der Koppe, die zum 100. Mal zu besteigen ich Ihnen, der Sie in Ihrer Güte so was vorhaben, gern ersparen möchte« (Brief an Friedlaender, 30. Mai 1893). Aus Fontanes Schreiben geht weiter hervor, dass er besonders das Bild des Blicks durch das Fernrohr zum Hirschberger Friedhof, von dem Friedlaender gesprochen hatte, in seinen poetischen Text übernahm. – Am 13. Juni meldete er dem Freund den Abschluss der Arbeit und kam noch einmal auf den Unterschied zwischen Wirklichkeit und Erzählhandlung zurück: »Die Geschichte mit Pohl verwirrt mich nicht sehr. Ich lasse es stehn, wie es da steht und jeder Mensch wird meine Geschichte (Nachttransport mit Fackeln) der ledernen Wirklichkeit vorziehn. Der junge Pohl, aber auch nur er, wird ausrufen: ›ja, das war ja aber alles anders‹, wenn Sie ihm dann aber sagen: ›Pohl, seien Sie kein Schaf; es macht Reklame und Sie kommen vielleicht täglich auf 100 Tassen Kaffe mehr‹ so wird er sich beruhigen« (Brief vom 13. Juni 1893).

Das Vorbild des Joseph Hieronymus Hampel in »Der letzte Laborant« war Ernst August Zölfel, der von 1811 bis 1884 in Krummhübel lebte. Er gehörte einer Laborantenfamilie an, bestand am 25. September 1831 die Prüfung zur »Konzession zum Laborantengeschäfte« und übte seit 1874 als Letzter seines Standes seinen Beruf aus. In Anerkennung der Dienste wurde ihm der preußische Kronenorden 4. Klasse verliehen. Zölfel war über Krummhübel hinaus wegen seiner Heilerfolge bekannt; auch ein Hirschberger Arzt soll seine »Methoden« geschätzt haben (vgl. Reitzig, S. 105).

Die wichtigsten Informationen über Zölfel hatte Fontane offensichtlich schon während der Recherchen für seinen Roman »Quitt« von dessen Witwe bezogen, die ihm das Laborantenhaus in Krummhübel mit der Tinkturenkammer, dem Kräuterboden und dem Laboratorium gezeigt und die Herstellung von Arzneimitteln erklärt hatte (vgl. Reitzig in »Heemteglöckla«, Nr. 13 [1957], und Wörffel, S. 154). Die ortskundlichen Details des Hauses wurden aber für »Quitt« nicht weiter verwendet und fanden nur Eingang in die Erzählung »Der letzte Laborant«. Hinzu kam die physiognomische Beschreibung Zölfels, die ihm von Friedlaender zugetragen worden war, die »Charakteristik des alten Zoelfel – […] seiner schwarzen Perrücke« (Fontane an Friedlaender, 19. Juli 1888). Wenngleich nicht bekannt ist, über welche Informationen Fontane im Einzelnen verfügte, so zeigt der Vergleich des Textes mit den Forschungsergebnissen von Hans Reitzig Ähnlichkeiten zwischen Fontanes Erzählung und der außerliterarischen Wirklichkeit, wobei sich die Übereinstimmungen zwischen historischen Fakten und Fiktion insgesamt mehr auf die allgemeinen Einrichtungen eines Laborantenhaushalts beziehen als allein auf den historischen Zölfel. Fontane hat sich genau in die Ortsgeschichte Krummhübels eingearbeitet. So nimmt die Erzählung auf die »Gesetze gegen die Medizinalpfuscherei« Bezug, die am 30. September 1843 in Kraft getreten und am 27. April 1844 von der Liegnitzer Provinzialregierung allen Laboranten zugestellt worden waren. Die Gesetze schränkten die Berufsausübung ein, indem sie eine abgeschlossene Ausbildung forderten und den Verkauf auf wenige Heilprodukte beschränkten. Fontane hatte sich auch über den seit dem 18. Jahrhundert ausgebauten Handel mit Laborantenprodukten informiert, worauf die erwähnten Hauptmärkte »Lauban« und »Görlitz« (S. 113) hindeuten. Außerdem zeigt die genaue Beschreibung der Erzeugnisse, die tatsächlich wie im Text in »sechseckigen Flaschen« verschickt wurden, dass sich Fontane neben der Heimathistorie auch mit den individuellen Gepflogenheiten Zölfels vertraut gemacht hatte (vgl. S. 113 und Reitzig, S. 39). Auch die »blaue[n] Pakete«, in denen Hampel seine Kräutertees verschickte, stimmen mit der »Hausfarbe« des historischen Zölfel überein (vgl. S. 113 und Reitzig, S. 54).

Dennoch veränderte Fontane für die Ausgestaltung des »letzten Laboranten« seine historische Vorlage. Im Unterschied zu seinem Roman »Quitt«, in dem der letzte Laborant noch mit seinem tatsächlichen Namen »Zölfel« genannt wird (Kap. 4 und 6), heißt er nun Joseph Hieronymus Hampel. Mit der Umbenennung wird ein größerer Interpretationsspielraum geschaffen, wobei sich Fontane bei der Wahl des Namens »Hampel« immer noch am realen Vorbild »Zölfel« orientierte: Der doppelte Vorname und die Zweisilbigkeit des Nachnamens blieben bestehen, wobei Fontane mit »Hampel« auf einen im Riesengebirge weitverbreiteten und auch unter den Laboranten belegten Namen zurückgriff. Ähnliches ist bei der Umbenennung des Schauplatzes zu beobachten: Aus dem historischen »Krummhübel« wird das fiktive »Langhübel«. Schließlich verlegte Fontane die Lebensdaten des Laboranten um einige Jahre zurück (1799–1879); auch fand die Beerdigung tatsächlich an einem kalten Tag Anfang April statt und nicht bei sommerlichen Temperaturen im Juni. Andere Erzählabschnitte sind zudem frei erfunden, wie die »Verschönerungskur« einer Hofdame der preußischen Königin, deren Erfolg auf Hampels Anweisungen zurückzuführen ist (vgl. S. 117), oder der Ausspruch des Kronprinzen Friedrich Wilhelm: »Hampel hat recht« (S. 117). Ebenso ist das Treffen mit dem Theologen und Hofprediger Friedrich Adolf Strauß (1817–1888) fiktiv, da dieser im Todesjahr Friedrich Wilhelms III., 1840, erst 23 Jahre alt war. Fontane war sichtlich bemüht, die Bedeutung des letzten Laboranten Hampel noch mehr herauszustellen, als es die historischen Quellen eigentlich nahelegen. So fand »Hampels Tag der Ehren« (S. 119), die Verleihung des preußischen Kronenordens, in Wirklichkeit ohne die im Text geschilderten großen Feierlichkeiten statt. Auch hat nicht Zölfels Ruhm zur Aufhebung des Laborantenverbots geführt, sondern die Freundschaft der Gräfin Redern zum preußischen König Friedrich Wilhelm IV. Für den historischen Zölfel gab es keinen »Ausnahmefall« wie bei Hampel, der seinen Beruf ohne Examen ausüben durfte: Zölfel hatte sich den nachgeforderten Prüfungen unterzogen und diese als Einziger am 2. Januar 1844 mit Auszeichnung bestanden (vgl. Reitzig, S. 105).

All diese Spuren außerliterarischer Realität hat Fontane in ein kunstvolles Textgewebe eingesponnen. Die Fiktionalisierung der Wirklichkeitsbezüge erzeugt ein vielfältig deutbares Erzählwerk, in dem die Wechselwirkungen zwischen dem Einzeltext und dem Gesamtzyklus »Von vor und nach der Reise« eine in Fontanes Œuvre bisher nicht erprobte Form narrativer Konstruktion von »Wirklichkeit« hervorbringen.

Altes und Neues
Erzählformen des Übergangs

Auf den ersten Blick scheint Fontane mit »Von vor und nach der Reise« die Reihe seiner Reisebücher fortzuführen. Die frühesten Entstehungszeugnisse für die geplante Sammlung lassen sich auf etwa Herbst 1888 datieren (vgl. »Entstehung«, S. 175 f., und »Überlieferung«, S. 191–194), einen Zeitraum, in dem Fontane mit »Fünf Schlösser« (1889) sein letztes Buch aus dem Umkreis der »Wanderungen« vorlegte. Es handelt sich um einige Entwürfe zu Inhaltsverzeichnissen, aus denen hervorgeht, dass »Von vor und nach der Reise« zunächst als eine in drei Abteilungen gegliederte umfangreiche Sammlung von Reisefeuilletons im Stil der »Wanderungen« gedacht war, deren erster Abschnitt wenige fiktionale Erzähltexte enthalten sollte. Das Buch sollte neben Reiseberichten aus Deutschland auch solche aus Dänemark, England und Frankreich bieten. Darüber hinaus hat Fontane noch kurz vor dem Abschluss der Arbeit erwogen, auch einige »lediglich Plaudereien über allerhand Tagesfragen in Kunst und Politik« enthaltende »Sommerbriefe aus dem Havellande« aufzunehmen (an Rodenberg, 21. Juni 1893; vgl. »Entstehung«, S. 180). Von dieser ursprünglichen Konzeption ist in dem publizierten Band kaum noch etwas übriggeblieben. Die internationale Perspektive ist dort nur noch andeutungsweise im Motiv der Auswanderung zu erkennen (»Im Coupé«, »Der Karrenschieber von Grisselsbrunn« und »Eine Frau in meinen Jahren«). Die Entfernung vom Themenbereich und der Szenerie der »Wanderungen« manifestiert sich nicht in einer Ausweitung der Handlungsorte auf ferne Länder, sondern in der Konzentration auf die Metropole Berlin. Selbst wenn die Reichshauptstadt nicht der Schauplatz ist, bleibt sie doch in vielen Fällen als Folie präsent, vor deren Hintergrund etwa die im Riesengebirge spielenden Geschichten gelesen sein wollen. Auf »Tagesfragen in Kunst und Politik« wird schließlich nur am Rande oder versteckt in Gesprächen der Figuren angespielt.

Die dreizehn Prosastücke, die dieser Band versammelt, sind durch das im Titel angesprochene Thema des Reisens miteinander verbunden. Eine Reflexion über »Modernes Reisen« leitet die Sammlung ein, eine Skizze mit dem Titel »Professor Lezius oder Wieder daheim« beschließt sie. Dazwischen stehen die sowohl inhaltlich als auch formal denkbar verschiedensten Prosatexte, von Ich-Erzählungen mit autobiographischen Zügen über Erinnerungen an Figuren und Begebenheiten der Reisen nach Schlesien bis hin zu einer Art Kurzroman mit überraschenden Spontanheiraten wie »Im Coupé« und »Eine Frau in meinen Jahren«. Die endgültigen Titel und Untertitel der Buchausgabe, zahlreiche in verschiedenen Texten wiederkehrende Motive und Themen und nicht zuletzt Fontanes Experimentieren mit neuen Erzählformen belegen, dass »Von vor und nach der Reise« kein willkürlich zusammengestelltes Buch ist, sondern ein durchkomponiertes Werk von hoher literarischer Qualität.

Rätselhafte Titel und Untertitel

Der Titel gibt vielerlei Rätsel auf, nicht zuletzt wegen des vermeintlich fehlenden Kommas zwischen den Präpositionen »Von« und »vor«. Abfahrt und Rückkehr sind Gegenstand vieler Erzählungen, weniger die Reiseerlebnisse selbst, so dass der Titel, wie er in der ersten Buchausgabe lautet, diesen Aspekt des Bandes genau trifft: Nicht in erster Linie um Erlebnisse »von« der Reise soll es gehen, sondern vor allem um das, was vorher und nachher geschieht. In der Erstausgabe lautet der Titel: »Von vor und nach der Reise«. In Fontanes frühen Inhaltsübersichten (vgl. »Überlieferung«, S. 191–193), seinen Briefen und Tagebüchern sowie im Verlagsvertrag (Theodor-Fontane-Archiv, W 370) heißt es jedoch: »Von, vor und nach der Reise«. Auch die Rezensenten haben – bis auf Joseph Viktor Widmann und Paul Schlenther, der dies allerdings wiederum bemängelte (vgl. »Wirkung«, S. 188) – den Titel mit dem Komma wiedergegeben. In den offiziellen Anzeigen und in den Werbeannoncen im »Börsenblatt« steht er hingegen wie in der Erstausgabe ohne Komma. Das Satzzeichen verändert die Bedeutung grundlegend; denn während in der Erstausgabe der Anschein erweckt wird, als werde in dem Buch von Dingen erzählt, die sich vor und nach der Reise, nicht aber während derselben ereignen, scheint der falsche Titel (mit dem Komma), wie wir ihn heute in den Werkausgaben lesen können, den Inhalt des Bandes genauer zu charakterisieren, geht es in dieser Sammlung doch sowohl um Berichte »von« als auch um die Vorbereitungen »vor« und die Nachwirkungen »nach« der Reise. Auch Fontane selbst hat offenkundig geschwankt, welcher der beiden Varianten er den Vorzug geben sollte. Zwar hat er in den eigenhändigen Titelformulierungen das Komma gesetzt, die kommalose Version des gedruckten Titelblatts aber dennoch autorisiert. Das »Ziel ist nichts und der Weg ist alles«, sagt Onkel Dodo in der gleichnamigen Erzählung (S. 70) – es ist nicht auszuschließen, dass Fontane mit der interpunktionslosen Formulierung gerade diese Auffassung des Reisens besonders hervorheben wollte. Die endgültige Gestalt ist offener und ermöglicht beide Interpretationen – »›von‹ und ›vor‹ und ›nach‹« sowie »›vor‹ und ›nach‹, *aber nicht* ›von‹« –, während das Komma nur eine einzige zulässt. Nicht nur aus überlieferungsgeschichtlichen oder bibliographischen Gründen bleibt der Titel in unserer Ausgabe ohne Komma, sondern gerade auch aus poetologischen Erwägungen.

Die Konfusion ist mit dem Haupttitel des Buches noch nicht zu Ende. Auch der Untertitel, der üblicherweise bei Fontane wie bei anderen Autoren die Gattungszugehörigkeit festschreibt – »Ein Roman«, »Eine Novelle«, »Ein großes historisches Ritterschauspiel« und Ähnliches –, bleibt in diesem Fall merkwürdig unpräzise: »Plaudereien und kleine Geschichten« werden dem Publikum angekündigt. Im Tagebuch spricht Fontane dagegen von einem »Sammelband kleiner Erzählungen« (1894), in den frühen Entwürfen sind es »Novelletten und Kleine Erzählungen« oder »Novelletten und Plaudereien« (vgl. »Überlieferung«, S. 193). Diese Unschärfe und Unsicherheit in der Gattungsbezeichnung hat gewiss dazu beigetragen, dass der Band schon immer etwas stiefmütterlich behandelt wurde (vgl. »Wirkung«, S. 188f.). Selbst im Verlag Friedrich Fontane & Co. war man offenbar ratlos, welcher Gattung der Sammelband zuzuordnen sei. So fehlt in der Bogennorm der sonst übliche Kurztitel. Wo man in diesem Fall also nach altem Brauch »Reise«, »Plaudereien« oder »Geschichten« gesetzt hätte, steht: »Th. Fontane, Novellen«. Doch auch diese Bezeichnung trifft nur auf einen kleinen Teil der Texte zu; »Auf der Suche« oder gar den einleitenden Essay »Modernes Reisen« wird man schwerlich als »Novellen« klassifizieren können. Die Mischung aus Journalismus und Erzählliteratur, aus Essay und weitgehend handlungsloser »Plauderei« unterläuft die Rezeptionsgewohnheiten des zeitgenössischen Lesepublikums, das linear und teleologisch erzählte ›spannende‹ Roman- und Novellenhandlungen erwartete und mit so disparaten Sammlungen wie »Von vor und nach der Reise« ebenso wenig anfangen konnte wie beispielsweise mit den ähnlich organisierten Spätwerken Wilhelm Raabes.

Die Anordnung der Texte scheint eine streng chronologische zu sein. Fontane hat in der Buchausgabe unter jeden Titel eine Jahreszahl gesetzt; danach stammt die einleitende Skizze »Modernes Reisen« aus dem Jahr 1873, die letzte aus dem Jahr 1892. Da alle Teile der Sammlung mit Ausnahme der auf 1884 datierten Erzählung »Im Coupé« zuvor bereits in verschiedenen Zeitungen und Zeitschriften publiziert wurden (vgl. »Überlieferung«, S. 189 f.), kommt man Fontane jedoch bald auf die Schliche: Nur bei drei Texten stimmen die Datierung im Sammelband und die tatsächliche Entstehungs- und Publikationszeit überein, nämlich bei »Modernes Reisen« (1873), »Nach der Sommerfrische« (1880) und »Wohin?« (1888). Alle anderen Texte hat Fontane entweder vor- oder rückdatiert, manche um mehrere Jahre (vgl. die Tabelle auf S. 172). Die ›chronologische‹ Abfolge der Texte in diesem Sammelband ist mithin nur vorgetäuscht. Was als Zufälligkeit der Chronologie erscheint, ist in Wahrheit kluge künstlerische Komposition (vgl. »Überlieferung«, S. 191–193). Die strukturellen Prinzipien, denen Fontane dabei gefolgt ist, können erst mit Hilfe einer genauen Analyse rekonstruiert werden.

Der Prozess der Modernisierung

Wenn man sich die Veröffentlichungen Fontanes kurz vor und kurz nach diesem Buch ansieht, wird rasch sichtbar, worin die Bedeutung der Sammlung für seine erzählerische Entwicklung liegt. »Frau Jenny Treibel« und »Meine Kinderjahre« (1893 und 1894) waren die beiden letzten größeren Werke, die er vorgelegt hatte. Auf »Von vor und nach der Reise« folgte »Effi Briest«, doch die Entstehung dieses Romans reicht in das Jahr 1890 zurück. All das sind Erzähltexte, die – bei aller Qualität, die im Falle von »Effi Briest« ohne Zweifel weltliterarisches Niveau erreicht – doch den Gattungskonventionen verpflichtet sind: Sie haben eine Handlung, Figuren werden entworfen und in Gesprächen charakterisiert, Handlungsräume werden skizziert, Konflikte geschürzt und gelöst. Mit den Erzähltexten, die auf »Von vor und nach der Reise« folgen, verhält es sich anders. Die Modernität der »Poggenpuhls« (1896) und des »Stechlin« (1897) sind von der Forschung längst erkannt worden, nachdem man zu Anfang des 20. Jahrhunderts darin nur noch den Niedergang der erzählerischen Fähigkeiten Fontanes dokumentiert glaubte (vgl. Wandrey, S. 294). Sowohl in den »Poggenpuhls« als auch im »Stechlin« hat Fontane mit neuen Formen der Erzählweise experimentiert, die sich so ausgeprägt in den früheren Romanen und Erzählungen noch nicht finden. Sigmund Schott, ein Rezensent der »Poggenpuhls«, hat das neue Erzählprinzip verstanden und in eine Formel gebracht, die sich Fontane selbst zu eigen machte. In seinem Antwortbrief schreibt er am 14. Februar 1897: »Das Buch ist kein Roman und hat keinen Inhalt, das ›Wie‹ muß für das ›Was‹ eintreten – mir kann nichts Lieberes gesagt werden.« Ähnliches hat er bekanntlich auch über den »Stechlin« geschrieben: auf die Darstellung »von Herzenskonflikten oder Konflikten überhaupt, von Spannungen und Überraschungen« habe er in diesem Roman bewusst verzichtet und statt dessen »Plauderei« und »Dialog« den Vorzug gegeben (vgl. Fontanes Brief an den Redakteur Adolf Hoffmann, Mai oder Juni 1897). Diesen ästhetischen Überlegungen geht die Sammlung »Von vor und nach der Reise« also voraus – Grund genug, den Band im Hinblick auf Fontanes gewandelte Einstellung zu den Formen und Gegenständen des Erzählens zu untersuchen.

Das Generalthema der Reise, das der Titel vorgibt, wird in den einzelnen Teilen vielfältig variiert. Der einleitende Essay »Modernes Reisen« nennt indessen einen weiteren Gesichtspunkt, unter dem die Erzählungen und Skizzen gesehen werden wollen: Nicht um das Reisen schlechthin soll es gehen, sondern um *modernes* Reisen. Der Erstdruck des Einleitungstextes trug noch den attributlosen Titel »Reisen« (vgl. »Überlieferung«, S. 196). Schon hier wird erkennbar, dass die Modernität des Diskurses, der erzählerischen Vermittlung, in der Modernität der *histoire*, der erzählten Geschichte(n), ihre Entsprechung findet. Während man das Neuartige der Erzähl*weise* Fontanes häufig beschrieben hat, bleibt die Modernität der Erzähl*gegenstände* dem heutigen Leser bei kursorischer Lektüre oft verborgen. Das gilt besonders für »Von vor und nach der Reise«.

Die Reise, die Bewegung und der Schwebezustand zwischen zurückgelassenem Alten und noch nicht erreichtem Neuen sind die Metaphern, mit denen über den konkreten Akt des Reisens hinaus auf die Unbehaustheit als eine Grunderfahrung der Moderne verwiesen wird. Von seinem ersten Roman »Vor dem Sturm« an haben Reisemotive eine wichtige Funktion in Fontanes erzähler Welt. Auf Reisen, sei es in der Kutsche, im Schlitten oder in der Eisenbahn, werden folgenreiche Gespräche geführt, gesellschaftliche Normen verwischt oder aufgehoben, und am Ende der Fahrt entsteigen dem Verkehrsmittel gründlich veränderte Menschen. Die schicksalhafte Schlittenfahrt in »Effi Briest« etwa oder Melusines Tunnel-Erlebnis auf der Hochzeitsreise im »Stechlin« sind Beispiele dafür. Doch während solche Reisen und Fahrten in den Romanen kurze Episoden sind, werden sie in »Von vor und nach der Reise« zum zentralen Thema. In der kleinen Erzählung »Im Coupé« ist es zur letzten Konsequenz getrieben. Die üblichen gesellschaftlichen Normen sind dort weitgehend außer Kraft gesetzt. Zu Beginn werden sie zwar noch in aller Strenge formuliert; die junge Dame, die kurz vor Abfahrt des Zuges zu dem ihr völlig fremden alleinreisenden Herrn ins Abteil steigt, zögert mit den Worten: »›Pardon […]. Ich vermutete ein Damen-Coupé.‹« (S. 27) Doch die beiden Reisenden fügen sich ins Unvermeidliche, und während der Fahrt kommt man sich gesprächsweise so nahe, dass man am Ende zur gemeinsamen Auswanderung nach Amerika entschlossen ist und als verlobtes Paar das Coupé verlässt. Fontane hat hier ein Motiv aufgegriffen, das vor allem in der Unterhaltungsliteratur häufig vorkommt. Ein Beispiel dafür ist Friedrich Wilhelm Hackländers Erzählung »Im Damencoupé«, ein zu Recht vergessener, kulturhistorisch aber aufschlussreicher Text: Man kann aus ihm lernen, was ein Damencoupé eigentlich ist, und man findet auch hier die Funktionalisierung des »gemischten« Eisenbahnabteils zum Ort erotischer Abenteuer (vgl. Anm. zu S. 27).

Es geht in den »Plaudereien und kleinen Geschichten« indessen nicht einfach um die Schilderung eines ›modernen‹ Zustands, sondern vielmehr um den Prozess der Modernisierung. In vielen Texten kommt es entscheidend auf die Wendepunkte vom Alten zum Neuen an, auf den Moment, in dem sich etwa das Berliner Stadtbild wandelt oder ein neuer Menschentypus in Erscheinung tritt. Wenn sich beispielsweise Hofrat Gottgetreu in »Nach der Sommerfrische« um 1880 mit dem Gedanken trägt, auch »bei Sturm und Regen, in einem wahren Sündflutwetter« (S. 24) auf dem Kurfürstendamm spazieren zu gehen, tut er das zu einem Zeitpunkt, an dem der ehemalige Reitweg in den Grunewald zwar schon befestigt war, aber noch nicht den Charakter des großstädtischen Boulevards zeigte, zu dem er sich erst seit 1886 entwickelte, als die Dampfstraßenbahn vom Zoologischen Garten nach Halensee ihren Betrieb aufnahm. Die »Bicycle-Virtuosen« in »Eine Frau in meinen Jahren« (S. 45) bedienen sich zwar eines relativ neuen Sportgeräts, aber sie benutzen immer noch die zwischen 1870 und 1880 üblichen Hochräder (sie sitzen »hoch oben auf ihrem Reitstuhl«, S. 45) und nicht die sogenannten Niederräder, wie wir sie heute kennen – obwohl sie das hätten tun können, denn die ersten Fahrräder dieses Typs gab es schon seit 1884. Das Haustelefon, das in »Wohin?« erwähnt wird (vgl. S. 88), war zur Zeit der fiktionalen Handlung eine hochmoderne Erfindung, die sich allerdings nur die Wohlhabenden leisten konnten – auch dieses Accessoire markiert also den Moment des Übergangs vom singulär Neuen zum allgemein Üblichen.

Die Anmerkungen zur vorliegenden Ausgabe versuchen die verschiedenen Facetten dieser Modernität zu erhellen und legen auf die Zeichen des Wandels einen besonderen Schwerpunkt. Dem heutigen Leser fällt es schwer, bei der Schilderung Berliner Örtlichkeiten des späten 19. Jahrhunderts das Erscheinungsbild Berlins im 21. Jahrhundert ›auszublenden‹. Der Kurfürstendamm von heute hat aber mit demjenigen in Fontanes erzählter Welt nichts mehr gemein, und schon gar nicht ist der neue Berliner Hauptbahnhof mit dem Lehrter Bahnhof zu identifizieren, an dem Fontanes Reisende ankommen und abfahren. Fontanes Berlin ist nicht einfach un-vermittelt ›da‹, sondern muss aus medial vermittelten Darstellungen wie Texten und Bildern rekonstruiert werden, wobei diese Rekonstruktionsarbeit ebenfalls die Anmerkungen leisten. Auch die in den Editionsprinzipien der Großen Brandenburger Ausgabe, Abteilung »Das erzählerische Werk«, festgelegte Beibehaltung der originalen Orthographie und Interpunktion trägt dazu bei, einer vorschnellen Aktualisierung des Textes entgegenzusteuern: Eine noch so behutsame Modernisierung könnte dazu verleiten, den Text für ›aktueller‹ zu halten, als er wirklich ist. Die historische Textgestalt unterstreicht die ›fremdartige‹ Anmutung der erzählten Handlungsorte und hält den historischen Abstand immer im Bewusstsein.

Ein durchkomponiertes Werk voller Verweisungsbezüge

Für die literarische Gestaltung des Reisemotivs ist die Form der Sammlung selbständiger und in sich geschlossener, aber dennoch durch ein enges Bezugsgeflecht von Themen und Motiven miteinander verknüpfter Texte das angemessene Medium. »Es steht eben alles in einem inneren Zusammenhang«, heißt es in der Erzählung »Im Coupé« (S. 30), ein Satz, der auch für die Prosa-Sammlung selbst gilt: »Nach der Sommerfrische« und »Onkel Dodo« handeln von Gesundheit und (eingebildeter) Krankheit, in den Erzählungen »Der Karrenschieber von Grisselsbrunn« und »Der alte Wilhelm« wendet sich das Interesse sozialen Außenseitern zu, die Skizzen »Eine Nacht auf der Koppe«, »Der letzte Laborant« und »Gerettet!« stehen durch den gemeinsamen Handlungsraum im schlesischen Riesengebirge miteinander in Verbindung, die Auswanderung nach Amerika ist ein Motiv in »Im Coupé«, »Der Karrenschieber von Grisselsbrunn« und »Eine Frau in meinen Jahren«, und auf die Diskussion um das Urlaubsziel in »Wohin?«, an deren Ende die Entscheidung für Berlin als Ferienort steht, folgt die Skizze »Auf der Suche«, in der gezeigt wird, wie ein Urlaubstag in Berlin aussehen kann. Die Sammlung ist überdies durchsetzt mit historischen und politischen Anspielungen, zum Beispiel auf den Deutschen Krieg von 1866 in »Eine Frau in meinen Jahren« (S. 47 f.), auf Bismarck und den Kulturkampf in »Nach der Sommerfrische« (S. 16) und besonders in »Onkel Dodo«, wo von der »kirchliche[n] Controverse« (S. 52) und dem Kultusminister

Adalbert Falk die Rede ist (S. 72). Ein heikles Thema wird schließlich in »Wohin?« berührt. Dort wird über die weibliche Hauptfigur Leontine gesagt, sie sei »im letzten Winkel ihres Herzens eigentlich Anti-Semitin« (S. 86), und in der Debatte über den möglichen Urlaubsort entscheidet man sich unter anderem deshalb gegen den Badeort Misdroy auf der Ostseeinsel Wollin, weil es dort neben den vielen »Mücken« zu viele Vertreter der »Börse« gibt (S. 83). Was damit gemeint ist, mag den zeitgenössischen Lesern Fontanes deutlicher geworden sein als den heutigen, denen es nach den Erfahrungen des 20. Jahrhunderts zumindest befremdlich erscheinen muss, dass die Juden – denn auf diese wird mit dem Wort »Börse« angespielt – so leichthin mit dem Ungeziefer in einem Atemzug genannt werden. In der Entstehungszeit des Textes jedoch ist die saloppe Art des sprachlichen Umgangs mit den Juden alltägliche Praxis, und Fontane hat diesen zeittypischen Ton durchaus realistisch getroffen. Die nonchalante Selbstverständlichkeit dieser Sprache fällt hier insofern besonders auf, als die antisemitischen Äußerungen ausgerechnet einer jüdischen Figur in den Mund gelegt werden.

Die beiläufigen Erwähnungen historischer Begebenheiten und aktueller politischer Debatten, die in »Von vor und nach der Reise« das Alltagsgespräch grundieren, sind Teil eines dichten Netzes von Beziehungen und Verweisen, das die Sammlung als Ganzes durchzieht und strukturiert. So können die einzelnen Texte untereinander als Subtexte fungieren: Informationen aus dem einen können auf einen anderen übertragen werden. Wenn etwa in »Modernes Reisen« das gefürchtete »Gasthofselend« geschildert wird, kann der Leser ermessen, was »Professor Lezius« auf Reisen erlebt hat, ohne dass es noch einmal erzählt werden muss, und wenn in »Der Karrenschieber von Grisselsbrunn« am Ende vermutet wird, die Titelfigur könne in die »Neue Welt« gegangen sein (vgl. S. 42), hat der Leser die ausführliche Erörterung der Auswanderungsthematik in der unmittelbar vorausgegangenen Erzählung »Im Coupé« noch in Erinnerung. Die Anmerkungen übernehmen auch hier eine wichtige Funktion, denn sie verbinden die scheinbar zusammenhanglosen Motive und Themen miteinander. Im Wechselspiel sich gegenseitig ergänzender und erläuternder Texte entsteht ein facettenreiches Gesellschaftsbild, wie Fontane es schon in »Vor dem Sturm« zu entwerfen versucht hatte (vgl. Fontane an Wilhelm Hertz, 17. Juni 1866). Dort musste das Personal des Romans in irgendeiner Weise in Beziehung zur Romanhandlung gebracht werden, was manchmal nur mit großen Anstrengungen, manchmal auch gar nicht gelang. In »Von vor und nach der Reise« sind solche gewaltsamen Verknüpfungen unnötig, denn die einzelnen Teile sind hinsichtlich ihrer Handlungen und ihres Personals voneinander unabhängig. Das Auftreten der verschiedenartigsten Figuren an den unterschiedlichsten Orten ist sowohl durch das übergeordnete Motiv der Reise als auch durch die gewählte Form der Darbietung in einer Sammlung einzelner Geschichten problemlos motiviert.

Impressionistisches Erzählen
und die Eigenverantwortung des Lesers

In keinem anderen Text des Bandes zeigt sich Fontanes Nähe zu poetischen Verfahren der literarischen Moderne so deutlich wie in der kurzen Skizze mit dem Titel »Auf der Suche«. Der Ich-Erzähler verkörpert eine Lebensform, die überhaupt erst die Moderne hervorgebracht hat. Gleich im ersten Satz sagt er von sich selbst: »Ich flaniere gern in den Berliner Straßen« (S. 97). Diesem Typus des großstädtischen Flaneurs begegnet man in Fontanes Werk nur selten. Es ist noch nicht der interesselos Schlendernde, wie man ihn aus der literarischen Décadence kennt. Fontanes Stadtspaziergänger nimmt sich ein bestimmtes Ziel vor, das er »studieren« will, wie beispielsweise aus einer frühen Formulierung des Untertitels hervorgeht (»Studienreise am Berliner Canal«; vgl. »Überlieferung«, S. 224). Auch im Zeitschriftenabdruck von »Auf der Suche« spielt Fontane ausdrücklich auf den märkischen Wanderer an, der sich jetzt der Großstadt zuwendet und sich vornimmt, einen kleinen Ausschnitt ihres Lebens und Treibens zu beschreiben, nämlich die Gesandtschaften ferner Länder (vgl. »Überlieferung«, S. 224 f.). Diese Absicht selbst verfolgt indessen keinen eigentlichen Zweck, sie ist müßige Freizeitbeschäftigung eines Großstädters und markiert insofern eine frühe Entwicklungsphase auf dem Weg zum eigentlichen Flaneur.

Auch in poetologischer Hinsicht kommt es auf das Ziel der Stadtwanderung gar nicht an. Aufschlussreich sind die ästhetischen Prämissen, unter denen Fontane ans Werk geht und die er eingangs auch genau benennt. Er erinnert an die Ausstellungen der Bilder des Malers Eduard Hildebrandt, die er vor Jahren in Berlin gesehen und über die er einige Kunstkritiken veröffentlicht hat (vgl. S. 97 f.). Die Skizze »Auf der Suche« ist eine kongeniale Umsetzung des an Hildebrandts Aquarellen beobachteten impressionistischen Stils, denn Fontane gibt knappe Eindrücke von der Expedition des Flaneurs zur chinesischen Gesandtschaft wieder, und die Pointe der kleinen Studie liegt darin, dass dieser in der Umgebung der chinesischen Gesandtschaft, wo er einen Hauch von Exotik zu finden hoffte, die ordinärsten Berliner »Kellerbackfisch[e]« spielen sieht, die jede »Spur von Mandel- oder auch nur Schlitzäugigkeit« (S. 101) vermissen lassen, während er die gesuchten echten Chinesen schließlich in einem typischen Berliner Café trifft, bei Josty, wo sie die »Kölnische Zeitung« lesen.

Wie manche andere der »kleinen Geschichten«, die sich durch eine eigentümliche Pointenlosigkeit auszeichnen, hat auch diese Studie keine Erzählhandlung im eigentlichen Sinn. Ihre Bedeutung liegt in der Bewusstheit, mit der Fontane versucht, eine in ihrer Modernität erkannte künstlerische Ausdrucksform auf die Literatur zu übertragen und sich im Sinne des eigenen Realismuskonzepts anzuverwandeln. ›Wirklichkeit‹ wird nicht mehr durch einen allwissenden Erzähler vermittelt, wie es noch im programmatischen Realismus Gustav Freytags der Fall war; sie wird vielmehr ausschnitthaft wahrgenommen und dementsprechend in knappen Skizzen und Andeutungen darzustellen versucht.

Die Übertragung impressionistischer Strukturelemente in die Erzählprosa bewirkt eine grundsätzliche *Offenheit* der Texte. Der Erzähler beobachtet Zeichen, erklärt und interpretiert sie aber nicht. Im Nebeneinander der beiden Kreide-Inschriften mit ihren gegensätzlichen Charakterisierungen Emmys – »sehr nett« auf der einen, »Schaf« auf der anderen Seite – wird diese Unentschiedenheit auf eher humoristische Weise gestaltet. In der Erzählung, die der Skizze »Auf der Suche« unmittelbar folgt, werden solche rätselhaften Zeichen zu einem zentralen Motiv. Die auf einer wahren Begebenheit beruhende Geschichte »Eine Nacht auf der Koppe« (vgl. »Stoff«, S. 150f.) schildert die Krankheit und den Tod des Koppenwirts Pohl, dessen Leichnam man bei Nacht und Nebel zu Tal bringt, um die anwesenden Touristen nicht zu vergraulen. Als die Sommerfrischler nachts ins Freie treten, um die Sterne zu besehen, fallen ihnen merkwürdige Lichtzeichen auf, »ein plötzliches Aufleuchten«, das sie sich nicht erklären können: »›Was ist das?‹ sagte die Braut. ›Das sind Glühwürmer.‹ ›Ach, bist Du dumm. Glühwürmer sind wie Streichhölzchen, und was wir da vor uns haben, ist wie ein Fackelzug.‹« Eine schließlich befragte Hausangestellte gibt dem Paar eine Erklärung: »›Es sind Fackeln; sie tragen einen alten Herrn nach Hirschberg hinunter. Er muß früh weg und will den Zug nicht versäumen.‹« (S. 108) Die geschilderte Situation, die Beziehung zwischen rätselhaftem Zeichen und versuchter Deutung entspricht dem Verhältnis des Textes zu seinem Leser: Die Zeichen des Abtransports des toten Koppenwirts sind für die Betrachter zunächst ebenso unverständlich wie der Text für den Leser. Der Unterschied besteht in der Deutung, die innerhalb des Textzusammenhangs gegeben wird, von der die Leser aber bereits wissen, dass sie falsch ist. Es wird eben nicht ein alter Herr zur Eisenbahn gebracht, sondern der tote Pohl wird in seine Stadtwohnung getragen. Die Geschichte kann als Plädoyer für die Anstrengung eigenen Denkens und eigener Deutungsversuche gelesen werden: Das Vertrauen auf Erläuterungen, die eine vermeintlich allwissende Instanz gibt, kann leicht getäuscht werden; die ›Wahrheit‹ erfährt man nicht unbedingt, indem man sich auf Erklärungen von Erzählerfiguren verlässt. Die beiden Beobachter des nächtlichen Fackelzugs geben sich mit der Interpretation zufrieden, die ihnen die Bedienstete liefert. Der Leser aber, so die Botschaft dieses Textes, erfährt mehr, wenn er das Angebot zu eigenverantwortlicher, nicht von außen gelenkter Deutung der Zeichen annimmt.

Veränderte Erzählinstanzen

Die Vereinigung unterschiedlicher Texte in einem Zyklus kommt Fontanes Haltung des ›Unentschiedenen‹ entgegen, die Widersprüche erträgt und Fragen lieber offen lässt, als sie zu beantworten. Verschiedene Erzähler und verschiedene Ansichten kommen in einem ›Werk‹ zu Wort, ohne dass eine übergeordnete, arrangierend und kommentierend in Erscheinung tretende Erzählinstanz eingreift und vermittelt. Überdies können Figuren aus den verschiedensten Lebenskreisen agieren, ohne dass ihre Anwesenheit erzählerisch begründet werden müsste. Sie übernehmen keine ›Funktion‹ in einer Handlung; sie charakterisieren sich selbst, manchmal nur in knappen Gesprächen, und damit hat es sein Bewenden. Die Figuren werden nicht ›benutzt‹, sie haben eine eigene Würde und werden in ihrer Eigenart ernst genommen. Das gilt für den »Letzten Laboranten« in der gleichnamigen Skizze ebenso wie für die Holzarbeiter in »Gerettet!«, die zur Heilung ihres bei einem Arbeitsunfall verletzten Kameraden eher dem Kurpfuscher als dem Arzt vertrauen: Es sind Gestalten, für die sich Fontane gerade ihrer Individualität wegen interessiert, ihres Andersseins, das sich nicht nach üblichen Normen und Regeln richtet und nicht nach diesen beurteilt werden soll. Selbst Onkel Dodo wird nicht kritisiert, sondern nur als Gegenbild des mit zahlreichen autobiographischen Eigenschaften Fontanes ausgestatteten Ich-Erzählers gezeichnet. Den zeitgenössischen Lesern sind die autobiographischen Elemente dieses Kabinettstücks der Sammlung wohl zum großen Teil verborgen geblieben; wenn man aber weiß, wie sehr Fontane zum Beispiel unter Zugluft litt und wie er sich mit Schals und Bandagen dagegen zu schützen suchte, erkennt man die Selbstironie, mit der er den unter dem Gesundheitsapostel Leidenden schildert (vgl. »Stoff«, S. 149 f.). Onkel Dodo geht dem ruhebedürftigen Rekonvaleszenten mit seiner lauten und raumfüllenden Redeweise auf die Nerven, er reißt die Fenster auf, zerstreut die Bedenken des Ich-Erzählers mit den Worten: »das lächerlichste ist die Furcht vor dem Zug« (S. 61), geißelt dessen Krankheit als eine dieser »modernen Einbildungen« der »nervösen Herrchen« (S. 58), die er mit einer veritablen Rosskur bekämpfen will, und schimpft schließlich noch über die »schreckliche Angewohnheit« des Briefeschreibens (S. 69). Obwohl der Ich-Erzähler seiner Gastgeberin gesteht, es gebe für ihn »nichts Schrecklicheres als die Menschheitsbeglücker par force, die gewaltsam heilen, helfen oder gar selig machen wollen« (S. 77), wirkt Onkel Dodo in keiner Weise unsympathisch.

Fontanes Toleranz, seine Haltung des Geltenlassens bewährt sich auch dieser Figur gegenüber: »je mehr Zug und Wind es giebt, desto schöner dünkt es ihm. Ich habe nichts dagegen; es mag für *ihn* passen, aber nicht für *mich*.« (S. 78) Die heitere, nicht im Geringsten bösartige oder gehässige Schilderung eines Charakters, der den eigenen Ansichten in jeder Beziehung widerstrebt, ist eine künstlerische Leistung ersten Ranges. Sie ermöglicht es dem Leser, einen eigenen Standpunkt zu finden, ohne dass er dabei von einem allwissenden Erzähler geleitet wird. Diese Strategie Fontanes ist bis in kleinste sprachliche Feinheiten zu verfolgen. So wird beispielsweise die Egozentrik Dodos an einem Detail seines sprachlichen Umgangs mit dem Ich-Erzähler gezeigt. Als Dodo ihn mit »mein lieber Doktor« anredet, wird er mit den deutlichen Worten korrigiert: »›Ich bin ohne Titel, Herr Regierungsrat, absolut ohne Titel‹« (S. 56; in einem Entwurf ist dagegen immer vom »Doktor« die Rede; vgl. Stadtmuseum Berlin, Konvolut »Onkel Dodo«, Inv.-Nr. V-67/871). Doch Dodo kümmert sich nicht darum und bleibt weiterhin beim »Doktor« (S. 62–73). Auch seine Eigenart, in langen, schnell hervorgesprudelten Sätzen zu sprechen, wird nicht vom Erzähler beschrieben; Fontane gibt ihm vielmehr selbst das Wort, so dass sich der Leser einen tatsächlich unvermittelten Eindruck von dessen Redegewohnheiten verschaffen kann. Erst gegen Ende der Erzählung, als dem Leser die Sprechweise Dodos längst aus eigener Anschauung bekannt ist, spricht der Erzähler von der »Hast und Quickheit«, den »abwechselnd kurzen und dann wieder weit ausgeführten Sätzen« (S. 79), in denen Dodo sich zu äußern pflegt. Eine gewisse Nachlässigkeit im Gebrauch vor allem französischer Fremdwörter ist ein weiteres Charakteristikum seines individuellen Redestils; so verwechselt er den »Gourmet« mit dem »Gourmand« (S. 69), also den Feinschmecker mit dem Vielfraß. In einer Entwurfshandschrift wird Onkel Dodos Gebrauch fremdsprachlicher Ausdrücke noch deutlicher herausgestellt. Zunächst legt ihm Fontane eine ganz korrekt gebrauchte Wendung in den Mund: »Ich lieb' es nicht Störungen zu veranlassen, chacun a son goût und lasse jeden bei seiner Manier«, schiebt ihm aber dann einen Fehler unter, indem er ihn »chagoût a son cun« sagen lässt (vgl. »Überlieferung«, S. 219). Offenbar schien Fontane dieser Lapsus dann doch etwas zu dick aufgetragen; in der publizierten Fassung findet er sich nicht mehr. Auf solche Techniken der Selbstcharakterisierung der Figuren stößt man auch in anderen Texten der Sammlung, etwa in »Nach der Sommerfrische«, wo sich Hofrat Gottgetreu durch sein fleißiges Zitieren aus Shakespeare, Goethe und Schiller und die Vorliebe für lateinische Vokabeln wie »superfluum« und »periculum« (S. 19) als Bildungsbürger zu erkennen gibt.

Das Zurücktreten des Erzählers hinter den Figuren, das Ernstnehmen ihrer Persönlichkeit wird in seiner strukturellen Funktion in der kurzen Erzählung »Der alte Wilhelm« besonders klar erkennbar. Dort schildert der Ich-Erzähler, wie er in seiner schlesischen Sommerfrische einem alten Mann begegnet, den er wegen seines Benehmens und seiner Kleidung für einen verarmten Adligen hält. Das kurze Gespräch, das er mit dem alten Wilhelm führt, scheint seine Vermutung zu bestätigen, denn es ist geprägt von einer nur leise angedeuteten, ganz zurückhaltenden Altersweisheit. Schließlich stellt sich jedoch heraus, dass es sich um einen schlichten »Ortsarmen« handelt, der reihum von den Einwohnern des kleinen Dorfes beherbergt und beköstigt wird und dafür kleine handwerkliche Gegenleistungen erbringt. Die Reaktion des großstädtischen Sommerfrischlers auf die entsprechenden Eröffnungen seiner Wirtin ist aufschlussreich. »Da muß er aber doch in ein Armen- oder Siechenhaus« (S. 132), meint er, und in diesem einen Satz konzentrieren sich die Gegensätze zwischen Land- und Stadtleben, zwischen einem menschenwürdigen und einem nicht ganz so würdigen Umgang mit gescheiterten und ›soziallästigen‹ Randexistenzen. Die Dorfbewohner haben nämlich den alten Wilhelm, über dessen Herkunft sie gar nicht genau Bescheid wissen, in ihrer Mitte aufgenommen und ermöglichen ihm ein sinnvolles, von sozialen Bindungen getragenes selbstbestimmtes Leben. Am Ende erkennt der Ich-Erzähler die Würde auch dieser Lebensform, eine Würde jenseits der überkommenen Kategorien von Adel oder Bürger, Stadt oder Land. Die veränderte Wahrnehmung aber, der verstehende Blick auf andere Lebensumstände und Lebensweisen wird zuallererst durch das Reisen und den damit einhergehenden Wechsel von Blickwinkeln und Standpunkten ausgelöst.

Schon in »Vor dem Sturm« hat Fontane versucht, den Erzähler immer mehr in den Hintergrund zu rücken und den Akt des Erzählens an Romanfiguren zu delegieren, ein Verfahren, das er auch in »Von vor und nach der Reise« anwendet. So wird die Geschichte des »Letzten Laboranten« dem »Agathendorfer Küster« in den Mund gelegt, und der »Karrenschieber von Grisselsbrunn« wird ebenso von einer Figur innerhalb der Erzählung vorgestellt wie der Schulrat Meddelhammer in »Wohin?«. Die poetische Trennung zwischen dem Erzählrahmen und der Binnengeschichte hat Fontane zum Teil erst im Produktionsprozess herausgebildet (vgl. »Überlieferung«). Manche Erzählungen, zum Beispiel »Im Coupé«, »Eine Frau in meinen Jahren« und »Der alte Wilhelm«, bestehen zu großen Teilen aus autonomer Figurenrede, die vom Erzähler nicht einmal mit Inquit-Formeln wie »sagte er« oder »antwortete sie« strukturiert wird. Das Zurückdrängen des Erzählers und der Verzicht auf orientierende Leserregeln setzen einen mündigen Leser voraus, der sich im Textgewebe auch ohne Hilfestellung einer auktorialen Instanz zurechtfindet. Die Beziehungen zwischen den verschiedenen Teilen der Sammlung und ihren Figuren ergeben sich aus den Texten selbst und müssen allein vom Leser erschlossen werden.

Wie in Fontanes späten Romanen geht es hier nicht um die Darstellung von *Zuständen*, sondern von *Prozessen*, von Entwicklung und Veränderung. Auf der Inhaltsebene wird dies am Beispiel der Modernisierungsprozesse deutlich; es lässt sich aber ebensogut auf der Diskursebene darlegen, also an den Verfahrensweisen der erzählerischen Vermittlung: Sowohl innerhalb der einzelnen Texte wie auch in dem aus diesen gebildeten Werk mit dem Titel »Von vor und nach der Reise« findet die Schilderung dynamischer Veränderungen ihre Entsprechung im häufigen Wechsel der Erzählperspektive. Das zeigt sich besonders in der bei Fontane sonst seltenen Figur des homodiegetischen Erzählers, also eines solchen, der selbst Teil der Erzählhandlung ist. Während diese Erzählerfiguren bei Raabe sehr häufig vorkommen, gibt es in Fontanes großen Romanen stets den heterodiegetischen Erzähler, der in der erzählten Welt selbst nicht auftritt und über dessen Eigenschaften, sozialen Stand oder körperliche Beschaffenheit der Leser nicht das Geringste erfährt. Nur in »Von vor und nach der Reise« experimentiert Fontane mit homodiegetischen Erzählern wie zum Beispiel dem Ich-Erzähler in »Onkel Dodo«. Wie bewusst er diese für ihn ungewohnte Instanz einsetzt, kann man an einer Entwurfshandschrift zu »Onkel Dodo« erkennen, in der die Erzählung noch den Titel »Onkel Gotthold« trägt. In dieser frühen Stufe der Textgenese operierte Fontane mit einem Erzähler in der dritten Person, der nicht zugleich als handelnde Figur auftritt. Erst in der weiteren Ausarbeitung wechselte er zur Ich-Perspektive (vgl. »Überlieferung«, S. 216–222).

In »Von vor und nach der Reise« hat Fontane Möglichkeiten des polyperspektivischen Erzählens erprobt, indem er bereits erschienene Erzählungen und Skizzen aus ihren ursprünglichen Kontexten löste und in einen kunstvoll komponierten neuen Zusammenhang stellte. Die so entstandene Sammlung ist also keineswegs ein »Nebenprodukt« (vgl. »Wirkung«, S. 184–186), sondern gerade wegen ihres Versuchs-Charakters ein nicht geringzuschätzender Bestandteil des Fontane'schen Spätwerks, ein Dokument des Übergangs von der Erzählkunst des 19. Jahrhunderts zur literarischen Moderne.

Tabellarische Übersicht der Datierungen

	Fontanes Datierung	Entstehung	Erstdruck
Modernes Reisen	1873	unbekannt	1873
Nach der Sommerfrische	1880	Herbst 1880	1880
Im Coupé	1884	1887/88 (?)	(?)
Der Karrenschieber von Grisselsbrunn	1885	1884/1888	1888
Eine Frau in meinen Jahren	1886	Herbst 1880 bis 1887	1887
Onkel Dodo	1886	vor 1887 bis 1889	1888
Wohin?	1888	1887/88	1888
Auf der Suche	1889	1890	1890
Eine Nacht auf der Koppe	1890	1893	1893
Der letzte Laborant	1891	1888	1888
Gerettet!	1891	1888/1893	1893
Der alte Wilhelm	1892	1893 (?)	1893
Professor Lezius oder Wieder daheim	1892	1893 (?)	1893

Entstehung

Entstehung des Bandes

12. November 1888: Erste Titelformulierung »Von, vor und nach der Reise« und Inhaltsverzeichnisse.

22. Mai 1893: Erweiterter Inhalt; Entstehung der endgültigen Titelformulierung »Von, vor und nach der Reise. Plaudereien u. kleine Geschichten von Th. F.«.

22. März 1894:	Auslieferung des Buches »Von vor und nach der Reise. Plaudereien und kleine Geschichten«.
29. März 1894:	Zweite Auflage.

Entstehung der einzelnen Texte

16./17. August 1873:	»Reisen«; Erstdruck in der »Vossischen Zeitung«.
Nach dem 15. September 1880:	Niederschrift der Novelle »Nach der Sommerfrische«.
10. Oktober 1880:	»Nach der Sommerfrische«; Erstdruck in der »Vossischen Zeitung«.
Herbst 1880:	Erste Niederschrift (»Brouillon«) der Novellette »Eine Frau in meinen Jahren«.
Dezember 1887:	»Eine Frau in meinen Jahren«; Erstdruck in »Zur guten Stunde«.
Erste Hälfte 1884:	Entwurf »Der Karrenschieber«.
25. Dezember 1888:	»Der Karrenschieber von Grisselsbrunn«; Erstdruck in der »Vossischen Zeitung«.
Anfang 1887:	Überarbeitung von »Onkel Dodo« für den Zeitschriftenabdruck.
16./30. August und Oktober 1888:	»Onkel Dodo«; Erstdruck in »Zur guten Stunde«.
Anfang 1887:	Überarbeitung der Erzählung »Im Coupé« für den Zeitschriftenabdruck.
20. Mai 1888:	»Wohin? Eine Plauderei«; Erstdruck in der »Vossischen Zeitung«.
15. Juli 1888:	»Der letzte Laborant«; Erstdruck in der »Vossischen Zeitung«.

29. April 1890:	Abschluss von »Auf der Suche«; Vorbereitungen für den Zeitschriftenabdruck.
7. Mai 1890:	»Auf der Suche«; Erstdruck in der »Freien Bühne für modernes Leben«.
9.–13. Juni 1893:	Niederschrift der »Pohl-Geschichte«.
September 1893:	»Auf der Koppe«, »Gerettet!«, »Der alte Wilhelm«, »Wieder daheim«; Erstdruck unter dem Sammeltitel »Aus dem Riesengebirge« in der »Deutschen Rundschau«.

Die Entstehung des Buches »Von vor und nach der Reise« erstreckte sich – von der ersten Titelerwähnung am 12. November 1888 bis zur Auslieferung am 22. März 1894 – über gut fünf Jahre. In seinen Briefen und Tagebüchern äußerte sich Fontane gelegentlich zur Komposition des Bandes und zur Arbeit an den einzelnen Prosastücken; die Handschriften geben begrenzt Einblick in die strukturellen und inhaltlichen Gestaltungsabsichten. Konkrete Anhaltspunkte zur Datierung der Textentstehungsprozesse lassen sich nur bei zwei Erzählungen ermitteln, nämlich bei »Eine Frau in meinen Jahren« und »Eine Nacht auf der Koppe«. Eine umfassende Rekonstruktion der Genese der anderen Prosastücke ist wegen der unzureichenden Quellenlage nicht möglich.

Der Entstehungszeitraum gliedert sich in zwei Abschnitte, die durch briefliche Erwähnungen zu datieren sind: Im Herbst 1888 entstanden erste Inhaltsübersichten aufgrund bereits veröffentlichter Texte, im Frühjahr 1893 konzipierte Fontane den endgültigen Aufbau des Buches und schrieb die letzten Erzählungen für die Buchpublikation.

Erste Inhaltsübersichten (1888)

Am 12. November 1888 berichtete Fontane seinem Freund Georg Friedlaender nach Schmiedeberg: »Ich will [...] im Laufe des nächsten Jahres, vielleicht schon im Frühjahr, ein kleines Büchelchen herausgeben, das den Titel führen soll: *Von, vor und nach der Reise* drin ich kleine Geschichten der Art zusammenstellen möchte; das Meiste hab ich, aber etwa 2 Nummern fehlen noch, und da nähme ich gern was aus Ihrem Vorrath.« Da ihm Friedlaender schon im Jahre 1886 bei der Stoffrecherche für den Roman »Quitt« behilflich gewesen war, lag es nahe, dass Fontane auch für sein neues Projekt auf die Mitarbeit des Freundes zählte (vgl. »Stoff«, S. 148). Spätestens zu diesem Zeitpunkt waren die ersten konzeptionellen Überlegungen für den Sammelband abgeschlossen. In einer Zusammenstellung von fünfzehn »Novelletten. Kleine[n] Erzählungen« sind vier Texte des späteren Reisebuches aufgelistet: »5. Nach der Sommerfrische. 6. Im Coupé. 7. ›Eine Frau in meinen Jahren‹ […] 9. Onkel Dodo« (vgl. »Überlieferung«, S. 192).

Unter dem Titel »Von, Vor und Nach der Reise« ist ein vermutlich erstes Inhaltsverzeichnis angelegt worden, das auf den Plan einer thematisch gegliederten Textsammlung schließen lässt. Fontane beabsichtigte demnach zunächst ein umfangreiches Reisebuch, das aus drei großen Abteilungen bestehen sollte, wobei die Geschichten aus dem Riesengebirge noch nicht vorgesehen waren. Unter dem ersten Abschnitt stehen sieben Titel von Erzählungen, die bis auf eine Ausnahme, »Das Frigidarium«, Eingang in den Band fanden: »Wohin?«, »Reisen«, »Im Coupé«, »Eine Frau in meinen Jahren«, »Onkel Dodo«, »Das Frigidarium« und »Nach der Sommerfrische«. Die Arbeit an den Texten war schon weit fortgeschritten, denn Fontane hatte genaue Umfangsberechnungen angestellt, die sich nach dem Spaltenabdruck der Zeitschriftenpublikationen richteten. Nur die Anordnung der Texte entsprach noch nicht der Buchausgabe, lag ihr doch das chronologische Prinzip des Nacheinander zugrunde: die Vorbereitungen, die Reise und schließlich ihre Nachwirkungen. Die zweite Abteilung sieht unter dem Untertitel »Sommers am Meer« Erzählungen aus den deutschen Ost- und Nordseebädern, aus Dänemark, Frankreich und England vor, im dritten Abschnitt sollten dann Geschichten aus den deutschen Mittelgebirgen folgen (vgl. »Überlieferung«, S. 192 f.). Ein weiteres Blatt mit der wiederholten Überschrift »Von, vor und nach der Reise« belegt, dass Fontane inzwischen eine Konzentration auf die erste Abteilung vorgenommen und die

Erzählungen der beiden anderen Abschnitte offenkundig für neue Projekte zurückgestellt hatte. An die Auflistung der sieben Erzählungen der ersten Abteilung fügte er im Anschluss an »Nach der Sommerfrische« einen weiteren Titel hinzu: »Die letzten Herbstestage«. Dieser Text ist offenbar nicht geschrieben worden (vgl. »Überlieferung«, S. 193).

Die Übersichten nennen zum größten Teil Texte, die vorher separat in verschiedenen Zeitungen und Zeitschriften erschienen waren, wobei zunächst noch nicht an eine spätere Sammelpublikation gedacht war. Am 16. und 17. August 1873 brachte die »Vossische Zeitung« den Essay »Reisen«, den Fontane für den Band überarbeitete und mit dem Titel »Modernes Reisen. (1873.)« versah (vgl. »Überlieferung«, S. 196). Bei seiner Rückkehr aus Wernigerode begann er nach dem 15. September 1880 mit der Arbeit an der »Novelle« »Nach der Sommerfrische« (Tagebuch); sie wurde nur wenige Wochen später am 10. Oktober 1880 ebenfalls in der »Vossischen Zeitung« abgedruckt (vgl. Fontane an Hermann Kletke, 10. Oktober 1880). Im Herbst 1880 nahm Fontane auch die Arbeit an »Eine Frau in meinen Jahren« auf. Bis zum Erstdruck (1887) sollten allerdings noch sieben Jahre vergehen, wobei sich der lange Zeitraum vor allem aus der langwierigen Suche nach einem geeigneten Publikationsort erklären lässt.

Am 5. März 1881 schrieb Fontane an Julius Lohmeyer, den Redakteur des »Deutschen Familienblattes«. Er bedankte sich für dessen Brief, den er am Tag zuvor erhalten hatte (Tagebuch, 4. März 1881) und in dem er offensichtlich eingeladen worden war, eine Erzählung für das »Deutsche Familienblatt« zur Verfügung zu stellen. Fontane hatte zwar »nichts fertig«, versprach aber für den Sommer ein »Novellett'chen«, das seit dem »vorigen Herbst« im »Brouillon«, also in erster Niederschrift, vorlag: »Eigentlich ist es ein bloßer Dialog, eine Plauderei zwischen einem 50er und einer starken 40erin und führt den Titel ›Eine Frau in meinen Jahren‹. Vielleicht ist der Titel das Beste. Scheint Ihnen dies [sic] (es würde nicht mehr als 4 oder 5 Spalten füllen) so steht es Ihnen im Monat Juli zu Diensten« (Fontane an Lohmeyer, 5. März 1881; unveröffentlicht; zitiert nach der Handschrift im Deutschen Literaturarchiv Marbach: 56 393; dort ist

Gustav Karpeles als Empfänger angegeben). Obwohl »Eine Frau in meinen Jahren« noch gar nicht fertiggestellt war, annoncierte Lohmeyer die »Novellette« schon drei Wochen später in der Rubrik »An unsere Leser!« als einen von mehreren demnächst erscheinenden »besonders spannende[n] und interessante[n] Beiträge[n]« (vgl. »Deutsches Familienblatt«, Nr. 13, 27. März 1881). Bis zum 2. Oktober 1881 wurde die Anzeige noch siebenmal wiederholt. Trotz dieser massiven Werbung kam es zu keiner Zusammenarbeit zwischen Fontane und dem »Deutschen Familienblatt«. Am 17. Mai 1885 schrieb er an Gustav Karpeles, den Redakteur von »Westermanns Monatsheften«, wegen einer möglichen Erstveröffentlichung von »Eine Frau in meinen Jahren« und versprach, die *Novellette* »bis zum 1. Juli« zu schicken. Ob Fontane bereits mehr als das »Brouillon« vom Herbst 1880 geschrieben hatte, ist nicht bekannt. Den Umfang berechnete er auf »4 bis 5 [Druck-]Seiten« der Zeitschrift.

Da Karpeles ablehnte, bemühte sich Fontane zwei Jahre später ein letztes Mal um eine Publikation. Dabei lag ihm wohl immer noch die Option vor, die Erzählung im »Deutschen Familienblatt« zu veröffentlichen, das seit 1883 unter dem Namen »Schorers Familienblatt« firmierte. Am 25. Januar 1887 schrieb er deshalb an Franz Hirsch, Lohmeyers Nachfolger in der Redaktion, und bat darum, ihn »aus dem Versprechen zu entlassen« und von der 1881 vereinbarten Veröffentlichung abzusehen (vgl. Brief vom 25. Januar 1887; in der Hanser-Briefausgabe ist als Empfänger Emil Dominik genannt). Offenbar hatte er unterdessen schon mit der Überarbeitung für den Abdruck in einer anderen Zeitschrift begonnen. In der Tat plante er, »Eine Frau in meinen Jahren« zusammen mit den beiden Erzählungen »Onkel Dodo« und »Im Coupé« Emil Dominik für dessen »Deutsche Illustrirte Monatsschrift« anzubieten. Im Februar 1887 erfuhr er jedoch, dass der Herausgeber und Redakteur Dominik »zurückgetreten und das Blatt selbst so gut wie verkracht sei« (Tagebuch, 1. Januar bis Ende Februar 1887; vgl. auch Fontane an Dominik, 21. Februar 1887; unveröffentlicht; zitiert nach der maschinenschriftlichen Abschrift im Theodor-Fontane-Archiv: Da 505). Nachdem Dominik die Zeitschrift »Zur guten Stunde« gegründet hatte, wandte sich

Fontane am 14. Juli 1887 erneut an ihn mit der Bitte, sich seiner novellistischen »Kleinigkeiten« anzunehmen. Diesmal hatte er zumindest teilweise Erfolg: Im Monatsheft 4, »der Weihnachtsnummer« des ersten Jahrgangs der Zeitschrift »Zur guten Stunde«, erschien »Eine Frau in meinen Jahren« (Tagebuch, 1. Oktober bis 31. Dezember 1887) und im folgenden Jahr »Onkel Dodo« in zwei Teilen (am 16. und 30. August 1888 in den ersten beiden Heften des 3. Jahrgangs, im Oktober 1888 ein zweites Mal mit geringfügigen satztechnischen Veränderungen in der Monatsheft-Ausgabe; vgl. Wolpert 2007).

Die dritte Erzählung, »Im »Coupé«, wurde in »Zur guten Stunde« aber nicht veröffentlicht. Am 26. April 1888 schrieb Fontane an seinen Freund und Kollegen, den Theaterkritiker Paul Schlenther, wegen einer möglichen Publikation der beiden »proverbartige[n] Novellette[n]« »Wohin?« und »Im Coupé« in der »Vossischen Zeitung«, die er »in diesem Winter theils neu geschrieben theils fertig gemacht habe« (zitiert nach: Brinkmann/Wiethölter, Bd. I, S. 791, Bd. II. S. 382 f.). Trotz aller guten Kontakte ist »Im Coupé« nach bisheriger Recherche auch dort nicht erschienen. Statt dessen wurden »Wohin? Eine Plauderei« am 20. Mai 1888 und »Der letzte Laborant« am 15. Juli 1888 abgedruckt. Am 25. Dezember 1888 brachte die »Vossische Zeitung« dann noch die Skizze »Der Karrenschieber von Grisselsbrunn«, die Fontane vier Jahre zuvor unter dem Titel »Der Karrenschieber« entworfen hatte (Tagebuch, 13. April 1884; vgl. »Überlieferung«, S. 209–212) und deren Erstveröffentlichung er zwischen dem 4. März und dem 8. Juli 1888 vorbereitete (Tagebuch).

Erweiterte Konzeption (1893)

Nach einer fünfjährigen Unterbrechung, während der Fontane mit anderen Arbeiten beschäftigt war und vor allem seine schwere endogene Depression auskurieren musste, widmete er sich erneut der Konzeption seines »kleinen Sammelbandes«. Wiederum war es Friedlaender, dem er seine Pläne unterbreitete. Am 22. Mai 1893 schrieb Fontane: »So will ich mich denn lieber zunächst der

Edirung eines kleine Sammelbandes zuwenden, der den Titel führen soll: *Von, vor und nach der Reise*. Plaudereien u. kleine Geschichten von Th. F. Es sind etwa 10 Geschichten, von denen die meisten in der ›Vossischen‹ und in ›Zur guten Stunde‹ gestanden haben, einige aber liegen noch unfertig in meinem Kasten und eine existirt blos in der Ueberschrift: ›Pohl's Begräbniß‹.« Im Unterschied zur ersten Erwähnung am 12. November 1888 hatte der Plan eines Reisebuches inzwischen inhaltliche und strukturelle Veränderungen erfahren. So beabsichtigte Fontane durch die Wahl des hier erstmals erwähnten endgültigen Untertitels, neben dem Thema des Reisens auch die künstlerische Gestaltung zu betonen (vgl. »Altes und Neues – Erzählformen des Übergangs«, S. 154–156). Hinzu kam eine Erweiterung um mehrere Geschichten aus dem schlesischen Riesengebirge, der Heimat des Freundes, die Fontane selbst durch zahlreiche Aufenthalte vertraut war (vgl. »Stoff«, S. 149).

Die acht bis zum 12. November 1888 abgeschlossenen Prosastücke ergänzte Fontane um die Skizze »Auf der Suche«, die er am 29. April 1890 fertiggestellt hatte (vgl. Fontane an Ottilie Auerbach, 29. April 1890; unveröffentlicht; Handschrift im Deutschen Literaturarchiv Marbach: A: Auerbach Familie/3861). Sie wurde am 7. Mai 1890 in Otto Brahms »Freier Bühne für modernes Leben« abgedruckt (vgl. »Überlieferung«, S. 224). Ein weiteres Vorhaben, »Eine Nacht auf der Koppe«, erwähnte Fontane in dem genannten Brief an Friedlaender vom 22. Mai 1893 unter dem Arbeitstitel »Pohl's Begräbniß«. Im selben Brief bat er den Freund um genauere Informationen über die historische Stoffgeschichte, den Tod des Koppenwirts Friedrich Pohl im Sommer 1887 (vgl. »Stoff«, S. 151). Am 30. Mai 1893 bedankte sich Fontane für Friedlaenders rasche Antwort und am 9. Juni begann er mit der Niederschrift der »Pohl-Geschichte« (an Friedlaender, 9. Juni 1893), die er am 13. Juni 1893 beendete (an Friedlaender, 13. Juni 1893).

Inzwischen waren auch drei weitere Erzählungen aus dem Riesengebirge niedergeschrieben: »Gerettet!«, auf deren Stoffgeschichte er in seinem Brief an Friedlaender vom 12. November 1888 Bezug genommen hatte (vgl. »Stoff«, S. 148), »Der alte Wilhelm« und »Professor Lezins oder Wieder daheim«. Fontane wollte vermutlich wegen des großzügigen Honorars der »Deutschen Rundschau« nicht auf einen Abdruck der letzten vier Erzählungen vor der Buchpublikation verzichten. Am 21. Juni wandte er sich an Julius Rodenberg, den Herausgeber der Zeitschrift, und warb für seine Geschichten aus dem Riesengebirge. Rodenberg begrüßte das Angebot und setzte die Manuskriptabgabe auf den 25. Juli 1893 fest (Rodenberg an Fontane, 22. Juni 1893; zitiert nach: Hettche 1988, S. 30). Fontane lieferte eine Woche früher als verabredet, am 16. Juli 1893, und Rodenberg bedankte sich einen Tag später: »Ihre ›Kleinen Geschichten‹ haben mich in ihrer Wahrhaftigkeit, u. dem, was echt Menschliches in ihnen ist, sehr angesprochen. Daß in der letzten noch obendrein so viel echt Berlinisches ist, giebt dem Ganzen einen Extrareiz, obwohl der alte Wilhelm in seiner Eigenart dicht neben dem alten Professor steht. Es sind Beides capitale Figuren. Also herzlichen Dank dafür; in acht Tagen haben Sie die Correctur« (zitiert nach: Hettche 1988, S. 32). Im September 1893 erschienen die letzten vier Erzählungen unter dem Sammeltitel »Aus dem Riesengebirge« in der »Deutschen Rundschau«; für die Publikation hatte Fontane im August 1893 ein Honorar von 460 Mark erhalten (Wirtschaftsbuch 1893 bis 1896 Theodor -Fontane-Archiv, G 2 [8.], Rückseite Blatt 12; vgl. Fontane an seine Tochter Martha, 24. August 1893).

Ende 1893 nahm Fontane die letzten Arbeiten für den Sammelband auf (vgl. Tagebuch). Der Korrespondenz mit Rodenberg vom Juni 1893 ist zu entnehmen, dass »Von vor und nach der Reise« schon »zu Weihnachten« 1893 ausgeliefert werden sollte. Zudem wollte Fontane den Band um mehrere »Sommerbriefe aus dem Havellande« erweitern, die den Blick nicht nur auf die märkische Heimat richten, sondern ergänzende, um 1880 entstandene »Plaudereien über allerhand Tagesfragen in Kunst und Politik« enthalten sollten (Fontane an Rodenberg, 21. Juni 1893). Der Plan wurde verworfen und die Arbeit an den »Sommerbriefen« vermutlich ganz eingestellt. Am 28. Dezember 1893 kam es zum Vertragsabschluss mit dem Verlag Friedrich Fontane & Co. Der Vertrag sah eine erste Auflage von 1620 Exemplaren vor (davon 120 Frei- und Rezensionsexemplare) und veranschlagte für einen »Neudruck« 1500 Exemplare; weitere »Neudrucke« sollten jeweils 1000 Exemplare umfassen. Eine Zusatzklausel legte die Konditionen der Auflage genau fest, die Friedrich Fontanes verlegerisches Kalkül zeigt, das er auch bei anderen Veröffentlichungen seines Vaters anwandte. Danach war die »Verlagshandlung […] berechtigt je 1000 Exemplare als eine Auflage zu bezeichnen«, wobei der erste Abdruck mit 1000 als 1. Auflage und weitere 500 als ›zweite Auflage‹ – also in Wirklichkeit als eine Titelauflage – bezeichnet wurde (vgl. Möller 1999, S. 61). Bis zum 16. Februar 1894 waren die Aushängebögen fertig, die Fontane seiner Tochter Martha zur Lektüre empfahl (vgl. Brief vom 16. Februar 1894), und am 10. März traf das vertragsgemäße Honorar von 1500 Mark für die erste Auflage ein, die am 22. März 1894 ausgeliefert wurde (vgl. »Börsenblatt«, Nr. 67). Am 29. März folgte die sogenannte zweite Auflage, die streng genommen nur die vereinbarten 500 Restexemplare der verabredeten ersten 1620 Exemplare umfasste (vgl. »Börsenblatt«, Nr. 71). Noch im selben Jahr erschien eine dritte Auflage. Weitere Auflagen oder »Neudrucke« wurden zu Fontanes Lebzeiten nicht mehr publiziert.

Wirkung

»Kein Mensch kümmert sich darum«
Theodor Fontane, Tagebuch 1894

Die zeitgenössische Rezeption war enttäuschend. Obwohl Fontane in den 1890er Jahren allmählich zu einem über Berlin hinaus bekannten Autor geworden war, hat sich der Band »Von vor und nach der Reise« weder beim Lesepublikum noch bei den Rezensenten durchgesetzt. Bis auf wenige kleine Besprechungen, die die literarische Qualität zumindest einzelner Texte hervorhoben, gab es nur ein paar Kurzmeldungen, die auf das Erscheinen des Buches hinwiesen. Die Literaturkritik konnte offensichtlich nichts mit den unterschiedlichen ›modernen‹ Gattungen anfangen, die Fontane in seinem Sammelwerk vereinigt hatte. Denn in den Zeitungen wurden die Erzählungen und Essays mehr als

Unterhaltungslektüre für die Sommerfrischler denn als ein ernstzunehmendes und über die Dauer einer Reise fortwirkendes literarisches Kunstwerk eingeschätzt. Eine angemessene Würdigung des künstlerisch komponierten Sammelbandes haben selbst Fontanes Schriftsteller- und Kritikerkollegen Karl Emil Franzos, Paul Schlenther und Joseph Viktor Widmann nicht geleistet.

Lektüre für Sommerfrischler

In seinem Tagebuch hielt Fontane rückblickend für das Jahr 1894 fest: »Etwa Anfang Mai [richtig: Ende März; vgl. »Entstehung«, S. 181] erscheint mein Sammelband kleiner Erzählungen unter dem Titel: ›Von, vor und nach der Reise‹. Kein Mensch kümmert sich darum, doch wohl noch weniger als recht und billig. Natürlich sind solche Geschichtchen nicht angetan, hunderttausend Herzen oder auch nur eintausend im Fluge zu erobern, man kann nicht danach laufen und rennen, als ob ein Extrablatt mit vierfachem Mord ausgerufen würde, aber es müßte doch ein paar Menschen geben, die hervorhöben: ›ja, wenn das auch nicht sehr interessant ist, so ist es doch fein und gut; man hat es mit einem Manne zu tun, der sein Metier versteht, und die Sauberkeit der Arbeit zu sehn ist ein kleines künstlerisches Vergnügen.‹ Aber – eine sehr liebenswürdige Plauderei meines Freundes Schlenther abgerechnet – habe ich nur das fürchterliche Blech, das sich ›Kritik‹ nennt, zu sehen gekriegt. Diese Sorte von Kritik macht zwischen solchem Buch und einem Buche von Kohut oder Lindenberg nicht den geringsten Unterschied, von Respekt vor Talent und ernster Arbeit ist keine Rede, das eine ist nichts und das andre ist nichts. Das ist nun freilich richtig, ›vorm Richterstuhl der Ewigkeit‹ ist kein Unterschied zwischen Lindenberg und mir, jeder ist Sandkorn, aber mit dieser Ewigkeitselle darf man in der Zeitlichkeit nicht messen und die, die's tun, sind bloß Lodderleute, die zwölf Bücher (alle ungelesen) an einem Abend besprechen. –«

Wenn man die wenigen zeitgenössischen Besprechungen liest, kann man Fontanes Ärger verstehen. Zwei Monate nach der Auslieferung Ende März 1894 erschien am 27. Mai 1894 in der

»Neuen Preußischen [Kreuz-]Zeitung« eine Kurzanzeige, die den Verfasser als »gute[n] Gesellschafter und vielgereiste[n] Mann des liebenswürdigen Umgangstones« anpreist. Sein neues Buch wird für »die erwachende Reiselust der Frühlingsmonate, zur Unterhaltung während der Sommerfrische« und als willkommene Lektüre »in der behaglichen Rückerinnerung am wieder warm gewordenen häuslichen Herde« empfohlen. Ein anderer Rezensent bemerkte im »Beiblatt zur Deutschen Roman-Zeitung«: »Es sind Plaudereien und kleine anspruchslose Geschichten, die der Dichter in größeren Zwischenräumen, wohl sich selbst zur Freude und Erholung, niedergeschrieben hat, wenn er mit seiner wintermüden Muse in der Sommerfrische saß [...]. Fontanes Buch wird in mancher Sommerfrische ein willkommener Gast sein.« In der »Nation« war am 24. November 1894 zu lesen: »Die besten Nummern der launigen Sammlung werden den Lesern der ›Deutschen Rundschau‹ in angenehmer Erinnerung sein; wer sie noch nicht kannte, und den alten Herrn nicht allein um seine starken schöpferischen Aeußerungen, sondern auch für die kleinen Schalkheiten seines Alltagsplauders ein wenig lieb gewonnen hat, wird auch diese Nachlese eines kunst- und arbeitsfröhlichen Lebens mit freundschaftlichen Gefühlen durchblättern.«

Der in fast allen Besprechungen wiederkehrende Hinweis auf die Sommerfrische als die beste Zeit zur Lektüre des Buches geht auf die Strategie des Verlegers Friedrich Fontane zurück (vgl. »Entstehung«, S. 181). Die bei der Auslieferung bevorstehende Reisesaison schon im Blick, formulierte er in seiner Anzeige der zweiten Auflage im »Börsenblatt« (Nr. 172) vom 25. Juli 1894: »Die Bücher sind in Sommerfrischen und Kurorten leicht verkäuflich, und bitten wir, dieselben für die Reise- und Badesaison nicht auf Lager fehlen zu lassen.« Auch der von Fontane im Tagebuch so gelobte Paul Schlenther äußerte sich in der »Vossischen Zeitung« ähnlich. Im Unterschied zu seinen vorherigen Besprechungen der Romane des Freundes hob er diesmal nicht das erzählerische Talent hervor, sondern konzentrierte sich wie seine Kritikerkollegen auf den Unterhaltungswert der Sammlung. Er empfahl den Titel als unterhaltsame Lektüre für diejenigen, die sich in der Eisenbahn die Fahrzeit verkürzen wollten: »Wer über Theodor

Fontane spricht, darf die kleine Plauderschrift getrost übersehen. Wer aber an den fliegenden Bahnhofsbuchhändler heran tritt und sie bei jener fragwürdigen Literaturgattung antrifft, die man unter dem Begriff ›Reiselektüre‹ zusammenfaßt, der sollte sie nicht übersehn. Sie wird ihm ein paar Eisenbahnstunden recht angenehm verkürzen. Und wenn ihm in seinem hoffentlich nicht allzu überfüllten ›Abtheil‹ die Gesellschaft mißbehagt, so findet er in dem Büchelchen desto interessantere.« Diese doch eher unterkühlte Beurteilung hat Fontane indessen nicht daran gehindert, Schlenthers Kritik »eine sehr liebenswürdige Plauderei« zu nennen.

Ein »Nebenprodukt«

Die zeitgenössische Kritik hat »Von vor und nach der Reise« durchweg für ein Nebenprodukt gehalten, dem Fontane nicht die gleiche handwerkliche Sorgfalt habe angedeihen lassen wie seinen großen Romanen. Der Rezensent der »Nation« hielt die Erzählungen für »Kleinigkeiten, die in müßigen und minder schöpferischen Stunden zwischen den eigentlichen Werkthaten wie munteres Unkraut und Wegblume aufgeschossen sind«, und auch Schlenther sprach von »flüchtig hingeworfnen Skizzen«.

Am 1. Februar 1894 hatte der Schweizer Literaturkritiker Joseph Viktor Widmann Fontane um die Zusendung von »L'Adultera« und »Kriegsgefangen« gebeten. Fontane antwortete ihm am 15. Februar 1894 und kündigte neben den beiden Büchern auch die »Begleitung eines dritten« an, das »Anfang März ausgegeben« werden solle. Widmanns Besprechung erschien am 22. April 1894 im Rahmen einer Sammelrezension in der Berner Zeitung »Der Bund« unter dem Titel »Neues und Altes von Theodor Fontane«. Er lobte darin vor allem Fontanes »Humor im Bruchstück« und seinen »verständig gemütliche[n] Plauderton«. Überdies wünschte er dem Buch eine breite Leserschaft auch über Berlin und Deutschland hinaus: »Die eigentliche Veranlassung zum heutigen Artikel giebt das neueste Buch Fontanes: ›Von vor und nach der Reise. Plaudereien und kleine Geschichten.‹ […] Es giebt venetianische Spiegel, bei denen nicht nur um die äußersten Ränder ein Rahmen gelegt ist, sondern ein solcher auch einen Teil der Hauptfläche oben und unten und seitlich abteilt, sodaß nun um den Hauptspiegel noch kleine und besonders abgegrenzte kleinste Spiegelchen sich herumlagern. So sind die Plaudereien dieses neuesten Buches. Dasselbe gut geschliffene, edle, starke venetianische Glas und die gleiche Spiegelung wie in der Mittelfläche, nur eben alle Bildchen eng begrenzt, klein. Man wird von Einzelaufsätzen, die alle miteinander vom Reisen handeln und Ueberschriften tragen, wie z. B. ›Nach der Sommerfrische‹ – ›Modernes Reisen‹ – ›Im Coupé‹ – ›Wieder daheim‹ u. dgl. keine besondere künstliche Komposition erwarten, wie von einem Roman oder einer guten Novelle. Man begnügt sich, daß man den feinen Humoristen in ihnen wiederfindet. Und in der That kann der Humor im Bruchstück, in der Skizze gerade so prächtig sich geben, wie die Sonne in einer Glasscherbe eben so hell glitzert wie auf der Fläche eines spiegelnden Sees. Allerdings ist das Buch in erster Linie für Berliner und Deutsche überhaupt geschrieben; es faßt speziell das Verhältnis des Großstädters zum Reisen und zur Sommerfrische ins Auge. Aber Berlin liegt für uns doch nicht in China; mit etwas gutem Willen können wir daher diese Geschichten schon verstehen und sogar Berliner Originale wie den alten Naturwissenschaftsprofessor Lezius würdigen. Größere Proben aus dem Buche wollten wir hier nicht mitteilen, nur ein paar Anfangszeilen aus dem ersten Aufsatze über das Reisen […]. Der verständig gemütliche Plauderton ist schon aus dieser kurzen Stilprobe erkennbar; in diesem Geist ist das ganze kleine Buch abgefaßt, voll unaufdringlicher praktischer Lebensweisheit.«

Fontane bedankte sich am 27. April 1894 bei Widmann für die »doppelte Liebenswürdigkeit«: das Schreiben und die Zusendung der Rezension. Obwohl auch Widmann das poetische Kompositionsprinzip verkannte und die »Einzelaufsätze« weniger hoch bewertete als einen Roman oder eine Novelle, freute sich Fontane – wie im Falle der Besprechung von Schlenther – über das »erquicken[de]« Lob aus der Feder »eine[s] Manne[s], der, selbst ein anerkannter Schriftsteller, seinen kritischen Beruf ernst und gewissenhaft nimmt«. Weiter heißt es in dem Brief: »Wie reizend der ›venetianische Spiegel‹, mit dem Sie gleich einsetzen. Es ist etwas eigenthümlich Erfinderisches und sich Einprägendes darin, so hübsch, daß ich in die Versuchung kommen werde, nicht literarisch aber doch in der gesellschaftlichen Plauderei zum Räuber an Ihnen zu werden und mit diesem venetianischen Spiegel herumzuparadiren. Denn wie ein Dietrich jedes Schloß aufschließt, so kann man diesen Spiegel bei jedem Schriftsteller, der auf irgend einen dicken Wälzer ein paar Kleinigkeiten folgen läßt, immer wieder ganz wundervoll verwenden.«

Die anscheinend so leicht hingeworfenen »Plaudereien«, von denen die Rezensenten sprechen, sind indessen erst in mühevoller Kleinarbeit komponiert worden, wie man aus den Handschriften zu Fontanes Romanen weiß. Auch die wenigen erhaltenen Arbeitsmanuskripte zu »Von vor und nach der Reise« lassen deutlich erkennen, dass die vermeintliche Kunstlosigkeit auch hier in Wirklichkeit das Ergebnis einer sehr bewussten Kunstanstrengung ist (vgl. »Altes und Neues – Erzählformen des Übergangs«, und »Überlieferung«). Fontane jedenfalls sah in dem Sammelband ganz offenkundig kein Nebenwerk oder gar das Verlegenheitsprodukt einer Sekundärverwertung bereits erschienener Texte, sondern ein eigenständiges Werk, das neben den ›großen‹ Romanen durchaus bestehen kann (vgl. »Entstehung«).

Der Erzähler Fontane

Nur wenige Stimmen meldeten sich zu Wort, die auch dem Erzähler Fontane zumindest oberflächlich ihre Anerkennung zollten und besonders die Knappheit seines Stils, die Ironie, die natürliche Darstellungsweise und die realistische Sprache der Figuren bewunderten. So schrieb der Rezensent im »Beiblatt der Deutschen Roman-Zeitung«: »Der Augenblick hat diese Skizzen geboren, aber Fontanes erprobte Erzählerkunst und die Fülle goldener Lebensweisheit, die er in sie hineingeheimnst hat, heben sie weit über den Augenblick hinaus. Fontane bleibt Fontane, mag er nun mit einem großen Romangemälde oder einem kleinen Augenblicksbilde vor uns treten. Überall giebt er sich in voller Ganzheit, eine etwas nüchterne und verstandeskühle, aber in ihrer harmonischen Geschlossenheit ungemein sympathische Persönlichkeit [...]. Aber auch sein Reisebuch läßt keinen der mannigfachen Vorzüge vermissen, die ihn als Erzähler kennzeichnen und auszeichnen; wir finden die gleiche schmucklose Darstellung, denselben lächelnden Lebensernst, die alte liebenswürdige Satire. Fontane plaudert in seinem Buche über alles mögliche; er teilt einfach belehrend zu Nutz und Frommen seiner Mitmenschen seine Reiseerfahrungen mit, oder er giebt eine ironisch gefärbte Schilderung der modernen Sommerreisenden [...].«

Auch Karl Emil Franzos beurteilte »Von vor und nach der Reise« in diesem Sinne. Kurz vor Erscheinen des Bandes hatte er die Erzählung »Eine Frau in meinen Jahren« im Aprilheft 1894 seiner Zeitschrift »Deutsche Dichtung« vorabgedruckt und das Buch als Ganzes in einer knappen Notiz angezeigt: »Von den dreizehn Skizzen dieses Buches ist jede liebenswürdig und keine ganz unbedeutend, aber einige gehören mit zum Besten, was wir an Novelletten in unserer Litteratur haben: Das eigentümliche Problem, die ungemeine Fähigkeit knapp zu charakterisieren und in wenigen Zeilen eine Stimmung festzuhalten, die Kunst der schlichten, natürlichen Darstellung, dies Alles stempelt einige dieser Skizzen zu Meisterstücken ihrer Gattung.« Er lobte besonders »Eine Frau in meinen Jahren«, »Onkel Dodo« und »Eine Nacht auf der Koppe« als einen »echte[n] Fontane: nicht überspitzt, noch überhitzt, weder drastisch, noch sentimental, volle, reife Kunst, die eben darum den Eindruck der Natur macht«. Lediglich in »Im Coupé« sah er etwas »Ueberhitztes und Ueberspitztes«, was aber niemand wirklich »stören« werde.

Im Unterschied zu Karl Emil Franzos rühmte Paul Schlenther gerade diese »knappe Geschichte« als ein »Meisterstück erzählender Kunst«, ohne dabei jedoch mit literarischen Kriterien zu argumentieren: »Das Coupé als Heiratsbureau ist hier eine überaus feine und reizvolle Nuance der modernen Art, ›wie sich Herz zum Herzen find't‹. Hier liegt einer der Beweise, daß nur der rechte Poet zu kommen braucht, um unter jeglichem Verzicht auf allen abgetakelten Liebesromaneplunder die Poesie auch in den als prosaisch verschrienen Formen des Lebens aufzufinden. Früher hieß es, mit dem Posthorne schwinde die Poesie, mit dem Lokomotivenpfiff beginne die Prosa. Baarer Unsinn! Für das innere Auge von tutor und governess hat die Lokomotive ihres Schicksals gewiß den Myrthenkranz mit veilchenblauer Seide getragen […] in die Tasche stecken werd' ich mir den kleinen Fontane.« Zweierlei hatte Schlenther zu bemängeln: die Verwechslung von Blumeshof mit der Magdeburger Straße, von der aus allein man die in »Auf der Suche« beschriebene freie Aussicht auf den Magdeburger Platz habe, und die »Titelwahl« des Dichters, der »nicht nur von *vor* und *nach* der Reise erzählt, sondern zumeist sogar von Erlebnissen *auf* der Reise« (vgl. »Altes und Neues – Erzählformen des Übergangs«, S. 156–158).

M. Rachel, dem Rezensenten der »Blätter für literarische Unterhaltung«, war besonders die realistische Gestaltung der Figurensprache aufgefallen, ein Aspekt, auf den die anderen Kritiker überhaupt nicht eingehen: »Eine besondere Kunst Fontane's zeigt sich darin, wie er seine Menschen, die berliner Commerzienräthe oder Professoren und deren Frauen und Töchter reden läßt. Die lockere Form der Rede, die kurzabgebrochenen Sätze, die Weglassung des Zeitwortes, alle die kleinen Mittel, durch die er den Schein der gesprochenen Rede zu erwecken weiß, verlohnten schon einmal einer besondern Besprechung.«

Alle journalistischen Versuche aber, Fontanes Reisegeschichten weiterzuempfehlen, änderten nichts daran, dass »Von vor und nach der Reise« weder ein Verkaufserfolg war noch gern gelesen wurde. Ende März 1894 legte Friedrich Fontane die zweite Auflage vor, und dabei blieb es. Da der Verkauf schleppend war, warb er am 17. und 25. Juli im »Börsenblatt« erneut für den Titel (vgl. »Wirkung«, S. 183). Am 28. August 1894 klagte Fontane in einem Brief an seinen Sohn Friedrich: »Meine Bücher liegen hier immer noch im Schaufenster, woraus ich den Schluß ziehen muß, daß sie *nicht* gekauft wurden, sonst wären sie eben weg.« Auch das Echo im Ausland war verhalten. Bisher wurden nur zwei Erzählungen übersetzt, nämlich »Eine Frau in meinen Jahren« ins Englische und »Onkel Dodo« ins Niederländische. Eine englische Übersetzung einzelner Prosastücke von Myriam Chapy, die Fontane in einem Brief an seinen Sohn Friedrich am 11. Dezember 1894 erwähnt, ist nicht ermittelt, und weitere Übertragungen, etwa des ganzen Bandes, sind immer noch ein Desiderat.

An dieser Rezeptionssituation hat sich nicht viel geändert. Nach wie vor wird »Von vor und nach der Reise« vom Lesepublikum nicht so hoch bewertet wie die berühmten Spätwerke Fontanes. Auch die Fontane-Forschung steht dem Band bisher einigermaßen ratlos gegenüber. In der Fontane-Bibliographie von Wolfgang Rasch ist kein einziger Aufsatz verzeichnet, der sich mit dem Buch beschäftigt, von selbständigen Publikationen gar nicht zu reden. Wohl hat man einzelne Texte daraus gelegentlich separat abgedruckt und manchmal auch in literatur- und kulturwissenschaftlichen Studien (vgl. Bausinger) erwähnt, aber als selbständiges *Werk* ist »Von vor und nach der Reise« bisher nicht eingehend analysiert worden. In den großen Monographien von Reuter, Müller-Seidel und Nürnberger wird es allenfalls am Rande erwähnt, und eine Untersuchung des Sammelbandes als Ganzes fehlt. Zwar sind die Texte seit der »Nymphenburger Ausgabe« in allen Studienausgaben enthalten, doch wurden sie bisher stets zusammen mit den frühen Erzählungen sowie den »Prosafragmenten und Entwürfen« (bei Hanser) oder mit anderen Reisefeuilletons unter dem Titel »Unterwegs und wieder daheim« (bei Nymphenburger) eher versteckt als prominent präsentiert. Als erste Werkedition überhaupt widmet die Große Brandenburger Ausgabe »Von vor und nach der Reise« einen eigenen Band. Sie unterstreicht auch damit die Bedeutung, die dem vermeintlichen ›Nebenwerk‹ in Fontanes erzählerischem Œuvre zukommt.

Überlieferung

Die folgende Übersicht über die Handschriften und Drucke unterscheidet sich von den entsprechenden Abschnitten in den anderen Bänden der Abteilung »Das erzählerische Werk«. Alle Einzeltexte des Sammelbandes »Von vor und nach der Reise« – vermutlich mit Ausnahme der kleinen Erzählung »Im Coupé« – wurden zunächst in verschiedenen Zeitungen und Zeitschriften veröffentlicht. Für die Buchausgabe hat Fontane die Anordnung der Prosastücke unabhängig von ihrer Entstehung und dem Jahr ihrer Veröffentlichung festgelegt und sie dann im Hinblick auf den übergreifenden Kontext des Reisens überarbeitet. Die Varianten zwischen den Zeitschriftenabdrucken und der ersten Buchausgabe betreffen deshalb nicht nur die in Fontanes Romanen und Erzählungen üblichen gelegentlichen sprachlichen und inhaltlichen Umformulierungen und die auf redaktionelle Normierungen zurückzuführenden Veränderungen der Orthographie und Interpunktion. Die Varianten belegen vielmehr, dass Fontane zum Teil umfangreiche Revisionen vornahm: So wurden neue Titel und Untertitel mit Jahreszahlen formuliert, Rahmengeschichten hinzugefügt, Erzählinstanzen ausgebaut und Kürzungen, besonders von lokalen Details, durchgeführt. Aus diesem Grund ist es geboten, neben der Verzeichnung der Handschriften und ihrer Standorte auch die beiden Zeitschriftenabdrucke wiederzugeben, an denen über einzelne Textstellen hinaus großflächige Überarbeitungen vorgenommen wurden: »Reisen« und »Auf der Suche«. Bei den übrigen Texten, die nur geringfügige Differenzen zwischen dem Zeitschriftenabdruck und der ersten Buchausgabe aufweisen, werden diese Besonderheiten hervorgehoben und prägnante Textabschnitte zitiert.

Von vor und nach der Reise

Notizen und Entwürfe

Theodor-Fontane-Archiv, St 48 (Leihgabe der Staatsbibliothek zu Berlin – Preußischer Kulturbesitz). 1 Umschlagblatt, 5 Blatt, 5 Seiten; Rückseiten leer: Inhaltsübersichten. Vgl. die Teilabbildung auf S. 194.

Die folgenden Inhaltsübersichten stammen vermutlich aus der zweiten Hälfte des Jahres 1888. Sie nennen insgesamt sechs der dreizehn endgültigen Prosastücke: »Reisen« (1873 veröffentlicht), »Nach der Sommerfrische« (1880 veröffentlicht), »Im Coupé« (um 1887 entstanden), »Eine Frau in meinen Jahren« (1887 veröffentlicht), »Onkel Dodo« und »Wohin?« (beide 1888 veröffentlicht).

Spätestens am 12. November 1888 stand der Haupttitel fest (vgl. Fontane an Friedlaender), wobei sich Umfang und Inhalt des Bandes bis zu seiner Veröffentlichung noch ändern sollten (vgl. »Entstehung«, S. 174–178). Auf Blatt 1 findet sich eine Übersicht über verschiedene »Novelletten«, unter denen die vier Erzählungen »Nach der Sommerfrische«, »Im Coupé«, »Eine Frau in meinen Jahren« und »Onkel Dodo« enthalten sind. Blatt 6 fasst unter dem Titel »Von, vor und Nach der Reise« verschiedene Erzählungen in drei »Abtheilungen« zusammen. Anders als auf Blatt 1 notierte Fontane hier eine erweiterte und strukturierte Übersicht und berechnete zumindest für die erste Abteilung, die nunmehr mit »Wohin?« und »Reisen« insgesamt sechs Prosastücke des späteren Sammelbandes umfassen sollte, den Umfang der geplanten Zeitschriftenabdrucke. Das Buch sollte neben Reiseberichten aus Deutschland auch solche aus Dänemark, England und Frankreich bieten. Blatt 4 ist eine Abschrift der ersten »Abtheilung« von Blatt 6. Der auf Blatt 3 erwogene Titel entspricht schon annähernd demjenigen der ersten Buchausgabe: »Von, Vor und Nach der Reise. Novelletten und Plaudereien von Th. F.«. Die Reihenfolge der Erzählungen unterscheidet sich hier allerdings noch von der endgültigen Anordnung.

Umschlagblatt
[*Auf aufgeklebtem Blatt*   Novelletten
                                    ~~Graf~~
                                    und
                         <u>Kleine Erzählungen.</u>
                                    ~~Petöfy~~]

[*Von fremder Hand* Von, vor und nach der Reise.
                         Das Frigidarium.
                         Die letzten Herbsttage.
                    Dörte Sabin.
                    L'Impératrice oder Die rote Maus.
                    Arnulf von Trachenberg.
                    Vereinsamt.
                    Gabriele Chrysander.

4 Blätter mit Abschriften
Schach von Wuthenow
Lieutenant Mejer s. Mappe Nr. 36.
Karl Stuart. S. 24 ff.]

Blatt 1:
Novelletten.
Kleine Erzählungen.
1. Unser Doktor.
2. Koegels Hof Nummer 3.
3. Der Ballvater.
4. Großmutter Schack.
5. Nach der Sommerfrische.
6. Im Coupé.
7. »Eine Frau in meinen Jahren«.
8. Lebensluft.
9. Onkel Dodo.
10. Der Fischer von Kahniswall.
11. Die Rose von Fehrbellin.
12. Dörte Sabin.
13. Förster Schupke.
14. Die Goldnehochzeits-Reise.
15. Das Zeugniß der Reife.

Blatt 6:
Von,
Vor und Nach
der Reise.
1. Abtheilung.   Proverbes oder No-
Wohin? [*Hinzugefügt* 2 Spalten]   velletten.
[*Hinzugefügt* Reisen. (4 Spalten)]
Im Coupé. [*Hinzugefügt* 2 Spalten]
Eine Frau in meinen Jahren. [*Hinzugefügt* 4 Spalten]
[*Hinzugefügt* (Kissingen)]
[*Hinzugefügt* Onkel Dodo]
Das Frigidarium. [*Hinzugefügt* 2 Spalten]
Nach der Sommerfrische. [*Hinzugefügt* 2 Spalten]
2. Abtheilung. Von der See.
[*Hinzugefügt* Sommers am Meer
Saßnitz.   Bilder und Erinnerungen
Lohme.   von
Warnemünde.   Th. F.]

Am heiligen Damm.
An der Kieler Bucht.
Schleswig-Missunde.
Gravenstein.
Klampenborg.
Helsingör.
Roeskilde. [*Hinzugefügt* Limfjord.]
Norderney.
Brighton.
Hastings. [*Hinzugefügt* (21. April 82. Harold)]
Dieppe.
3. <u>Abtheilung</u>. Im Gebirge.
Thale. Wernigerode. Ilsenburg.
Kabarz. [*Hinzugefügt* Die Tells Kapellen.]

Blatt 4:

<u>Von</u>,
<u>Vor und Nach</u>
der Reise.
Wohin? (2 Spalten)
Reisen. (4 Spalten)
Im Coupé. (2 Spalten)
Eine Frau in meinen Jahren. (4 Spalten)
Onkel Dodo.
Das Frigidarium. (2 Spalten)
Nach der Sommerfrische (2 Spalten)
[*Hinzugefügt* Das Frigidarium.
Die letzten Herbstestage (andre
Ueberschrift wählen.)]

Blatt 3:

<u>Von</u>,
<u>Vor und Nach</u>
der Reise.
Novelletten und Plaudereien
von
Th. F.
Enthält den Entwurf zu:
[*mit Blaustift und Rotstift unterstrichen* <u>Frigidarium</u>.
<u>Die letzten Herbetage</u>.]

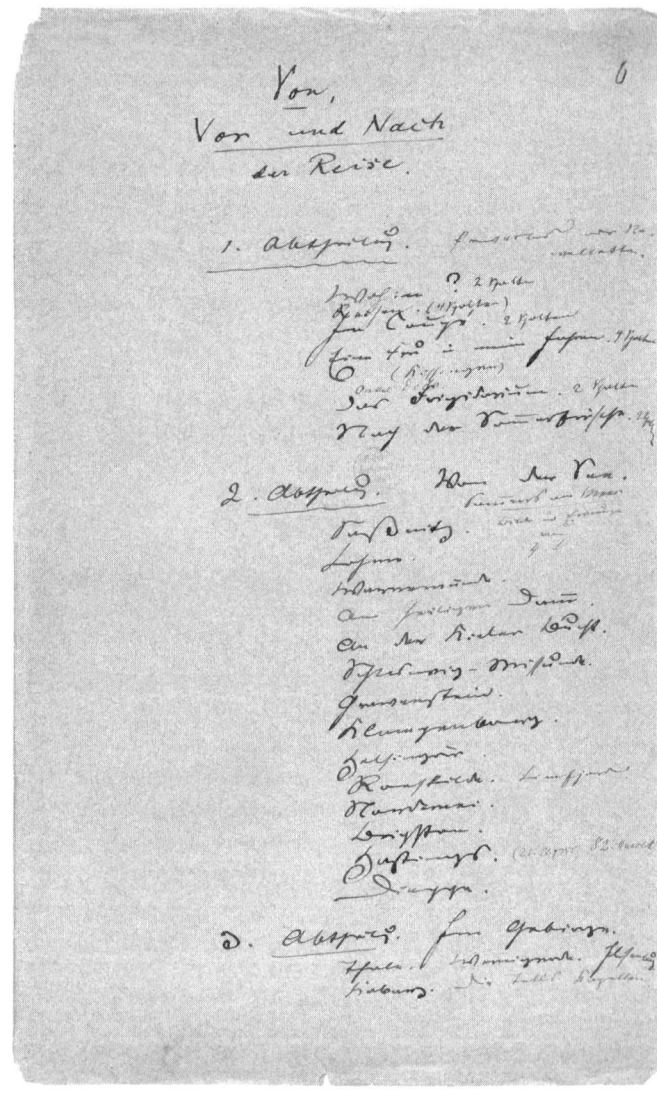

Theodor-Fontane-Archiv, St 48 (Leihgabe der Staatsbibliothek zu
Berlin – Preußischer Kulturbesitz), Vorderseite Blatt 6
»Von vor und nach der Reise«, Inhaltsübersicht (vgl. Transkription, S. 192 f.)
Reproduktion: Theodor-Fontane-Archiv
© Staatsbibliothek zu Berlin – Preußischer Kulturbesitz

Überlieferung

Erste Buchausgabe

Von vor und nach der Reise. Plaudereien und kleine Geschichten von Theodor Fontane. Berlin W: F. Fontane & Co. 1894.

Die Unterschiede zwischen den Zeitschriftenabdrucken und der ersten Buchausgabe betreffen bis auf die im Folgenden zusammengestellten Überarbeitungen hauptsächlich Orthographie und Interpunktion und sind vermutlich auf unterschiedliche redaktionelle Normen zurückzuführen. Der Verlag Friedrich Fontane & Co bevorzugt die moderne Schreibung, während in den Zeitschriftenabdrucken noch die alten Formen überwiegen. So findet man die orthographischen Varianten ie/i (z. B. S. 16 citierten] citirten), s/ß (z. B. S. 17 Bewegungs-Bedürfnis] Bewegungs-Bedürfniß), K/C (z. B. S. 17 Kompromisse] Compromisse), t/th (z. B. S. 18 Morgenröte] Morgenröthe), t/dt (z. B. S. 19 Ertötung] Ertödtung), t/tt (z. B. S. 50 Witwer] Wittwer) und f/ph (z. B. S. 74 Sofa] Sopha). Die Vokalverdopplungen im Zeitschriftenabdruck kommen in der Buchausgabe nicht mehr vor (z. B. S. 117 Feuermal] Feuermaal); ebenso wurden die älteren Apostrophierungen in den Zeitschriftenabdrucken für die Buchausgabe getilgt (z. B. S. 105 Sieckes] Siecke's; S. 109 *Pohls*] *Pohl's*). Die Buchausgabe übernimmt in der Regel die modernere Graphie der Umlaute (z. B. S. 125 Ösen] Oesen) und tendiert zur Kleinschreibung (z. B. S. 7 ganzen] Ganzen; S. 15 im übrigen] im Uebrigen). Schließlich werden in der ersten Buchausgabe die Zahlwörter ausgeschrieben (z. B. S. 21 fünf] 5). Gelegentlich hat Fontane offensichtliche Fehler des Zeitschriftenabdrucks korrigiert, etwa fehlende Buchstaben (z. B. S. 46 Fragen] Frage; S. 90 Tattersall] Tattersal oder fehlende Redezeichen ergänzt (S. 138 wollen.«] wollen.). In den meisten Erzählungen hat Fontane nur geringfügige sprachliche oder inhaltliche Präzisierungen durchgeführt; dagegen hat er die Prosastücke »Reisen«, »Der Karrenschieber von Grisselsbrunn« und »Auf der Suche« nach dem Zeitschriftenabdruck einer umfangreichen Überarbeitung unterzogen.

Modernes Reisen. Eine Plauderei. (1873.)

Notizen und Entwürfe

Stadtmuseum Berlin, Konvolut »Die Poggenpuhls«, Inv.-Nr. V-83/9.
Kap. 13, Vorderseite Blatt 4, 1 Blatt, 1 Seite: Titelformulierung.

Modernes Reisen.
(Eine Plauderei)

Zeitschriftenabdruck

»Reisen«. In: Vossische Zeitung, Nr. 190, 16. August 1873, und Nr. 191, 17. August 1873; Wiederabdruck in Rasch 2002, S. 12 –23.
Gesperrte Buchstaben werden kursiv wiedergegeben, Texteingriffe sind durch eckige Klammern markiert.

Reisen.
I.

Zu den Eigenthümlichkeiten unserer Zeit gehört das Massen-Reisen. Sonst reisten bevorzugte Individuen; es war wie das Schreiben-können in alten Klosterzeiten; jetzt schreibt Jeder und – reist Jeder. Kanzlistenfrauen besuchen einen klimatischen Kurort am Fuße des Kyffhäuser, Aktienbudiker werden in einem Lehnstuhl die Koppe hinaufgetragen und Mitglieder der Schützen-Gilde aus Bernau oder Biesenthal lesen bewundernd im Schlosse zu Reinhardsbrunn, daß Herzog Ernst in fünfundzwanzig Jahren 50,157 Stück Wild getödtet habe. Sie denken an die drei Hasen ihrer eigenen Feldmark, notiren sich die imposante Zahl ins Taschenbuch und freuen sich auf den Tag, wo sie in Muße werden ausrechnen können, wie viel Stück auf den Tag kommen.

Alle Welt reist. So gewiß in alten Tagen eine Wetter-Unterhaltung war, so gewiß ist jetzt eine Reise-Unterhaltung. »Wo waren Sie in diesem Sommer«, heißt es von Oktober bis Weihnachten; »wohin werden Sie sich im nächsten Sommer wenden?« heißt es von Weihnachten bis Ostern; viele Menschen betrachten elf Monate des Jahres nur als Vorbereitung auf den zwölften, nur als die Leiter, die auf die Höhe des Daseins führt. *Um* dieses Zwölftheils willen wird gelebt, *für* dieses Zwölftel wird gedacht und gedarbt; die Wohnung wird immer enger und die Herrschaft des Schlafsopha's immer souverainer, aber »der Juli bringt es wieder ein«. Ein staubgrauer Reise-Anzug schwebt vor der angenehm erregten Phantasie der Tochter, während die Mutter dem verlegenen Oberhaupt der Familie zuflüstert: »Adalbert, vergiß nicht, daß Du mir immer noch die Hochzeitsreise schuldest.« So hofft es und heißt es in vielen tausend Familien. Wie sich die Kinder auf den Christbaum freuen, so freuen sich die Erwachsenen auf Mit[t]sommerzeit; die Anzeigen der Saisonbillets werden begieriger gesucht als die Weihnachts-Annoncen; elf Monate *muß* man leben, den zwölften *will* man leben. Jede Prosa-Existenz sehnt sich danach, alljährlich einmal in poetischer Blüthe zu stehen.

Die Mode und die Eitelkeit, wie ich Eingangs an einigen Beispielen zu zeigen versucht habe, haben ihren starken Antheil an dieser Erscheinung, aber in den weitaus meisten Fällen liegt ein *Bedürfniß* vor. Was der Schlaf im engen Kreise der 24 Stunden ist, das ist das Reisen in dem weiten Kreise der 365 Tage. Der moderne Mensch, angestrengter wie er wird, bedarf auch größerer Erholung. *Findet er sie?* Das ist die Frage.

Ich will eine Antwort auf diese Frage versuchen, muß aber gleich hier bemerken, daß alles Folgende, soweit es kritisch auftritt, wie ich mir sehr wohl bewußt bin, gewissen Einschränkungen unterliegt. Diese Einschränkungen bestehen darin, daß ich, dem *Gegenstande* nach, nur vom nördlichen Deutschland und den *Personen* nach nur von den mäßig oder bescheiden Bemittelten sprechen werde. Für die eigentlichen großen Reisegegenden stellen sich die Dinge abweichend, oft geradezu entgegengesetzt. Dies bitt' ich den Leser freundlichst im Auge behalten zu wollen.

Finden wir das erhoffte Glück? so etwa fragt' ich und die Antwort lautet »ja« und »nein«. *Ja* und *nein*, nicht von Zufalls sondern umgekehrt von Logik und Gesetzes wegen, je nachdem ich das eine oder andere unter reisen verstehe. Heißt reisen »einen Sommer*aufenthalt* nehmen«, so ist das Glück nicht nur möglich, sondern bei eigner, leidlich normaler Charakterbeschaffenheit sogar wahrscheinlich; heißt reisen aber »dauernde Fortbewegung«, will sagen beständiger Wechsel von Eisenbahnen und Hotels mit obligater Bergerkletterung und Schloßbesichtigung, so halte ich ein ungetrübtes Reiseglück für nahezu unmöglich.

Der kleine Beamte (der im Preußischen bekanntlich auch Geheimerath sein kann, ja in den meisten Fällen es sein wird), der Oberlehrer, der Stadtrichter, der Archidiakonus, die sich in ein eben entdecktes Dünendorf begeben, wo ihnen gelegentlich die Aufgabe zufällt den allerursprünglichsten Strandhafer abzuwohnen, diese alle können, wenn sie mit Sack und Pack und ausgerüstet wie eine Auswandererfamilie in ihre Fischerhütte einziehn, unter Segeltuch und ausgespannten Netzen ein höchst glückliches Dasein führen. Sie werden, eh die Biederherzigkeit der alten Theerjacke, die erfahrungsmäßig höchstens drei Sommer aushält, in Gewinnsucht untergeht, für ein Billiges leben und die Ausgaben der eigentlichen Reise, der Locomotion, durch reichlichen Blaubeeren- und Flundergenuß wieder balanciren können; die Kinder werden primitive Hafenanlagen im Sande machen, die Töchter Muscheln und Bernstein suchen, Stadtrichter und Archidiakonus aber in einer gemeinschaftlichen Meerfahrt an die Zukunft der deutschen Flotte glauben lernen. Unsagbar alte Kleider werden aufgetragen, Reminiscenzen aus Cooper und Marryat neu belebt, vor allem auch Abmachungen für den Winter auf Lieferung von Spickaal getroffen werden. Im Ganzen wird man dankbar und wohlbefriedigt in die Heimath zurückkehren, gefestigt in allem Guten und gewachsen in der Kraft, die uns jede intimere Berührung mit der Natur zu geben pflegt. Wenig unangenehme Eindrücke und Erfahrungen werden den Frieden einer solchen Sommerfrische gestört haben und der endliche Reiseüberschlag wird ergeben, daß man sich diese Erholung ohne nachträgliche Gewissensbisse wohl gönnen durfte. »Die Extrafahrt nach Puttbus war zwar theuer und Aurelie litt sehr – ich wußt' es übrigens vorher, da sie nicht rückwärts sitzen kann, – aber bedenken wir auch, meine Lieben: es ist eine Erinnerung für's Leben.«

So oder ähnlich wird es vieler Orten heißen und wenn ich Umschau halte, erscheint es mir, daß sich solcher, in bescheidnem Anspruch Befriedigten immer noch zu Tausenden finden müssen, nicht blos an der Ostseeküste hin, auch in Schlesien, am Oberharz, und in den Thälern und Bergkesseln des Thüringer Waldes. Aber *alle* freilich, wie ich wiederholen muß, werden dieses ungetrübten Glückes nur theilhaftig geworden sein, wenn sie während ihrer Reisezeit sich damit begnügten zu den *Halb*-Nomaden zu zählen, mit anderen Worten, wenn sie vier Wochen lang auf ein und derselben Oase aushielten, ihre Brunnen gruben und ihre Lämmer weideten.

Sehr, sehr anders gestalten sich die Dinge, wenn der moderne Reisende als Voll-Nomade auftritt und beständig ziehend und wandernd allabendlich einen anderen Weideplatz zu erreichen trachtet. Jede wirkliche Wüstenfahrt, was sonst immer ihre Schrecken sein mögen, kann wenigstens nicht verdrießlicher und räuber-umschwärmter sein. Auch in Sachen der Fata Morgana hat der rastlose, der eigentliche Tourist zu leiden, wie nur je ein Wüstenfahrer. Immer neue Schlösser tauchen verheißungsvoll am Horizont vor ihm auf, aber der Moment der Erreichung ist auch mal auf mal der Moment der Enttäuschung. Kühle findet er, aber nicht Kühlung.

Die Frage drängt sich einem auf, ob sich in dem allen nicht vielleicht ein Natürliches und Folgerichtiges zu erkennen giebt und ob nicht alle Klagen zu vermeiden sind, weil sie sich eben gegen ein Unvermeidliches richten.

Diese Frage mag aufgeworfen werden, aber die allerbestimmteste Verneinung ist ihr entgegen zu setzen. Die Reisenoth unserer Tage ist gerade eine solche Calamität, wie die Wohnungsnoth. Man spreche nicht von der Entbehrlichkeit des einen, des Reisens, und von der Unentbehrlichkeit des andern, des Wohnens. Auch »wohnen« ist ein Luxus. Die Menschheit ist durch Jahrtausende gegangen, wo ihr ein Baumzweig und eine Erdhöhle genügten. Ich wiederhole: das Reisen, ganz besonders aber das Reisen des Großstädters, ist ein Bedürfniß geworden, wie das Wohnen, und das immer engere und schlechtere Wohnen steigert nur den Anspruch auf Reiselust und Reisefrische. Also nichts davon, »daß man es ja nicht anders gewollt habe«, nichts davon, daß man ja das Recht gehabt habe zu Hause zu bleiben, und daß Jeder, der sich leichtsinnig in Gefahr begäbe, auch nicht erstaunt sein dürfe darin umzukommen. Dies Alles ist nicht nur falsch, es ist auch hart und hämisch, denn diese Benöthigung, die bestritten werden soll, ist wirklich da. So gewiß für den Durstverschmachteten ein Zwang da ist zu trinken, so gewiß ist auch für den staub- und arbeitsvertrockneten Residenzler ein Zwang da nach einem Trunke frischer Luft, und wer ihm diesen Trunk verbittert und vertheuert, der thut viel Schlimmeres als die Brauwirthe, die dem Volke das Bier vertheuern. Und doch geschieht es. Ja die traurige Erscheinung tritt ein, daß mit dem Wachsen des Bedürfnisses auch die Unmöglichkeit wächst, dieses Bedürfniß zu befriedigen. Der Nothstand (und so ist es auf allen Gebieten) statt die Frage anzuregen: wie heben wir ihn? regt nur die Frage an: *wie beuten wir ihn aus!* Der Reisedrang je allgemeiner er geworden ist, hat nicht Willfährigkeit und Entgegenkommen, sondern ihr Gegentheil erzeugt[.] Vielfach reine Wegelagerei: *Wirthe*, *Miethskutscher*, und *Führer* überbieten sich in Gewinnsucht und Rücksichtslosigkeit, und wer – im Gegensatz zu den relativ seßhaften Reisenden – sein Reiseglück auf *diese* drei Karten gestellt hat, der wird wohl thun mit gemäßigten Erwartungen in die Situation einzutreten.

War es immer so? Mit nichten. Wie ganz anders erwiesen sich die Wirthe und Wirthshäuser vergangener Tage! Nur noch Einzel-Exemplare kommen vor, an denen sich die Tugenden eines ausgestorbenen Geschlechts studiren lassen. Wer sie voll erkennen will, der lese die englischen Romane des vorigen Jahrhunderts. Auch noch in W. Scott finden sich solche Gestalten. Es gab nichts Liebenswürdigeres als solchen englischen Landlord, der in heiterer Würde seine Gäste auf dem Vorflur begrüßte und mit der Miene eines fürstlichen Menschenfreundes seine Weisungen gab. Er vertrat jeden Augenblick die Ehre seines Standes. Er war nicht dazu da, um in den drei Reisemonaten reich zu werden, still und allmälig sah er sein Vermögen wachsen und gab dem Sohne ein Eigenthum, das er selbst einst vom Vater empfangen hatte. Er waltete seines Amts aus gutem Herzen und guter Gewohnheit. Er war wie ein Patriarch; sein Gasthaus eine Zufluchtsstätte, ein Hospiz.

Auch in Deutschland gab es solche Gestalten, wenn auch vereinzelter, und ich entsinne mich selbst noch, wenn ich Ende der 20er Jahre die damals viertägige Reise von der pommerschen Küste bis in's Ruppinsche machte, in Prenzlau und Neu-Brandenburg an solchen Wirthstafeln gesessen zu haben. Eine geräuschlose Feierlichkeit herrschte vor, der Wirth gab nur den Anstoß zur Unterhaltung, dann schwieg er und belauschte klugen Auges die Wünsche jedes Einzelnen. Kam dann die Abreise, so mußten seine verbindlichen Formen den Glauben erwecken, man habe seinem Hause eine besondere Ehre erwiesen. Damals war jede Mittagsrast ein Vergnügen, jedes Nachtlager ein wohlthuendes, von einer gewissen Poesie getragenes Ereigniß. Ich denke noch mit Freuden an diese Ideal- und Idyllzeit des Reisens zurück. Jetzt giebt es sich als ein Trauerspiel, dessen letzter mörderischer Akt die Rechnung ist.

Aber ich greife vor. Ich möchte zunächst noch Scenen schildern, die den Leser von meiner Vorurtheilslosigkeit überzeugen und ihn dahin vergewissern sollen, daß ich, *wo überhaupt nur ein Gutes und Gefälliges existirt*, dieses Gefällige, auch wenn es mit Unbequemem und selbst Lästigem sich mischt, sehr wohl zu erkennen und mich seiner zu freuen weiß.

Die *patriarchalische Schule* des vorigen Jahrhunderts repräsentirt das Ideal; aber auch die *aristokratische* Schule, die bis diesen Augenblick in den Weltstädten und ganz besonders in den eigentlichen mehr oder minder kosmopolitischen Badeplätzen und Reisegegenden zu finden ist, auch diese aristokratische Schule hat ihren Zauber. Ihren Unbequemlichkeiten unterwirft man sich mit einer gewissen Freudigkeit und ihren hohen Rechnungen gegenüber resolvirt man sich mit der Betrachtung: »Es ist viel, aber nicht zu viel.« Ich entsinne mich beispielsweise nicht, im Star and Garter in Richmond, im Trafalgar-Tavern in Greenwich, im Hôtel du Louvre in Paris, sei es was Bewirthung und Bedienung, oder sei es schließlich, was die Bezahlung angeht, irgendwie ein unangenehmes Gefühl gehabt zu haben. Im Gegentheil, über die leichte Verlegenheit, die einen feinfühligeren Menschen überall da beschleicht, wo er sich gestehen muß, nach Vermögen und Lebensstellung eigentlich nicht recht hinzugehören, über diese leichte Verlegenheit hab' ich mich in wirklich vornehmen Hotels immer rasch hinweggehoben gefühlt. Hinweggehoben deshalb, weil es Paragraph 1. aller dieser Gasthäuser ist: *Gast ist Gast*. Und dieser Satz ist der allein richtige. Er ist es schon von Consequenz und Logiks wegen. Der entscheidende Moment ist der, wo der eben ankommende Fremde an den Oberkellner die berühmte Frage stellt: »kann ich noch ein Zimmer haben?« Der Gefragte kann diese

Frage verneinen, wenn der Fragende ihm nicht gefällt. Von dem Augenblick an aber, wo das »Ja« gesprochen ist, ist der Gast in den Bund der jeweiligen Hausgenossen aufgenommen und ein in verletzenden, oder doch unverbindlichen Formen auftretendes Unterschiedmachen zwischen vornehm und gering, zwischen arm und reich, ist von diesem Augenblick an nicht mehr zulässig. Zudem ein großes Hotel, ein Dutzend Ausnahmen zugegeben, kann nicht aus lauter Fürstenwohnungen bestehen, ja die Hof- und Mansarden-Stuben sind es sehr häufig, die, jenachdem sie eine constante Besatzung haben oder nicht, erst recht eigentlich über die Rentabilität eines solchen Hauses entscheiden. So wird von Billigkeits-, aber auch von *Klugheits* wegen, dem kleinen Fremden sein Recht. Wohl verstanden sein *Recht*. Erhebt er den Anspruch, sich neben einem englischen Lord siegreich behaupten und die Erdbeeren, wenn das Stück noch einen Groschen kostet, immer zuerst erhalten zu wollen, so ist er ein Narr. Standes- und Gesellschafts-Unterschiede sind nun mal nicht voll aus der Welt zu schaffen. Und ist auch nicht nöthig. (Schluß folgt)

Reisen.
II.

Der moderne Reisende, so recapitulire ich den Inhalt meines vorigen Kapitels, wähle sich also einen wirklichen Sommer-*Aufenthalt*, oder aber wenn er im eigentlichen Sinne *reisen*, wenn er Tag um Tag seinen Aufenthalt wechseln will, so wähle er die Reisegegenden par excellence: Rheinland und Belgien; Schweiz, Tyrol, Salzkammergut; Oberitalien, Südfrankreich. Er wird hier überall große Eindrücke haben und im Uebrige[n], bei bescheidenem Comfort, wie in Bayern und Tyrol, auch bescheidene Rechnungen, bei luxuriösen Rechnungen aber, wie am Rhein und in der Schweiz, auch wirklich luxuriöse Bewirthung finden. In den großen Reisegegenden deckt sich überall der Preis, der *gefordert* wird, mit dem Werthe dessen was *geboten* wird und zu einer einzig dastehenden Natur wird dem Glücklichen, der seine Zirkelreise vom Vierwaldstättersee bis Montreux und von Montreux bis Interlaken macht, noch eine glänzende *Staffage*, die Berührung mit der Welt- und Reise-Aristokratie, mit in den Kauf gegeben. Diese kennen gelernt zu haben, selbst wenn man sie hinterher bespöttelt, ist immerhin etwas.

Aber welches norddeutsche Familienoberhaupt aus der Klasse der Mäßig- und Kleinbemittelten ist im Stande von dem Rathe wie ihn die vorstehenden Sätze enthalten, Nutzen zu ziehen?! Wenn diese Schweizerreise, wie ich sie eben skizzirt habe, auf 5 Personen berechnet auch gut und gern ihre 1000 Thlr. Werth ist, wo nimmt der kleine norddeutsche Familienvater diese 1000 Thlr. her? Was frommen ihm die Rechnungsparallelen zwischen Weggis und Friedrichshagen, was frommt ihm die Versicherung, daß der *Aufenthalt* am Vierwaldstätter See nicht eigentlich theurer sei als am Müggelsee? Alle diese Versicherungen helfen ihm über die furchtbare Schwierigkeit nicht hinweg: wie komm' ich an den See, drin sich die vier Waldstätten spiegeln? Die bloße Eisenbahnfahrt hin und zurück, einschließlich zweier Nachtquartiere, ist unter 300 Thlr. nicht zu bestreiten und 300 Thlr. ist gerade die Summe, die ihm zur Verfügung steht. In einer letzten Sitzung reißt sich die Familie von den winterlang gehegten Illusionen los, das Schweizer Panorama löst sich auf wie ein dissolving view, und irgend ein bescheidener Punkt innerhalb der Territorien des norddeutschen Retour- und Sechswochen-Billets wird statt seiner in Angriff genommen. Hirschberger Thal, Harz, Thüringen, thut eure Pforte auf, Rübezahl lasse Deinen Flechtenbart im Winde wehn, Bodekessel schäume höher, Wartburg und Veste Coburg schlagt neue Lutherbetten in euren Lutherstuben auf, denn neuer Zuzug zieht in eure Thäler ein! Aber *ihr*, ihr armen Sommerdürstlinge, die ihr diese Zuzugs-Sektion zu bilden habt, was harret *eurer*?! Versuche ich, als Antwort auf die Frage, eine Schilderung, der ich mehrjährige Erfahrungen zu Grunde lege. Ich nenne keine Punkte und keine Namen, weil ich Niemandem direktes Aergerniß geben, keinen Einzelnen schädigen will. Es liegt zu einem *persönlichen* Verfahren auch um so weniger Grund vor, als es im Wesentlichen an allen Punkten dasselbe ist. Ich gehe jede Wette ein, daß Tausende, die an hundert verschiedenen Punkten waren, alle ihre eigenen Schicksale in diesen Schilderungen wieder erkennen werden. Ich bemerke vorausschickend noch, daß das Einzel-reisen, oder das Reisen mit Familie keine essentiellen Unterschiede schafft. Die Situationen modificiren sich danach nur, ohne an tragikomischem Inhalt nach links oder rechts hin Erhebliches einzubüßen.

Der Zug hält; es ist 7 Uhr Abends. Jenseits des Schienenstranges steht die übliche Wagenburg von Omnibussen, Kremsern und Fiakern; Hotelkommissionäre, Fremdenführer, Kutscher machen die bekannte Sturmattake, allen vorauf der zehnjährige Straßenjunge (der muthmaßliche Fremdenführer einer späteren Epoche), der sich mit unheimlicher Geschicklichkeit der kleinen Reisetasche zu bemächtigen trachtet. Alles wird siegreich abgeschlagen; die großen Wasser haben sich endlich verlaufen; der Zeitpunkt zu raisonablen Verhandlungen scheint gekommen. An einen Kutscher herantretend, frag' ich, ob er mich nach R. fahren wolle. R. ist eine kleine Meile; Chaussee, glatt wie eine Tenne. »Ja«, zögert er seine Antwort heraus, denn es ist geschäftsmäßig bei jeder derartigen Anfrage eine äußerste Gleichgiltigkeit zu heucheln. »Wie viel?« frag' ich weiter. »Vier Thaler, Chaussee- und Trinkgeld.« Ich lach' ihm ins Gesicht und beschließe den kaum anderthalbstündigen Weg zu Fuß zu machen, auf dem Wege selbst aber eine Burgruine zu besuchen, die sich unmittelbar im Rücken der abendgoldig vor mir liegenden Stadt erhebt. Ich durchschreite diese; ein breiter Fahrweg führt zu der Ruine hinauf, und oben angelangt, sehe ich, im Rahmen der kleinen Rundbogenfenster, die Sonne niedergehn. Der Abend bricht herein. Ich habe mich verspätet und an einen der vielen Führer herantretend, die hier eben ihr wunderliches Wesen treiben, frag' ich »ob er mich durch den Tannengrund nach R. geleiten wolle?« »Nein, lieber Herr, nach R. nicht, dazu ist es zu dunkel, aber wenn Sie wieder nach G. wollen, da kann ich Sie die nächste Straße hinunter führen.« Dabei zeigte er auf die untenliegende Stadt. Es war etwa wie wenn man einem Fremden, der vom Standbilde Friedrichs des Großen nach der Schützenkaserne will, das Anerbieten macht, ihm, für Geld und gute Worte, den Weg nach dem Brandenburger Thore zeigen zu wollen. Ich dankte ihm mit so viel Malice wie mir gerade zu Gebote stand und stieg (R. für diesen Tag aufgebend) wieder in die Stadt hinunter, um dort zu übernachten.

Ich kam zu Fuß. Das übliche Herausstürzen aus dem »Riesen« oder dem »Mann im Monde« fand also nicht statt; die Repräsentation fiel einem Oberkellner zu, den ich erst aufsuchen mußte. Er ritt im zweiten Zimmer auf einem Schemel und klappte eben seine Kinnbacken wieder zu. »Kann ich ein Zimmer haben?« »Ich werde fragen[.]« Er frug oder frug auch nicht, jedenfalls schritt er bald darauf mit dem bekannten Silberblechleuchter die Treppe hinauf, mich der Mittheilung würdigend, »daß No. 7. so eben frei geworden sei.« Diese Mittheilung schien sich bestätigen zu sollen, denn beim Eintreten in die besagte Nummer fanden wir eine Magd bei dem dreiaktigen Zimmer-Reinigungsprozeß vor, dessen kurze Proceduren in Folgendem bestehen: erstens »ausgießen«, – dies ist das wichtigste; zweitens »eingießen« – und zwar aus einer Gießkanne in eine nie ausgespülte Karaffe; drittens »überziehen« – die gleichgiltigste von den drei Manipulationen, weil sie sich auf eine höchst oberflächliche Vermählung einer alten Steppdecke mit einem Betttuch zu beschränken pflegt. Dies Betttuch, wie vorsichtig man auch operiren mag, findet sich am andren Morgen allemal als Knäuel am Bettende wieder, so daß man an die Säuberung seines äußeren Menschen mit dem Bewußtsein geht, acht Stunden lang unter einem Berg von Geheimnissen, und zwar in Gestalt der alten Steppdecke, gelegen zu haben. Der Wasserkrug, der sie überwinden soll, ist herkömmlich viel zu klein.

Aber diese Lavationen und sonstigen Morgenceremonieen sind noch weit entfernt. Die Nacht liegt noch nicht hinter uns, sie soll erst beginnen. Der Leser nehme also zunächst noch an meinem Abendessen Theil: ein Beefsteak von gutem, aber ausgelaugtem Fleisch, eine Culmbacher, endlich ein Butterbrod und Käse, – die Butter in der jetzt modischen Form eines halben Spritzkuchens[.] Höchst unästhetisch. Dann auf dem Zimmer noch ein Thee, dessen Sieb beständig in die Tasse fällt.

Inzwischen war es Mitternacht geworden. Ich öffnete eines der beiden Fenster, da mich die eigenthümliche Stuben-Atmosphäre mehr und mehr zu bedrücken begann, und schob mich leise und mit jener [Vorsicht], die die unter allen Umständen bedrohliche Nähe der Steppdecke zu fordern schien, unter das Betttuch.

Ich mochte 10 Minuten geschlafen haben, als das Hinausfliegen mehrerer Stiefelpaare auf den Corridor und das Angespanntwerden eines Hotel-Omnibus (1 Uhr kam ein neuer Zug) mich aus tiefem Schlafe weckte. Zugleich empfand ich einen dumpfen Kopfschmerz, über dessen Ursache ich nicht lange in Zweifel bleiben sollte.

Die »frische Nachtluft« die ich einzulassen bemüht gewesen war, stieg leider nicht aus Himmelshöhen zu mir nieder, sondern aus Hofestiefen zu mir herauf und war ein Brodem, wie ihn jeder aus Erfahrung kennt, der im Münchener Hofbräu seinen Krug getrunken und sein Würstel gegessen hat. Nur hatt' ich hier die höhere Potenz.

Und an dieser Stelle mag ein kleiner Excurs gestattet sein! Daheim an den Ufern des Kanals, gehört es zum guten Ton, über unsere Berliner Luft zu skandalisiren, und es soll unbestritten sein – sie ist schlecht genug. Aber was will die durchschnittliche Berliner Hausatmosphäre im Vergleich zu dem Dunstkreise sagen, wie er in Breslau, in Dresden, in Leipzig und überhaupt fast in allen Hotels und Nicht-Hotels Sachsen-Thüringens heimisch ist. Die Berliner Luft, auch wo sie am schlimmsten auftritt, ist ein Parvenu wie die Stadt selbst, jung, ohne Geschichte, ohne infernale Vertiefung. So schlecht sie sein mag, sie ist einfach, uncomplicirt, so zu sagen frisch von der Quelle weg. Wie anders dagegen die Hausatmosphäre in den Früh Culturgegenden Mitteldeutschlands! Alt ehrwürdig tritt sie auf und man kann ohne Uebertreibung sagen: die Jahrhunderte haben an ihr gebraut. *Sie ist geworden*, vor allem sie ist undefinirbar, und wie man vom Kölnischen Wasser gesagt hat, das Geheimniß seiner Schöne läge in der *Lagerung*, so daß schließlich die Mannigfaltigkeit in einer höheren Einheit unterginge, so auch *hier*. Nur nach der entgegengesetzten Seite hin.

Die »frische Nachtluft«, die in mein Zimmer strömte, gewann mehr und mehr an Gehalt, so daß ich als nächstes Rettungsmittel das Fenster schloß.

Aber die Geister, die ich gerufen hatte, waren so schnell nicht wieder zu bannen. Sie waren *mit* mir, *um* mich und schienen wenig geneigt, sich so ohne Weiteres austilgen zu lassen. Alle kleineren Mittel scheiterten; da kam mir der Gedanke, auf den ich nicht wenig stolz bin, den Teufel durch Beelzebub zu vertreiben. Ich steckte die »Bougies«, die au fond du cœur nur an der Grenze des Talglichts stehen gebliebene Stearinkerzen waren, an, ließ sie brennen, bis sich eine Schnuppe gebildet hatte und blies sie dann aus. Nachdem ich dies Verfahren dreimal wiederholt hatte, hatte ich eine Art grönländische Hüttenatmosphäre hergestellt, in deren Rauch und Qualm die »Frische der Nachtluft« endlich glücklich unterging.

Der nächste Morgen sah mich ziemlich spät an der Frühstückstafel. Der Wirth stand abwechselnd hinter und neben meinem Stuhl, was ich anfänglich geneigt war, als eine Auszeichnung anzusehen, bis ich gewahr wurde, daß die Gegenstände seiner eigentlichen Aufmerksamkeit mir gegenüber saßen. Ueber meine Schulter weg ging nur seine Beobachtungslinie. Es waren Männlein und Weiblein, jeden Alters und Grades, allem Anschein nach der Familienbestand eines Torf- oder Ziegel-Lords, der in Linum oder Rathenow aus kleinsten Verhältnissen heraus vor so und so viel Jahrzehnten seine Laufbahn begonnen. Solche self mademan haben ihre Meriten (wenn auch freilich *viel, viel* geringere, als man ihnen gewöhnlich zuschreibt), aber eines haben sie sicherlich nicht: Repräsentation. Da saßen sie nun vulgären Gesichts, mit Lederteint und hohen Backenknochen, der älteste Sohn mit Eß-Manipulationen, die auf langen und ausschließlichen Gebrauch des Klapp-Messers hindeuteten, die drei Töchter mit drei Rosen-Knospen am Hut, die immer Miene machten mit in den Kaffee einzutauchen. Das Bewußtsein des Reichthums reichte bei keinem Familienmitgliede aus, den Ausdruck der Verlegenheit zu tilgen und die Anstrengungen des Wirthes waren vor allem darauf gerichtet, sie diesem Unbehagen zu entreißen und ihnen »sein Haus angenehm zu machen.« An und für sich ein löbliches Bestreben. Vier voraus bestellte Zimmer und wie ich nicht bezweifle eben so viel deponirte Hundertthalerscheine (das bekannte letzte Rettungsmittel aller derer, die nichts andres einzusetzen haben) erheischten Berücksichtigung. Was geht in solchen Momenten nicht alles durch die geschäfts-erhitzte Phantasie eines norddeutschen Mond- und Sonnenwirths! Dieser alte Torflord, der, nach Teint und Backenknochen jeden Augenblick als Kirgisen-Häuptling eintreten konnte, konnte ja daheim als Werbetrommel thätig sein; eine Perspektive auf kommende Reise-Generationen, auf eine levée en masse ganzer Torf- und Ziegel-Distrikte that sich vor dem trunkenen Blicke meines Wirthes auf, und – Zufriedenstellung des Steppenfürsten und seiner Schaar, war auf anderthalb Stunden hin die Aufgabe des gesammten Personals. Wir andern, lauter Singletons verschwanden daneben. Der kleine Gasthäusler, nördlich der Mainlinie, hat eben nicht die Gabe, die, wie schon hervorgehoben den eigentlichen Hotelier macht, die Gabe seine Sonne gleichmäßig über Gerechte und Ungerechte, über 1zimmrige und 4zimmrige Gäste scheinen zu lassen. Er bemißt vielmehr seine Aufmerksamkeiten nach der absoluten Höhe der einzukassirenden Summe, ohne die geringste Erkenntniß der Wahrheit, daß zehn Dreithaler-Männer dieselbe Bedeutung für ihn haben müssen, ja vielleicht eine größere, wie ein Dreißigthaler-Mann. Er übersieht dies, weil er es übersehen will. Nur im Moment der Zahlung rücken die Kleinen und Kleinsten sofort in die Rechte der Großen ein und während bis dahin alles was ihnen geleistet wurde, auf der Höhe eines Maulwurfshügels stand, tritt jetzt die Rechnungsforderung wie ein Finsterarhorn an sie heran. Und in diesem Vergleich ist der ganze, auf die Dauer unerträgbare Zustand gekennzeichnet! Was in allem waltet ist ein kolossales *Mißverhältniß;* weder der Ton, der herrscht, noch der Werth dessen, was geboten wird, entspricht dem Preise der gezahlt werden soll. Ueber den einzelnen Fall wäre unschwer hinwegzukommen, aber die *Fülle* der Einzelfälle erzeugt schließlich einen Unmuth, der fast mehr noch in der Unbill, der man sich ausgesetzt fühlt, als in den direkten Einbußen seine Wurzel hat. Ein Gefühl von Ungehörigkeit, und zwar nicht blos in Geldsachen, begleitet den Reisenden von Stunde zu Stunde und bringt ihn recht eigentlich um den Zweck seiner und jeder Reise um die Glättung und Ruhigmachung seines Gemüths. Er will den Vibrirungen entfliehen und zittert häufiger als daheim. Aerger hängt sich an Aerger, und der nach nervenstillendem Ozon verlangende Körper findet jene »frische Nachtluft«, die ich beschrieben habe und die ihn an den Rand des Typhus bringt. Die Prätensionen und die Preise richten sich wo möglich nach dem Clarendon Hotel in London, während doch der alte Herbergs-Charakter immer noch umgeht und sich wie Banquo häßlich-bepflastert mit zu Tische setzt.

Auf die eine oder andere Weise muß hier Wandel geschafft, d. h. die *Leistungen* müssen *höher* oder die *Preise* müssen *niedriger* werden. Das Letztere wäre das Bessere und ein wahrer Segen. Weg mit dem abgetretenen, lächerlichen Teppichfetzen, weg mit der tabacksverqualmten Goldtapete, weg mit dem schäbigen Plüschsopha und der türkisch geblümten Steppdecke, in deren dunkelgeflecktem Bunt sich noch dunklere Flecke verbergen; weg mit dem elektrischen »Bouton« und dem Stoß- und Drück-Apparat, dessen beigedruckte Angaben wohl noch kein Sterblicher voll verstanden hat; vor allem weg mit dem großen Reise-Tyrannen, dem

Table d'hote's-Unsinn, weg mit diesen sieben Gängen, die bis zum letzten Bissen nichts repräsentiren als einen Wettlauf zwischen Hunger und Langerweile. Denn wer wäre je an Leib gesättigt und an Seele erfrischt von diesem Zwei-Stunden-Martyrium aufgestanden! Statt dieses elenden Plunders eine gut ventilirte Stube, ein Stuhl und ein Tisch, eine Matratze und eine wollene Zudecke, vor allem die Freiheit essen zu können *was* man will und *wann* man will. Die Herren Wirthe sind des Publikums willen da, nicht das Publikum der Wirthe willen. Aber überall verkehrt sich der natürliche Lauf der Dinge und Gemeinplätze werden wieder zu Weisheitsregeln.

Es wird nicht eher besser, als bis die *Reise-*Noth ähnliche Helfer findet, wie sie die *Wohnungs*noth, wenigstens in Einzelfällen, bereits gefunden hat. Wie reiche Industrielle angefangen haben, Wohnstätten und diese Wohnstätten zusammenfassend schließlich ganze Städte für ihre Arbeiter zu bauen, so müssen in analoger Weise auch Reisestätten und Reisestädte entstehen. Das Bedürfniß ist da und dringt auf Befriedigung. Am Ostseestrande hin, den fichtenbestandenen Dünenzug im Rücken, könnten Zehn- und Hundert-Tausende in See und Sauerstoff sich baden und sich der Wohlthaten eines natürlichen Daseins freuen. Zunächst wird dieses Begehr ein Lächeln wecken, aber wie viel Belächeltes hat schließlich seinen Sieg gefeiert!

In Einem glaube ich sind alle Ansichten einig, in der Ueberzeugung von einer gewissen *künstlich* gemachten Verschlechterung und Vertheuerung auch *dieser* Seite unsres gesellschaftlichen Lebens. Die Erfahrungen darüber sind so allgemein, daß ich schon aus diesem Grunde eine Aneinanderreihung verwandter Bilder glaube unterlassen zu dürfen. Freilich wirkten auch gewisse ästhetische Rücksichten zu diesen Unterlassungen mit. Vieles, was recht eigentlich dazu angethan gewesen wäre, die Misere voll zu schildern, entzieht sich fast der Möglichkeit der Darstellung, anderes, was den Vorwurf des Häßlichen vielleicht vermieden hätte, würde dagegen nur allzu leicht den Eindruck des Pedantischen, Kleinlichen und Mesquinen hervorgerufen haben. Wer sich seitenlang über erfahrene Prellereien beschwert, darf sicher sein, von der einen Hälfte seiner Leser den Philistern, von der andern den »Geizböcken« zugezählt zu werden.

Um dieser Nachrede einigermaßen zu entgehn, habe ich mich mit bloßen Andeutungen begnügt, die, kurz wie sie sind, doch vielleicht auf fruchtbaren Boden fallen. *Vorbereitet,* wenn mich nicht alles täuscht, ist der Boden seit lange dazu.

Th. F.

Fontane hat diesen Text für die Buchausgabe grundlegend überarbeitet und um etwa 40% gekürzt. Der Essay wurde zunächst für die Leser der »Vossischen Zeitung« geschrieben; er enthält noch zahlreiche berlinspezifische Details, die Fontane offensichtlich im Hinblick auf ein breiteres Lesepublikum der Buchausgabe gestrichen hat. Darüber hinaus tritt in der Zeitschriftenfassung ein berichtendes und sich an den Leser wendendes Ich als fiktionale Instanz auf, worauf in der Buchfassung weitgehend verzichtet wurde. Der pointiert formulierte kritische Ton bei der Schilderung der negativen Reisebedingungen – etwa die Gepflogenheiten der Zimmerreinigung und die üblichen Hotelmahlzeiten am Abend – wurde für die Buchveröffentlichung deutlich abgeschwächt. Die für den zweiteiligen Zeitschriftenabdruck erforderlichen Wiederholungen am Anfang des zweiten Teils schließlich wurden getilgt (vgl. auch Rasch 2002, S. 10–12).

Nach der Sommerfrische. (1880.)

Zeitschriftenabdruck

»Nach der Sommerfrische. Von Theodor Fontane.«. In: Vossische Zeitung, Nr. 282, 10. Oktober 1880.

Für die Buchausgabe hat Fontane nur wenige stilistische Überarbeitungen vorgenommen (z.B. S. 15 die jetzt hinter uns] die nun hinter uns; S. 19 aber desto gespannter] und nur desto gespannter); gelegentlich wurden die etwas zu gehäuften Anreden getilgt (S. 20 Tummelfeld,] Tummelfeld, Eveline; S. 26 wie Du willst,] wie Du willst, Eveline).

Der Karrenschieber von Grisselsbrunn. (1885.)

Notizen und Entwürfe

Theodor-Fontane-Archiv, St 5 (Leihgabe der Staatsbibliothek zu Berlin – Preußischer Kulturbesitz). Blatt 1–11; Rückseiten leer: Entwurf, Erstdruck in: Heilborn 1919, S. 91–94.

Der Entwurf entstand am 13. April 1884 (vgl. Tagebuch). Er enthält noch nicht den endgültigen Titel mit dem fiktiven Schauplatz Grisselsbrunn, der den Leser auf eine rätselhafte Handlung einstimmt. Die Erzählstruktur ist noch nicht so komplex wie in den Drucken, denn es fehlt hier die einleitende Rahmengeschichte, die in der Sommerfrische Norderney angesiedelt ist und den Erzähler, Baurat Oldermann, einführt. Die Handlung konzentriert sich im Entwurf noch ganz auf das Schicksal des Karrenschiebers, wobei aber einzelne Handlungselemente im Unterschied zu den beiden Zeitschriftenabdrucken und der ersten Buchausgabe genau festgelegt sind. So wird die erzählte Zeit auf 1872 datiert; der Karrenschieber wird als begabter Sohn eines höheren Beamten beschrieben; er hat eine Universitätsausbildung genossen und nach einem vielversprechenden Start ins Berufsleben durch unglückliche Umstände alles verloren. Das schicksalhafte Ende wird durch den Ich-Erzähler wiederholt hervorgehoben, und am Schluss wird sogar der Tod des Karrenschiebers als mögliches Ende der Geschichte erwogen.

Blatt 1:
[*Mit Blaustift geschrieben, mit Rotstift unterstrichen* <u>Der Karrenschieber</u>.]
[*Von Otto Pniowers Hand* Beinahe fertig, aber {*für* überschrieben zu} unbedeutend, um jetzt gedruckt zu werden.]
[*Von Friedrich Fontanes Hand* Na, na, lieber Professor Pniower! Sie haben wohl den »Karrenschieber von Grisselsbrunn« in »Von, vor und nach der Reise« nicht gelesen? Hier scheint doch der erste Entwurf dazu vorzuliegen. Fr. F.
Gedruckt im Fontane-Buch.]

Blatt 2:
<u>Der Karrenschieber.</u>
Ich ließ (so erzählte mir ein Freund) im Jahre 72 auf der Leipziger Promenade ein neues Haus [*über der Zeile* einem mir erworbenen Leipziger Terrain einen umfangreichen Bau] au[s *überschrieben* f] führen und da [*über der Zeile* der weil] der Untergrund sumpfig war, so war eine Betonschüttung nöthig. [*Über der Zeile* machte.] [*Der überschrieben* Diese] ~~Bau~~ Betonschüttung interessirte mich weshalb ich von Berlin ~~aus öfter hinüberfuhr~~ [*über der Zeile* und wurde Veranlassung daß ich] auf kurze Zeit nach Leipzig hin übersiedelte ~~und~~ um dem Verlauf der Arbeit folgen zu können. Eine große

Zahl von Arbeitern war beschäftigt, unter diese viele Karrenschieber, die über eine Leisten und Bretterlage hin die zur Betonmasse nöthigen Steinchen und den Cement heranzukarren hatten. In den ersten Tagen erschien mir alles [*Blatt 3*] wie ein Ameisenhaufen, in dem einer dem andern ähnlich sah, als ich mich aber öfter einstellte, fand ich mich auch in den Einzelnen leicht zurecht und nahm einen beobachtete namentlich einen der sich durch Kraft und Eleganz vor den andern auszeichnete. Er war ein Mann von 38, pockennarbig und überhaupt von unschönen Zügen, aber Haltung und Augenausdruck und besonders auch die besondre Art wie er seine Arbeit verrichtete, zeigten daß er [*über der Zeile* in zurückliegender Zeit] einer andern Gesellschaftsklasse angehört haben müsse. Mit einer gewissen Eleganz, darin sich eben so viel Kraft wie Geschicklichkeit aussprach, ließ er das Rad seiner Karre über die [*über der Zeile* sich biegenden] Bretter hinrollen und wenn der [*über der Zeile* Umstülpungs-]Moment kam wo der Inhalt der [*über der Zeile* die Karre umgestülpt in] [*Blatt 4*] Karre mit einem Ruck nach rechts in die Baugrube hinuntergeschüttet werden mußte, so geschah dies wie wenn jemand ein Glas einschenkt kein Tropfen vorbei, während die andern es so ungeschickt machten daß ein Theil der Ladung auf dem Brett liegen blieb und erst nachträglich hinuntergeschippt werden mußte. Sein Aufzug war schlechter als der der andern, aber auch in der Art wie er ihn trug, ließ darüber hinsehn oder ließ erkennen daß er den andern nicht zugehörte.

Als ich ihn so mehrere Tage lang beobachtete hatte wandte ich mich an den den Bau beaufsichtigenden Polier und fragte: »wer es sei?« »Wir wissen es nicht; er hat sich einen Namen gegeben, der sicherlich nicht der seine ist; wir haben ihn von einem andern Bau her [*Blatt 5*] übernommen.« »Er sieht anders aus wie die andern«. »Ist auch anders und spricht auch anders. Er soll aus guter Familie sein. Gott was kommt nicht alles vor.«

Ich hörte dann noch seinen Namen, aber weder der Polier noch ich waren sicher daß es der rechte Name sei.

So kam der Sonnabend. her. Ich trat als der Wochenlohn gezahlt wurde an ihn heran und sagte ihm, ich | hätte ihn durch die ganze Woche hin beobachtet und | sähe, daß er aus andern Verhältnissen sei. Wenn er mich besuchen und mit mir über seine Lage sprechen wolle, so stünd ich ihm nächsten Sonntag zu Diensten, er würde mich bis 11 Uhr sicher treffen. Und nun nannte ich ihm das Hôtel in dem ich wohnte.

Richtig er kam. Seine Erscheinung ist mir unvergeßlich. Er hatte sich [*über der Zeile* augenscheinlich] so gut wie möglich [*Blatt 6*] zu kleiden gesucht, aber es war trotzdem ein trauriger Aufzug, in dem sich von dem Sonntagsstaat andrer Arbeiter nichts erkennen ließ. Eigentlich waren es nur zurechtgelegte Lumpen. Aber so traurig der Aufzug war an dem auch nicht das Geringste an den Sonntagsstaat eines behäbigeren Arbeiters erinnerte, war sein Erscheinen doch ganz das eines Gentleman, der nur das Unglück gehabt hat auf einer langen Seefahrt oder ~~auf einem Verschlagensein~~ weil er fünf [*über der Zeile* zehn] Jahre lang auf eine [*über der Zeile* unbewohnte*]* Insel verschlagen wurde, ~~zehn~~ fünf oder zehn Jahre lang dieselben Kleider tragen zu müssen. Er hatte schönes Haar, die Wäsche war rein und die Hände so sauber wie Hände nach wochenlanger schwerer Arbeit sein können.

[*Blatt 7*] Ich nahm sein Erscheinen ganz als einen Besuch und bat ihn Platz zu nehmen, was er ohne Verlegenheit that und nur auf mein erstes Wort wartete. Ich ließ ihn nicht lange warten und sagte ihm daß ich ein Mitgefühl mit seiner Lage empfände. Es sei ganz ersichtlich daß er durch schwere Schulen gegangen sei, [*über der Zeile* daß er nicht an richtiger Stelle stehe] vielleicht wäre noch zu helfen. ~~Ich~~ Es läge mir fern ihm durch Neugier beschwerlich fallen zu wollen, er solle mir einfach sagen was er mir ohne sein oder andrer Interesse zu verletzen sagen könne, vielleicht wäre noch zu helfen.

Er blieb ganz ruhig, nur daß es ihm um Mund und Auge zuckte. Dann gab er mir einen kurzen Bericht, der nur wenige Minuten [*Blatt 8*] in Anspruch nahm. Er sei der und der[, *überschrieben* (]~~und~~ hier gab er seinen richtigen Namen) [*über der Zeile* und] Sohn eines höheren ~~P~~ Beamten; [*über der Zeile* er] habe Schulen und Universität besucht~~, | Examina gemacht~~ | und Stellungen bekleidet aber sein Leben sei voller Mißgriffe (?) gewesen, die zuletzt die Geduld seiner Familie erschöpft hätten. Um so mehr als er ein Sohn unter elfen gewesen wäre. So habe man ihn fallen lassen, weil man ihn lassen mußte. Vorwürfe habe er gegen Niemand zu erheben außer gegen sich selbst. Einmal aus seiner Sphäre heraus, sei es rapide bergab gegangen und er müsse jetzt von Glück sagen sich sein täglich Brot ~~so~~ [*über der Zeile* am Bauplatz] verdienen zu können. | ~~wie ich's ge~~ | Er verstehe zwar zu arbeiten und man lege ihm nichts in den Weg; dennoch fühle er, daß man ihn nur dulde.

[*Blatt 9*] Nichts von Bitterkeit sprach aus seinen Worten, alles nüchterne Aufzählung von Thatsächlichkeiten und wenn etwas von einem bestimmten Ton mit durchklang, so war es der der Anklage gegen sich selbst. Aber auch davon wenig. Er sprach wie wenn es sich um ein Schicksal handle, das kommen mußte, das unerbittlich seinen Gang ging.

Dann erhob er sich.

Ich wiederholte ihm meine Zusage was er ruhig und mit einer dankbaren Verneigung hinnahm, aber ohne daß etwas von Hoffnung oder Freude in ihm aufgeflammt hätte. Sein ganzes Wesen war der Ausdruck von Resignation.

So schieden wir. Ich that denselben Tag noch Schritte, ~~traf auch auf~~ bei welcher Gelegenheit ich auf mehr Entgegenkommen traf, als ich erwarten durfte. Die Herren vom Bau-Bureau ~~theilten~~ waren in ihrem guten Willen einstimmig und es wurde [*Blatt 10*] nahezu festgestellt, welche Wege man einschlagen, welche Versuche man machen wolle.

Nicht ohne herzliche Freude ~~gedach~~ verließ ich die Gesellschaft und hatte das Bild des Unglücklichen vor mir, als ich mich in mein Hôtel ~~zurückbegab.~~ | und am selben Abend noch nach Berlin zurückbegab, wohin mich Geschäfte auf eine Woche abriefen.

Als ich ~~ich~~ die Woche danach wieder in Leipzig eintraf und am andern Morgen den Bau besuchte, nahm ich bald wahr, daß mein Schützling unter den Arbeitern fehlte. Ich rief den Polir und fragte nach ihm, indem ich hinzusetzte, daß ich ihn letzten Sonntag gesprochen hätte.

Und seit Montag fehlt er auf dem Bau.

Das erschütterte mich und veranlaßte mich mich mit der Polizeibehörde in Verbindung zu setzen und auch sonst [*Blatt 11*] noch nach ihm forschen zu lassen. Aber alle Nachforschungen waren vergebens. Es blieb vergebens und in den zehn Jahren die darüber vergangen sind, hab ich ihn weder wiedergesehn noch von ihm gehört.

Ich wollte ihn retten und habe ihn vielleicht in die Verbannung getrieben, in die Verbannung oder in den Tod.

Ich wollte ihn retten aus seinem Elend und habe ihn sein Elend, das er bis dahin männlich trug, vielleicht erst recht fühlbar gemacht. Er empfand vielleicht mit einem Male den tiefen Fall. Und so hab ich den den ich retten wollte vielleicht in die Verbannung getrieben, vielleicht in den Tod.

―――――

Stadtmuseum Berlin, Konvolut »Von Zwanzig bis Dreißig« (Abschnitt »Berlin 1840«, Kap. 1 »In der Wilhelm Roseschen Apotheke«), Inv.-Nr. V-67/864, Rückseite Blatt 47 (Vorderseite: »Von Zwanzig bis Dreißig«): Titelformulierung.

Der

Karrenschieber

von Grisselsbrunn.

Zeitschriftenabdrucke

1. »Der Karrenschieber von Grisselsbrunn. Von Th. F.«. In: Vossische Zeitung, Nr. 609, 25. Dezember 1888. Ausschnitt:

Der Karrenschieber von Grisselsbrunn. Von Th. F.
Wir saßen in einer Weinstube, Name gleichgiltig, um den runden Stammtisch (ein neuer Scharzhofberger war am Tage vorher angekommen) und gefielen uns, der Reihe nach, in Vortrag kleiner Geschichten. Aber es mußten eigene Erlebnisse sein. Unter den Letzten, die das Wort nahmen, war Baurath Oldermann, erst seit Kurzem von L. her nach Berlin übersiedelt.

Im Unterschied zum Entwurf hat Fontane für die Zeitschriftenfassung die Rahmengeschichte hinzugefügt, die den Erzähler der Binnengeschichte, Baurat Oldermann, einführt. Der Schauplatz der Rahmenhandlung ist noch nicht in der Sommerfrische Norderney mit dem Strandlokal angesiedelt, sondern befindet sich an einem Stammtisch in einer Berliner Kneipe. Der Schluss der Binnengeschichte ist offener gestaltet als im Entwurf; die Möglichkeit des Todes wird nicht mehr in Erwägung gezogen.

2. »Der Karrenschieber von Grisselsbrunn. Novellette von Th. Fontane«. In: Die Gesellschaft (1889), Heft 12 (Dezember 1889), S. 1691–1694.

Zwischen dem ersten und zweiten Zeitschriftenabdruck hat Fontane nur geringfügige sprachliche Veränderungen ausgeführt, etwa den Untertitel »Novellette« hinzugefügt und einzelne Schreibfehler korrigiert. Der Text der zweiten Zeitschriftenfassung steht orthographisch näher am Text der Buchfassung: Die älteren Schreibungen, etwa th statt t oder i statt ie, wurden wie in der Buchausgabe durch die neuere Schreibung ersetzt; darüber hinaus ist wie in der Buchfassung eine Tendenz zur Kleinschreibung zu beobachten. Zahlen werden nun nicht mehr in Ziffern, sondern in Buchstaben geschrieben. Die Redezeichen stimmen ebenfalls weitgehend mit denen der Buchfassung überein. Für den thematischen Reise-Kontext der Buchausgabe hat sich Fontane dann offensichtlich am zweiten Zeitschriftenabdruck orientiert und eine Revision der Rahmengeschichte des ersten Abschnitts vorgenommen. Durch die Erwähnung der Sommerfrische Norderney, die Angabe der Jahreszeit (Sommer) und die Lage des Gasthauses hat er einen äußeren Zusammenhang mit den anderen Prosastücken geschaffen.

Eine Frau in meinen Jahren. (1886.)
Überarbeitete Niederschrift

Stadtmuseum Berlin, Konvolut »Eine Frau in meinen Jahren«, Inv.-Nr. V-83/6. 1 Umschlagblatt, 18 Blatt, 18 Seiten, Rückseiten leer.

Die Niederschrift wurde mit Tinte angefertigt. Struktur und Inhalt entsprechen den Druckfassungen; ebenso sind alle Namen und Schauplätze ausgeführt. Fontane hat seine Überarbeitungen mit Tinte, Blaustift und Bleistift notiert und überwiegend nur noch stilistische Präzisierungen formuliert, die Anklänge an den Dialekt verstärkt sowie gelegentlich die Erzählinstanz neutralisiert. Im Unterschied zu den beiden Drucken ist der Titel der Erzählung wie in der Gliederung des Sammelbandes (vgl. S. 192) in Anführungszeichen gesetzt und nimmt somit noch Bezug auf das am Ende zitierte Motto.

Vorderseite Blatt 1:
»Eine Frau in meinen Jahren.«
Z »Erlauben Sie mir, [*über der Zeile* meine] gnädigste Frau, Ihnen Ihren Becher | Ra[g*überschrieben* k]ogezi | [*über der Zeile mit Blaustift* Rakoczi] zu präsentiren ..«
Z Die Dame verneigte sich. dankend.
Z ».. und Ihnen, [*über der Zeile mit Bleistift* der Ragoczi verlangt Bewegung, *überschrieben mit Tinte* der Ragoczi verlangt Bewegung,] auf Ihrer Brunnenpromenade Gesellschaft zu leisten [? *überschrieben.*] Immer vorausgesetzt, daß ich nicht | störe ... [*unlesbares Wort*] genire.«
»Ich bitte Sie, [*über der Zeile mit Bleistift* »Wie wäre das möglich *überschrieben mit Tinte* Wie wäre das möglich] Herr Rath [*mit Bleistift*? *überschrieben mit Tinte*?] [*Mit Bleistift* Eine *überschrieben mit Tinte* Eine] Frau in meinen Jahren.«
»Es giebt keine Jahre, die gegen das Gerede der Welt sicherstellen.«
»Vielleicht bei den Männern«
»Auch bei den Frauen. Und ich meine, mit Recht. Vielleicht erinnern Sie sich einer | auf eben diesen Punkt Bezug nehmenden | Anekdote aus dem Leben der berühmten Schroeder?«
»Der Mutter der Schroeder-Devrient?«

Vorderseite Blatt 13 (Rückseite leer), Ausschnitt, Vorderseite Blatt 14 (Rückseite leer):

Die Blätter enthalten Teile einer älteren Niederschrift. Der Dialekt des Mesners ist angelegt und wird in der Überarbeitung präzisiert.

[*Blatt 13* …] »Was giebt es?«
»Ein Begräbniß, gnädge Frau. In einer Viertelstund' |
[*Blatt 14*] einem Lederriemen über den linken Arm gehängt hatte. Was giebt es? fragte die Gnädige [*über der Zeile mit Bleistift* Dame]. Ein Begräbniß[. *überschrieben mit Bleistift* ,][*über der Zeile mit Bleistift* | gnädige Frau.] In einer Viertelstund | müssen's komme. Ein 17 jährig Kind un's einzge. Und wie [*über der Zeile a*] Kind wie a Engel. Aber G'vatter Tod isch a Kenner [*mit Bleistift* un *überschrieben mit Tinte* un] Un | wenn er kann, nimmt er nichts schlechtes.. Wie [*mit Bleistift* I werd ein zwei Stühl] [*über der Zeile mit Bleistift* Werd' a paar Stühl *überschrieben mit Tinte* Werd' a paar Stühl] Können wir dabei zugegen sein? fragte sie. Gewiß, Euer Gnaden. Ich werd zwei Plätz | zurecht stellen für die gnädge Frau und | für | den Herrn Gemahl.«

Sie lachte. »Der Herr ist nicht mein Gemahl. Er ist ein Wittwer und hat abgeschlossen.« Und dabei | sah sie lachend vor sich hin und | malte [*über der Zeile mit Bleistift* sie *überschrieben* sie] mit dem Sonnenschirm [*über der Zeile mit Bleistift gestrichen* Figuren] in den Sand.

»Hätt ich doch ge'dacht, Sie wäre'n ein Paar un | Mann und Frau so | [*über der Zeile* a] recht [*über der Zeile mit Bleistift* stattlich's und *überschrieben mit Tinte* stattlich's und] glücklich[es *überschrieben* 's], | denn | [*über der Zeile* hören Sie] | [S *überschrieben* s]o gut | sehen | passe Sie zusamme sind Und sind beid so charmant. | und so heiter | Un

Zeitschriftenabdrucke

1. »Eine Frau in meinen Jahren. Von Theodor Fontane.«. In: Zur guten Stunde 1 (1887/88), Dezember 1887, Sp. 813–818.

2. »Eine Frau in meinen Jahren. Von Theodor Fontane«. In: Deutsche Dichtung 16 (1894), 1. April 1894, S. 9–12: Vorabdruck des Textes der ersten Buchausgabe.

Für die Buchausgabe hat Fontane nur gelegentliche Veränderungen vorgenommen (z. B. S. 47 um neugierig den vom Regen] um den vom Regen; S. 47 und zwar ganz äußerlich an ihr Grab als solches] an ihr Grab als solches).

Onkel Dodo. (1886.)

Notizen und Entwürfe

Stadtmuseum Berlin, Konvolut »Onkel Dodo«, Inv.-Nr. V-67/871. 1 Umschlagblatt, 6 Blatt, 6 Seiten, Rückseiten leer. 1 Streifband »Onkel Dodo« aus der Vossischen Zeitung, 12. Oktober 1897.

Blatt 1 bis 3: Gliederung; vgl. die Teilabbildung auf S. 218.

In der Gliederung der Erzählung trägt Onkel Dodo noch nicht den endgültigen Namen, sondern wird Gotthold genannt. Die Erzählabschnitte sind in Satzphrasen im Präsens formuliert, wobei erste Figurenreden schon angelegt sind. Gelegentlich werden die Gliederungsabschnitte durch Autoranmerkungen unterbrochen.

Umschlagblatt:

[*Mit Blaustift* Onkel Gotthold.]

[*Mit Bleistift* Nichts]

Blatt 1:

Onkel Gotthold.
1. Einleitung. Brief.
2. Ankunft. Glück der Einsamkeit.
   Schilderung eines Morgens am
   Fenster. Schilderung eine[s *überschrieben* r] Nacht
   am Fenster. (Dies ausführlich.)
3. Eine wilde Jagd stürmt hinauf:
   Onkel Gotthold ist da.
4. Schilderung des Onkels beim
   Dejeuner um ~~12~~ [*über der Zeile* 11]. »Es ist
   eine kannibalische Hitze hier..«
   »Wir haben es wegen des
   Doktors.. Er liebt die
   frische Luft leidenschaftlich..
   Aber wenn die Thür so
   oft auf und zugeht.. Zug..«
   »Zug« lachte der Onkel.
   »Es ist wie wenn einer
   ein Glas Wein liebt, aber
   am zweiten stirbt.« »Aber

das kommt vor; das Maaß
entscheidet eben.« Nur nicht
bei Luft.. Ich nehme den
Doktor in die Kur.«
[*Am linken Rand mit Rotstift*
  Erst bei Tisch]
5. Er hat für die Kinder allerhand
    mitgebracht: Hanteln, Käscher,
    Angelruthe.
6. »Was fangen wir nun an?«
    »Der Doktor zieht sich gern
    zurück.« »Zurück?.. Nun gut;
    ich gebe Sie frei; aber ich
    nehme Sie in die Kur.«

Blatt 2:
7. *Der Doktor zieht sich nun*
    zurück. Kolossaler Lärm im
    Saal nebenan: sie holen all
    ihr Kriegsspielzeug. Er
    hört es klappern. Aber
    es wird wieder still.
    Da geht das Trommeln
    und Trompeten und Schreien
    los. »Rechts schwenkt. Bataillon Halt..
    Alle Tambours schlagen.. »Um 2 wurd es stille.
8. Nun das Diner. Diner-
    scene. Vielleicht hier erst
    mit dem Zug.
9. Kaffe auf der Veranda.
    Basler Kirschwasser und Danziger Goldwasser.
    <u>Chartreuse</u> [*über der Zeile* (der feine Terpentin-
                                                Gehalt)],
    Benediktiner.
10. Um 5 wird es kühler. Was
    machen wir nun: Boccia
    oder Cricket. »Cricket ist
    besser, – man muß laufen
    ohne laufen kein
    [~~unlesbarer Wortanfang~~] Spiel. Nun vorwärts
                                                Doktor.

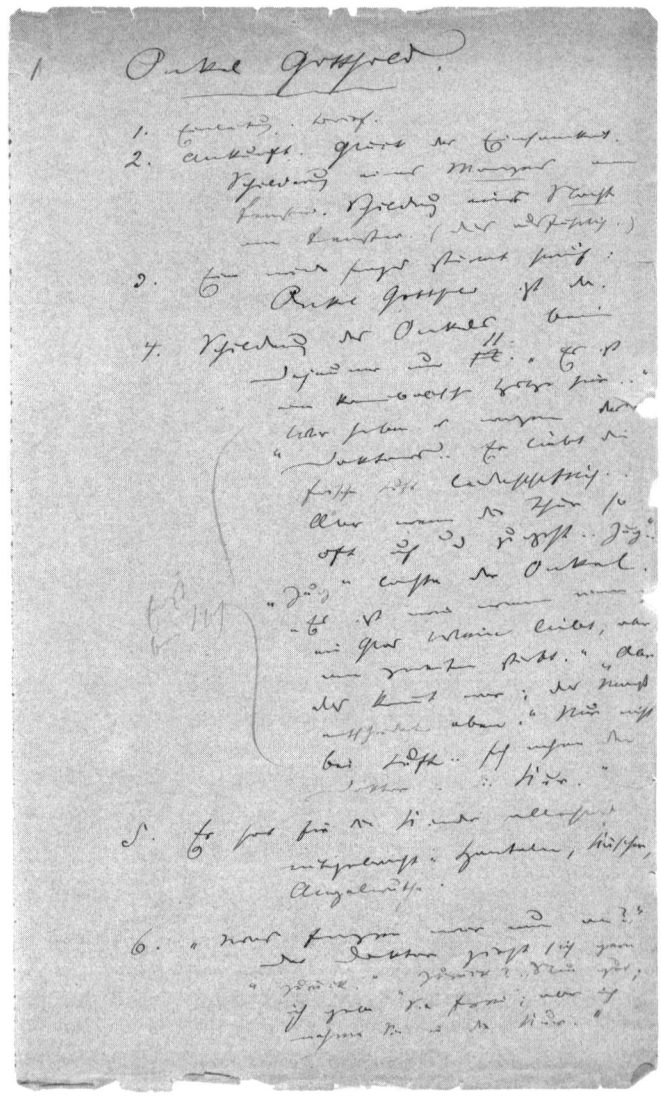

Stadtmuseum Berlin, Inv.-Nr. V-67/871, Vorderseite Blatt 1
»Onkel Dodo«, Gliederung
(vgl. Transkription, S. 216f.)
Reproduktion: MicroUnivers GmbH
© Stiftung Stadtmuseum Berlin

11. »Der Wagen ist vorgefahren.«
»Gut Kinder; .. aber da und da wird ausgestiegen; ich muß gehen.
Danach schmeckt das Essen. Oder trinkt

Blatt 3:

Ihr immer noch blos Thee. Schrecklich.
Aber meinetwegen. Ich lieb' es nicht
Störungen zu veranlassen, cha[cun *überschrieben goût*]
à son ~~goût~~ [*über der Zeile* cun] und lasse jeden
bei seiner Manier..« Nun fahren
sie. »Den Punkt [*über der Zeile* (Aussichtsthurm)]
kennen Sie noch
nicht; da müssen Sie hin; 10
Tage hier und immer noch
nicht oben gewesen. Es können
doch nicht mehr als 180 Stufen
sein. Und oben ein Blick und eine
Luft. Es hebt und trägt einen
ordentlich und ist einem als
habe man Fausts Mantel und
müsse fliegen ..«
12. Der Abend muß ver-
hältnißmäßig einfach verlaufen.
13. Andre Morgen. »Nun
müssen wir ein Programm
machen. Sie können doch nicht
hier leben und nichts thun.
Wozu ist man denn auf dem
Lande. Still sitzen kann man
in der Stadt auch. Also:
eine Stunde haben [s *überschrieben* S]ie frei,
denn ich weiß es wohl, man
will sich auch mal sammeln
und alles überdenken. Also
eine Stunde. Dann baden wir.

Blatt 4–6: Entwurf des Schlusses.

Im Unterschied zur ersten Gliederung der Erzählung (Blatt 1 bis 3) finden sich im Entwurf des Schlusses keine Satzphrasen und Autoranmerkungen mehr. Die Erzählerrede ist weitestgehend ausgearbeitet und das Imperfekt als fiktionale Zeit festgelegt. Gelegentlich findet man noch Übergänge vom Präsens zum fiktionalen Tempus des Imperfekts. Der Entwurf belegt den Perspektivenwechsel vom Er- zum Ich-Erzähler, und Dodo heißt hier immer noch Gotthold.

[*Blatt 4*] auf der Liebesinsel, wenn Otto nichts ~~dage~~ dawider hat, denn die eine alte Scheune ist nah.«

Ich mußte alles mitdurchmachen, nur das Feuerwerk, das ich sonst wohl leiden kann, dacht ich mir zu schenken. Es ging auch, denn ~~ich~~ es wurde bei der grenzenlosen Aufregung nicht bemerkt, daß ich fehlte.

Schilderung des Feuerwerks. Der Jubel. Mit einem Male wird es Schreien und ich sah Boten stürzen nach der Spritze und nach der Kirche, um Feuer zu läuten. Aber glücklicherweise es war nicht so schlimm und keine zehn Minuten, so kam Alfred angestürzt, um die Spritze abzubestellen und rief mirs auch zu: es sei schon wieder aus.

Ich war sehr froh und warf mich aufs Sopha, nicht um zu schlafen, daran war vor Rückkehr aller gar nicht zu denken, aber doch um Ruhe zu haben und die Sinne [*Blatt 5*] zu schließen. Ich sah noch wieder die Raketen im Geist, aber ich wurde der Sache nicht froh, denn nebenher beschäftigte mich die Frage: »wie kommst Du hier wieder los; das geht nicht länger; denn Gotthold will noch wenigstens 8 Tage bleiben; und er ruinirt mir allen Heil-Erfolg und turnt und lärmt ihn mir wieder fort.« Ich fühlte aber doch, daß es nicht recht ginge und darüber kam ich in ein Einschlafen. Aber zu früh. Alfred hatte nur die Spritze abbestellt, nicht den Küster und nun begann das Stürmen. Im Dorfe dachte alles »es brenne wieder« und auch von der Liebesinsel kam alles heran um zu sehen, was es sei. Endlich klärte sichs auf und es wurde still und ich sah in die Nacht hinein. Eines war inzwischen in meiner Seele gereift: »ich mußte fort.«

Und ich blieb auch dabei und da sichs traf, daß ich am andern [*am linken Blattrand* Morgen einen Brief empfing, auf dem – obschon er gar nichts enthielt – auch zufällig noch cito drauf stand, so war ich in der angenehmen Lage sagen zu können: »ich müsse fort und zwar leider auf der Stelle; ich müßte den 12 Uhr-Zug benutzen und um 6 zu Hause sein. Es wurde {*über der Zeile* von Otto} eingesehn und die Ordre gegeben und ich zog mich in mein Zimmer zurück und sah nur Gotthold auf dem Schloßgraben Boot fahren. Es war schon 11 Uhr. Es mag sich also]

[*Blatt 6*] [*Mit Bleistift, Blatt ist auf* ½ *Seite aufgeklebt* Um 9 Uhr waren wir zu Haus. Ich hatte, wegen des furchtbaren Zuges, eine fiebrige Nacht, in der ich Onkel Gotthold in allerhand Gestalten sah, einmal als Gärtner in einer Zipfelmütze. So ging er mit einer riesigen Gießkanne und begoß Beete. Es waren aber nicht Blumen, sondern Menschen die auf den Beeten standen alle barhäuptig und mehrere mehr als barhäuptig und über alle strömte das Gießkannenwasser und er sagte in balneus salus.

Es war ein Morgentraum gewesen, der sich bewahrheiten sollte. Als ich eine Stunde später beim Kaffe saß erhielt ich ~~ein Buch~~ mit der ersten Post {*über der Zeile* Brief Bestellung} (er mußte es also gleich nach seiner Ankunft zur Post gegeben haben) eine Brochüre unter Kreuzband und links in der Ecke stand Gotthold mit allen Titeln und Namen. Er mußte ~~die Brochüre~~ sie also gleich nach ~~seinem~~ Eintreffen in seiner Wohnung zur Post gegeben haben. Der Titel lautete: »Der Nervenarzt«; ~~Versuch~~ Beiträge zur Wiederherstellung des Menschengeschlechts. Mens sana in corpore sano.]

[*Am oberen Blattrand* Vorschläge zur Erziehung der Jugend.

Mens sana in corpore sano.]

Überarbeitete Niederschrift

Stadtmuseum Berlin, Konvolut »Onkel Dodo«, Inv.-Nr. V-67/871. 1 Umschlagblatt, 29 Blatt, 29 Seiten. Tinte, Überarbeitungen mit Tinte und Blaustift, Rückseiten meist leer. Blatt 8 aufgeklebt (Rückseite des aufgeklebten Blattes etwa ⅓ Seite aus »Irrungen, Wirrungen« [»Letztes Kapitel«]); Blatt 9 (Rückseite: »Irrungen, Wirrungen«): Umfasst den Text der Erzählung von »Onkel Dodo« bis »Harpunen mitgebracht.« (S. 52–67) Umschlagblatt:

[*Mit Rotstift, mit Blaustift durchgestrichen* Onkel ~~Gotthold~~] [*über der Zeile mit Blaustift* Dodo.]

Die Titelformulierung belegt die Entstehung des Namens Dodo aus Gotthold.

Blatt 4, Ausschnitt:

Die Traumszene ist noch deutlicher ausgestaltet als in den beiden Drucken.

[…] Es war schon spät, [*mit Blaustift gestrichen* ~~spät für einen Aufenthalt auf dem Lande,~~] als ich [*über der Zeile* treppauf] in meine Stube ging. Sie ~~lag über der Veranda~~ hatte nur ein ~~einziges~~ breites ~~Schubfenster~~ [*über der Zeile* Fenster, ein Fall- oder Schiebefenster,] an das ich mich nun setzte. Der Blick war derselbe wie von der Veranda aus, aber schöner, freier. Ich athmete hoch auf, sah in die Sterne hinauf und war unendlich glücklich. ~~Es war mir als ob ich~~ [m *überschrieben* m]it jedem [*über der Zeile* neuen]

Athemzuge [*über der Zeile* war mir als ob ich] Genesung tränke. Nichts mehr von dem Rennen und Jagen ~~der Stadt~~, das mir in den letzten Wochen unerträglich geworden war [*über der Zeile*, wie Balsam] aller Ehrgeiz schwieg und um mich her nur Stille. Wie ~~Labsal~~ legte sich die Stille [*über der Zeile* mir's] um [*über der Zeile* s] ~~mein~~ Herz ich athmete ~~immer~~ [*über der Zeile* war die Luft] schöner [*über der Zeile* und] freier [*über der Zeile*, und ich sah {*über der Zeile* aufathmend} in die Sterne hinauf ~~und~~] [*über der Zeile* und athmete] tiefer und [*über der Zeile* ~~immer~~] tiefer [*über der Zeile* ~~aufathmend~~], und bei jedem Athemzuge war mir, als ob ich Genesung tränke.

Stadtmuseum Berlin, Konvolut »Onkel Dodo«, Inv.-Nr. V-67/871. 1 Umschlagblatt, 27 Blatt, 27 Seiten. Tinte, Überarbeitungen mit Tinte, Blaustift und Bleistift; Rückseiten meist leer. Rückseite Blatt 9: Adressenliste; Rückseite Blatt 12: Vermutlich »Meine Kinderjahre«, Kap. 16 »Nach 40 Jahren«; Rückseite Blatt 13: »Cécile«, Kap. 16; Teil einer Abschrift von Emilie Fontanes Hand (»in den Schooß der schönen Frau. Dabei schien er sagen zu wollen: ›Laß ihn ziehn; [*über der Zeile* ich bleib' Dir] und ich bin treuer als er.‹«): Umfasst den Text der Erzählung von »Als ich um Mitternacht« bis »in corpore sano.« (S. 67–81)

Zeitschriftenabdruck

»Onkel Dodo«. In: Zur guten Stunde 3 (1889), 16. und 30. August (Heftausgabe) bzw. Oktober (Monatsausgabe) 1888, Sp. 27 – 36, 71–80.

Für die Buchausgabe hat Fontane nur wenige Revisionen vorgenommen, z. B. S. 55 nicht ganz natürlich] nicht natürlich; S. 55 mich ohne weiteres zu freuen] mich ohne Weiteres mit zu freuen; S. 56 Sagen wir wie Bismarck] Sagen wir Bismarck; S. 58 allmälig ein Interesse] ein Interesse; S. 78 ungestört wieder] ungestört und ungefährdet; S. 79 neben ihnen Onkel Dodo] neben ihnen auch Onkel Dodo.

Wohin? (1888.)

Zeitschriftenabdruck

»Wohin? Eine Plauderei von Th. F.«. In: Vossische Zeitung, Nr. 237, 20. Mai 1888.

Für die Buchausgabe hat Fontane gezielte sprachliche Präzisierungen formuliert. So wurde der Redefluß des Erzählers und der Figuren dynamisiert, etwa durch die Ersetzung des Kommas durch »und« (z. B. S. 84 zu machen und Reiseziele] zu machen, Reiseziele; S. 86 voraufgegangenen und] voraufgegangenen,; S. 95 und ich nahm auch nicht Anstand, dieser meiner Meinung unverhohlen Ausdruck zu geben.] Eine Meinung, der ich auch unverhohlen Ausdruck gab.) oder durch Ergänzung von Füllwörtern (z. B. S. 93 was ich wohl haben könne?] was ich haben könne?). Gelegentlich nahm er Umstellungen vor (z. B. S. 93 Mein lieber Meddelhammer, die Reihe des Bestellens] Die Reihe des Bestellens, mein lieber Meddelhammer) und stilistische Verbesserungen und Kürzungen (z. B. S. 86 am wenigsten im Zusammenhange] auch nicht im Zusammenhange; S. 87 diese Bemerkung] diese das Adelsverhältniß zweier Elemente regelnde Bemerkung; S. 87 täuscht, ist älter, war *vor*] täuscht, war eben *vor*; S. 92 Finanz- oder Standeserhöhung] Quasi- oder Standeserhöhung; S. 93 Wir einigten] Gut, wir einigten; S. 93 beorderte] bestellte; S. 95 Banquiers eine bescheidene Stellung anzuweisen] Banquiers herabdrücken zu wollen; S. 95 und uns als Fremde mit Berlin beschäftigen] und als Fremde Berlin bereisen).

Auf der Suche.
Spaziergang am Berliner Kanal. (1894.)

Überarbeitete Niederschrift

Theodor-Fontane-Archiv, St 53 (Leihgabe der Staatsbibliothek zu Berlin – Preußischer Kulturbesitz). 18 Blatt, 18 Seiten; Blatt 2–15, 25–27, 112 und 134; Rückseiten: »Mathilde Möhring«.

Die Niederschrift wurde mit Tinte angefertigt. Struktur und Inhalt entsprechen weitgehend dem Zeitschriftenabdruck. Fontane hat seine Überarbeitungen mit Tinte, Blaustift und Bleistift notiert. Am 29. April 1890 hat Fontane die Arbeit an dieser Fassung beendet (vgl. Fontanes Brief an Ottilie Auerbach, 29. April 1890, unveröffentlicht; Deutsches Literaturarchiv Marbach A: Auerbach Familie/3861). Die Titelformulierung unterscheidet sich noch in einem signifikanten Detail von der Erstveröffentlichung: Anders als in der Endfassung ist der Text hier im Untertitel als »Ein Brief an den Herausgeber« klassifiziert.

Titelformulierung

Stadtmuseum Berlin, Konvolut »Von Zwanzig bis Dreißig« (Abschnitt »Berlin 1840«, Kap. 1 »In der Wilhelm Roseschen Apotheke«), Inv.-Nr. V-67/864, Rückseite Blatt 45: Titelformulierung.

Die erwogenen Titelformulierungen für die Buchfassung belegen, wie aus einer zunächst beabsichtigten gezielten Erkundung Berlins ein eher unverbindlicher Spaziergang wird, der das Thema des Flanierens vorbereitet. Die Klebespuren deuten auf den Verlust eines aufgeklebten Blattes hin.

Auf der Suche.
(Spaziergang am Berliner Canal.)
Auf der Suche.
(Studienreise am Berliner Canal.)

Zeitschriftenabdruck

»Auf der Suche. Von Theodor Fontane«. In: Freie Bühne für modernes Leben 1 (1890), Heft 14, 7. Mai 1890, S. 396–398.

Gesperrte Buchstaben werden kursiv wiedergegeben, Texteingriffe sind durch eckige Klammern markiert.

Auf der Suche.
Von Theodor Fontane.

Ich soll Ihnen etwas schreiben, wenn es auch nur eine »Wanderung« wäre. Nun so sei's denn; und wenn nicht eine Wanderung durch die Mark, was zu weitschichtig werden könnte, so doch wenigstens eine Wanderung durch Berlin W. Aber wohin? Ich war tagelang auf der Suche nach etwas

Gutem und wollt' es schon aufgeben, als mir der Gedanke kam, mein Auge auf das Exterritoriale zu richten, auf das *Nicht*-Berlin in Berlin, auf die fremden Inseln im heimischen Häusermeer, auf die *Gesandtschaften*. Das Neue darin erfüllte mich momentan mit Begeisterung und riß mich zu dem undankbaren Citate hin, undankbar gegen unsere gute Stadt: »Da, wo Du *nicht* bist, ist das Glück.«

Also Gesandtschaften! Herrlich. Aber wie sollte sich das alles in Scene setzen? Wollt ich interviewen? Ein Gedanke nicht auszudenken. Und so stand ich denn in der Geburtsstunde meiner Begeisterung auch schon wieder vor einer Ernüchterung, der ich unterlegen wäre, wenn ich mich nicht rechtzeitig einer mehr als 30 Jahre zurückliegenden Ausstellung erinnert hätte, die der damals von seiner Weltreise zurückkehrende Eduard Hildebrandt vor dem Berliner Publikum zu veranstalten Gelegenheit nahm. Wie wenn es gestern gewesen wäre, steht noch der Siam-Elephant mit der blutroth neben ihm untergehenden Sonne vor mir; was mir aber in der Reihe jener damals ausgestellten Aquarellen mindestens ebenso schön oder vielleicht noch schöner vorkam, waren einige farbenblasse, halb hingehauchte Bildchen, langgestreckte Inselprofile, die, mit ihrem phantastischen Felsengezack in umschleierter Morgenbeleuchtung, vom Bord des Schiffes her aufgenommen worden waren. Nur vorübergefahren war der Künstler an diesen Inseln, ohne den Boden derselben auch nur einen Augenblick zu berühren, und doch hatten wir das Wesentliche von der Sache, die Gesammtphysiognomie. Das sollte mir Beispiel, Vorbild sein und in ganz ähnlicher Weise, wie Hildebrandt an den Sechellen und Comoren, wollt' ich an den Gesandtschaften vorüberfahren und ihr Wesentliches aus ehrfurchtsvoller und bequemer Entfernung studiren.

Aber mit welcher sollt' ich beginnen? Ich ließ die Gesammtheit der Gesandtschaften Revue passiren, und da mir als gutem Deutschen der Zug innewohnt, alles was weither ist zu bevorzugen, entschied ich mich natürlich für China, Heydtstraße 17. China lag mir auch am bequemsten, an meiner täglichen Spaziergangslinie, die, mit der Potsdamerstraße beginnend, am jenseitigen Kanalufer entlangläuft und dann unter Ueberschreitung einer der vielen kleinen Kanalbrücken von größerem oder geringerem (meist geringerem) Rialtocharakter am Thiergarten hin ihren Rücklauf nimmt, bis der Zirkel an der Ausgangsstelle sich wieder schließt.

Eine Regenwolke stand am Himmel; aber nichts schöner als kurze Aprilschauer, von denen es heißt, daß sie das »Wachsthum« fördern: und so schritt ich denn »am leichten Stabe,« nur leider um Einiges älter als Ibykus, auf die Potsdamerbrücke zu, deren merkwürdige Curvengeleise, darauf sich die Pferdebahnwagen in fast ununterbrochener Reihe heranschlängeln, immer wieder mein Interesse zu wecken wissen. Und so stand ich auch heute wieder an das linksseitige Geländer gelehnt, einen rothgestrichenen Flachkahn unter mir, über dessen Bestimmung eine dicht neben mir angebrachte Brückentafel erwünschte Auskunft gab: »Dieser Rettungskahn ist dem Schutze des Publikums anempfohlen.« Ein zu schützender Retter; mehr bescheiden, als vertrauenerweckend.

Von meinem erhöhten Brückenstand aus war ich aber nicht blos in der Lage, den Rettungskahn unter mir, sondern auch das schon jenseits der Eisenschienen gelegene Dreieck überblicken zu können, das zunächst nur als Umspann- und Rasteplatz für Omnibusse bestimmt, außerdem noch durch zwei jener eigenartigen und modernster Zeit entstammenden Holzarchitekturen ausgezeichnet ist, denen man in den belebtesten Stadttheilen Berlins trotz einer gewissen Gegensätzlichkeit ihrer Aufgaben so oft nebeneinander begegnet. Der ausgebildete Kunst- und Geschmackssinn des Spree-Atheners, vielleicht auch seine Stellung zu Litteratur und Presse, nimmt an dieser provocirenden Gegensätzlichkeit so wenig Anstoß, daß er sich derselben eher freut, als schämt; und während ihm ein letztes dienstliches Verhältniß der kleineren Bude zur größeren außer allem Zweifel ist, erkennt er in dieser größeren, mit ihren schräg aufstehenden Schmal- und Oberfenstern zugleich eine kurzgefaßte Kritik all' der mehr dem Idealen zugewandten Aufgaben der Schwesterbude.

Dieser letzteren näherte ich mich jetzt und zwar in der bestimmten Absicht (es war gerade Erscheinungstag der neuen Nummer), ein Exemplar der »Freien Bühne« zu erstehen, der »Freien Bühne«, deren grünen Umschlag einschließlich seiner merkwürdigen Titelbuchstaben im Stile von »Neue Lieder, gedruckt in diesem Jahr« ich schon von fernher erkannt hatte. Wissend, daß dieser Aufsatz bestimmt sei, in einem der nächsten Hefte besagter Wochenschrift zu erscheinen, hielt ich es für eine Anstandspflicht, durch Selbstbesteuerung meine staatliche Zugehörigkeit auszudrücken und richtete deshalb, als ich nahe genug heran war, um bequem auf den grünen Umschlag hindeuten zu können, an die dame de comptoir die herkömmliche Frage: »Wie viel?« »Vierzig Pfennig.« »Und wird viel gekauft?« »Ja«, sagte sie freundlich und zugleich verschmitzt genug, um mir ihre Mitverschworenschaft außer Zweifel zu stellen.

Das Heft vorsichtig unter den Rock knöpfend, war ich inzwischen bis an den Anfang jener Straßenlinie vorgedrungen, die sich unter verschiedenen Namen bis zu dem Zoologischen Garten hinaufwindet, die ganze Linie eine Art Deutz, mit Köln am anderen Ufer, dessen Dom denn auch von der Mat[t]häikirchstraße her herrlich herübersah und die Situation beherrschte. Nun kam »Blumes Hof« und gleich danach die Genthinerstraße mit ihrem Freiblick auf den Magdeburgerplatz; und abermals eine Minute später stand ich vor Lützow-Ufer 6-8, oder was dasselbe sagen will, vor dem drei Häuserfronten in Anspruch nehmenden »Statistischen Amt« – einem ganz eigenartigen Bau, der sich nur zu sehr mit den grundlegenden Prinzipien der Baukunst, wonach Großes und Kleines, und wenn es die Statistik wäre, seiner speziellen Bestimmung gemäß gestaltet werden muß, zu decken scheint.

Und nun war der Brückensteg da, der mich nach China hinüberführen sollte. So schmal ist die Grenze, die zwei Welten von einander scheidet. Eine halbe Minute noch, und ich war drüben.

Kieswege liefen um einen eingefriedeten lawn, den an dem einen Eck ein paar mächtige Baumkronen überwölbten. Da nahm ich meinen Stand und sah nun auf China hin, das chinesisch genug da lag. Was da vorüberfluthete, gelb und schwer und einen exotischen Torfkahn auf seinem Rücken, ja, war das nicht der Yang-tse-kiang oder wenigstens einer seiner Arme, seiner Zuflüsse? Am echtesten aber schien mir das gelbe Gewässer da, wo die Weiden sich überbeugten und ihr Gezweig eintauchten in die heilige Fluth. Merkwürdig, es war eine fremdländische Luft um das Ganze her, selbst die Sonne, die durch das Regengewölk durchwollte, blinzelte chinesisch und war keine richtige märkische Sonne mehr. Alles versprach einen überreichen Ertrag, ein Glaube, der sich auch im Näherkommen nicht minderte; denn an einer freigelegten Stelle, will sagen da, wo die Maschen eines zierlichen Drahtgitters die chinesische Mauer durchbrachen, sah ich auf einen Vorgarten, darin ein Tulpenbaum in tausend Blüthen stand und ein breites Platanendach darüber. Alles so echt wie nur möglich, und so war es denn natürlich, daß ich jeden Augenblick erwartete, den unvermeidlichen chinesischen Pfau von einer Stange her kreischen zu hören.

Aber er kreischte nicht, trat überhaupt nicht in die Erscheinung, und als mein Hoffen und Harren eine kleine Viertelstunde lang ergebnißlos verlaufen war, entschloß ich mich ein langsames Umkreisen des chinesischen Gesammt-Areals eintreten zu lassen. Ich rückte denn auch von Fenster zu Fenster vor, aber wiewohl ich, laut Wohnungsanzeiger, sehr wohl wußte, daß, höherer Würdenträger zu geschweigen, sieben Attachés ihre Heimstätte hier hatten, so wollte doch nichts sichtbar werden, eine Thatsache, die mir übrigens nur das Gefühl einer Enttäuschung, nicht aber das einer Mißbilligung wachrief. Im Gegentheil. »Ein Innenvolk« sagte ich mir »feine, selbstbewußte Leute, die jede Schaustellung verschmähn. All die kleinen Künste, daran wir kranken, sind ihnen fremd geworden und in mehr als einer Hinsicht ein Ideal repräsentirend, veranschaulichen sie höchste Kultur mit höchster Natürlichkeit«. Und in einem mir angebornen Generalisirungshange das Thema weiter ausspinnend, gestaltete sich mir der an Fenster und Balkon ausbleibende Chinese zur Epopöe, zum Hymnus auf das Himmlische Reich.

Schließlich, nachdem ich noch einigermaßen mühevoll, weil durch den Flur des Hauses hin, einen in einer Hofnische stehenden antiken Flötenspieler entdeckt hatte, war ich um die ganze Halbinsel herum und stand wieder vor dem Gitterstück mit dem Tulpenbaum dahinter. Aber die Scene hatte sich mittlerweile sehr geändert; und während mehr nach rechts hin, in Front der massiven Umfassungsmauer, vier Jungen Murmel spielten, sprangen mehr nach links hin, vor einem ähnlichen Mauerstück, mehrere Mädchen über die Corde. Die älteste mochte elf Jahre sein. Jede Spur von Mandel- oder auch nur von Schlitzäugigkeit war ausgeschlossen, und das muthmaßlich mit Wasser und einem ausgezahnten Kamm behandelte Haar fiel, in allen Farben schillernd, über eine fusslige Pellerine, der Teint war griesig und die grauen Augen vorstehend und überäugig; so hupste sie, gelangweilt weil schon von Vorahnungen kommender Herrlichkeit erfüllt, über die Corde, der Typus eines Berliner Kellerwurms.

Ich sah dem zu. Nach einigen Minuten aber ließen die Jungens von ihrem Murmelspiel und die Mädchen von ihrem über die Corde springen ab und gaben mir, auseinanderstiebend, erwünschte und bequeme Gelegenheit, die blau und rothen Inschriften zu mustern, die gerade da, wo sie gespielt hatten, die chinesische Mauer reichlich bedeckten. Gleich das Erste, was ich las, war durchaus dazu angethan, mich einer reichen Ausbeute zu versichern. Es war das Wort »Schautau«. Wenn »Schautau« nicht chinesisch war, so war es doch mindestens chinesirt, vielleicht ein bekannter Berolinismus in eine höhere fremdländische Form gehoben. Aber all' meine Hoffnungen, an dieser Stelle Sprachwissenschaftliches oder wohl gar Geschichte von den Steinen herunterlesen zu können, zerrannen rasch, als ich die nebenstehenden Inschriften überflog. »Emmy ist sehr, sehr nett« stand da zunächst mit Kinderhandschrift über drei Längssteine hingeschrieben, und es war mir klar, daß eine schwärmerische Freundin Emmy's (welche letztere wohl kaum eine andere als die mit der Pellerine sein konnte) diese Liebeserklärung gemacht haben müsse. Parteiungen hatten aber auch dies Idyll an der Mauer schon entweiht, denn dicht daneben stand: »Emmy ist ein Schaf«, welche kränkende Bezeichnung sogar zweimal unterstrichen war. Auf welcher Seite die tiefere Menschenkenntniß war, wer will es sagen? Haß irrt, aber Liebe auch.

Ich hing dem allem noch nach, mehr und mehr von der Erfolglosigkeit meiner Suche, zugleich auch von der Nothwendigkeit eines Rückzuges durchdrungen. Ich trat ihn an, nachdem ich zuvor noch einen Blick nach dem gegenübergelegenen Hause, Heydtstraße 1, emporgesandt hatte. Hier nämlich wohnt Paul Lindau, der, als er vor kaum einem Jahrzehnt in diese seine Chinagegenüberwohnung einzog, wohl schwerlich ahnte, daß er, ach, wie bald, von einem Landsmann (auch Johannes Schlaf ist ein Magdeburger) in den Spalten dieser Zeitschrift als Stagnant und zurückgebliebener Chinesling erklärt werden würde.

Was nicht alles vorkommt!

Und wieder eine Viertelstunde später, so lag auch die heuer schon im April zur Maienlaube geworden[e] Bellevuestraße hinter mir und scharf rechts biegend, trat ich bei Josty ein, um mich, nach all den Anstrengungen meiner Suche, durch eine Tasse Kaffee zu kräftigen. Es war ziemlich voll unter dem Glaspavillon oben, und siehe da, neben mir, in hellblauer Seide, saßen zwei Chinesen, ihre Zöpfe beinah kokett über die Stuhllehne niederhängend. Der Jüngere, der errathen mochte, von welchen chinesischen Attentaten ich herkam, sah mich schelmisch freundlich an, so schelmisch freundlich, wie nur Chinesen einen ansehen können, der Aeltere aber war in seine Lektüre vertieft, nicht in Kon-fut-se, wohl aber in die Kölnische Zeitung. Und als nun die Tasse kam und ich das anderthalb Stunden lang vergeblich gesuchte Himmlische Reich so bequem und so mühelos neben mir hatte, dacht' ich Platens und meiner Lieblingsstrophe:

> Wohl kommt Erhörung oft geschritten
> Mit ihrer himmlischen Gewalt,
> Doch *dann* erst hört sie unsre Bitten,
> Wenn unsre Bitten lang verhallt.

Für die Buchausgabe hat Fontane den Text gründlich überarbeitet. Der Ich-Erzähler, der im Zeitschriftenabdruck noch über das Schreiben und das Entstehen eines Textes reflektiert, wurde deutlich zurückgenommen. Darüber hinaus hat Fontane alle Bemerkungen über den Veröffentlichungskontext getilgt: die Erwähnung der »Freien Bühne«, wo »Auf der Suche« erstmals publiziert wurde, und die Nennung von Paul Lindau, der nicht nur in dem der Villa von der Heydt »gegenübergelegenen Hause« wohnte, sondern auch eine öffentliche Kritik von Johannes Schlaf in der »Freien Bühne« über sich ergehen lassen mußte (vgl. »Entstehung«, S. 179). Konzentriert sich die Buchfassung auf die Beschreibung der chinesischen Botschaft, so fällt im Zeitschriftenabdruck noch ein weiteres Gebäude ins Auge: das in der Nähe liegende »Statistische Amt«.

Eine Nacht auf der Koppe. (1890.)

Notizen und Entwürfe

Stadtmuseum Berlin, Konvolut »Von Zwanzig bis Dreißig« (Abschnitt »Berlin 1840«, Kap. 2 »Literarische Vereine: Der Lenau-Verein«), Inv.-Nr. V-67/864, Rückseite Blatt 1 (Vorderseite: »Der Lenau-Verein«): Titelformulierung.

[*Mit Bleistift* Aus dem Gebirge.
Kleine Geschichten
von
Th. F.]
[*Tinte,* {*mit Blaustift gestrichen* Eine Nacht }
{a *überschrieben mit Blaustift* A} uf der Koppe.]

Überarbeitete Niederschrift

Die überarbeitete Niederschrift ist vermutlich nach dem 9. Juni 1893 entstanden.

Stadtmuseum Berlin, Konvolut »Von Zwanzig bis Dreißig« (Abschnitt »Berlin 1840«, Kap. 1 »In der Wilhelm Roseschen Apotheke«), Inv.-Nr. V-67/864, Rückseiten Blatt 44 –35: Überarbeitete Niederschrift, unvollständig. Tinte, Überarbeitungen mit Tinte und Bleistift.

Stadtmuseum Berlin, Konvolut »Von Zwanzig bis Dreißig« (Abschnitt »Bei Kaiser Franz«, Kap. 1 »Eintritt ins Regiment. Auf Königswache. Urlaub nach England«), Inv.-Nr. V-67/864, Vorderseite Blatt 13, ½ Seite mit Text »Auf Königswache« beschrieben (Rückseite: »Auf Königswache«), mit Blaustift gestrichen: Niederschrift des Schlusses.
[*Mit Blaustift* 13.]
»Pohl war Koppenwirth hier oben und nun liegt er da unten«. »So, so« sagt dann der, [*über der Zeile mit Bleistift* der gefragt *überschrieben* der gefragt.] der die Frage gestellt. Und wenn er länger bleibt, [*über der Zeile mit Bleistift* und sich { *über der Zeile* eben }] [anfreundet *überschrieben* anfreundet], so hört er vielleicht auch von der Nacht, in der Pohl [*über der Zeile* der Koppenwirth] verstarb. Warum auch nicht! [*Mit Bleistift gestri-*

chen und punktiert unterstrichen ~~Es stört nicht~~]. [*über der Zeile mit Bleistift, gestrichen mit Tinte* ~~Niemanden~~] mehr. [*Über der Zeile mit Bleistift, gestrichen mit Tinte* ~~Von Wand an Wand ist keine Rede mehr.~~ {*Mit Bleistift gestrichen* ~~nichts mehr von Wand an Wand.~~}..alles weitab.]

Stadtmuseum Berlin, Konvolut »Von Zwanzig bis Dreißig« (Abschnitt »Berlin 1840«, Kap. 1 »In der Wilhelm Roseschen Apotheke«), Inv.-Nr. V-67/864, Vorderseite Blatt 28 (Rückseite: »In der Wilhelm Roseschen Apotheke«), auf der Rückseite eines aufgeklebten Zettels überarbeitete Niederschrift des Schlusses (»Pohls Kreuz«). Tinte, Überarbeitungen mit Bleistift.

Zeitschriftenabdruck

»Aus dem Riesengebirge. Kleine Geschichten von Th. Fontane. I. Auf der Koppe.«. In: Deutsche Rundschau 76 (1893), S. 439 bis 442 [September 1893].

Der letzte Laborant. (1891.)

Notizen und Entwürfe

Es sind bisher keine Notizen und Entwürfe ermittelt worden, auch wenn das gelegentlich in der Forschungsliteratur behauptet wird (vgl. Reitzig in »Heemteglöckla«, Nr. 13 [1957]).

Zeitschriftenabdruck

»Der letzte Laborant. Von Th. F.«. In: Vossische Zeitung, Nr. 332, 15. Juli 1888.

Für die Buchausgabe hat Fontane nur geringfügige stilistische Überarbeitungen vorgenommen (z. B. S. 111 Agathendorfern selbst zu] Agathendorfern zu; S. 112 Hampel da drüben] Hampel drüben; S. 116 ziemlich kostspielige] einfach kostspielige; S. 119 am 3. Juni starb er – gerade einen Monat nach jenem denkwürdigen 3. Mai] am 3. Juni – gerade einen Tag später – starb er.).

Gerettet! (1891.)

Überarbeitete Niederschrift

Stadtmuseum Berlin, Konvolut »Von Zwanzig bis Dreißig« (Abschnitt »Berlin 1840«, Kap. 1 »In der Wilhelm Roseschen Apotheke«), Inv.-Nr. V-67/871, 6 Blatt, 6 Seiten (Rückseite: »In der Wilhelm Roseschen Apotheke«). Unvollständig. Tinte, Überarbeitungen mit Tinte und Bleistift.

Die Struktur, die Handlung und die Namen sind in der Niederschrift schon angelegt; Fontane hat nur noch einzelne Überarbeitungen wie Wortumstellungen und Präzisierungen ausgeführt.

Stadtmuseum Berlin, Konvolut »Die Poggenpuhls«, Inv.-Nr. V-83/9. Kap. 2, Rückseite Blatt 7, 1 Blatt, 1 Seite: Überarbeitete Niederschrift. Tinte, Überarbeitungen mit Bleistift.

Zeitschriftenabdruck

»Aus dem Riesengebirge. Kleine Geschichten von Th. Fontane. II. Gerettet!«. In: Deutsche Rundschau 76 (1893), S. 443–446 [September 1893].

Der alte Wilhelm. (1892.)

Zeitschriftenabdruck

»Aus dem Riesengebirge. Kleine Geschichten von Th. Fontane. III. Der alte Wilhelm.«. In: Deutsche Rundschau 76 (1893), S. 446 bis 450 [September 1893].

Für die Buchausgabe hat Fontane nur wenige stilistische Überarbeitungen vorgenommen (z. B. S. 132 und wiegt sie ein.] und wiegt sie und singt sie ein.; S. 134 während er da hinauffuhr, dem Anscheine nach immer mehr in die glührote Scheibe hinein,] während er da hinauffuhr, immer mehr, so schien es, in die glührothe Scheibe hinein,).

Professor Lezius oder Wieder daheim. (1892.)

Zeitschriftenabdruck

»Aus dem Riesengebirge. Kleine Geschichten von Th. Fontane. IV. Wieder daheim.«. In: Deutsche Rundschau 76 (1893), S. 450 bis 455 [September 1893].

Für die Buchausgabe hat Fontane nur gelegentliche Umformulierungen ausgeführt (z. B. S. 137 erstandenen Weinkiste] erstandenen alten Weinkiste; S. 138 Damit brach das bei Rückkehr des Kutschers angeknüpfte Gespräch wieder ab.] Damit brach das Gespräch wieder ab.; S. 141 Ohne sein Präsidium] Ohne Virchow; S. 142 sich's glücklich] sich's so glücklich; S. 142 wir freilich] wir hier freilich; S. 142 hier die Enten] hier eben die Enten).

ANMERKUNGEN

Von vor und nach der Reise – Zum Titel vgl. »Altes und Neues – Erzählformen des Übergangs«, S. 156–158, und »Überlieferung«, S. 191–193.

Modernes Reisen. Eine Plauderei. (1873.)

5 *Modernes Reisen. Eine Plauderei. (1873.)* – Zur Entstehung des Titels aus »Reisen« (Zeitschriftenabdruck) und zur Überarbeitung für die Buchausgabe vgl. »Überlieferung«, S. 196, und »Altes und Neues – Erzählformen des Übergangs«, S. 157 f.
Eigentümlichkeiten ... Massenreisen – Fontane benennt hier ein ausgesprochen modernes Phänomen: Das Feuilleton »Modernes Reisen« ist eines der frühesten Zeugnisse sowohl für die Entstehung des Massentourismus als auch für dessen kritische Diskussion (vgl. Bausinger, S. 131 f.). Waren es bis um 1830 Adlige, die sich Aufenthalte etwa an der deutschen Ostseeküste leisten konnten, so traten in der zweiten Hälfte des 19. Jahrhunderts mehr und mehr Bourgeoisie und Bildungsbürgertum als Hauptträger des Tourismus in Erscheinung. Am Ende des Jahrhunderts erweiterte sich der Kreis der Urlaubsreisenden auf Angestellte, Beamte und Handelsleute; die Arbeiter blieben ausgeschlossen (vgl. Lauterbach, S. 57 ff.). – Mit dem Ausbau des Eisenbahnnetzes stiegen die Passagierzahlen in Deutschland rasant an: Im Jahre 1860 wurden knapp 4,5 Millionen Reisende befördert, 1870 waren es bereits knapp 17,5 Millionen, 1880 71,5 Millionen und 1890 schon 274,5 Millionen (vgl. Opaschowski, S. 71).
Kanzlistenfrauen – Kanzlist: Schreiber in einer Kanzlei.
Kyffhäuser – Waldgebirge südlich des Harzes; bekannt durch die in mehreren Volksbüchern überlieferte »Barba-

rossa«-Sage um den staufischen Kaiser Friedrich I. Barbarossa (1122–1190).

5 *Budiker* – Berliner Ausdruck (nach frz. boutiquier), Besitzer eines kleinen Ladens; vgl. »Die Poggenpuhls«, Kap. 2.
Koppe hinaufgetragen – Die Schneekoppe (Śnieżka; 1605 m), die höchste Erhebung des Riesengebirges oberhalb von Wolfshau und Krummhübel. Fontane hatte den Gipfel bei seinem ersten Aufenthalt in Schlesien im Sommer 1868 bestiegen. – Die Koppenträger beförderten zunächst nur den Bedarf für den Gasthausbetrieb der hochgelegenen Bauden, später trugen sie auch Touristen in Sesseln hinauf; vgl. die Abbildungen in Wörffel, S. 18 f., und »Eine Nacht auf der Koppe«. Zu »Baude« vgl. »Der letzte Laborant«, Anm. zu S. 112 *Hampelbaude*.
Schützengilde … Reinhardsbrunn … Herzog Ernst – Das herzoglich gothaische Schloss Reinhardsbrunn bei Friedrichroda (Thüringen) war aus einem 1085 von Ludwig dem Springer gegründeten Benediktinerkloster hervorgegangen. Nach mehreren Zerstörungen erhielt es seine letzte Gestalt im englisch-neugotischen Stil von Eberhard und Heideloff zwischen 1827 und 1835. Herzog Ernst II. von Sachsen-Coburg-Gotha (1818–1893) regierte seit 1844, war ein leidenschaftlicher Jäger und gründete die Deutsche Schützengesellschaft. In der Geweih-Galerie des Schlosses verweist eine Tafel auf 76 547 Stück von dem Fürsten und seinen Gästen erlegten Wildes; das Jagdbuch Ernsts II. verzeichnet insgesamt 64 674 in 56 Jahren erlegte Tiere, davon 3 764 Stück Rotwild, 2 792 Sauen, 44 916 Hasen und 13 202 Fasanen. – Auf seiner siebenwöchigen Reise durch Thüringen im Juli und August 1873 (vgl. Tagebuch, 1873) besichtigte Fontane das Schloss, das mit der umgebenden Landschaft eine malerisch-romantische Einheit bildet; vgl. Fontanes Aufzeichnungen in seinem Notizbuch, C 5: »*Reinhardsbrunn* selbst zerfällt in Gasthof und Schloß, die etwa 5 oder 10 Minuten voneinander entfernt liegen. Der ›Gasthof‹ ist das ganz gewöhnliche Gasthaus an der Heerstraße, hübsch gelegen, aber verschwindend neben dem ›Schloß‹, wo sich

die Zauber der *Landschaft*, der *Gothik* und eines gewissen *englischen* je ne sais quoi zu etwas außerordentlich Ansprechendem vereinen. Es war früher ein Benediktiner- oder Cistercienser Kloster und die Formen desselben blicken überall durch. Es will mir sogar scheinen, daß von dem Alten, Ursprünglichen *mehr* beibehalten wurde, als die Reisehandbücher zugeben« (zitiert nach: Wüsten 1973, S. 21 f.).

6 *Sommerfrischler* – Vgl. die humoristische Beschreibung der Berliner Ausflugsgäste während der Sommermonate in »Cécile«, Kap. 3, 4 und 6, und »Quitt«, Kap. 3.
Oberlehrer – Bis 1920 deutscher Amtstitel des Studienrats an höheren Schulen.
Archidiakonus – Im 19. Jahrhundert in den evangelischen Kirchen Titel des zweiten Geistlichen an den Hauptkirchen der größeren Städte.
Strandhafer – An der Nord- und Ostseeküste zur Festigung des Dünenwerkes verbreitete Graspflanze mit schilfartigem hohem Halm und weißlicher Ähre.
mit Sack und Pack – Schilderung einer typischen Reiseform des Mittelstandes im 19. Jahrhundert, woraus die Redensart entstanden ist.

7 *Teerjacke* – In der Bedeutung »teergetränkte Jacke« seit Beginn des 19. Jahrhunderts belegt, später als Spitzname für Matrosen geläufig; hier metaphorisch für den ortsansässigen Fischer oder Matrosen, der zunächst preiswerte, später aber überteuerte Unterkünfte für Sommerfrischler vermietet.
Locomotion – Ortsveränderung.
die Kinder – Vgl. zu den anderen Kinderspielen »Nach der Sommerfrische«, S. 20, und »Auf der Suche«, S. 101.
Cooper – James Fenimore Cooper (1789–1851), amerikanischer Schriftsteller, Verfasser zahlreicher Indianer- und Abenteuerromane; vgl. »Der Stechlin«, Kap. 38.
Marryat – Frederick M. Marryat (1792–1848), Begründer des englischen See-Abenteuerromans (»The Phantom Ship«, 1839, und »Masterman Ready«, 1841, dt. »Sigismund Rüstig«). Seine Texte waren auch in Deutschland weit verbreitet. Fontanes »Tunnel«-Kollege, der Seenovellist

Heinrich Smidt (1798–1867), galt als der deutsche Marryat; vgl. Fontanes Brief an Ludovica Hesekiel, 5. Juni 1883.

7 *Putbus* – 1810 im Süden der Insel Rügen von Fürst Wilhelm Malte zu Putbus gegründete Residenzstadt. Das erste Seebad der Stadt wurde 1816 eröffnet. Fontane weilte dort im September 1884 (Tagebuch); vgl. »Rügen« (1884; NFA XVIII).
Schlesien – Einzugsgebiet der oberen und mittleren Oder mit ihren Nebenflüssen; seit 1756 preußische Provinz. Zwischen 1868 und 1892 verbrachte Fontane zahlreiche Sommerfrischen im schlesischen Riesengebirge. Vgl. die Schauplätze von »Der letzte Laborant«, »Eine Nacht auf der Koppe«, »Gerettet!« und »Der alte Wilhelm«.
Oberharz – Der höhergelegene nordwestliche Teil des Harzes. Fontane verbrachte seit 1868 zahlreiche Sommerfrischen dort. Vgl. den bei Minsleben angesiedelten fiktiven Schauplatz Insleben in »Onkel Dodo«.
Thüringer Waldes – Vgl. den Urlaubsort in »Nach der Sommerfrische«. Fontane weilte in Thüringen im Sommer 1867 und 1873.

8 *der sich leichtsinnig in Gefahr begäbe* – Anspielung auf Jesus Sirach 3,27: »Denn wer sich gern in Gefahr gibt, der verdirbt drinnen.«

9 *Wirte … englischen Romane* – Vgl. zum Beispiel den Wirt in Henry Fieldings (1707–1754) »The History of Tom Jones, a Foundling« (1749), der einfache Gäste mit demselben Respekt behandelt wie vornehme: »The landlord now attended with a plate under his arm, and with the same respect in his countenance and address which he would have put on had the ladies arrived in a coach and six« (2. Band, 11. Buch, 6. Kapitel).
W. Scott – Der von Fontane sehr geschätzte schottische Dichter Sir Walter Scott (1771–1832); vgl. Fontanes Gedichte »Walter Scotts Einzug in Abbotsford« und »Walter Scott in Westminster-Abtei« (Bd. 1, S. 145–147), seinen Aufsatz »Walter Scott« und »Meine Kinderjahre«, Kap. 9.
solchen englischen Landlord – Zum Beispiel der Wirt des George Inn, Cockburn, in Scotts Roman »Guy Mannering, or the Astrologer« (1815).

9 *Ende der zwanziger Jahre … pommerschen Küste … Ruppinsche Heimat* – Fontane erlebte seine erste große Reise als Siebenjähriger, als er am 24. Juni 1827 mit seiner Familie von Neuruppin nach Swinemünde übersiedelte; vgl. »Meine Kinderjahre«, Kap. 3. Vgl. auch Fontanes Reise nach Neuruppin zum Besuch des Gymnasiums, Kap. 18.
10 *Omnibussen* – Pferdeomnibusse wurden in Deutschland im ersten Drittel des 19. Jahrhunderts eingeführt. Auch nach der Erfindung des Verbrennungsmotors blieben sie ein populäres Verkehrsmittel; in Berlin gab es noch bis 1923 Pferdeomnibusse. Vgl. »Onkel Dodo«, Anm. zu S. 81 *Pferdebahngeleisen*.
Kremsern – Von dem Berliner Fuhrunternehmer Simon Kremser (1775 –1851) im Jahre 1825 eingeführte Pferdewagen mit 12 bis 16 Sitzen; in Berlin bevorzugte Fahrzeuge für Landpartien. Kremsers Wagen waren komfortabler als die bis dahin üblichen Kutschen, weil sie überdacht und gefedert waren. Vgl. »Wohin?«, Anm. zu S. 88 *Landpartieen*.
Fiakern – (österr.) Mietwagen, Droschken.
Hotelkommissionäre – Vermittler, die im Auftrag der Hoteliers Gäste akquirieren.
frug – Stark flektiertes Imperfekt von fragen; heute nur noch schwach flektiert (fragte) geläufig.
11 *Kulmbacher* – Berühmtes Dunkelbier aus Kulmbach in Franken.
»Fliegenden Blättern« – Die »Fliegenden Blätter«, ein von den Holzschneidern Kaspar Braun und Friedrich Schneider 1844 in München gegründetes Wochenblatt, als satirische Zeitschrift vor allem wegen seiner witzigen Zeichnungen über Deutschland hinaus bekannt; vgl. »Auf der Suche« und »Effi Briest«, Kap. 3.
Brodem – Geruch, Dunst.
alten Münchener Hofbräu – Älteste Münchner Brauerei Am Platzl, im 13. Jahrhundert erwähnt, für den herzoglichen, später königlichen Bierbedarf errichtet. 1830 wurde das Hofbräuhaus von Ludwig I. eingeweiht und als öffentlicher Ausschank eingerichtet. Der heutige Bau entstand

1897. – Fontane war viermal in München: vom 6. bis 11. Oktober 1856, vom 25. Februar bis 28. März 1859 und zweimal im Herbst 1874. Am 7. Oktober 1856 notierte er im Tagebuch: »In's Hofbräuhaus; vortreffliches Bier.« Vgl. auch das Gedicht »Erst Münchner Bräu aus vollen Krügen« (1856; Bd. 1, S. 20).

11 *Berliner Luft* – Im Zuge der Industrialisierung und des Anwachsens der Stadt verschlechterte sich die Luft in Berlin. Vgl. Fontanes negative Äußerungen über die Berliner »Kanalluft« in seinen Briefen an seine Frau Emilie, 17. August 1882, und an Georg Friedlaender, 6. Juni 1885. Vgl. »Die Poggenpuhls«, Kap. 3.

wie die Stadt selbst, jung, ohne Geschichte – Anspielung auf die ›junge‹ Stadtgründung Berlins (erste urkundliche Erwähnung am 28. Oktober 1237) im Unterschied zu den älteren deutschen Städten, deren Gründungen zum Teil bis in die Römerzeit zurückreichen.

12 *vom Kölnischen Wasser gesagt hat* – Nicht ermittelt; ein so formulierter Werbeslogan ist auch der Firma Kölnisch Wasser nicht bekannt.

den Revers der Medaille – Die Kehrseite der Medaille.

Geister … gerufen – Anspielung auf Goethes Ballade »Der Zauberlehrling«: »Die ich rief, die Geister, / Werd' ich nun nicht los« (zitiert nach Fontanes Exemplar, Theodor-Fontane-Archiv: Q 36).

Teufel durch Beelzebub auszutreiben – Sprichwort nach Matthäus 12,24: »er treibt die Teufel nicht anders aus, denn durch Beelzebub, der Teufel Obersten«. Vgl. auch Matthäus 12,27 und Lukas 11,19 sowie Binder, S. 193.

»*Bougies*« – (frz.) Kerzen.

Schnuppe – Verkohlter Docht.

grönländische Hüttenatmosphäre – Möglicherweise Anspielung auf die von dem Herrnhuter Missionar David Cranz (1723 – 1777) geschriebene »Historie von Grönland« (2 Bände; 1765); vgl. »Vor dem Sturm«, Bd. 1, Kap. 6 und Bd. 2, Kap. 16.

13 *Finsteraarhorn* – Höchster Berg der Berner Alpen (4 275 m).

Fülle der Einzelfälle … Groll – Vgl. Fontane an Friedlaender,

12. – 17. Oktober 1892: »Den tiefsten Eindruck aber machte auf mich, was sie [Frau Frenzel] über ›das Reisen‹ sagte. ›Früher kannte ich nichts Schöneres als Reisen, jetzt kenne ich nichts Schrecklicheres. Es ist eine lange Kette von Verdrießlichkeiten, Prellereien und äußerstem Nicht-Comfort. Weder Artigkeit, noch Heftigkeit, weder Empfehlungen noch Splendidität im Geldpunkt, weder Anmelde-Telegramme noch Lederkoffer mit Bronzebeschlag können einen retten; mit der Droschke fängt es an, dann kommt die Coupéfrage, dann die Hôtels, die Kellner, die Wohnungsvermietherinnen – alles gleich bedrücklich, man ist nur dazu da, um ausgepreßt zu werden.‹ Mir ganz aus der Seele gesprochen. Wer nicht auf sein Landgut gehen kann, bleibe, wenn er alt ist, lieber zu Hause.« Vgl. auch »Effi Briest«, Kap. 35.

13 *nervenstillendem Ozon* – 1839 wurde das als besonders gesund geltende Ozon von dem Chemiker Christian Friedrich Schönbein (1799–1868) entdeckt. Es bildet eine energiereiche Form des Sauerstoffs mit drei statt zwei Atomen Sauerstoff im Molekül. Vgl. »Von Zwanzig bis Dreißig«, Abschnitt »In Bethanien«, Kap. 2.
Typhus – Infektionskrankheit, die unter heftigen Fiebererscheinungen und schweren Störungen der physischen Funktionen verläuft, im 19. Jahrhundert auch als »Nervenfieber« bekannt.
Clarendon-Hotel – Erstklassiges Hotel in London (heute am Bedford Place). In seinem Brief an Sohn Theodor vom 4. Mai 1894 erwähnt Fontane ebenfalls das als Inbegriff eines teuren und vornehmen Hotels geltende Clarendon.
Banquo … zu Tische setzt – Anspielung auf Shakespeares »Macbeth« (III,4). In seinem erzählerischen Werk nimmt Fontane immer wieder Bezug auf diese Spukszene; vgl. »Frau Jenny Treibel«, Kap. 7.

14 *Table d'hôte's-Unsinn* – Vgl. Fontane an Friedrich Stephany, 18. Juni 1884: »Die Durchschnitts-Table d'hôte ist von altersher mein Schrecken.«
gut ventilierte Stube – Vgl. das Gespräch über Zugluft in »Onkel Dodo«, S. 61 f.

Nach der Sommerfrische. (1880.)

15 *Nach der Sommerfrische. (1880.)* – Zur Entstehung des Titels aus »Nach der Sommerfrische« (Zeitschriftenabdruck) und zur Überarbeitung für die Buchausgabe vgl. »Überlieferung«, S. 208. – Zur Sommerfrische vgl. »Modernes Reisen«, Anm. zu S. 6 *Sommerfrischler.*
Hofrat – In Preußen Ehrentitel für gehobene Beamte, die im Auswärtigen Dienst, im Ministerium des Königlichen Hauses und im Hofmarschallamt tätig waren.
Gottgetreu – Der Name Gottgetreu ist im »Berliner Adreß-Buch« bis 1878 belegt. – In einem vermutlich an Marie von Wangenheim gerichteten Brief vom 21. Oktober 1880 bedankte sich Fontane für die Glückwünsche und Gaben zum 30. Hochzeitstag und identifizierte sich mit seiner Figur Gottgetreu: »Letzten Sonnabend feierten wir unsren ›30 jährigen Krieg‹ und im Laufe des Vormittags traf eine Kaiser-Wilhelmtorte ein, die die Aufschrift führte ›An Gottgetreu und Frau.‹ Nur Sie, hochverehrte Freundin, hatten, glaub ich, die Doppelkenntniß von ›16. Oktober‹ und ›Gottgetreu‹, und so steht die Thäterschaft zu *Ihren* Häupten. Aber wie eine Lichtwolke. Und zu Füßen des Bildes (freilich nicht als Donator) kniet Ihr Th. F. alias Gottgetreu.«
Ilmenau ... Kickelhahn-Kamm – Ilmenau, ein vielbesuchter Kurort an der Ilm (Thüringer Wald) am Fuße des Kickelhahns (861 m) mit Milch- und Molkekuren sowie Kaltwasseranstalten.
dort oben eingerahmten Dichterzeilen – Goethe soll das Gedicht »Ein Gleiches« (»Ueber allen Gipfeln ist Ruh«) am Abend des 6. September 1780 an eine Wand des Jagdhäuschens auf dem Kickelhahn geschrieben haben; vgl. Michel, S. 363, und Goethes Gespräch darüber am 27. August 1831 mit Johann Heinrich Christian Mahr. – Fontane bestieg den Berg am 23. August 1867 während seiner Thüringen-Reise; vgl. Tagebuch, August 1867, und seine Aufzeichnungen im Notizbuch A 18; abgedruckt in: Wüsten 1973.

16 *Traditionen … Einverleibung … des Fürsten* – Reichskanzler Otto Fürst von Bismarck (1815–1898) führte während seiner Dienstzeit umfassende Verwaltungsreformen durch. Zum Zeitpunkt der Entstehung und Erstveröffentlichung dieser Erzählung äußerte sich seine Politik der »Aufsaugung und Einverleibung« beispielsweise in der Verstaatlichung von vier großen Privateisenbahnen (1879) sowie in seinem (erfolglosen) Kampf um die Einführung eines staatlichen Tabakmonopols.
Stahlbad – Heilbad mit Eisenquellen, auch Stahlquellen genannt; als Trink- oder Badekur bei Blutarmut, Bleichsucht, Frauen- und Nervenkrankheiten wie Hysterie, Hypochondrie und Neuralgie empfohlen. Liebenstein, Thüringens ältester und elegantester Bade- und klimatischer Kurort, nördlich von Ilmenau, war für sein Stahlbad bekannt: »Die neue Stahlquelle enthält in 1 000 Gewichtstheilen Wasser 0,08 Eisen und 1 003 cbcm freie Kohlensäure, die alte Quelle 0,1 Eisen und 900 cbcm Kohlensäure. Neben den Quellen geräumige Trinkhalle, die den Kurgästen bei Regenwetter auch als Brunnenpromenade dient. Liebenstein zeichnet sich durch seine trefflich gehaltenen ausgedehnten Anlagen aus […]. Bei seinem milden Klima eignet sich Liebenstein auch zu Kuren im Frühjahr und Herbst« (Die Brunnen- und Bade-Orte, S. 151). Es wurden auch Milch- und Molkekuren angeboten. – Vielleicht auch metaphorisch gemeint in Bezug auf die abhärtende Wirkung des Aufenthalts im Freien.
Malcontenten – Die (in politischer Hinsicht) Unzufriedenen.
17 *Bärenhäuterei* – Geflügeltes Wort und sprichwörtlich für »faul sein«. Anspielung auf die im 19. Jahrhundert verbreitete Vorstellung von den Germanen, die, wenn sie nicht kämpften, »auf Bärenhäuten zu beiden Ufern des Rheins« gelegen haben sollen.
Schöneberg … Botanischen – Südwestlich des Potsdamer Tores gelegener Ort mit Villen, Gärten und Gartenlokalen (heute Stadtteil von Berlin). Endstation der Pferdebahn, die am alten Botanischen Garten an der Potsdamer Straße unweit von Fontanes letzter Wohnung in der Potsdamer Straße

134. c vorbeifuhr (heute Kleistpark); vgl. »Die Poggenpuhls«, Kap. 9.
17 *Steglitz* – Westlich von Schöneberg gelegenes Dorf mit Villenkolonie; Station auf der Potsdamer Bahn (heute Stadtteil von Berlin).
Wilmersdorf – Westlich von Schöneberg gelegenes Dorf bei Berlin (heute Stadtteil von Berlin).
Lehrter Bahnhof … Halle … Zug abgeht – Zwischen 1869 und 1871 wurde der Lehrter Bahnhof westlich des Humboldthafens (Tiergarten) von den Architekten Alfred Lent, B. Scholz und Gottlieb Henri Lapierre als Endhaltepunkt der Bahnlinie Lehrte – Gardelegen – Magdeburg – Berlin der »Magdeburg-Halberstädter Eisenbahn« errichtet (heute Hauptbahnhof). Im östlichen Seitenflügel mit seinen zwei Seitenbahnsteigen fuhren die Züge ab.
18 *Flügel der Morgenröte* – Zitat aus Psalm 139,9 f.: »Nähme ich Flügel der Morgenröthe, und bliebe am äußersten Meer, so würde mich doch deine Hand daselbst führen, und deine Rechte mich halten.« Vgl. auch »Vor dem Sturm«, Bd. 4, Kap. 24.
allbekannten Zusammenhänge – Anspielung auf den Spruch »mens sana in corpore sano«; vgl. »Onkel Dodo«, Anm. zu S. 81 *mens sana in corpore sano*.
Reskriptum – (lat.) Erlass.
›*ich fühle so frisch mich, so jung*‹ – Anspielung auf Adelbert von Chamissos Gedicht »Frühling« (1822), dessen erste Strophe lautet: »Der Frühling ist kommen, die Erde erwacht, / Es blühen der Blumen genung. / Ich habe schon wieder auf Lieder gedacht, / Ich fühle so frisch mich, so jung.«
19 *Schlagflüsse* – Schlaganfälle.
Nacht … Schlafenszeit … Shakespeare – Anspielung auf den Monolog des Königs in Shakespeares Drama »König Heinrich IV.« (2. Teil; III,1): »Versiegelst du auf schwindelnd hohem Mast / Des Schiffsjungen Aug' …« Am 27. August 1891 schreibt Fontane an Friedlaender: »Schon in Heinrich IV. kommt eine schöne Stelle vor (die schönste) wo der König von dem Matrosen spricht, der oben auf der Raae mitten im

Sturme schläft. Was der auf der Raae konnte, möge Ihnen auf Deck mit einem Plaid unterm Kopf beschieden sein.« Vgl. »Ein Sommer in London«, Kap. »Alte Helden, neue Siege«: »Die alten bewährten Mittel: bis hundert zählen, und Meilensteine Revue passieren lassen waren bereits erfolglos durchprobiert, so deklamierte ich denn in humoristischem Ärger: ›Schlaf, holder Schlaf, / Des Menschen zarte Amme, sag, was tat ich, / Daß du mein Auge nicht mehr schließen willst / Und meine Sinne in Vergessen tauchen.‹«

19 *Raaen* – Rah, Rahe: Querstange am Mast von Segelschiffen, an der das trapezförmige Rahsegel angebracht wird.
superfluum – (lat.) Überflüssiges; in der Erstausgabe in Antiqua gesetzt.
periculum – (lat.) Gefahr; in der Erstausgabe in Antiqua gesetzt.

20 *Tiergartens* – Zentral gelegener Park im englischen Stil, der sich westlich des Brandenburger Tores bis nach Charlottenburg erstreckt; vgl. »Professor Lezius oder Wieder daheim«.
Stralau, Treptow – Einander gegenüberliegende Ausflugsorte an der Oberspree südöstlich von Berlin mit Gastwirtschaften (heute Stadtteile von Berlin); immer wieder Schauplätze in Fontanes erzählerischem Werk, vgl. »L'Adultera«, Kap. 8, »Irrungen, Wirrungen«, Kap. 3, »Frau Jenny Treibel«, Kap. 8, »Die Poggenpuhls«, Kap. 12, und »Der Stechlin«, Kap. 14. Beide Orte waren mit dem Dampfboot von der Jannowitzbrücke aus und seit 1877 mit der Berliner Ringbahn zu erreichen, die im Süden von Stralau über Treptow nach Westend fuhr (vgl. Lange, S. 520).
Eierhäuschen – Südöstlich von Treptow im Plänterwald an der Spree gelegenes, seit 1837 bestehendes Gasthaus »Zum Eierhäuschen«. Der Name geht auf eine 1834 erstmals bezeugte Schiffsanlegestelle zurück, deren Wächter Eier verkaufte. Als Schauplatz in Fontanes Romanen oft genannt; vgl. die Dampfschifffahrt zum Eierhäuschen in »Der Stechlin«, Kap. 14 und 15, »Frau Jenny Treibel«, Kap. 13, und Fontane an seine Tochter Martha, 25. Juni 1889: »So ist es auch mit den Namen unsrer Vergnügungsörter: Eierhäus-

chen, Hankels Ablage, Kaput, – man fühlt ordentlich wie das Vergnügen entzwei geht.« 1890 –1892 wurde das neue Eierhäuschen gebaut. Das Ausflugslokal besteht heute noch.

20 *Tempelhof* – Südlich von Berlin gelegenes Dorf, Sommersitz der Berliner und Sonntags-Ausflugsort der unteren Schichten (heute Stadtteil von Berlin). Vgl. »Schach von Wuthenow«, Kap. 4.

Tivoli – Nach dem gleichnamigen Kopenhagener Vergnügungspark benannte große Gaststätte auf dem Kreuzberg im Süden Berlins, seit 1848 im Besitz der Aktienbrauerei. Von dort hatte man eine schöne Aussicht über Berlin, außerdem wurde hier angeblich das beste bayerische Bier Berlins ausgeschenkt. Zum jährlichen Bockbier-Anstich strömten die Massen in die Gaststätte auf der höchsten Erhebung Berlins (34 m über der Spree). Vgl. »Cécile«, Kap. 3.

das beherrschte Samos – Zitat aus Schillers Ballade »Der Ring des Polykrates« (1797); vgl. Fontane an Josephine von Heyden, 12. Juni 1885: »Im übrigen bin ich hier [in Krummhübel] der reine Polykrates und blicke auf das beherrschte Samos hin.«

Drachen steigen – Schon damals beliebtes Kinderspiel im Herbst; vgl. Lange, S. 532 f., und zu den anderen Kinderspielen »Modernes Reisen«, S. 7, und »Auf der Suche«, S. 101.

Luft – Vgl. »Modernes Reisen«, Anm. zu S. 11 *Berliner Luft.*

Weg zur Natur und zur Einfachheit – Anspielung auf Jean-Jacques Rousseau, der in seinen frühen Schriften (»Discours sur les sciences et les arts«, 1750, und »Discours sur l'origine et les fondements de l'inégalité parmi les hommes«, 1754) für die Rückkehr des Menschen in einen unzivilisierten glücklichen Urzustand eintrat (»Zurück zur Natur«). Neben der Forderung nach der Aufhebung gesellschaftlicher Unterschiede beinhaltet das Ideal auch eine einfache Lebensführung.

Czardas ... neunte Symphonie ... Buffet – Csárdás, von ungar. csárda, Schenke, ungarischer Nationaltanz; Ludwig van

Beethovens »Neunte Symphonie« (1823). Vgl. Fontanes kritische Beobachtungen über das Auftreten der Kurgäste sowie das Kurkonzert auf der Kissinger Brunnenpromenade in seinem Gedicht »Brunnenpromenade« (Bd. 1, S. 46 f.), die auf andere Reisen übertragen werden können: »Und herwärts wogt es und wieder zurück, / Auf Wagner folgt ein ungrisch Stück, / Ein Czardas, und auf dem bewässerten Rasen / Blitzt es wie von Goldtopasen«. In seinem Bericht »Reiseskizzen. Kissingen, Ende August« polemisiert Fontane gegen die reichhaltige Verpflegung an der Table d'hôte; vgl. NFA, Bd. XVIII, S. 380 – 384.

20 *Mysterium, erster und zweiter Tag* – Anspielung auf Otto Devrients »Goethes Faust für die Aufführung als Mysterium in zwei Tagewerken«, Musik von Eduard Lassen (Karlsruhe 1877). Nach der Erstaufführung in Weimar am 6. und 7. Mai 1876 wurde das Stück auch in Berlin und anderen Städten Deutschlands gegeben. Die Bühneneinrichtung erregte Aufsehen, weil sie sich an der mittelalterlichen Aufführungspraxis orientierte, durch den Verzicht auf Verwandlungen »das nacheinander Geschehende […] gleichzeitig auf eine Leinwand« zu zwängen (Einleitung).

21 *dreißig Kasernen* – Im Jahre 1884 gab es in Berlin 22 Kasernen.

Thee … undeutschesten aller Getränke – Im 17. Jahrhundert gelangte der Tee, der ursprünglich in China und Japan angebaut wurde, durch die Holländisch-Ostindische Compagnie nach Europa; 1666 ist das Aufkommen des Tees erstmals in England belegt. Zum Volksgetränk ist der Tee nur in Holland und England geworden; in Deutschland wurde er im 19. Jahrhundert wenig konsumiert. Ähnlich wie beim Kaffee trug zu seiner Verbreitung die ihm gelegentlich nachgesagte große, wenn auch umstrittene gesundheitsfördernde Wirkung bei. So galt er einerseits als ein Mittel, die menschliche Lebenszeit zu verlängern und sollte, in Maßen genossen, die Verdauung befördern und auf Reisen bei trübem, feuchtem, kaltem Wetter nach großer Anstrengung ein treffliches Stärkungsmittel sein; andererseits glaubten manche, der übermäßige Genuss trage zur Erschlaffung der Verdauung bei und steigere die Empfindlichkeit der Nerven. Vgl. »Goethes Unterhaltungen mit dem Kanzler von Müller«: »Goethe sprach über den Gebrauch des Thees. ›Er wirkt stets wie Gift auf mich,‹ sagte er, ›und doch was sollten die Frauen ohne ihn anfangen? Das Theemachen ist eine Art Funktion, besonders in England. Und da sitzen sie gar behaglich umher, und sind weiß, und sind schön, und sind lang, und da müssen wir sie schon sitzen lassen‹« (1. Mai 1826). Vgl. »Onkel Dodo« sowie »Der Stechlin«, Kap. 5.

21 *Hollunder* – Im 19. Jahrhundert Bezeichnung für Flieder; vgl. Wilhelm Raabes Erzählung »Holunderblüte« (1863).
Johannisbrod – Baumfrucht aus dem Vorderen Orient und dem Mittelmeerraum. »Auch dient Johannisbrot zur Bereitung von Tabaksaucen und in der Medizin als Bestandteil des Brustthees, der geröstete Same als Kaffeesurrogat« (Meyers Konversationslexikon, 4. Auflage 1885 – 1892, Bd. 3, S. 898).
perniciösen – bösartigen.
meine wiederhergestellten Nerven – Vgl. Anm. zu S. 16 *Stahlbad*.
Manövertage – Seit 1721 diente das Tempelhofer Feld im Süden Berlins westlich der Hasenheide (heute der Stadtteil Neukölln) der Berliner Garnison als Übungsplatz. Ende Mai und im September fanden die vom König abgenommenen öffentlichen Paraden des Gardekorps statt; vgl. »Schach von Wuthenow«, Kap. 8.

22 *Kaiser Wilhelms-Wetter* – Sprichwörtlich schönes Wetter bei öffentlichen Auftritten des Kaisers; vgl. »Meine Kinderjahre«, Kap. 16.
Rätin – Mit der Heirat übernahmen die Frauen im 19. Jahrhundert Titel und Rangstufe ihres Ehemannes.
status quo ante – (lat.) früherer Zustand; in der Erstausgabe in Antiqua gesetzt.
Gummischuh … überwundener Standpunkt – Gummischuhe aus Naturkautschuk gab es schon seit dem Ende des 17. Jahrhunderts.

23 *Satte* – Kleines rundes Gefäß für dicke Milch.
alten … Krukenberg … Berühmtheit – Anspielung auf den bekannten Chirurgen und Leiter der Universitätsklinik in Halle, Professor Jacob Peter Krukenberg (1787 – 1865), der als vorbildlicher praktischer Arzt galt. Das »Berliner Adreß-Buch für das Jahr 1893« verzeichnet außerdem einen Assistenzarzt Richard Krukenberg, der an der Universitäts-Frauenklinik in der Artilleriestraße arbeitete.
Geheimrat – Höhere Rangstufe des Rats; vgl. »Eine Frau in meinen Jahren«, Anm. zu S. 43 *Herr Rat.*

24 *simperte* – Simpern: kläglich, dümmlich reden.
alten Turnvater – Der erste und bekannteste »Turnvater«, Friedrich Ludwig Jahn (1778 – 1852), eröffnete 1811 einen Turnplatz für die königlichen Schulen in der Hasenheide; vgl. Anm. zu S. 21 *Manövertage.* Sein Ideal vom Turnen als innerer Erneuerung der Nation führte zu einer patriotischen deutschen Turnerbewegung; vgl. »Frau Jenny Treibel«, Kap. 3.
frisch, fromm und frei – »Frisch, fromm, froh, frei«; von Hans Ferdinand Maßmann (1797 – 1874) popularisierter, im 16. Jahrhundert bereits belegter Wahlspruch der patriotischen deutschen Turnbewegung: »Frisch, frei, fröhlich und frumb/Ist der Studenten Reichtumb.« Vgl. »Die Poggenpuhls«, Kap. 3.
Sündflutwetter – Geflügeltes Wort; Sündflut: im 19. Jahrhundert verbreitete volkstümliche Bezeichnung für Unwetter.
Kurfürstendamm – Vom Tiergarten über Wilmersdorf bis nach Charlottenburg führender Sanddamm, der vom Kaiserlichen Hof und von Bismarck als Reitweg zum Grunewald genutzt wurde. Seit 1881 lagen erste Pläne für seine Befestigung vor; 1889 begann die Kurfürstendamm-Gesellschaft mit dem Ausbau. Heute Budapester Straße und Kurfürstendamm.
Milch … draußen in Thüringen – In Ilmenau und Liebenstein wurden auch Milch- und Molkekuren angeboten, denen sich Hofrat Gottgetreu offensichtlich unterzogen hatte; vgl. Anm. zu S. 15 *Ilmenau … Kickelhahn-Kamm* und S. 16 *Stahlbad.*

25 *Rosenthaler Straße* – Die Rosenthaler Straße geht in nördlicher Richtung vom Hackeschen Markt ab und war eine Wohngegend für Mittelständler, Kaufleute und Fabrikanten; aus dieser Gegend kam auch die aus kleinbürgerlicher Schicht stammende und zur Kommerzienrätin avancierte Frau Jenny Treibel.
den Schlaf und die Ruhe des Gerechten – Der Schlaf des Gerechten: geflügeltes Wort, das zurückgeht auf Sprüche 24,15: »Laure nicht, als ein Gottloser, auf das Haus des Gerechten; verstöre seine Ruhe nicht.«
replicieren – erwidern.
Thorheit in der höchsten Potenz – Anspielung auf die Heilmethode der Homöopathie.
Molkerei … Selbelanger – Im Gutsbezirk Selbelang im Havelländischen Luch, westlich von Ribbeck, wurde vorwiegend Milchwirtschaft betrieben; die Gegend war bekannt für ihre guten Milchprodukte. Vgl. Fontanes Ausführungen über die Gewinnung von »guter Milch und Butter« im Amt Königshorst in den »Wanderungen«, Bd. 3, »Havelland«, Kap. »Spandau und Umgebung«, »Das Havelländische Luch«, S. 108 f.
Tödter'schen Aufschnitt – Bekannte Fleischer-Familie in Berlin mit mehreren Geschäften: C. Tödter, Hoflieferant, Delikatessen und feine Fleischwaren, Charlottenstraße 70, und C. H. Tödter, Delikateß- und Fleischwarenhandlung in der Friedrichsstraße 221; vgl. »Berliner Adreß-Buch für das Jahr 1880« (und 1885).
immer bis hundert zählen – Vgl. Fontane »Ein Sommer in London«, Kap. »Alte Helden, neue Siege«, und Anm. zu S. 19 *Nacht … Schlafenszeit … Shakespeare.*
Erkältungs-Riesen – Vgl. Fontanes Brief aus Norderney an seine Frau Emilie, 12. August 1883: »Ich komme mit einer Erkältung nach Haus gegen welche *die* von meinem Rechnungsrath Gottgetreu nur ein Pappenstiel ist.«
Sommerfrischlinge – Vgl. »Modernes Reisen«, Anm. zu S. 6 *Sommerfrischler.*
frug – Vgl. »Modernes Reisen«, Anm. zu S. 10 *frug.*

26 »*innere Düppel*« – Geflügeltes Wort in Anspielung auf den Artikel »Düppel im Innern«, der am 30. September 1864 in der »Norddeutschen Allgemeinen Zeitung« erschienen war; seit der 3. Auflage (1866) im »Büchmann« belegt. Die Wendung geht zurück auf die Erstürmung der Düppeler Schanzen (in der Nähe des dänischen Dorfes Düppel auf der Halbinsel Sundewitt in Nordschleswig) durch die preußische Armee am 18. April 1864, die den Rückzug der dänischen Armee nach sich zog. Vgl. das Gespräch zwischen Treibel und Krola über die Ehe und Treibels Resumé »Schweigen, Stummheit, Muffeln, das innere Düppel der Ehe« in »Frau Jenny Treibel«, Kap. 10, und Fontanes Gedichte »Der Tag von Düppel« und »Am Jahrestag von Düppel« (Bd. I, S. 210 bis 212 und 215) sowie »Der Schleswig-Holsteinsche Krieg von 1864«.

Im Coupé. (1884.)

27 *Kreuzstation* – Bahnhof mit der Möglichkeit zur Ausfahrt in vier Richtungen.
Damen-Coupé – Weiblichen Reisenden vorbehaltenes Abteil. Vgl. Friedrich Wilhelm Hackländers Beschreibung in seiner Erzählung »Im Damencoupé« (erschienen um 1885): »Es hat etwas Klösterliches, ein solches Damencoupé, etwas Abgeschiedenes, vielleicht auch Langweiliges, und ist deßhalb nicht nach Jedermanns Geschmack, auch herrscht dort eine strenge Klausur, welche gewöhnlich von einem schroffen Charakter, wie man's in der Welt häufig findet, ausgeübt wird. So dürfen zum Beispiel die Fenster nur mit großer Mäßigung geöffnet werden; so findet man es hier ganz begreiflich, daß junge Mädchen, die eben erst in die Welt blicken, älteren und deßhalb auch würdigeren Damen die Eckplätze überlassen, und sich mit Rücksitzen begnügen; so liebt man hier nicht die starken Parfüms, und muß schon recht sehr bitten, sich im Gebrauch von Rosenöl oder gar von Moschus oder Patchouli zu mäßigen; sowie es bei einer Nachtfahrt auch gar nicht behaglich ist, die Ruhe der Mitreisenden

durch Plaudern oder gar durch ausgelassenes Lachen zu stören. […] Und gegenüber diesen vielseitigen Beschränkungen des Reiselebens im Damencoupé fehlen selbstverständlich für das schöne Geschlecht alle jene Annehmlichkeiten, deren man sich in einem Wagen mit gemischtem Inhalt erfreut. Dort gibt es keinen freundlichen Nachbar, der sich ein Vergnügen daraus macht, wenn man unbewußt im Schlummer an ihm eine Stütze findet, oder kein liebenswürdiges Gegenüber, welches bereitwillig Platz macht für ermüdete zierliche Füßchen, die einen Stütz- und Ruhepunkt suchen; dort findet man auch keine animirten Unterhaltungen wie hier; noch weniger aber können im Damencoupé jene kleinen pikanten Verhältnisse gesponnen werden, welche, die Fahrt überdauernd, nicht selten zu Rosen- und andern Fesseln werden« (S. 41 f.). Vgl. »Altes und Neues – Erzählformen des Übergangs«, S. 160.

27 *Coupé für Nicht-Raucher* – Vgl. Fontane an seine Frau Emilie, 24. August 1863: »Die Fahrt nach Stettin war nicht sehr angenehm; ich hatte mich sicherheitshalber in ein Coupé für Nicht-Raucher gesetzt und tauschte dafür einen so penetranten Fischgeruch ein, daß ich schon in Neustadt Kopfweh hatte. Es giebt doch merkwürdig unverschämtes, im frechsten Egoismus drin steckendes Volk. Als wir nämlich in Stettin endlich ausstiegen und nur ich noch im Wagen war, kam ein kleiner, rothbäckiger pommerscher Junker, der mit uns gefahren war, noch 'mal zurück und zog unter seinem Sitz einen Korb hervor, der mit Leinwand überspannt war. Hatte sich dieser Esel muthmaßlich einige Zander aus Berlin mitgenommen und uns das Vergnügen gemacht 4 Stunden lang im penetrantesten fish-smell sitzen zu müssen. Das nennt man hierzulande gentleman und zu *dem* Behuf setzt man sich in ein Coupé für Nichtraucher.«
zu spät – Die einzelnen Wagen waren damals nur von außen zugänglich; im Inneren des Waggons gab es keine durchgehenden Gänge.

28 *Brighton* – Berühmtes Seebad in der englischen Grafschaft Sussex am Ärmelkanal (1881: 128 407 Einwohner, 80 000

Besucher); Fontane bezeichnete es in seinem Reisebericht »Erste Reise nach England. 1844« als das »Neapel des Nordens« und als einen »fashionablen Badeplatz der Aristokratie« (HFA III,3/2, S. 804).

29 *Hastings* – Im Osten der Grafschaft Sussex; Schauplatz der Schlacht zwischen Wilhelm dem Eroberer und König Harold im Jahre 1066.

Franz Müller – Anspielung auf den ersten sensationellen Eisenbahnmord in England, der die Einführung der Notbremse zur Folge hatte. Darüber hinaus wurden die nur von außen erreichbaren Coupés abgeschafft und durch die noch heute üblichen, mit durchgehenden Gängen verbundenen Abteile ersetzt; vgl. Schivelbusch, S. 79 – 83. – Franz Müller (1839 –1864) hatte am 9. Juli 1864 den 60jährigen Engländer Thomas Briggs in einem Eisenbahncoupé erster Klasse zwischen Bow und Hackney Wick überfallen und ermordet. Der Täter verschwand mit der goldenen Uhr und der goldgefassten Brille seines Opfers. Inspektor Dick Tanner nahm die Suche nach dem Mörder auf und verfolgte dessen Spuren in Juweliergeschäften bis nach Amerika, wo er den Täter festnehmen konnte. Fontane hatte darüber am 29. Juli 1864 erstmals in seinem Artikel »Eine Woche der Verbrechen« in der »Neuen Preußischen [Kreuz-] Zeitung« berichtet: »Der Mörder des Mr. Briggs ist entdeckt. Er ist ein Deutscher, namens Franz Müller, ein Posamentier seinem Gewerbe nach und längere Zeit Zuschneider in einem Geschäft in der City. Seit mehreren Monaten wohnte er in der Vorstadt Bow, nur wenige Häuser von der Polizeistation, in demselben Bezirke, wo die Untat geschehen am 9. d. M. in einem Eisenbahn-Coupé auf einer in vier Minuten durchflogenen Strecke. Am darauf folgenden Montag den 11. tauschte er die dem Ermordeten geraubte goldene Kette bei einem Juwelier namens ›Tod‹ (!) um. Am Dienstag verpfändete er die eingetauschte und verkaufte das Pfandleiher-Ticket an einen Freund, einen deutschen Schneider, namens Goodwin. Am Donnerstag nahm er Abschied von seinem Wirte, Mr. Blake, einem Cabman, und sagte: ›Ich reise nach Kanada.‹ Er ließ ihm sein eigenes Lichtbild zum Andenken und schenkte der kleinen Tochter des ihm nahe befreundeten Wirts mit einem Kusse ein kleines, buntes Schächtelchen, ›um damit zu spielen‹. Und das Kind spielte bis gestern abend damit und zeigte es seinem Vater. Zufällig? Wer glaubt hierbei an Zufall? Und der Vater liest auf der Schachtel die Firma: ›Tod (Death), Juwelier, Cheapside, City.‹ Wie ein Blitz durchfuhr ihn die Erinnerung an einen Zeitungsartikel über den ganz London in fieberhafte Unruhe versetzenden Mordfall, deshalb noch nicht vergessen, weil er jedem Eisenbahn-Passagier das *eigene* Risiko vor Augen führte. Er eilt zu dem Juwelier. Dieser identifiziert die Schachtel als diejenige, in welche er die vertauschte Kette gepackt, und identifiziert in der Wohnung des Blake das Lichtbild des ›unbekannten Geschäftskunden‹. Das geschah gestern, um 7 Uhr abends. Um 9 Uhr war die Polizei im Besitze aller Fäden. Sie hatte sogleich einen anderen Cabman verhört, der den Hut, welchen der Mörder in der Hast des Entspringens in dem blutüberströmten Coupé zurückgelassen, als den des ihm befreundeten Franz Müller erkannte […]. Er erkannte den Hut an einem *Flecken* im Futter, der, als der Hut noch neu, von dem beschmutzten Daumen des Mörders an demselben verursacht wurde. Wie wunderbar und unerforschlich sind die Wege der Vergeltung« (Nr. 175, 29. Juli 1864). Müller wurde zum Tode verurteilt und soll erst gegenüber seinem Henker die Tat gestanden haben. Am 18. November 1864 berichtete Fontane über den Prozess (»Franz Müllers Geständnis«; »Unechte Korrespondenzen«, Bd. 1, S. 349 – 352 und 413 f.). Vgl. Gribble, S. 26 f.

29 *avis au lecteur* – (frz.) Hinweis an den Leser; in der Erstausgabe in Antiqua gesetzt.
30 *Tauris oder Colchis* – Antike Bezeichnungen für Gegenden am Schwarzen Meer: Tauris auf der Krim, in Anspielung auf Goethes »Iphigenie auf Tauris«, Kolchis in Anspielung auf die Argonautensage.
goldenen Vließes von Colchis … drüben das goldene Kalb – Das Goldene Vlies wurde von den Argonauten mit Hilfe der

Königstochter Medea aus Kolchis entwendet; es galt später als Symbol für adlige Lebenshaltung. Der Tanz um das Goldene Kalb (nach 2. Mose 32,8) bezeichnet die materielle Gesinnung und Geldgier, im 19. Jahrhundert besonders auf jüdischen Reichtum bezogen. Vgl. »Ein Sommer in London«, Kap. »Das goldne Kalb«, »Storch von Adebar«, Abschnitt »3. Im Nest«, »Die Poggenpuhls«, Kap. 6, und »Der Stechlin«, Kap. 19 und 23.

30 ›shortcomings‹ – (engl.) Mängel; in der Erstausgabe in Antiqua gesetzt.

große europäische Sterbetabelle ... London 20 – In den 1880er Jahren betrug die statistische Sterblichkeit in England ca. 20 von 1000 Einwohnern pro Jahr. Wenn es sich hier um wöchentliche Berechnungen handelt, müsste die für London genannte Zahl 20 auf 50 000 Einwohner bezogen sein. Die Zahlen für Berlin und Breslau sind allerdings zu hoch; die allgemeine Sterblichkeit im Deutschen Reich betrug im genannten Zeitraum etwa 25 von 1000 Einwohnern pro Jahr.

vielzitierten napoleonischen Satze – Obwohl der Ausspruch als »vielzitiert« bezeichnet wird, konnte eine genaue Quelle nicht ermittelt werden. Im Jahr 1804 besuchte Napoleon die Nähnadelfabriken in Aachen und Burtscheid; 1806 zeichnete er auf einer Industrieausstellung in Paris die Aachener und Burtscheider Nadelfabrikanten mit einer Goldmedaille aus. Es ist denkbar, dass bei dieser Gelegenheit der hier erwähnte Satz geäußert wurde.

in Check zu halten – in Schach zu halten.

31 *Garotteur* – (frz.) Gewaltverbrecher, Knebler, Würger.

Leben der Güter Höchstes ... Schiller verneint es – Anspielung auf die beiden Schlussverse in Schillers »Die Braut von Messina, oder die feindlichen Brüder« (1803): »Das Leben ist der Güter höchstes *nicht,*/ Der Uebel größtes aber ist die Schuld«; zitiert nach Fontanes Exemplar (Theodor-Fontane-Archiv: Q 66). Als geflügeltes Wort seit der 1. Auflage (1864) im »Büchmann« belegt.

Governeß – Zur Reise einer deutschen Gouvernante nach England und ihrem Leben dort vgl. den Entwurf »Wir lernen das«. – Fontanes Tochter Martha spielte mit dem Gedanken, als Gesellschafterin nach Amerika überzusiedeln, was bei Fontane auf Zustimmung, bei seiner Frau Emilie wohl eher auf Ablehnung stieß. Vgl. Fontanes Brief an Emilie, 26. Juli 1884: »Mete hat mir ein paar interessante, wichtige und *mich erfreuende* Briefe geschrieben. Ich glaube, Du nimmst sie nicht immer richtig. [...] Sie würde sich gern ein andres ›sort‹ bereiten, sie würde Welt und Amerika Welt und Amerika sein lassen, aber wie die Verhältnisse nun mal liegen, sucht sie das Beste draus zu machen.«

31 *tutor* – In der Erstausgabe in Antiqua gesetzt.

Rugby – Die berühmte, 1567 unter Elizabeth I. gegründete Lateinschule in Rugby (Grafschaft Warwick, östlich von Coventry) mit wichtigem Eisenbahnknoten. Die Anstalt gehört zu den drei bedeutendsten höheren Schulen Englands und hat Platz für etwa 400 Jungen.

will ich ... über das große Wasser – Nachdem sein Onkel August Fontane 1849 und auch seine Freunde Hermann Kriege und Georg Günther nach Amerika gegangen waren, hatte Fontane ernsthaft erwogen, dort ebenfalls sein berufliches Glück zu versuchen; vgl. Fontane an Bernhard von Lepel, 14. Mai 1849, und die endgültige Absage in einem undatierten Briefentwurf an Günther vom November [1849]. Auch in den 1880er Jahren war das Thema Auswanderung nach Amerika noch im öffentlichen Gespräch: 1885 erschien Paul Lindaus »Aus der Neuen Welt«, das Fontane am 20. Juni 1885 im »Magazin für die Litteratur des In- und Auslandes« besprach. Lindau hatte seine Berichte aus Amerika bereits 1883 als Fortsetzungen in der »National-Zeitung« veröffentlicht. Zur Eröffnung der Nördlichen Pazifikbahn begleitete Lindau die deutsche Delegation von Journalisten, Künstlern und Wissenschaftlern zwischen dem 15. August und dem 27. Oktober 1883 auf einer Reise nach Nordamerika (»Aus der Neuen Welt«; NFA XVIII, S. 592 bis 602). Zum Amerika-Motiv vgl. den Schluss der Erzählung »Der Karrenschieber von Grisselsbrunn« sowie »Eine Frau in meinen Jahren« und »Wohin?«.

31 *praktisch sein in England* – Vgl. »Ein Sommer in London«, Kap. »Parallelen«: »England ist praktisch, Deutschland ideal. Wunderbarer Widerspruch! Dasselbe Volk, das den Schein über die Wahrheit setzt, das Millionen im Götzendienst der Eitelkeit und hohler Repräsentation verprunkt, das Himmel und Hölle in Bewegung setzt, um beim Herzog von Wellington vorfahren und dem alten Herrn einen Kratzfuß machen zu können – dasselbe Volk ist praktisch vom Wirbel bis zur Zeh, von der magna charta an bis zur neupatentierten Häcksellade, und erobert die Welt, nicht – wie sonst wohl Eroberer – aus Ruhm- und Tatendurst, sondern um unterm Zusammenströmen aller Schätze daheim einen praktischen Nutzen und einen komfortablen Platz am Kamin zu haben« (HFA III/3,1, S. 171).

32 *Thüringisches* – Fontane reiste 1867 und 1873 nach Thüringen; vgl. die Aufzeichnungen in seinen Notizbüchern (Wüsten 1973).
Schwarza-Thal – Tal im Nordosten des Thüringer Waldes.
mit Abrichtung und Drill – Anspielungen auf Eigenschaften des preußischen Militärs, die sich auch auf andere Gesellschaftsschichten in Preußen übertrugen. Fontane hat diese Verhaltensweisen immer wieder scharf kritisiert; vgl. die Rezension über die Aufführung von Albert Emil Brachvogels »Narziß« vom 11. Dezember 1881, in der er fordert, dass das Stück »auf den Index« des »gesunde[n] Menschenverstand[es]« kommen sollte. Den Grund für die misslungene Tragödie sieht Fontane in der »Wissensnudelung«, dem »Drill« und der »Examennot« im preußischen Staat (vgl. NFA XXII/2, S. 97–99, hier S. 99). In seinem erst postum veröffentlichten Entwurf »Colonieen« (August/September 1875) bemerkt er: »Wir haben zwei traurige Stölze: das beste Schulwesen und die beste Drillung. Gut, das ist etwas. Aber man täusche sich doch nicht über die Tragweite dieser Dinge. Man lacht zum Theil darüber und mit Recht. Wir sind der Schulmeister, der Feldwebel der Weltgeschichte, der am besten dekliniren, conjugiren und exerziren kann, aber über die Achsel angesehn wird, wenn er in der Gesell-

schaft vornehmer Leute erscheint. Es giebt eben ein viel, viel Höheres als das; all dies ist nur Unterlage« (NFA XVIII, S. 407 f.).

33 *in die Front gerückten Zähnen* – Eine ähnliche Persiflage der angeblich typisch englischen Physiognomie findet sich in »Frau Jenny Treibel«, Kap. 8, in »Berliner Ton« (um 1878), in den »Wanderungen«, Bd. 7, »Das Ländchen Friesack und die Bredows«, S. 32, und in »Oceane von Parceval« (1882).
Insolenzen – Unverschämtheiten.
Masters – Master: engl. Anrede für einen jungen Mann höheren Standes.
herkömmlichen Vergleiche vom Vogel und der Schlange – Der Vogel erkennt – wie das Kaninchen – die Gefährlichkeit der regungslosen Schlange nicht, was man in beiden Fällen als bewusste Unterwerfung gedeutet hat.

34 *Gott und der Zar sind weit* – Anspielung auf das russische Sprichwort: »Der Himmel ist hoch und der Zar ist weit.«
Kaiser Nikolaus-Tage – Zar Nikolai I. Pawlowitsch regierte von 1825 bis 1855; er war bekannt für sein autoritäres Regiment.

35 *in Dresden vor der Sixtinischen* – Raffaels berühmte »Sixtinische Madonna« (1512/13), die zu den bekanntesten Gemälden der Dresdner Gemäldegalerie (heute Galerie Alte Meister) gehört.
in Oberammergau vor dem gekreuzigten Christus – In Oberammergau (bei Garmisch-Partenkirchen) finden seit 1636 alle zehn Jahre die von Laiendarstellern aufgeführten Passionsspiele statt; vgl. Effis und Innstettens Plan der Reise nach Oberammergau in »Effi Briest«, Kap. 24.
wie Troja, wie Mykenä – Mit den Ausgrabungen der antiken Städte Troja und Mykene durch Heinrich Schliemann 1870 und 1876 begann das Interesse an der griechischen Antike, was sich auch in Fontanes erzählerischem Werk niederschlägt, so etwa in »Frau Jenny Treibel«, Kap. 6. Vgl. Anm. zu S. 35 *Schliemann und Frau … Mecklenburger … alt*. Im Zusammenhang mit seiner Rezension »Nach Olympia«, die am 26. Juli 1879 in der »Gegenwart« erschien, beschäftigte sich

Fontane mit Ludwig Pietschs Roman »Wallfahrt nach Olympia« (1879). Im Theodor-Fontane-Archiv wird das Rezensionsexemplar aufbewahrt (Q 60), in dem Fontane u. a. das Gespräch zweier Reisender in einem Coupé mit Blaustift angestrichen hat (vgl. S. 15 – 17). Der Coupé-Genosse Dr. Pittner wird dort als ein Mann charakterisiert, der »in allen Ländern Europa's und im Orient zu Hause« ist.

35 *Pyramiden* – Karl Richard Lepsius hatte auf seiner Ägyptenreise (1842 – 1845) eine kleine Pyramidenanlage bei Abusir lokalisiert. Mit seinen Forschungen begründete er in Berlin die Archäologie in Deutschland; vgl. »Professor Lezius oder Wieder daheim«, Anm. zu S. 135 *Professor Lezius oder Wieder daheim. (1892.)*. Was um die Mitte des 19. Jahrhunderts Forschern vorbehalten war, wurde einige Jahrzehnte später einer breiten Öffentlichkeit zugänglich; in seinem Brief an Friedlaender vom 22. Mai 1893 beschrieb Fontane das Interesse an antiken Reisezielen wie »Athen, Jerusalem, die Pyramiden«. Der Tourismus nach Ägypten erlebte einen ersten Aufschwung, nachdem Thomas Cook im Jahre 1870 die Konzession erhalten hatte, den Nil mit Dampfschiffen zu befahren; um diese Zeit herrschte in Europa geradezu eine ›Ägyptomanie‹.

Provinzial- oder Kreistags-Deputierter – Kreis: »die geographische Abteilung oder Unterabteilung eines Landes, welche zum Zweck der Verwaltung abgegrenzt ist. So zerfallen insbesondere in der preußischen Monarchie die Provinzen in Regierungsbezirke und diese wiederum in Kreise« (Meyers Konversationslexikon, 4. Auflage 1885 –1892, Bd. 10, S. 185). – Provinz: »In der neuern Staatsverwaltung versteht man unter Provinzen die größern Unterabteilungen eines Staatsganzen, deren Bildung sich vielfach aus der frühern Besonderheit verschiedener, später zu einem größern Staatskörper vereinigter Länder erklärt. […] in Preußen [ist] in Befolgung des Prinzips der kommunalen Selbstverwaltung den Provinzialverbänden die innere Verwaltung in einem gewissen Umfang übertragen worden« (Meyers Konversationslexikon, 4. Auflage 1885 –1892, Bd. 13, S. 428 f.).

35 *Kunstkammer* – Als »Raritätenkammer« angelegte Sammlung von Schnitzwerken, Emaillearbeiten, Metallarbeiten, Holzstatuetten und Goldschmiedearbeiten vom Mittelalter bis in die neuere Zeit. In Berlin befand sich die Kunstkammer zur Zeit der fiktionalen Handlung in dem von Schinkel 1824–1828 gebauten und 1830 unter dem Namen Königliches Museum eröffneten Museum auf der Spreeinsel (heute Altes Museum auf der Museumsinsel).
archäologisches Museum – Im Königlichen Museum (heute Altes Museum) in Berlin.
Schliemann und Frau ... Mecklenburger ... alt – Der aus Neubuckow in Mecklenburg stammende Archäologe Heinrich Schliemann (1822–1890) war in zweiter Ehe mit der Griechin Sophia Engastromenos verheiratet. Sie nahm an den Expeditionen ihres Mannes teil, der zwischen 1871 und 1882 Troja freilegte und im August 1876 Mykene entdeckte; vgl. »Frau Jenny Treibel«, Kap. 16. – Mecklenburg ist eines der ältesten Siedlungsgebiete in Deutschland; auch Anspielung auf die sprichwörtliche Rückständigkeit Mecklenburgs.

36 *unseren physischen Schmerz zu stillen* – 1846 entdeckte der Bostoner Chemiker und Geologe Charles Thomas Jackson (1805–1880) Schwefelblätterdämpfe, die sein Freund, der Zahnarzt William Thomas Green Morton (1819–1868), als Betäubungsmittel verwendete.
›*Unser Schuldbuch ist zerrissen*‹ – Anspielung auf einen Vers in Schillers Gedicht »An die Freude«: »Unser Schuldbuch sei vernichtet«; seit der 4. Auflage (1869) als geflügeltes Wort im »Büchmann«.
zehn Geboten – Vgl. 2. Mose 20.

37 ›*Quickness*‹ – In der Erstausgabe in Antiqua gesetzt.
Augenblick ergreifen ... rechte ... Glück – Vgl. Goethes »Faust. Der Tragödie erster Theil«, »Studirzimmer« (1808, Vers 2017; Mephisto): »Doch der den Augenblick ergreift, / Das ist der rechte Mann.« Zitiert nach Fontanes Exemplar, Theodor-Fontane-Archiv: Q 36. Vgl. »Eine Frau in meinen Jahren«, Anm. zu S. 51 *nutze den Tag*.

37 *Lady Pimberton, Euston-Square* – Vgl. Fontanes Schilderungen der herrschaftlichen Straßen des Londoner Stadtteils Bloomsbury, in der sich auch seine am 1. Juni 1852 bezogene Wohnung am Tavistock Square befand, in »Ein Sommer in London«, »Tavistock-Square und der Straßen-Gudin«.
ungarischen Tanz – Die »Ungarischen Tänze« (Nr. 1–10: Berlin 1869, Nr. 11–21: Berlin 1870) von Johannes Brahms waren ursprünglich für Klavier (vierhändig) komponiert. Die Tänze 1–10 arrangierte Brahms auch für Klavier zweihändig (Berlin 1872), womit er der bildungsbürgerlichen Praxis häuslichen Musizierens im 19. Jahrhundert entgegenkam.
›low‹ – Hier: sozial niedrig; in der Erstausgabe in Antiqua gesetzt.
›shocking‹ – In der Erstausgabe in Antiqua gesetzt.
Dom … Altarbild … Himmelskönigin – Stefan Lochners berühmte Madonna auf der Mitteltafel des sogenannten Dombildes in der Marien-Kapelle des Kölner Domes (1442 bis 1444); vgl. Fontanes Aufzeichnungen seiner zweiten Rheinreise (1865) vom 28. August 1865 im Notizbuch C 1: »In den *Dom*. […] Der Gang durch die Kapellen […], das *Dombild* Meister *Stephans*. Das Dombild ist ein Flügel-Altar-Bild, *links* die heilige Ursula mit den 11 000 Jungfrauen, *rechts* der heilige Gereon, in der *Mitte* die Jungfrau Maria mit dem Christkind und der Anbetung der heiligen 3 Könige. […] die Hauptschönheit bleibt immer das *Mittel*bild. Die Jungfrau ist hier weniger als idealisierte glückliche Mutter; sondern als zwar milde, mädchenhaft-jugendliche, aber doch vorzugsweise als *keusche Himmelskönigin* aufgefaßt. Dieser letzte Ausdruck, weil er sich mit soviel Schönheit und stiller statuarischer Lieblichkeit paart, ist der Zauber dieses Bildes« (»Rheinreise 1865«, zitiert nach: Wüsten 1971, S. 231).

Der Karrenschieber von Grisselsbrunn. (1885.)

38 *Der Karrenschieber von Grisselsbrunn. (1885.)* – Zur Entstehung des Titels aus »Der Karrenschieber« (Entwurf) und

»Der Karrenschieber von Grisselsbrunn«/»Der Karrenschieber von Grisselsbrunn. Novellette« (Zeitschriftenabdrucke) sowie zur Überarbeitung für die Buchausgabe vgl. »Überlieferung«, S. 208–213.

38 *Grisselsbrunn* – Fiktiver Name. Grisseln, auch griesel, griseln (niederdeutsch): erschauern; bei Fontane oft im Zusammenhang mit spukhaften Vorgängen zu finden. Vgl. etwa die Schilderung der Spukhäuser in »Jenseit des Tweed« und die Figur der Grissel in »Ellernklipp«.

Der Sommer … Baurat Oldermann – Das »Berliner Adreß-Buch für das Jahr 1885« verzeichnet einen Rechnungsrat J. Oldermann in der Moselstraße 9 in Friedenau. – Zur Textgenese vgl. »Überlieferung«, S. 209–213; dort ist auch der erste Abschnitt der Zeitschriftenveröffentlichung abgedruckt.

Norderney … Ferien – Im Juli und August 1880, 1882 und 1883, also wenige Jahre vor der Niederschrift der Erzählung, verbrachte Fontane seinen Urlaub auf der Nordseeinsel Norderney; vgl. Tagebuch, 1880 und 1882, die Briefe aus diesen Jahren an Emilie und Martha Fontane, Emilie Zöllner und Paul Heyse sowie »Sommers am Meer«, wo Fontane die Möglichkeiten des Sommerfrischlers beschreibt, seine Tage auszufüllen, und »Wohin?«, Anm. zu S. 83 *Norderney*, und S. 86 *Norderney … noch hannoversch war … Dünger*.

abgelegenen Lokal – Möglicherweise Anspielung auf Schuchardts Hôtel; vgl. Fontane an seine Frau Emilie, 21. Juli 1883: »[…] heute vor Schuchardt's Hôtel, wo ich die Stunden von 2 bis 4 mit Diner und Zeitungslesen zuzubringen pflege.« An Emilie schreibt er am 26. Juli 1880, dass ihm Norderney »in seiner großartigen Strandpromenade« sehr gefallen habe.

König von Thule – Anspielung auf Goethes Lied »Es war ein König in Thule«, »Faust. Der Tragödie erster Theil«, »Abend« (Vers 2759–2782; von Gretchen gesungen); es wurde mehrfach vertont, so von Karl Friedrich Zelter (1812) und Franz Schubert (1816). In Fontanes Romanen und Erzählungen wird es oft zitiert; vgl. »Graf Petöfy«, Kap. 9, »Effi Briest«, Kap. 17, und »Der Stechlin«, Kap. 41.

38 *Kaffeegarten* – Als historisches Vorbild fungierten das Rosenthal und der Kaffeegarten Kintschy in Leipzig, wo Fontane vom 1. April 1841 bis zum 30. März 1842 als Apothekergehilfe gearbeitet hatte; vgl. »Von Zwanzig bis Dreißig«, Abschnitt »Mein Leipzig lob' ich mir«, Kap. 2.
L. – Im Entwurf noch Leipzig genannt; vgl. »Überlieferung«, S. 209.

39 *Bazar* – Einkaufspassage.
Polier – Vorarbeiter der Maurer; vgl. den ehemaligen Maurerpolier und Rentier August Nottebohm in »Die Poggenpuhls«, Kap. 1.
›*Schick*‹ – Aus dem Französischen (chic) entlehnt und am Ende des 19. Jahrhunderts als Modewort gebraucht.

42 *In die neue Welt* – Zum Amerika-Motiv vgl. »Im Coupé«, Anm. zu S. 31 *will ich … über das große Wasser* und »Wohin?«. Im Entwurf ist das in den beiden Druckfassungen offen gestaltete Ende mit dem Ausblick auf eine Auswanderung nach Amerika noch eindeutiger formuliert und die Möglichkeit des Todes direkt angesprochen; vgl. »Überlieferung«, S. 212.

Eine Frau in meinen Jahren. (1886.)

43 *Eine Frau in meinen Jahren. (1886.)* – Zur Entstehung des Titels aus »Eine Frau in meinen Jahren« (Niederschrift) und »Eine Frau in meinen Jahren« (Zeitschriftenabdruck) sowie zur Überarbeitung für die Buchausgabe vgl. »Überlieferung«, S. 214 f. In einem Brief an Julius Lohmeyer äußerte sich Fontane am 5. März 1881 noch über das Alter der beiden Figuren und bezeichnete seine Erzählung als »ein[en] bloße[n] Dialog, eine Plauderei zwischen einem 50er und einer starken 40erin«. Vgl. »Entstehung«, S. 176.
Becher … Brunnenpromenade … Kissingen – In der Handschrift ist das Heilwasser noch genannt: »Ragoczi« bzw. »Rakoczi« (vgl. »Überlieferung«, S. 214). Zusammen mit seiner Frau Emilie besuchte Fontane auf seiner Reise zu den Schlachtfeldern des Krieges zwischen Preußen und Öster-

reich (1866) zwischen dem 28. und 31. August 1867 den unterfränkischen Kurort Kissingen (vgl. Tagebuch 1867); weitere Aufenthalte der Fontanes sind vom 27. Juni bis 6. August 1889, vom 16. Juni bis 15. Juli 1890 und vom 3. Juni bis Anfang Juli 1891 belegt. – Kissingen war berühmt wegen seines »Quellenzwillings« an der Brunnenpromenade im Kurgarten, dem »Pandur- und Rakoczybrunnen«, der gegen Magen- und Darmerkrankungen, Herz- und Stoffwechselkrankheiten, Nervenleiden sowie Rheuma und Erkrankungen der Atmungsorgane verordnet wurde (vgl. Kaden, S. 60). Vgl. Fontanes Gedicht »Brunnenpromenade« (1891; Bd. 1, S. 46 f.) und den Artikel »Reiseskizzen. Kissingen, Ende August«, der am 15. September 1867 in der »Neuen Preußischen [Kreuz-]Zeitung« erschienen war (NFA XVIII, S. 380 – 384). – Die Schauplätze der Erzählung, der Kurpark, die Lindelsmühl-Brücke, das Hotel Sanner, der Friedhof, den Fontane am 28. und 29. August 1867 besichtigt hatte, sowie die Umgebung Kissingens waren Orte des Kampfes in der Schlacht von Kissingen am 10. Juli 1866, in der die preußische Division Goeben das bayerische Kissingen eroberte und einen Gegenangriff der bayerischen Armee erfolgreich zurückschlug: »Im Kurgarten […] kam es lediglich zu einem kurzen Zusammenstoß; mit großer Heftigkeit aber wurde um die großen angrenzenden Hotels, besonders um Hotel Sanner und den Russischen Hof gekämpft. Hier hatte der Feind sich eingenistet, die Zugänge verbarrikadirt und beide Gasthäuser mußten mit stürmender Hand genommen werden. Die Baiern, nachdem die Unsrigen eingedrungen, retirirten von Stockwerk zu Stockwerk, jede Treppe wurde ein Kampfplatz; endlich umstellt und von Uebermacht angegriffen, ergaben sie sich. Aber nicht alle. Ein Tapfrer vom 15. bairischen Regiment hatte sich in einem Zimmer von Hotel Sanner verschanzt; jede Aufforderung sich zu ergeben, wies er ab; dreizehn der Unsrigen waren bereits verwundet, endlich drang eine Abtheilung durch eine Seitenthür ein. ›Nimm Pardon‹, riefen ihm die Westphalen zu; ›ich will keinen preußischen Pardon‹, rief er, ging mit dem Bajonet vor und wurde niedergemacht. Sein Heldenmuth hatte sich die Achtung seiner Feinde erzwungen. Sie begruben ihn in unmittelbarer Nähe von Hotel Sanner, errichteten ihm ein Kreuz und schrieben darauf: ›Hier ruht in Gott treu seiner Pflicht ein tapferer bairischer Soldat vom 15. Infanterie-Regiment, gefallen am 10. Juli 1866 in der Schlacht bei Kissingen.‹ Mit Ueberschreitung der Lindelsmühl-Brücke, Umfassung der Stadt von Süden her, Eindringen in den Kurgarten und Erstürmung der beiden genannten Hotels, war über das Schicksal der Stadt entschieden […] nur den Kirchhof […] hielten die Baiern noch. Auch dieser Punkt wurde erstürmt« (»Der deutsche Krieg von 1866«, Bd. 2, Kap. »Eroberung der Stadt«, S. 111 f.).

43 *Herr Rat* – In Preußen Titel und Anrede eines höheren Beamten.

Mutter der Schroeder-Devrient – Die bekannte Schauspielerin Sophie Schröder, geb. Bürger (1781–1868), und ihre Tochter Wilhelmine Schroeder-Devrient (1805–1860). Die Mutter galt als die größte Tragödin ihrer Zeit und trat auch als gefeierte Sängerin in Hamburg, Wien, Prag und München auf; Näheres nicht ermittelt.

44 *Cavaliere servente* – (ital.) Ritterlicher Begleiter, Galan; in der Erstausgabe in Antiqua gesetzt.

Finsterberg – Ausflugsziel südlich von Kissingen; Aussichtspunkt mit einem Pavillon.

Baronin Aßmannshausen … feurige Name – Anklang an den Weinort Assmannshausen im Rheingau (heute Stadtteil von Rüdesheim), der mit seinem Rotwein über Deutschland hinaus bekannt war; vgl. Fontanes Aufzeichnungen seiner Rheinreise, wo er auch das oberhalb von Assmannshausen gelegene Niederwalddenkmal und das Jagdschloss besichtigte: »Oben auf dem Jagdschloß hatten wir Asmannshäuser getrunken. Der Rüdesheimer war sehr schön und nicht übermäßig stark; der Asmannshäuser aber, in all seiner Glorie, ist doch sehr Geschmackssache. *Vor* Tische nippte ich ohngefähr einen Teelöffel voll, – es ging mir wie Feuer durchs Blut, nicht unangenehm, aber doch beängstigend, wenn man vorhat eine halbe Flasche davon zu trinken. Der ächte Asmannshäuser ist ganz dunkelroth, voll im Geschmack, gewürzhaft, vor allem aber adstringirend, so daß man freilich sagen darf, er schmeckt wie eine aromatische Tinte. Zum Verschneiden ist er gewiß vorzüglich, zum Trinken unbrauchbar« (»Rheinreise 1865«, zitiert nach: Wüsten 1971, S. 235). – Der Name ist auch in Thüringen, Sachsen und Schlesien belegt als eine Form von Asmus bzw. Erasmus, der an den heiligen Erasmus, einen der vierzehn Nothelfer, sowie an den Humanisten Erasmus von Rotterdam erinnert.

44 *Brückensteg und die Lindelsmühle* – Ausflugsorte in Kissingen; vgl. Fontane an seine Tochter Martha, 19. Juni 1890: »Heute […] machten [wir] einen hübschen Spaziergang zur historischen Lindelsmühle, wo die Vorhut der Division Goeben, trotz abgetragner Brücke über den Fluß ging und dadurch die Einnahme Kissingens rasch entschied. An einem Wiesenpfade stand ein gußeisernes Kreuz. ›Hier fiel ein preußischer Soldat am 10. Juli 1866‹, Mohn- und Kornblumenkränze hingen daran, natürlich nur um auf die zahlreichen Berliner Fremden einen guten Eindruck zu machen. Alles Geschäft.« Vgl. auch Fontanes Gedicht »In das goldene Buch der Stadt Kissingen« (24. Juni 1890; Bd. 3, S. 266). *Kirchhof ... malerisch ... Erinnerungen* – In Fontanes erzählerischem Werk und in den »Wanderungen« begegnet man immer wieder Friedhöfen als Stätten der Ruhe und der Erinnerung, aber auch als Orten entscheidender Begegnungen; vgl. »Ein Sommer in London«, »Ein Gang durch den leeren Glaspallast«: »Es ist ein Etwas im Menschen […] was ihn hinauszwingt aus dem Geräusch der Städte in die Stille der Friedhöfe«, »Vor dem Sturm«, Bd. 4, Kap. 28, und »Effi Briest«, Kap. 13. – Hier erinnern die Grabsteine an die vielen in der Schlacht von Kissingen am 10. Juli 1866 Gefallenen.

45 *Nüdlinger Bergen* – Nüdlingen, etwa 12 km von Kissingen entfernt, mit dem Schlegelsberg, dem Sinn-Berg und dem Calvarien-Berg; vgl. »Der deutsche Krieg von 1866«, Bd. 2, Kap. »Das Gefecht bei Winkels und Nüdlingen« und »Das Gefecht bei Nüdlingen«, S. 118–130.

45 *Mohn ... Ruhe* – Seit der Antike gilt der Mohn als Fruchtbarkeitssymbol; Mohnköpfe, an die Wangen oder Ohren kleiner Kinder gehalten, sollen Ruhe und Schlaf bewirken.
Verbenen ... deutschem Namen – Neben dem geläufigen Namen »Eisenkraut« ist die Verbene auch unter den Namen »Eisenhart« und »Stahlkraut« bekannt, weil man aus ihr allerhand Liebestränke und Potenzmittel herstellte.
Parke ... Hotel – Das Hotel Sanner in der zentralen Kurhausstraße.
Sportsmen ... Bicycle-Virtuosen ... hoch oben – Es handelt sich also noch um die alten Hochräder, die zwischen 1870 und 1880 üblich waren, nicht um die seit 1884 gebräuchlichen Niederräder.
Amerikaner – Zum Amerika-Motiv vgl. »Im Coupé«, Anm. zu S. 31 *will ich ... über das große Wasser*, »Der Karrenschieber von Grisselsbrunn« und »Wohin?«.
Dame ... verstorbenen Manne ... New-York – Möglicherweise Anspielung auf das Ehepaar Minnie Hauk (1852 bis 1929) und Ernst von Hesse-Wartegg (1851–1918); Fontane hatte die in Amerika und Europa gefeierte Sängerin und den Schriftsteller in Kissingen kennengelernt. Hesse-Wartegg schrieb u. a. Berichte über seine Reisen nach Amerika und in den Orient für die »Vossische Zeitung«. Vgl. Fontanes Gedichte »An Minnie Hauk von Hesse-Wartegg«, Kissingen, den 18. Juni 1891, und »An Ernst von Hesse-Wartegg«, Kissingen, den 19. Juni 1891; Letzterem überreichte er ein Exemplar der 2. Auflage seines Romans »Irrungen, Wirrungen« (Bd. 3, S. 269).
vis-à-vis – In der Erstausgabe in Antiqua gesetzt.

46 *an den großen Seen* – Lake Superior, Lake Huron, Lake Michigan, Lake Erie und Lake Ontario.
auswandert – Vgl. »Im Coupé«, Anm. zu S. 31 *will ich ... über das große Wasser*.
Bildstöckl ... Steintreppe ... Kirchhofe hinauf – Vgl. die Beschreibung in »Der deutsche Krieg von 1866«, Bd. 2, Kap. »Die Erstürmung des Kirchhofes«: »Der Kissinger Kirchhof liegt

hoch; wie ein Kastell springt er in die Straße vor, so daß, wer von der Stadt aus an ihm vorüber will, erst von der schmalen Front, dann von der langen Flanke aus unter Feuer genommen werden kann. Die Länge des Kirchhofs ist 200 Schritt, seine Breite 30; eine Mauer aus rothen Quadern faßt ihn ein. Das Mauerwerk, in Folge unebenen Terrains, wechsel zwischen 4 und 8 Fuß Höhe; etwa ebenso hoch ist der Erdwall (der Abhang), auf dem die Mauer sich erhebt. Zwei Gebäude stehen auf dem Kirchhof: das Meßnerhaus und die Marien-Kapelle. Letztere, ein geräumiger, mit Bildnissen und vergoldeten Rococo-Heiligen reich ausgeschmückter Bau, liegt etwas zurück; das Meßnerhaus aber, hart an der Ecke von Front und Flanke, beherrscht das ganze Terrain, namentlich die breite, von der Stadt her zum Kirchhof hinaufführende Straße. Unmittelbar neben dem Hause (auch in Front) ist der Eingang zum Kirchhof; steinerne Stufen führen hinauf; hart an der untersten Stufe, den Eingang mit ihrer Krone überdeckend, erhebt sich eine Linde; in Front der Linde ein Muttergottesbild« (S. 114). Vgl. auch das Kap. »Der Kissinger Friedhof«, S. 147 –150.

46 *links gelegenen Meßnerhause* – Vgl. »Der deutsche Krieg von 1866«, Bd. 2, Kap. »Die Erstürmung des Kirchhofes«: »Links stand auch das Meßnerhaus, dicht besetzt in Erdgeschoß und erstem Stock. Von allen Seiten her anstürmend, nahmen es die Sieger im ersten Anlauf; Widerstand war nutzlos und die Meisten gaben sich gefangen, aber nicht alle« (S. 116; vgl. auch die Schilderung der Besetzung des Meßnerhauses, S. 114 f.).
Kindergräber … das unschuldige Kind … Preußen einbrachen – Vgl. »Der deutsche Krieg von 1866«, Bd. 2, Kap. »Die Erstürmung des Kirchhofes«: »In dichten Schwärmen brachen unsre 53er über die Chaussee vor, den Abhang hinauf und durch einen Seiten-Thorweg hindurch, den man von innen her mit Hülfe alter Grabsteine verrammelt hatte. Die Grabsteine stürzten um und über zahlreiche Kindergräber hin, die hier an kleinen Kreuzen die immer wiederkehrende Inschrift tragen: ›Hier ruht das schuldlose Kind‹ (und

dann der Name) drangen die von Kampf erhitzten Westphalen in den Kirchhof ein. Der Thorweg war ziemlich genau in Mitte der langen Mauer. Das Einbrechen und Vordringen an dieser Stelle war wie ein Keil, der die Vertheidiger in zwei Hälften theilte« (S. 116).

47 *Ruth Brown* – Vermutlich die Gattin des Generals Sir George Brown, die während eines Kuraufenthaltes in Kissingen 1867 gestorben war.
Mietsgrab ... bei Kissingen gefallenen Offiziers – Vgl. Fontanes Beschreibung der Gräber in »Der deutsche Krieg von 1866« vom 31. August 1867, ein Jahr nach der Schlacht bei Kissingen: »Auch Hauptmann Robert Halm (4. Compagnie 19. Regiment, gefallen bei Nüdlingen) war hier begraben worden. Aber nicht auf lange: am 14. November hatten ihn die Seinen in die Heimath (nach Strasburg in Westpreußen) überführt. Das Grab stand leer bis in den Sommer des nächsten Jahres (1867). Dann erhielt es einen neuen Bewohner, nachdem es vorher gruftartig ausgemauert worden war. Am 28. August wurde die zu Kissingen verstorbene Generalin Ruth Brown, muthmaßlich die Gemahlin aus der Zeit des Krimkriegs her bekannten Generals Brown, der während des genannten Krieges die leichte Brigade führte, in eben diesem Grabe beigesetzt« (Bd. 2, Kap. »Der Kissinger Friedhof«, S. 148 f.).
A second-hand grave – In der Erstausgabe in Antiqua gesetzt.
Sattlermeister Karl Teschner aus Groß-Glogau – Vgl. »Der deutsche Krieg von 1866«, Bd. 2, Kap. »Die Erstürmung des Kirchhofes«: »Mehrere Grabsteine und Denkmäler wurden durch [...] in die Irre gehenden Kugeln und Sprenggeschosse getroffen, unter andern der Grabstein eines Preußen, des Sattlermeisters Carl Teschner aus Groß-Glogau, der am 5. Juli 1865 im Bade zu Kissingen gestorben, also genau vor Jahresfrist auf dem Kissinger Kirchhofe beigesetzt worden war. Die Sprengstücke der Granate sowohl, wie des zersplitternden Grabsteins richteten noch unter den Nachbar-Monumenten eine Verheerung an und schlugen von einem im gothischen Style errichteten Grabdenkmal die Spitzen

und Zacken herunter.« Fontane fügte noch die folgende Anmerkung hinzu: »Die Groß-Glogauer, so wenigstens war intendirt, haben den Grabstein ihres Landsmannes (der ein in der Stadt sehr respektirter Mann war) durch eine geschickte Cementirung, etwa wie man ein Biscuit-Bild kittet, wieder herstellen und der alten Inschrift die neue hinzufügen lassen: ›am 10. Juli 1866 von einer preußischen Granate getroffen.‹« (S. 114 f.)

48 *7. Juli 65* – In Fontanes »Der deutsche Krieg von 1866« auf den 5. Juli 1865 datiert.

Altenberg – Aussichtspunkt südwestlich von Kissingen mit schönen Gartenanlagen und Bewirtung.

Remedur – Abhilfe.

Eine Mosaik – Die feminine Form war am Ende des 19. Jahrhunderts noch geläufig.

Bank ... Granitwürfel mit Helm und Schwert – Vgl. Fontanes Beschreibung des Grabmals vom 31. August 1867 in »Der deutsche Krieg von 1866«, Bd. 2, Kap. »Der Kissinger Friedhof«: »Das schönste Monument ist das, das dem Major Rohdewald errichtet wurde. Helm, Schwert und Eichenkranz ruhen auf einem prächtigen Sarkophage von schwarzem Marmor. Die Inschrift lautet: ›Major und Bataillons-Commandeur August Rohdewald, gefallen im Gefecht bei Kissingen am 10. Juli 1866.‹ Auf der Rückseite: ›Seinem verehrten Führer das Offizier-Corps des Füsilier-Bataillons Lippe.‹« (S. 148)

49 *Konfidenzen* – Vertraulichkeiten, Bekenntnisse.

coupiertes Terrain – Ursprünglich militärischer Ausdruck für ein mit Gräben und Hindernissen durchzogenes Gebiet; hier bezeichnet der Begriff ein schwieriges Gelände überhaupt.

der alte Meßner – In »Der deutsche Krieg von 1866« schreibt Fontane über den Meßner bei der Erstürmung des Meßnerhauses: »Das war Kaspar Betzer, der Meßner und Todtengräber. In seiner Familie war das Meßner- und Todtengräberamt schon seit dreihundert Jahren. Heute, am 10. Juli, war der hundertjährige Geburtstag seines Vaters. Er sank in die Knie und betete: ›Gott, daß ich diesen Tag nie gesehen hätt‹!« (Bd. 2, Kap. »Die Erstürmung des Kirchhofes«, S. 115) Vgl. auch Tagebuch 1867: »Um 5 zum Kapellenkirchner Caspar Betzer auf den Kissinger Kirchhof. Allerhand Notizen gemacht. Der Eisenbahndirektor aus Glogau (Freund von Otto Fontane.)«

50 *malte sie mit dem Sonnenschirm in den Sand* – Häufiges Motiv bei Fontane in entscheidenden Situationen; Anspielung auf Jesus und die Ehebrecherin in Johannes 8,6: »Das sprachen sie aber, ihn zu versuchen, auf daß sie eine Sache wider ihn hätten. Aber Jesus bückte sich nieder und schrieb mit dem Finger auf die Erde.« Vgl. »Ellernklipp«, Kap. 12, »Graf Petöfy«, Kap. 30, »Unterm Birnbaum«, Kap. 18, »Stine«, Kap. 15, und »Der Stechlin«, Kap. 23.
Schmetterling – Der Schmetterling ist ein Symbol der Auferstehung der von der Materie befreiten Seele. Auch Fontane verwendet das Bild häufig im Zusammenhang mit Vergänglichkeit und Tod; vgl. »Effi Briest«, Kap. 13.
Grabresponsorien – Wechselgesänge bei der Begräbnisfeier.

51 *nutze den Tag* – Geflügeltes Wort nach Horaz, Oden I, 11,8: »carpe diem«. Vgl. »Im Coupé«, Anm. zu S. 37 *Augenblick ergreifen … rechte … Glück*. Im »Büchmann« seit der 1. Auflage (1864) belegt.

Onkel Dodo. (1886.)

52 *Onkel Dodo. (1886.)* – Zur Entstehung des Titels aus »Onkel Gotthold« (Entwurf) und »Onkel Dodo« (Zeitschriftenabdruck) und zur Überarbeitung für die Buchausgabe vgl. »Überlieferung«, S. 221. – Dodo: Vorname in der Familie der Reichsfreiherrn zu Innhausen und Knyphausen, dessen erster Träger der schwedische Feldmarschall Dodo (1583 bis 1636) war. Möglicherweise hat Fontane den Namen in Anlehnung an Dodo Heinrich von Knyphausen (1729 bis 1789) gewählt, den preußischen Diplomaten und Kammerherrn am Hof des Prinzen Heinrich, den er in seinen »Wanderungen« häufig erwähnt; vgl. Alvensleben. Denkbar

ist auch eine Anspielung auf den seit Ende des 17. Jahrhunderts ausgestorbenen flugunfähigen Vogel Dodo, der auf den Inseln Mauritius und Réunion im Indischen Ozean heimisch war. Im späten 19. Jahrhundert wurde der Vogel in Europa populär, weil er in Lewis Carrolls Kinderbuch »Alice in Wonderland« (1865, dt. 1869) eine Rolle spielt.

52 *Insleben a. Harz* – Fiktiver Ort, vermutlich in Anklang an Minsleben am Harz gebildet. – Fontane kannte die Schauplätze seit seinem ersten Aufenthalt im Harz 1868.

kirchliche Controverse – Der sogenannte Kulturkampf zwischen dem preußischen Staat und der katholischen Kirche zwischen 1872 und 1887. Die Auseinandersetzung begann mit den Gesetzen über die Ausweisung der Jesuiten und der staatlichen Schulaufsicht auch für konfessionelle Schulen. Durch den Erlass der »Maigesetze« von 1873, die die kirchlichen Aktivitäten unter staatliche Kontrolle stellten, verschärfte sich der Konflikt und führte zu einem erbitterten Widerstand der Katholiken. Durch die Verhandlungen Bismarcks mit der Kurie in Rom und die allmähliche Zurücknahme der kirchenfeindlichen Maigesetze in fünf Novellen zwischen Juli 1880 und April 1887 wurde versucht, den Streit beizulegen, bis der Kulturkampf 1887 durch Papst Leo XIII. offiziell für beendet erklärt wurde. Vgl. Anm. zu S. 72 *Falk ... Canossa*.

Plaudereien – Vgl. den Untertitel von »Von vor und nach der Reise«, »Plaudereien und kleine Geschichten«. Die Skizze »Wohin?« erschien zunächst mit dem Untertitel »Eine Plauderei«; vgl. »Altes und Neues – Erzählformen des Übergangs«, S. 157 f., und »Überlieferung«, S. 223.

53 *hatte sich embellirt* – War schöner geworden.

die britische Königsfamilie als Muster – Königin Victoria und Prinz Albert von Sachsen-Coburg-Gotha hatten ihre neun Kinder Victoria, Albert-Edward, Alice, Alfred, Helen, Louise, Arthur, Leopold und Beatrice genannt.

Fall- oder Schiebefenster – »Englische Schiebfenster, die mit Hilfe von Rollen und Gegengewichten sich auf- und abschieben lassen« (Meyers Konversationslexikon, 4. Auflage

1885–1892, Bd. 6, S. 130). – Der Blick aus dem Fenster, eine der vor allem in der bildenden Kunst und Literatur der Romantik häufig belegten ›Schwellensituationen‹, ist auch in Fontanes Romanen ein wiederkehrendes Motiv; vgl. »Irrungen, Wirrungen«, Kap. 12, und »Effi Briest«, Kap. 24 und 36.

53 *Traume* – Im Textentstehungsprozess ist das Traumbild allmählich verklärt worden; in den Handschriften werden die Bilder zum Teil noch deutlicher beschrieben (vgl. »Überlieferung«, S. 221).
Maud und Alice beim Reifenspiel – Vgl. »Vor dem Sturm«, Bd. 2, Kap. 18.

54 *Mausebraten* – Das kann sowohl eine Metapher für den zuvor erwähnten »gerösteten Speck« sein als auch eine Anspielung auf das gleichnamige Fleischgericht: »Mausebraten. Nimm ein Stück Schinken, klopfe es recht weich mit einem Messer, schneide davon thalergroße Stücke ab, wälze sie in verklopftem Eigelb, bestreue sie mit geriebenem Weckmehl und backe sie schön gelb in heißem Schmalz« (Tante Betty 1896).

56 *zweiten Frühstück* – Gabelfrühstück; vgl. »Wohin?«, Anm. zu S. 94. *Gabelfrühstück*.
Regierungs- und Baurat … a. D. – Rat a. D.: Titel und Anrede eines höheren pensionierten Beamten.
wie Bismarck … Stirn – Anspielung auf Bismarcks großen Kopf und seine hohe Stirn.
Kant … kategorischen Imperativ – Immanuel Kants (1724 bis 1804) Begriff des Kategorischen Imperativs wurde zum Bestandteil des preußischen Moralkodex und war im 19. Jahrhundert als geflügeltes Wort verbreitet; vgl. »Büchmann«, 1. Auflage 1864. Kants Worte sind zuerst in der »Grundlegung der Metaphysik« (1785) belegt und später dann in der »Kritik der praktischen Vernunft« (1788) als Formel zusammengefasst: »Handle so, daß die Maxime deines Willens jederzeit zugleich als Prinzip einer allgemeinen Gesetzgebung gelten könne« (§ 7). In seiner Besprechung einer Aufführung von Eduard von Bauernfelds Lustspiel »Der

kategorische Imperativ« vom 23. Februar 1872 hat Fontane Kants Maxime folgendermaßen erläutert: »›Wir sind nicht da um Glückes oder Vergnügens willen, sondern um unsere Pflicht zu tun‹, so etwa lautete der Weisheitssatz des großen Königsberger Philosophen, des Urvaters des kategorischen Imperativs« (NFA XXII / 1, S. 132 – 134, hier S. 132). Vgl. auch »Frau Jenny Treibel«, Kap. 6, und »Die preußische Idee« (1894).

56 *Schopenhauer* – Der Philosoph Arthur Schopenhauer (1788 – 1860).
Helmholtz … größte Stirnweite – Hermann Ludwig Ferdinand von Helmholtz (1821 – 1894), deutscher Mediziner und Naturforscher. – »Unter S[chädellehre] (Kraniologie, Kranioskopie, Phrenologie) versteht man auch die von Gall […] herrührende Lehre von der Erkenntnis der menschlichen Geistesanlagen aus den Hervorragungen der Schädeloberfläche. Nach dieser […] Lehre ist das Gehirn, das Organ für alle geistigen Verrichtungen, nicht bei jeder einzelnen Geistesthätigkeit mit seiner ganzen Masse aktiv, sondern jede besondere Geistesverrichtung kommt vermittelst eines besondern Teils (Organs) desselben zu stande, so daß das Gehirn als ein Inbegriff von Organen erscheint, die teils den verschiedenen Äußerungen des Begehrungsvermögens, teils den Thätigkeiten des Erkenntnisvermögens dienen. Die geistigen Fähigkeiten vergrößern oder vermindern sich mit den entsprechenden Hirnteilen, so daß sich die Energie eines bestimmten Seelenvermögens aus der räumlichen Entwickelung des betreffenden Hirnteils erkennen läßt« (Meyers Konversationslexikon, 4. Auflage 1885 – 1892, Bd. 14, S. 376). Vgl. »Professor Lezius oder Wieder daheim«, Anm. zu S. 141 *Virchow … zurück … Präsidium* und S. 143 *Virchow … Schädel ausgemessen … Afrika*.
Waldkater – Hotel und Gaststätte im Bodetal bei Thale (heute Jugendherberge »Kleiner Waldkater«); vgl. »Cécile«, Kap. 1.
Roßtrappe – Gegenüber dem Hexentanzplatz über der Bode gelegener, 375 m hoher Granitkegel mit Aussicht in das

Bodetal und bis Quedlinburg. Der Name rührt von dem einer Hufspur ähnlichen Abdruck im Felsen her, der vom Ross einer Prinzessin stammen soll, die auf der Flucht vor einem Riesen an dieser Stelle über den Bodegrund absetzte. Vgl. »Cécile«, Kap. 2.

57 *Vor dem ist mir nicht bange* – Anspielung auf Christian Fürchtegott Gellerts Fabel »Der sterbende Vater«, deren Schlußverse lauten: »Für Görgen ist mir gar nicht bange, / Der kömmt gewiß durch seine Dummheit fort.«
verteilen, an Gerechte und Ungerechte – Anspielung auf Matthäus 5.45: »Auf daß ihr Kinder seyd eures Vaters im Himmel. Denn er läßt seine Sonne aufgehen über die Bösen und über die Guten, und lässet regnen über Gerechte und Ungerechte.«
›*die drei gerechten Amtmänner*‹ … *Kammmacher* – Anspielung auf Gottfried Kellers Novelle »Die drei gerechten Kammacher« aus »Die Leute von Seldwyla« (1856).
Garçons – (frz.) Junggesellen.
blanke graue Leinwand – Der Vogel Dodo war blaugrau gefiedert; vgl. Anm. zu S. 52 *Onkel Dodo. (1886.)*.

58 *zeugknapp und fipperich* – Zu knapp und zu eng; vgl. Fontane an Friedlaender, 7. November 1893: »›Fipper‹ hat mich sehr amüsirt […]. In meiner Jugend sprach man von ›fipprig‹; giebt es das Wort noch?«
modernen Einbildungen … nervösen Herrchen – In »Onkel Dodo« wiederkehrendes Motiv der literarischen Décadence (»Zeitalter der angegriffenen Nerven«, S. 72). Vgl. Anm. zu S. 75 *Nessel … hülfe* und S. 81 *»Beiträge … Menschengeschlechts.«* Vgl. auch die zu farbenfroher Kleidung neigende Figur Des Esseintes in Joris-Karl Huysmans »A rebours« (1884).

59 *»Meine Ruh' ist hin.«* – Geflügeltes Wort; Beginn von Gretchens Monolog am Spinnrad in Goethes »Faust. Der Tragödie erster Theil«, »Gretchen's Stube« (Vers 3374); von Franz Schubert vertont unter dem Titel »Gretchen am Spinnrad« (1814).
Rufen des Kukuks – Anspielung auf den Aberglauben, dass die Anzahl der Kuckucksrufe die Lebensdauer bedeutet; vgl.

»Wanderungen«, Bd. 4, »Spreeland«, Kap. »Blumberg«, S. 200, »Effi Briest«, Kap. 34, und »Cécile«, Kap. 13.

59 *frug* – Vgl. »Modernes Reisen«, Anm. zu S. 10 *frug*.
60 *Ferdinand Cortez* – Anspielung auf Gaspare Spontinis heroische Oper »Fernand Cortez oder Die Eroberung Mexikos« (Uraufführung 1809), die in Berlin häufig auf dem Spielplan stand. Fontane erwähnt Friedrich Fontanes und Anna Zöllners Besuch der Aufführung vom 13. Januar 1884 (Tagebuch). Vgl. »Meine Kinderjahre«, Kap. 8, und das Gedicht »Vergeltung« (1839; Bd. 2, S. 17 – 23).
Melone – Die aus dem Orient stammende Wassermelone war seit den Kreuzzügen in Südeuropa heimisch und verbreitete sich rasch nach Mitteleuropa.
61 *Aland* – Karpfenart; vgl. »Cécile«, Kap. 14.
bandelierartig – Schulterriemenartig.
vis-à-vis – In der Erstausgabe in Antiqua gesetzt.
russischen Bade … römischen … civilisierter – Das im 18. Jahrhundert in Deutschland eingeführte russische Bad (Banja) besteht aus einem Raum mit einer Temperatur bis zu 47 °C und einer sehr hohen Luftfeuchtigkeit. Das römische Bad hat drei unterschiedlich heiße und feuchte Räume: Im Tepidarium beträgt die Temperatur 30 °C, im Caldarium 40 °C bei hoher Luftfeuchtigkeit und im Laconicum 50° – 60 °C. – Onkel Dodo spielt hier die ›unzivilisierten‹ Russen gegen die kultivierteren Römer aus.
sehr empfindlich gegen Zug – Wie Fontane selbst; vgl. »Stoff«, S. 149 f., und »Altes und Neues – Erzählformen des Übergangs«, S. 167 f.. Vgl. die Diskussion über Zugluft und die heilende Wirkung der Luft in »Cécile«, Kap. 9 und 11.
von Meiningen nach Kissingen – Fontane reiste auf seiner Fahrt nach Thüringen am 27. August 1867 nach Meiningen und traf einen Tag später in Kissingen ein; vgl. seinen Bericht »Aus Thüringen. Meiningen, 27. August« in der »Neuen Preußischen [Kreuz-] Zeitung«, 1. September 1867, und »Eine Frau in meinen Jahren«, Anm. zu S. 43 *Becher … Brunnenpromenade … Kissingen*.

61 *Papuas* – Die Eingeborenen Neuguineas und einiger Nachbarinseln.
62 *Doppelkrone* – Offizieller Name des goldenen 20-Mark-Stücks, mit dem Kopf des Kaisers auf der Vorder-, und dem Deutschen Reichsadler mit preußischem Mittelschild auf der Rückseite. Mit der Verabschiedung des Reichsmünzgesetzes am 4. Dezember 1871 wurde die goldgeprägte Mark als einheitliche Währung des Deutschen Reiches eingeführt und die preußische Silberwährung (Taler) abgelöst. Die Doppelkrone wurde bis zum Beginn des Ersten Weltkriegs geprägt.
63 *Sprüchwörter-Schatz deutscher Nation* – Wilhelm Binder: »Sprichwörterschatz der Deutschen Nation. Aus mündlichen und schriftlichen Quellen gesammelt; nebst sprachlichen, sachlichen und geschichtlichen Erläuterungen«. Stuttgart: Schaber 1873. – Die beiden im Text geäußerten Sprichwörter finden sich weder im »Binder« noch im »Wander«.
64 *Brocken … Brockenhause* – Sagenumwobener höchster Berg des Harzes (1142 m), auch Blocksberg genannt; auf seinem Gipfel befindet sich seit 1860 das Brockenhaus.
    Allasch – Auf dem gleichnamigen Gut in der Nähe von Riga hergestellter süßer Kümmellikör.
    Basler Kirschwasser – Klarer Kirschbranntwein mit 42 % Alkoholgehalt.
    Anisette … Noisette … Rosette – Anis-, Haselnuss- und Rosenblattliköre.
    Limburger – Stark riechender Käse aus der holländischen Provinz Limburg.
    Nordhäuser – Kornbranntwein aus Nordhausen am Harz, den Fontane schätzte.
    Crème de Cacao – Crème de Cacao gibt es in zwei Variationen: Die helle ist ein süßer Likör aus gerösteten und geschroteten Kakaobohnen mit Zusätzen von Vanille, die dunkle hat einen höheren Kakaoanteil, enthält weniger Zucker und ist dadurch etwas herber im Geschmack.
65 *Philisterium* – (Studentensprache) Nichtstudentschaft, Altherrenschaft.

65 *appliciert* – angeheftet.
au naturel – In der Erstausgabe in Antiqua gesetzt.
Kegelbahn – Das Kegelspiel kommt in Fontanes Werk häufig vor; vgl. »Unterm Birnbaum«, Kap. 4, »Irrungen, Wirrungen«, Kap. 9, und »Wohin?«; vgl. dort auch Anm. zu S. 84
Berliner Kegelbahn … Splitter einreißt.
66 ›*wie Grummet … Türkenglieder mähn*‹ – Zitat aus der dritten Strophe von Gottlieb Conrad Pfeffels Gedicht »Die Tobackspfeife« (1783): »Da, Herr, da gab es rechte Beute! / Es lebe Prinz Eugen! / Wie Grummet sah man unsre Leute / Der Türken Glieder mähn.« Das Gedicht war in Schullesebüchern weit verbreitet.
Boccia – (ital.) Kugel. »Spiel mit Kugeln, von denen eine als Ziel ausgeworfen wird, der man dann die übrigen möglichst nahe zu bringen sucht« (Meyers Konversationslexikon, 4. Auflage 1885 – 1892, Bd. 3, S. 96).
Cricket – »Engl. Nationalballspiel, von zwei Parteien zu je 11 Mann, also von 22 Personen, gespielt. […] Das Ballholz (bat) ist ein Schläger zum Schleudern des Balles. In einer Entfernung von 22 Schritt werden auf dem Spielplatz die beiden Wickets eingeschlagen, d. h. je drei etwas über 2 Fuß lange Stöcke, welche so dicht bei einander stehen, daß der Ball nicht vollkommen hindurch kann. Auf diesen drei Stäben liegen wieder zwei kurze Stöckchen, sogen. Bails, lose auf und zwar so, daß sie sich beide auf dem mittelsten Wicketstab begegnen, und vor jedem Wicket steht […] ein Spieler, der Batter, welcher beim Schlagen diesen Raum nicht überschreiten darf. Die eine Partei sucht nun mit ihrem Ball das Wicket zu berühren, damit eins der Bails oder auch beide heruntergeworfen werden; gelingt dies nicht, und schlägt der vor dem Wicket stehende Spieler der Gegenpartei den Ball hinweg, so sucht dieser, ehe der Ball von der ringsumher stehenden feindlichen Partei wieder zurückgeworfen oder ins Spiel gebracht wird, möglichst oft zu dem 22 Schritt davon stehenden andern Wicket und zurückzulaufen; nach der Anzahl dieser Läufe oder Runs wird das Spiel berechnet« (Meyers Konversationslexikon, 4. Auflage 1885 –1892, Bd. 4, S. 340).

66 *Danziger Goldwasser* – In Danzig hergestellter Kräuterlikör, der eine geringe Menge Blattgold enthielt.
68 *hors d'œuvre* – In der Erstausgabe in Antiqua gesetzt.
kalte Huhn – So im Zeitschriftenabdruck und in der ersten Buchausgabe, weshalb im Gegensatz zu allen anderen Fontane-Ausgaben kein Texteingriff (»alte Huhn«) erfolgte.
69 *Gourmand* – Vielfraß; gemeint ist jedoch der Gourmet (Feinschmecker); neben den falschen Buchtiteln und Zitaten aus dem »Büchmann« ein weiterer Hinweis auf Onkel Dodos Halbbildung. Vgl. »Altes und Neues – Erzählformen des Übergangs«, S. 168 f.
der schwarze Tod – Die Pest.
gratulor – In der Erstausgabe in Antiqua gesetzt.
schwimmen … tauchen – Mit der Errichtung von nur Männern vorbehaltenen öffentlichen Flussbadeanstalten verbreitete sich das Schwimmen bis zum Ende des 19. Jahrhunderts, wobei das Baden grundsätzlich nur in eingezäunten und geschützten Bereichen erlaubt war; vgl. Lange, S. 533.
70 *Sool-Ei* – In Salzlake eingelegtes hartgekochtes Ei.
blaue Brille – Sonnenbrille.
›*das Ziel ist nichts und der Weg ist alles*‹ – Meist in der Fomulierung »Der Weg ist das Ziel« gebrauchte Redewendung, die auf Konfuzius zurückgeht. Vgl. »Auf der Suche«, Anm. zu S. 103 *Kon-fut-se*.
71 *vom Brocken aus 'was gesehen* – Die Sicht vom Brocken wurde infolge der häufigen Winde wie der Nebel- und Wolkenbildung getrübt.
Hohenstein … steinernen Rinne – Hohenstein, Burgruine oberhalb des Luftkurorts Neustadt/Südharz mit Gasthausbetrieb; Steinerne Renne, Gebirgsflussabschnitt im Harz, südwestlich von Wernigerode. Fontane hielt sich hier im August/September 1880 auf: »Ein paar kleine Ausflüge nach Hohenstein, steinerne Rinne, Ilsenburg gemacht« (Tagebuch).
Schierke – Ortschaft unterhalb des Brockens. Vgl. die Szenenangabe in Goethes »Faust. Der Tragödie erster Theil«, »Walpurgisnacht«: »Harzgebirg. Gegend von Schirke und

Elend«; zitiert nach Fontanes Exemplar, Theodor-Fontane-Archiv: Q 36.

71 *Geschichte von Christus und Petrus* – Jesus und der sinkende Petrus auf dem See; vgl. Matthäus 14,22–36.
Windgott ... kleinen – Der griechische Gott des Windes ist Aiolos.
Friesrock – Jacke aus kräftigem dickem Wollstoff.

72 *Falk ... Canossa* – Der preußische Kultusminister Adalbert Falk (1827–1900) führte im Auftrag Bismarcks den Kulturkampf. 1879 ging er nicht »nach Canossa«, sondern trat zurück. Der inzwischen zum geflügelten Wort gewordene Ausspruch »Nach Canossa gehen wir nicht«, der sich gegen den Vatikan und die deutschen Katholiken richtete, ist erstmals von Bismarck in seiner Reichstagsrede am 14. Mai 1872 geäußert worden. Vorausgegangen war die Weigerung Papst Pius' IX., den liberalen Kardinal Hohenlohe als Botschafter zu akkreditieren. Bismarck hatte auf König Heinrichs IV. historischen Gang nach Canossa zu Papst Gregor VII. im Jahre 1077 angespielt, der durch seine Demütigung einen politischen Erfolg erzielte, weil der Papst genötigt wurde, den Kirchenbann von ihm zu nehmen. Vgl. »Cécile«, Kap. 20. Vgl. Anm. zu S. 52 *kirchliche Controverse*.
A propos – In der Erstausgabe in Antiqua gesetzt.
Kute – Mulde, Delle.

73 *Pürschwagen* – Vierrädriger Jagdwagen mit einer Ladefläche zum Transport des erlegten Wildes.
Hirsch' und Rehe ... wie im Paradiese – Anspielung auf die Prophezeiung des Friedensreichs des Messias, Jesaja 6–8; vgl. »Unwiederbringlich«, Kap. 33.
Liebesinsel – Vgl. den Ausflug nach der Treptower Liebesinsel in »Irrungen, Wirrungen«, Kap. 3.
Eremitage – (frz. Einsiedelei); strohgedeckter Gartenpavillon nach dem Vorbild der Parkanlagen des 18. Jahrhunderts.
Au revoir – In der Erstausgabe in Antiqua gesetzt.

75 *Bins- und Minsleben* – Minsleben: Ort nördlich von Wernigerode; Binsleben: fiktionale Analogiebildung Fontanes, da

es im Harz zahlreiche Ortschaften mit der Endung »-leben« gibt.

75 *Nessel … hülfe* – Brennessel; Peitschen mit Nesseln soll eigentlich gegen rheumatische Beschwerden helfen; hier wird diese »Heilmethode« mit dem Motiv der Décadence (Nervosität, Weinen) in Verbindung gebracht. Vgl. Anm. zu S. 58 *modernen Einbildungen … nervösen Herrchen.*

76 *Torfmaschine* – Zu den verschiedenen Arten moderner Torfmaschinen vgl. den Artikel »Torfgewinnung« in Meyers Konversationslexikon, 4. Auflage 1885–1892, Bd. 15, S. 761 f. (mit Abbildungen). Vgl. »Auf der Suche«, Anm. zu S. 100 *exotischen Torfkahn.*

»Und keine Möglichkeit?« – »Keine …« – Möglicherweise Anspielung auf das Abschiedsgespräch zwischen der Königin und Marquis Posa in Schillers »Dom Karlos« (1787): »Und keine Rettung?« – »Keine.« (IV,21)

77 *Bonhommie* – Jovialität.

par force – (frz.) mit Gewalt, Zwang; in der Erstausgabe in Antiqua gesetzt.

Seligwerden … auf meine Façon – Anspielung auf eine Randnotiz Friedrichs II. (1712–1786; König von Preußen seit 1740) auf einem Bericht von 1740, in dem es um Streitereien wegen der Einrichtung konfessioneller Schulen für Soldatenkinder ging. Die protestantische Seite hatte um neue Anweisungen für den Fiskus gebeten: »Die Religionen Müsen Tolleriret werden und Mus der Fiscal nuhr das Auge darauf haben, das keine der andern abrug Tuhe, den hier mus ein jeder nach seiner Fasson Selich werden.« Die Maxime »Jeder nach seiner Façon« ist als geflügeltes Wort bekannt.

Freiheit des Individuums – In den modernen Determinationslehren der zweiten Hälfte des 19. Jahrhunderts (z. B. Hippolyte Taine) wurde die Freiheit des Individuums als »Legende« bezeichnet; vgl. Conrad Alberti: »Das Milieu in der Kunst wie in der Kunstlehre konnte sich erst entfalten, sobald die jahrhundertealte Legende vom freien Willen des Menschen zerstört war, sobald man wußte, daß der Wille des Menschen in keinem Augenblick frei ist, sondern jeder

Mensch nur das will, was er wollen muß, wozu seine Natur und das Milieu ihn zwingen, daß er in jedem Augenblicke einem physiologischen und milieumäßigen Zwange gehorcht« (S. 164).

77 *Dr. Fausts Sturmmantel* – Vgl. Goethes »Faust. Der Tragödie erster Theil«, »Studirzimmer«, Vers 2065 ff.

78 *Kaltwasser-Congreß in Wiesbaden* – Vermutlich fiktiv; nicht ermittelt. Die populären Kaltwasserkuren, Hydrotherapien, die zur Behandlung akuter oder chronischer Beschwerden und zur Abhärtung verordnet wurden, gehen auf den österreichischen »Wasserdoktor« Vincenz Prießnitz (1799 – 1851). zurück. Er gründete die erste Heilanstalt in Gräfenberg in Nordmähren, wo er bis zu seinem Tod etwa 36 000 Patienten mit inneren Erkrankungen durch Kaltwickel, Wasser-, Milch- und Bewegungskuren geheilt haben soll. Der Pfarrer Sebastian Kneipp (1821–1897) aus Bad Wörishofen wurde durch Prießnitz' Erfolge angeregt und entwickelte die »kleine Hydrotherapie«, durch Kaltreize eine Stärkung des vegetativ-hormonalen Adaptionssystems zu erzielen; vgl. Gutmann-Heger, A-857. Vgl. auch die Kaltwasserkuren in Ilmenau in »Nach der Sommerfrische«, Anm. zu S. 15 *Ilmenau … Kickelhahn-Kamm.* – In dem bedeutenden Kurort Wiesbaden hielten sich jährlich über 50 000 Kurgäste auf; Ort der Thermaltrinkkuren war die Trink- und Wandelhalle am Kochbrunnen.

le bienvenu – (frz.) willkommen; in der Erstausgabe in Antiqua gesetzt.

die Kinder müssen aus dem Haus – Vgl. »Unwiederbringlich«, Kap. 6.

79 *dänisch lederne Handschuh* – Sommerhandschuhe aus weißgegerbtem Lammleder (Veloursleder).

Telegramm – Seit 1837 gab es in Deutschland elektromagnetische Telegraphenleitungen, die bis in die 1880er Jahre ausgebaut wurden.

Delegiertentag der »Turner und Hygienisten von Ober- und Nieder-Barnim« – Nicht ermittelt; vermutlich fiktiv. Barnim: Landkreis nördlich von Berlin.

79 *Eberswalde* – Die Versuche, die im Landkreis Barnim gelegene Stadt zur Kur- und Badestadt zu machen, scheiterten. Seit 1572 gab es in der Nähe des Drachenkopfes einen ersten Gesundbrunnen; die eisenhaltigen Mineralquellen der Brunnenberge wurden etwa hundert Jahre später bis 1898 für einen Badebetrieb genutzt. Berühmt wurde der Eberswalder Gesundbrunnen allerdings nicht.
Doktor Tanner'schen Fall – Der amerikanische »Hungerdoktor« Dr. Henry Tanner war international bekannt, weil er seine Experimente zum ersten Mal unter die Aufsicht von Ärzten gestellt hatte. Am 28. Juni 1880 begann seine vierzigtägige öffentliche Hungerkur, in der er ausschließlich Wasser zu sich nahm. Sein Ziel war es, »die Kraft des menschlichen Willens zu demonstrieren und den Materialisten zu beweisen, dass es außer Sauerstoff, Wasserstoff und Kohlensäure noch etwas anderes im menschlichen Hirn gibt«. Die zeitgenössische Presse berichtete über das sensationelle Ereignis; zahlreiche Besucher sahen dem Hungernden für 25 Cent Eintritt zu und wurden Zeuge, daß gegen Ende der Fastenzeit Störungen wie Erbrechen auftraten. Auch die Berliner Zeitungen berichteten über den Prototyp der späteren Hungerkünstler, der auch in Deutschland seine Nachahmer fand; vgl. Lehmann, S. 119, Diezemann, S. 104, und »Berliner Tageblatt«, Nr. 128 (11. März 1887).

80 *Infusum* – (lat.) Aufguss.
fruchtbare … Landschaft – Die Magdeburger Börde.
Nichtraucher-Coupee – Vgl. »Im Coupé«, Anm. zu S. 27 *Coupé für Nicht-Raucher*.
durchgehende Wagen – Kurswagen.

81 *Friedrichsstraßen-Bahnhof* – Zwischen 1878 und 1882 in der Friedrichsstraße 141/142 als Zentralbahnhof der Berliner Stadtbahn gebaut; dort hielten auch die Fernzüge der Niederschlesischen Bahn.
»les défauts des vertus« – (frz.) les défauts de ses vertus: die Fehler ihrer Tugenden, die Kehrseite ihrer Vorzüge; nicht belegter, George Sand zugesprochener Ausspruch. In der Erstausgabe in Antiqua gesetzt.

81 *Pferdebahngeleisen* – Pferdebahn: Berliner Sprachgebrauch, ein von Pferden gezogenes Schienenfahrzeug und Vorläufer der elektrischen Straßenbahn. Die Berliner Pferdeeisenbahn-Gesellschaft wurde am 22. Juni 1865 gegründet und bot eine schnellere, komfortablere und preiswertere Personenbeförderung als die älteren Pferdeomnibusse. Vgl. »Modernes Reisen«, Anm. zu S. 10 *Omnibussen.*
Dorotheenstraße – Nördlich der Straße Unter den Linden in der Dorotheenstadt; dort verlief die Pferdebahnlinie Nr. 1 durch den Tiergarten nach Charlottenburg; vgl. »Effi Briest«, Kap. 23.
Tiergarten – Vgl. »Nach der Sommerfrische«, Anm. zu S. 20 *Tiergartens.*
Kreuzband – Streifband für Drucksachen zu ermäßigtem Porto; vgl. »Frau Jenny Treibel«, Kap. 9, und »Die Poggenpuhls«, Kap. 2.
»In balneis salus« – (lat.) In den Bädern ist das Heil; in der Erstausgabe in Antiqua gesetzt.
»Beiträge … Menschengeschlechts.« – Eine solche Publikation ist nicht belegt; in der christlichen Tradition ist mit der »Wiederherstellung des Menschengeschlechts« die Zeit nach der Geburt Christi gemeint. – In einem Entwurf des Schlusses ist ein anderer Titel überliefert, der einen direkten Bezug auf das Décadence-Motiv der Nervosität nimmt: »Der Nervenarzt‹; ~~Versuch~~ Beiträge zur Wiederherstellung des Menschengeschlechts«; vgl. »Überlieferung«, S. 221. Vgl. Anm. zu S. 58 *modernen Einbildungen … nervösen Herrchen.*
mens sana in corpore sano – (lat.) »Ein gesunder Geist in einem gesunden Körper«; in der Erstausgabe in Antiqua gesetzt. Geflügeltes Wort nach einem Zitat aus Juvenals »Satiren« (10,356); seit der 1. Auflage (1864) im »Büchmann« belegt.

Wohin? (1888.)

82 *Wohin? (1888.)* – Zur Entstehung des Titels aus »Wohin? Eine Plauderei« (Zeitschriftenabdruck) und zur Überarbeitung für die Buchausgabe vgl. »Überlieferung«, S. 223.
›*Teilung der Erde*‹ – Titel eines achtstrophigen Gedichts von Schiller (1795/96). Es endet mit Gottes Worten an den zu spät kommenden Dichter: »Willst du in meinem Himmel mit mir leben,/So oft du kommst, er soll dir offen sein.«
Kissingen … Debütnacht – Zusammen mit seiner Frau Emilie hielt sich Fontane in Kissingen erstmals vom 28. bis zum 31. August 1867 auf; vgl. »Eine Frau in meinen Jahren« und die Anmerkungen dazu.
James – Englische Form von Jakob (hebr. Fersenhalter), dem Enkel Abrahams und einer der zentralen Gestalten der jüdischen Geschichte (vgl. 1. Mose 25 – 37). Nach seinen zwölf Söhnen sind die Stämme Israels benannt; vgl. Anm. zu S. 88 *Sarah*.
Misdroy – Auf Wollin (Międzyzdroje). Fontane hielt sich dort am 1. September 1863 auf; vgl. den Brief an seine Frau Emilie vom 30. August 1863.
mehr Berliner als Berlin – Die Berliner bevorzugten als Sommerfrische die Ostseebäder.

83 *mehr Mücken als Berlin* – Die Parallelisierung von Juden und Mücken ist ein antisemitisches Stereotyp; Heinrich Heine karikiert es in seiner Romanze »Doña Clara« (»Buch der Lieder«, »Die Heimkehr«, 1827): »Mücken stachen mich, Geliebter, / Und die Mücken sind, im Sommer, / Mir so tief verhaßt, als wären's / Langenas'ge Judenrotten.«
Kamerun – Deutsches Kolonialgebiet in Zentralafrika; vgl. »Die Poggenpuhls«, Kap. 5 und 12.
Norderney – Norderney, nicht Misdroy, wurde bis 1933 gern von jüdischen Touristen besucht, so dass es über die Grenzen Deutschlands hinaus als ›Judenbad‹ galt. 1878 wurde eine Synagoge für Bade- und Kurgäste gebaut, die nur in den Sommermonaten geöffnet war. Vgl. Fontanes Brief aus Norderney an seine Frau Emilie, 17. August 1882: »Fatal waren die Juden;

ihre frechen, unschönen Gaunergesichter (denn in Gaunerei liegt ihre ganze Größe) drängen sich einem überall auf.« Am 24. Juli 1880 wiederholt er die stereotypen Beschreibungen gegenüber seiner Frau: »Gegessen hab ich an der Table d'hôte des Kurhauses eingekeilt in eine Sippe von 10 bis 12 Liegnitzer Juden beiderlei Geschlechts. Gräßlich! Man muß die Juden nicht nach Hertzens, Lachmanns oder Lazarus beurtheilen.« – Am Ende des 19. Jahrhunderts zählte Norderney 4.018 Einwohner, in den Urlaubsmonaten kamen 26 000 Kurgäste. Vgl. Fontanes Entwurf »Sommers am Meer«, Abschnitt »Norderney«, in dem die Beschäftigungen der Sommerfrischler skizziert werden (NFA XVIII, S. 399 f.), und »Der Karrenschieber von Grisselsbrunn«, Anm. zu S. 38 *Norderney … Ferien.*

83 *Helgoland* – Die Insel war 1888 noch in britischem Besitz; erst seit dem 1. Juli 1890 gehörte sie zum Deutschen Reich.

Emden – Von der Überfahrt von Emden nach Norderney schreibt Fontane am 19. Juli 1883 an seine Frau: »Die Regenstunden in Emden nahmen also endlich ihr Ende und um 1½, ziemlich pünktlich, ging das Schiff. […] Die Fahrt ist langweilig und eigentlich eine Geduldsprobe, besonders deshalb, weil man, wenn man schon da zu sein glaubt, festsitzt und halbe Stunden lang, oft viele Stunden lang, auf Fluth warten muß. So ging es auch gestern, […] um 7 ½ legten wir an dem Pier an.«

der Wille thut viel dabei – Vgl. »Nach der Sommerfrische«.
Wilmersdorf – Vgl. »Nach der Sommerfrische«, Anm. zu S. 17 *Wilmersdorf*, und zur Kegelbahn in Wilmersdorf »Allerlei Glück«.
Kegelpartie … Halensee – In »Frau Jenny Treibel« (Kap. 10) wird eine Landpartie zur Doppelkegelbahn in das westlich von Berlin gelegene Dorf Halensee (heute Stadtteil von Berlin) beschrieben; vgl. auch »Mathilde Möhring«, Kap. 1.
mon ami – In der Erstausgabe in Antiqua gesetzt.
Kegelspiel in den Dünen – Vgl. »Meine Kinderjahre«, Kap. 9.
Strandhafer – Vgl. »Modernes Reisen«, Anm. zu S. 6 *Strandhafer*.

84 *Berliner Kegelbahn … Splitter einreißt* – Vgl. »Meine Kinderjahre«, Kap. 9: »Da [in dem Dorf Kamminke] war eine vielbesuchte Kegelbahn, auf der dann auch die Damen mitspielten. Ich meinerseits aber stellte mich gern neben die splittrige Lattenrinne, drauf der Kugeljunge die Kugeln wieder zurücklaufen ließ, welchen Stand ich übrigens nur wählte, weil ich kurze Zeit vorher gehört hatte, daß ein Mitspielender auf ebendieser Kegelbahn beim Abfangen der heranrollenden Kugel sich einen langen Lattensplitter unter den Nagel des Zeigefingers eingestoßen habe. Das hatte solchen Eindruck auf mich gemacht, daß ich immer schaudernd auf eine Wiederholung wartete, die aber zum Glück ausblieb.«
Ephraims – Ephraim: hebr. Name; Josephs Sohn (vgl. 1. Mose 41,52); auch jüdische Bankiersfamilie in Berlin und Breslau; Veitel Heine Ephraim war Besitzer des prächtigsten Bürgerhauses Berlins, des Ephraim-Palais an der Ecke des Molkenmarktes.
Korde – (frz. corde) Strick, Seil.
nach Amerika gegangen – Zum Amerika-Motiv vgl. »Im Coupé«, Anm. zu S. 31 *will ich … über das große Wasser*, »Der Karrenschieber von Grisselsbrunn« und »Eine Frau in meinen Jahren«.
Tabagie – Aus Frankreich übernommene und bis 1848 übliche Bezeichnung eines Lokals, in dem geraucht werden durfte; eher abwertend für Lokale zweifelhaften Rufs mit Musik, Tanz, Puppenspiel und Taschenspielern.
großen Fall – Doppeldeutig; damit können sowohl die Niagarafälle als auch der mögliche Konkurs des Auswanderers gemeint sein.
Karaiben-Insel … anthropophagem – An der Nordküste Südamerikas und auf den kleinen Antillen lebten die Karaiben, kriegerische Kannibalen.

85 *Justizrat Markauer* – Möglicherweise Anspielung auf den Rechtsanwalt H. Markower, der am Landgericht I. in der Königstraße arbeitete; vgl. »Berliner Adreß-Buch für das Jahr 1888«.

85 *Tant mieux* – (frz.) um so besser; in der Erstausgabe in Antiqua gesetzt.
frühstücken – Das zweite Frühstück, das sogenannte Gabelfrühstück; vgl. Anm. zu S. 94 *Gabelfrühstück*.
›*Jugenderinnerungen*‹ – Möglicherweise Anspielung auf Wilhelm von Kügelgens »Jugenderinnerungen eines alten Mannes« (1870).
Liebfrauenmilch … Bocksbeutel … Urgermanisches – Deutsche Weine aus den germanischen Siedlungsgebieten Rheinhessen und Franken im Unterschied zum portugiesischen und spanischen Portwein und Sherry. Um die Kirche des Liebfrauenstifts in Worms (Rheinhessen) angebauter Riesling. Fränkische Weine werden in sogenannten Bocksbeuteln abgefüllt.

86 *Anti-Semitin* – Der Begriff des Antisemitismus, der erstmals eine rassistische Unterscheidung zwischen Juden und Christen beinhaltet, kam im Zuge des Berliner Antisemitismusstreits 1878/79 auf. Vgl. »Altes und Neues – Erzählformen des Übergangs«, S. 163.
Norderney … noch hannoversch war … Dünger – Nach dem Deutschen Krieg von 1866 wurde Hannover Preußen einverleibt; damit gehörte auch die ostfriesische Insel Norderney zur preußischen Provinz Hannover. Die südöstliche Hälfte der Insel besteht aus bis zu 26 m hohen Sanddünen, zwischen denen sich fruchtbares Ackerland befindet. Vgl. Anm. zu S. 83 *Norderney*, und »Der Karrenschieber von Grisselsbrunn«, Anm. zu S. 38 *Norderney … Ferien*.
falsch Zeugnis reden – Anspielung auf 2. Mose 20,16 (das achte Gebot): »Du sollst kein falsch Zeugnis reden wider deinen Nächsten.«
Guano – Ausscheidungen von Südseevögeln; in Peru, Bolivien und Chile seit mehreren Jahrhunderten als Düngemittel für sandige Küstenlandschaften verwendet, seit Mitte des 19. Jahrhunderts auch in Deutschland genutzt.
à tout prix – In der Erstausgabe in Antiqua gesetzt.

87 *Neuadel der Familie von Ozon* – Vgl. »Modernes Reisen«, Anm. zu S. 13 *nervenstillendem Ozon*.

87 *Schwefelwasserstoff ... Hölle* – Die hochgiftige, nach faulen Eiern riechende chemische Verbindung (H_2S) wird unter anderem von Vulkanen ausgeworfen; Vulkankrater galten im Volksglauben als Höllenausgang.
die Hölle ... vor dem Himmel – Im jüdischen Glauben galt lange die Vorstellung einer Unterwelt – ähnlich wie in der griechischen und römischen Antike – als Aufenthaltsort der Toten. Später bildete sich der Glaube an einen höllenähnlichen Ort der Strafen und an das Paradies heraus, das im Himmel zu finden sei.
Barackenhotel ... ›Giftbude‹ – Während seiner Norderney-Aufenthalte kehrte Fontane mehrfach in dem Strandhotel ein; vgl. die Briefe an seine Frau Emilie vom 9. August 1882: »in der ›Giftbude‹ Hummer« sowie vom 13. August 1883: »nun will ich mich anziehn und auf der ›Giftbude‹ meine Kreuz-Ztng lesen. Denn die Mostrich-Zeitungen, die dort ausliegen, haben außer ihrer Caca du Dauphin-Farbe auch noch *den* Vorzug, immer 5 Tage alt zu sein.«
Lohengrin und Tannhäuser – »Lohengrin. Romantische Oper in drei Aufzügen« (Uraufführung 1850) und »Tannhäuser und der Sängerkrieg auf Wartburg. Große romantische Oper in drei Akten« (Uraufführung 1845) von Richard Wagner; vgl. Fontanes Gedicht »Brunnenpromenade« (Bd. 1, S. 46 f.) und seine Notizbuchaufzeichnungen »Aus Thüringen« (Wüsten 1972).
einen Seehund, tot oder lebendig – Vgl. Fontane an seinen Sohn Theodor, 12. August 1895, über die Unsitte des Seehundschießens als Unterhaltung für die Sommergäste in den Seebädern: »[...] oder [wer] drei Stunden in Sonnenglut auf dem Wasser ist, um Seehunde zu schießen«. Vgl. »Effi Briest«, Kap. 16.
Dampfschiffe – Zu den Freizeitvergnügungen der Badegäste auf Norderney vgl. Fontanes »Sommers am Meer«.

88 *Rigi* – Wegen seiner berühmten Aussicht (höchster Gipfel der Rigi-Kulm, 1797 m) war das Schweizer Gebirge in den Kantonen Schwyz und Luzern ein beliebtes Ausflugsziel des Bürgertums im 19. Jahrhundert. 1871 wurde die Vitznau-Rigi-

Bahn eröffnet, die erste alpine Touristenbahn der Schweiz, die auf den Rigi führte, 1875 die Arth-Rigi-Bahn.

88 *Brocken* – Vgl. »Onkel Dodo«, Anm. zu S. 64. *Brocken … Brockenhause.*
Oybin – Eine Sandsteinkuppe, die höchste Erhebung im Zittauer Bergland (513 m). Sie zog im 18. und 19. Jahrhundert besonders Maler wie Caspar David Friedrich oder Ludwig Richter an.
Sarah – (hebr. Fürstin) Frau und Halbschwester Abrahams und Großmutter Jakobs; vgl. 1. Mose 15 ff. und Anm. zu S. 82 *James.*
Michaelisferien – Herbstferien um den 29. September, den Gedenktag des Erzengels Michael (hebr. Wer ist wie Gott?), der im Alten Testament als Schutzengel Israels erscheint (vgl. Daniel 10,13). Vgl. »Die Poggenpuhls«, Kap. 1.
Landpartieen – Sommerliches Freizeitvergnügen für zunächst adlige und bürgerliche Kreise, seit dem 18. Jahrhundert in Mode gekommene Tagesausflüge einer Gruppe von Städtern ins Umland; vgl. die Fahrt nach Stralau in »L'Adultera«, Kap. 8–10, nach Tempelhof in »Schach von Wuthenow«, Kap. 4, nach Halensee in »Frau Jenny Treibel«, Kap. 10, zum Eierhäuschen in »Der Stechlin«, Kap. 14 bis 15, das Gespräch zwischen der Geheimrätin Zwicker und Effi in »Effi Briest«, Kap. 30, und das Gespräch in »Stine«, Kap. 9.
Telephon … hinauf – Nach der Erfindung des elektromagnetischen Telefons durch Alexander Graham Bell in Boston (1876) wurde in Berlin am 12. Januar 1881 die erste Fernsprechvermittlungsanstalt Deutschlands eröffnet; 1889 wurde die 10 000. Sprechstelle eingerichtet. Haustelefone zählten – wie das Telefon überhaupt – im späten 19. Jahrhundert zu den Luxusgütern. Auch die Angabe, dass der Vater in das Kinderzimmer »hinauf«telefoniert, ist ein Hinweis auf die Wohlhabenheit der Familie: Sie bewohnt eine zweigeschossige Wohnung bzw. ein ganzes Haus.
Tapetenthür – Eine unauffällige Zwischentür mit tapeziertem Türblatt.

88 *Backfisch* – Die Bezeichnung für ein junges Mädchen stammt aus dem Fischfang. Ein Backfisch ist ein sehr junger Fisch, der sich aufgrund seiner Zartheit nicht zum Kochen, sondern nur zum Backen eignet. Eine andere Herleitung besagt, dass die zu kleinen Fische über die »Back«, einen Aufbau auf dem Vorderdeck des Schiffes, ins Meer zurückgeworfen wurden.
Oberlin – Vermutlich eine Hauslehrerin oder Erzieherin; der Name ist möglicherweise eine Anspielung auf Johann Friedrich Oberlin (1740 – 1826), den elsässischen Pfarrer und Pionier einer kindgerechten Pädagogik; er handelte nach dem Grundsatz: »Erzieht eure Kinder ohne zuviel Strenge […] mit andauernder zarter Güte, jedoch ohne Spott.« Nach Oberlin sind zahlreiche Erziehungseinrichtungen benannt, zum Beispiel das 1876 in Nowawes (heute Potsdam-Babelsberg) gegründete Oberlin-Seminar, das heute noch in Berlin besteht.

89 *ziepte* – an den Backenbarthaaren zog.
Hohen Rat – Hoher Rat (lat. Synedrium); seit dem 2. Jahrhundert v. Chr. bis zum Fall Jerusalems (70 n. Chr.) die höchste jüdische Staatsbehörde in Staats-, Rechts- und Religionsangelegenheiten, die seit 63 v. Chr. unter römischer Aufsicht stand. Der Hohe Rat bestand aus 70 Mitgliedern des Priesteradels, später auch der pharisäischen Schriftgelehrten; den Vorsitz führte der Hohepriester.
Die Singhalesen … Zoologischer Garten – Der Berliner Zoo wurde 1844 als Aktiengesellschaft unter der Leitung von Martin Lichtenstein (1780 – 1857) als erster Zoo Deutschlands gegründet. Er befindet sich am linken Ufer des Landwehrkanals, damals außerhalb des Stadtzentrums nahe Charlottenburg am Kurfürstendamm (vgl. »Nach der Sommerfrische«, Anm. zu S. 24, *Kurfürstendamm*). Seit 1869 gehörte der Zoo durch eine Umgestaltung und Vermehrung der Tierbestände zu den bedeutendsten Europas. Im 19. Jahrhundert waren die Zoologischen Gärten auch Schauplätze der sogenannten Völkerschauen, mit denen etwa der Hamburger Tierpark- und Zirkusdirektor Carl

Hagenbeck auf Tournee ging: »Gezeigt wurden Nubier, Eskimos, Lappen, Patagonier, Australier, Singhalesen, Kalmücken, Samoaner, Mongolen, Somalis, ganze ›afrikanische Dörfer‹ mit Massais, Wahitis, Oromos, Suahelis und Arabern, Oglala-Sioux, Beduinen, Tscherkessen oder Kaledonier. Eine Reihe der ›Völkerschauen‹ Hagenbecks [...] wurde [...] in Tiergärten veranstaltet« (Macho, S. 13 – 33).

89 *Kirschen ... Steine ... Hand pustend* – Die Kirsche »spielt in erotischen Vergleichen und Redensarten eine Rolle. [...] Wenn man K[irsche]n gegessen hat, zählt man an den Steinen ab, ob man einen Mann bekomme« (Bächtold/Stäubli, Bd. 4, Sp. 1430 und 1433).

Was kein Verstand der Verständigen – Seit der 1. Auflage (1864) im »Büchmann« als geflügeltes Wort überliefert, das auf 1. Kor. 1,19 zurückgeht: »ich will umbringen die Weisheit der Weisen, und den Verstand der Verständigen will ich verwerfen«. Das Zitat ist auch in Schillers Gedicht »Die Worte des Glaubens« (1798) belegt: »Und was kein Verstand der Verständigen sieht, / Das übet in Einfalt ein kindlich Gemüt« (Vers 17 f.).

Meddelhammer – Anspielung auf den österreichischen Schriftsteller Albin Johann Baptist von Meddlhammer (1777 – 1838), der erotisch-anzügliche Possen schrieb und seit 1820 als Italienischlehrer am Berliner Gymnasium »Zum grauen Kloster« unterrichtete. Seine Komödie »Endlich hat er es doch gut gemacht« wurde seit dem 15. Mai 1848 im Königstädtischen Theater in Berlin gespielt. – In den Berliner Adressbüchern findet sich gelegentlich auch – wie in Fontanes Text – die Schreibung »Meddelhammer«.

90 *Turf und Tattersall* – Turf: (engl.) Reitbahn; Tattersall: Unternehmen zur Unterbringung und Pflege fremder Pferde. Der Name leitet sich ab von dem englischen Trainer Richard Tattersall (1724 – 1795). In Berlin gab es mehrere solcher Einrichtungen, die von der Berliner Tattersall AG unterhalten wurden: am Brandenburger Tor (vgl. »Professor Lezius oder Wieder daheim«, Anm. zu S. 137 *Tattersall*), im Großen Tiergarten sowie am Schiffbauerdamm.

90 *Nomina propria* – (lat.) Eigennamen.
Hammer ist bedeutungslos – Der Hammer ist ein altes Phallussymbol, gerade im Kompositum »Mädelhammer« also alles andere als »bedeutungslos« (vgl. Bächtold/Stäubli, Bd. 3, Sp. 1375).
Pet – (engl.) Schoßtier, Haustier; hier im Sinne von »Liebling«.

91 *gegen Schulräte bin* – Vgl. Fontanes Darstellung des Schulrats Methfessel in »Von Zwanzig bis Dreißig«, Abschnitt »Der Tunnel über der Spree«, Kap. 5. Zum Titel »Rat« vgl. »Eine Frau in meinen Jahren«, Anm. zu S. 43 *Herr Rat*.
ins Museum … pergamenischen Altertümer – Im Alten Museum (vgl. Anm. zu S. 92 *alten Museum*) waren seit 1880 die Skulpturen der pergamenischen Altertümer, darunter der Kampf des Zeus, ausgestellt. Im Auftrag Preußens und unter der Leitung des Archäologen Alexander Christian Leopold Conze (1831–1914) sowie des Ingenieurs Karl Humann (1839–1896) wurden zwischen 1878 und 1886 auf der Akropolis von Pergamon in Kleinasien (heute Bergama) erste Teile des im 2. Jahrhundert vor Christus gebauten, unvollendet gebliebenen Zeus-Altars ausgegraben und nach Berlin gebracht. Die schönsten Funde waren in der Rotunde des Alten Museums ausgestellt, weitere im Assyrischen Saal provisorisch untergebracht. Erst 1901 wurde das erste Pergamonmuseum eröffnet, das bereits 1908 wieder abgerissen wurde. Das zweite Pergamonmuseum besteht seit 1930. Vgl. Fabricius/Pietsch. Vgl. auch »Der Stechlin«, Kap. 35.
Tyrolerhut – Auch dies ein Hinweis auf die österreichische Herkunft des historischen Meddelhammer; vgl. Anm. zu S. 89 *Meddelhammer*.
Krimstecher – Fernrohr, Feldstecher. Die Bezeichnung geht zurück auf die Verwendung im Krimkrieg (1853–1856); seither war der Feldstecher als Reiseaccessoire in Mode. Vgl. auch »Mathilde Möhring«, Kap. 16 und 17, und »Die Poggenpuhls«, Kap. 13.
Baedecker – Nach dem Buchhändler und Verleger Karl Baedeker (1801–1859) benannte Reisehandbücher, die bis heute

in zahlreichen Auflagen verbreitet sind. Mit dem Ankauf der Rohling'schen Buchhandlung übernahm Baedeker Kleins »Rheinreise«; mit der 3. überarbeiteten Auflage 1839 erschien der erste »Baedeker«. Es folgten weitere Handbücher für Belgien und Holland. 1878 wurde mit dem »Separat-Abdruck aus Baedeker's Nord-Deutschland«, »Berlin, Potsdam und Umgebungen«, der erste Baedeker für Berlin herausgebracht. Für den deutschen Touristen bemühte sich die Baedeker-Redaktion, einen »genau kalkulierte[n] Reise-Etat« zu ermitteln und somit den »Reisenden vor unnötigen Ausgaben, vor der ›Tyrannei‹ von Lohnbedienten oder Fremdenführern zu schützen« (Knoll, S. 343).

91 *last not least* – In der Erstausgabe in Antiqua gesetzt.
modernen Rembrandthut – Auch Rubenshut; im 19. Jahrhundert modischer Frauenhut mit breiter geschwungener Krempe, ähnlich den Hüten auf Porträts von Rubens und Rembrandt. Vgl. Käthes Reisehut in ›Irrungen, Wirrungen‹, Kap. 18, und »Graf Petöfy«, Kap. 16.
Ostende – Mondänes Nordseebad in Belgien mit bis zu 18 000 Badegästen im Jahr (1878). Vgl. Fontanes Brief an seinen Sohn Friedrich, 28. August 1894: »Ostende gilt, glaub ich, ganz als Nummer eins und übertrifft an Glanz die französischen und englischen Badeplätze; jedenfalls ist das Publikum bunter, internationaler.«

92 *en ligne* – (frz.) auf gleicher Linie; in der Erstausgabe in Antiqua gesetzt.
Friedrichsbrücke – Sie verbindet die Museumstraße (heute Bodestraße) mit der Neuen Friedrichsstraße (heute Littenstraße) in der Berliner Friedrichsstadt.
kapitales Frühstückslokal – Vermutlich das Börsenhotel und -restaurant Arenstein in der Burgstraße 27/27 a. Zum Modewort »kapital« vgl. Onkel Dodos Vergnügen beim Gespräch über das Zäpfchen, S. 68, und Leos bevorzugte Redewendungen in »Die Poggenpuhls«, Kap. 3.
alten Museum – An der Nordseite des Lustgartens auf der Spreeinsel (heute Museumsinsel) gelegen, von Schinkel zwischen 1824 und 1828 als Königliches Museum gebaut

und 1830 eröffnet; ältester Berliner Museumsbau. Das Gebäude galt als das populärste Werk Schinkels. Es beherbergte die Sammlungen der Kurfürsten von Brandenburg und der Könige von Preußen, Gemälde- und Skulpturengalerien sowie die Antikensammlungen. Im Zweiten Weltkrieg wurde es zerstört und 1960 wiederaufgebaut.

92 *das neue* – Das Neue Museum wurde zwischen 1843 und 1855 von Friedrich August Stüler (1800–1865) als zweites Berliner Museum errichtet.
National-Galerie – Am 22. März 1876 eröffnete die östlich des Neuen Museums gelegene, von Stüler entworfene und von Strack ausgeführte Nationalgalerie (heute »Alte Nationalgalerie«). Ausgestellt waren Werke ausländischer Künstler und deutsche Gemälde seit 1780.
Kupferstich-Kabinet … Zeichnungen zu Dante … Boticelli – Das Kupferstich-Kabinett befand sich im Neuen Museum (heute im neuen Kupferstichkabinett an der Matthäikirche); es hatte sich auf Zeichnungen und Graphik spezialisiert. – Der Maler der Florentiner Schule Sandro Botticelli (1447 bis 1510) hatte in den 1490er Jahren als Auftragsarbeit die Miniaturausschmückung eines Exemplars von Dantes »Divina Commedia« für Lorenzo di Pier Francesco de' Medici übernommen. Botticelli schuf etwa hundert Federzeichnungen, drei davon farbig, die dem Text jeweils auf einer gegenüberliegenden Seite zugeordnet waren (»Inferno«, »Purgatorio« und »Paradiso«); die Arbeit blieb unvollendet. Im Kupferstich-Kabinett zu Berlin werden 88 Blatt mit 84 Zeichnungen aufbewahrt.
Joachimsthal – Angesehene Internats-Lateinschule für Jungen, die 1604 vom Brandenburgischen Kurfürsten Joachim gegründet und 1688 aus der Mark Brandenburg nach Berlin in die Burgstraße verlegt wurde.
Ober-Sekunda – Die 7. Klasse des Gymnasiums.

93 ›*schmustrige Ecke*‹ – Gemütliche, anheimelnde Ecke. Vgl. »Von Zwanzig bis Dreißig«, Abschnitt »Mein Leipzig lob' ich mir«, Kap. 1: »Alles modern Patente, was doch sehr was andres als Schönheit ist, ist mir von jeher unausstehlich oder

mindestens sehr langweilig gewesen, während alles Krumme und Schiefe, alles Schmustrige, alles grotesk Durcheinandergeworfene von Jugend auf einen großen Reiz auf mich ausgeübt hat.«

93 *Larose* – Bordeauxwein vom berühmten Weingut Château Gruaud-Larose, das seit der Klassifikation von 1855 als Deuxième Grand Cru Classé eingestuft ist. Larose-Weine waren (und sind) entsprechend teuer.
Chesterkäse – Der aus England stammende Käse (Cheshire Cheese) war in Deutschland schon seit dem späten 18. Jahrhundert bekannt; vgl. Oekonomische Encyklopädie: »In England ist der *chester* […] Käse der beste; und wenn er anderswo daselbst nachgemacht wird, so schmeckt er nicht völlig, wie der erstere« (Bd. 35, S. 419). In Meyers Konversationslexikon (4. Auflage 1885 – 1892) heißt es: »Chesterkäse geht durch die ganze Welt« (Bd. 3, S. 1001).

94 *Semmeln … niedrigen Weizenpreise … kleiner* – Aufgrund reicher Weizenernten und durch Billigeinfuhren fielen in den 1880er Jahren die Lebensmittelpreise in ganz Europa. Vgl. Friedrich Engels' Artikel »Amerikanische Lebensmittel und die Bodenfrage« (1881): »Diese amerikanische Revolution des Ackerbaus ermöglicht es, zusammen mit der Revolutionierung der Transportmittel, wie sie die Amerikaner erfunden haben, den Weizen zu so niedrigen Preisen nach Europa zu bringen, daß kein europäischer Landwirt konkurrieren kann – zumindest, solange man von ihm erwartet, daß er Pacht zahle. Man erinnere sich des Jahres 1879, als sich das zum erstenmal fühlbar machte. Die Ernte war in ganz Westeuropa schlecht; in England gab es eine Mißernte. Dennoch blieben dank dem amerikanischen Getreide die Preise fast unverändert. Zum erstenmal hatte der englische Pächter gleichzeitig eine schlechte Ernte und niedrige Weizenpreise. Damals begannen sich die Pächter zu rühren und die Grundbesitzer gerieten in Unruhe. Im nächsten Jahre, als die Ernte besser war, fielen die Preise noch mehr. Den Getreidepreis bestimmen jetzt die Produktionskosten in Amerika zuzüglich der Transportkosten. Und das wird von

Jahr zu Jahr mehr der Fall sein, in dem Maße, in dem neues Prärieland unter den Pflug genommen wird. Die dafür erforderlichen Armeen von Landarbeitern liefern wir selbst aus Europa, indem wir Auswanderer hinüberschicken« (Marx/Engels, S. 271). – Die Semmeln dürften infolge dieser ökonomischen Zusammenhänge allerdings nicht kleiner, sondern eher größer werden; auch sind in diesem Fall nicht die Bäcker »arm«, da sie ja für den Weizen weniger bezahlen müssen, sondern die Weizenbauern, die für ihr Produkt immer weniger Geld bekommen.

94 *Gabelfrühstück* – Zum zweiten Frühstück traf man sich um 12 Uhr. Serviert wurde ein kleines Mittagessen ohne Suppe oder kalte Speisen und ein Fruchtdessert. Die Damen erschienen in Promenadentoilette, die Herren im Gehrock; vgl. Rex, S. 89 f. Vgl. »L'Adultera«, Kap. 8, und »Der Stechlin«, Kap. 6.

95 *Pariser Zug ankommt* – Die Züge aus Paris kamen am Lehrter Bahnhof an.
Hotel de Rome – Grand Hôtel de Rome, ein erstrangiges Hotel Unter den Linden 39 an der Ecke Charlottenstraße mit Restaurant, Wiener Café, Badeanstalt sowie Konzert- und Festsälen. Seit 1850 im Besitz der Familie Mühling; vgl. Anm. zu S. 96 *Mühling*.
Russen … Engländer … Thee – Vgl. »Nach der Sommerfrische«, Anm. zu S. 21 *Thee … undeutschesten aller Getränke*.
Linden … bekanntlich keine sind – Die 1,3 km lange und 60 m breite Straße Unter den Linden vom Brandenburger Tor bis zum Königlichen Schloss mit einer Promenade von in vierfacher Reihe stehenden Linden-, Ahorn- und anderen Bäumen, prunkvollen Gebäuden und eleganten Cafés, die belebteste Chaussee Berlins zu Beginn des 19. Jahrhunderts. Sie wurde von Kurfürst Friedrich Wilhelm 1647 angelegt und war die Hauptader des neuen Straßennetzes, die das Schloss vom Brandenburger Tor aus in repräsentativer Perspektive erscheinen ließ. Vgl. Siebenborn: »1869 setzte ein großes Baumsterben ein. […] Lenné entdeckte aber endlich die Ursache hierfür. Durch den soeben angelegten Landwehrkanal hatte

sich der Grundwasserspiegel gesenkt. Das schadete den Bäumen, unter denen sich bei schärferem Zusehen auch Kastanien, Platanen und Ebereschen befanden« (S. 140).

96 *Passage … spanische Nacht … Alhambra* – Die Kaisergalerie, auch Passage genannt, an der Südseite Unter den Linden 22/23. Sie wurde zwischen 1869/71 und 1873 von den Architekten Walter Kyllmann (1837 –1913) und Adolf Heyden (1838–1902) im Renaissance-Stil gebaut. Nach dem Vorbild der Mailänder Galleria Vittorio Emanuele führte die fast 8 m breite und 13,5 m hohe glasgedeckte Galerie von Unter den Linden nach der Friedrich-, Ecke Behrenstraße. Neben eleganten Geschäften und einem Café-Restaurant befand sich dort auch das Passage-Panoptikum mit Wachsfigurenkabinett und Dioramen, in dem abends Varieté-Veranstaltungen stattfanden. Seit 1888 wurde dort das spektakuläre Sündflut-Panorama ausgestellt. Vgl. »Auf der Suche«, Anm. zu S. 97 *Panoramen.*
Kranzler – Berühmte Konditorei Unter den Linden 25/ Ecke Friedrichstraße, bekannt wegen ihres »Vorzüglich[en] Gefrorene[n]« (Grieben, S. 40); heute am Kurfürstendamm/ Ecke Joachimsthaler Straße. In Fontanes erzählerischem Werk oft erwähnt; vgl. z. B. »Effi Briest«, Kap. 3.
Panaché – Aus verschiedenen Fruchtsäften hergestelltes buntgestreiftes Eis.
Rittergutsbesitzerin – Seit 1867 waren Landgüter uneingeschränkt von jedermann zu erwerben. Eigentümer der preußischen Rittergüter war aber meist der Landadel. In seinem Brief an Wilhelm Wolfsohn vom 25. Juni 1854 bezeichnet Fontane die Ehefrau seines Freundes Hermann Scherz, Lisbeth, als »Gattin [eines] große[n] Rittergutsbesitzer[s]«.
Mühling – Name der Hotelierfamilie Adolf Mühling (geb. 1820), der mit seinem Sohn Wilhelm Gustav August Mühling (geb. 1854) seit 1850 Inhaber des Hôtel de Rome war; vgl. Anm. zu S. 95 *Hotel de Rome.*
ein Sommer in Berlin – Anspielung auf den Titel von Theodor Fontanes englischem Reisebuch »Ein Sommer in London« (1854).

Auf der Suche.
Spaziergang am Berliner Kanal. (1889.)

97 *Auf der Suche. Spaziergang am Berliner Kanal. (1889.)* –
Zur Entstehung des Titels aus »Auf der Suche. Ein Brief an
den Herausgeber« (erste Niederschrift), »Auf der Suche
(Studienreise am Berliner Canal.)« und »Auf der Suche«
(Zeitschriftenabdruck) sowie zur Überarbeitung für die
Buchausgabe vgl. »Überlieferung«, S. 223–229.
flaniere – Vgl. »Altes und Neues – Erzählformen des Übergangs«, S. 164. Zur Figur des Flaneurs vgl. Waldemar in
»Stine«, Kap. 15.
Panoramen – Nach dem gewonnenen Krieg gegen Frankreich 1871 erlebten in Deutschland großflächige Panoramen
bis in die 1890er Jahre hinein eine neue Blütezeit. Aktiengesellschaften übernahmen den Bau und die Finanzierung der
großen Hallen und kümmerten sich um die Organisation der
Ausstellungen. In Berlin wurden zahlreiche Panoramen gezeigt, die antike Themen, moderne Schlachten oder auch die
Kolonialpolitik vorstellten. In Fontanes erzählerischem Werk
werden gelegentlich Panoramen und Panoramengebäude
erwähnt; vgl. »Effi Briest«, Kap. 6, und »Die Poggenpuhls«,
Kap. 9.
Eduard Hildebrandt – Eduard Hildebrandt (1818–1868),
der »glänzendste unter unseren Landschaftsmalern«, kam
auf seiner Weltreise zwischen 1862 und 1864 über Triest,
Alexandria, Suez und Aden nach Bombay, durch Vorder-
und Hinterindien, China, Japan über den Pazifischen
Ozean, Mittelamerika bis in die Vereinigten Staaten von
Amerika; vgl. Fontane: »Eduard Hildebrandt«. – Fontane berichtete am 17. November 1864 in der »Neuen Preußischen
[Kreuz-]Zeitung« von der privaten Kunstausstellung Hildebrandts Unter den Linden, in der er die »Ausbeute« seiner
Weltreise (ca. 300 Gemälde) präsentierte; vgl. Fontanes Artikel »Eduard Hildebrandt [1864]« und den Beitrag in dem
biographischen Lexikon »Männer der Zeit« sowie seine späteren Ausstellungsberichte, »Zwei Hildebrandts im Lokale

des Kunstvereins 1866« und »Hildebrandt-Ausstellung 1869« (NFA XXIII/1). Vgl. »Altes und Neues – Erzählformen des Übergangs«, S. 165. In Fontanes erzählerischem Werk wird Eduard Hildebrandt öfter erwähnt; vgl. etwa »Die Poggenpuhls«, Kap. 8.

97 *Siam-Elephant … untergehenden Sonne* – Vgl. Fontanes Beschreibung des Gemäldes »Ein Abend in Siam« von Eduard Hildebrandt, das in der Ausstellung 1864/65 gezeigt wurde: »Unter all den hundert Blättern war eins, das einen besonderen Eindruck auf uns ausübte und uns treu im Gedächtnis blieb. Ein Wasser zog sich durch baumloses Flachland; am Himmel, inmitten des Bildes, hing rotglühend der untergehende Ball der Sonne; im Vordergrund, mit siegreicher Kühnheit dicht neben den Ball der Sonne gestellt, stand die dunkle Masse eines Siam-Elefanten. Es war eine glänzende Leistung, und wir würden sagen, es wirkte wie ein geniales Impromptu, wenn nicht, die Wirkung vertiefend, ein poetischer Zauber, etwas Indisch-Geheimnisvolles um dies Stück ›Rangoon‹ [Rangun, Hauptstadt von Birma] gewesen wäre. [–] Diese glänzende Farbenskizze oder doch das Motiv derselben: Sonnenball und Elefant in einer einsamen Sumpflandschaft, hat der Meister jetzt [1866] in einem *großen Ölbilde ausgeführt*. Es führt die Unterschrift: ›Ein Abend in den Tropen‹« (»Zwei Hildebrandts im Lokale des Kunstvereins [1866]«. In: NFA XXIII/1, S. 341–344, hier S. 341 f.). Vgl. auch Tagebuch, 3. Januar 1866: »In den Kunstverein, um zwei große Bilder von Eduard Hildebrandt (Sonnenuntergänge am Ganges und in Siam) zu sehn. Gearbeitet (über Hildebrandt und Hesekiel).«

farbenblasse … langgestreckte Inselprofile – Vgl. Fontane an Hans Hertz, 8. August 1890: »Vor einem Vierteljahr schrieb ich für Brahms Grünes Heft eine kleine Plauderei ›Auf der Suche‹, worin ich eines Ed. Hildebrandtschen Aquarells (Ladronen-Inseln etc) begeistert Erwähnung that und 3 Tage später empfing ich, in Begleitung eines reizenden kleinen Gedichts, das Hildebrandtsche Bild in Farbendruck. Bild und Gedicht erfreuten mich sehr« (Davidis, Sp. 1525). Die

Ladronen (heute Marianen) sind eine Inselgruppe Mikronesiens im westlichen Pazifik.

98 *Sechellen* – Seychellen, von Korallenriffen umgebene Inselgruppe im Indischen Ozean.
Comoren – Von Korallenfelsen umgebene Inselgruppe vulkanischen Ursprungs zwischen dem nördlichen Madagaskar und Mosambik.
China, Heydtstraße 17 – Der Sitz der Chinesischen Gesandtschaft befand sich in der Villa von der Heydt, Von der Heydtstraße 15, im sogenannten Geheimratsviertel im Tiergarten. Das Gebäude hatten die Berliner Architekten Hermann Ende und Gustav Adolph Lincke von 1860 bis 1862 für den preußischen Staatsminister August Freiherrn von der Heydt (1801–1874) gebaut, der bis zu seinem Tod in der Villa lebte und hier zahlreiche Künstler, Diplomaten und Politiker empfing, u. a. Bismarck und den preußischen König. Die Gartengestaltung stammt von Johann Peter Lenné. Die Villa mit hohem Sockel- und niedrigem Mezzaningeschoss besteht aus einem Hauptbau mit übergiebeltem Eingangsvorbau an der Straßenfront. An der Westseite befindet sich eine Säulenhalle mit Freitreppe und an der Südseite ein dreigeschossiger Turm. Vgl. die Beschreibung in »Berlin und seine Bauten«, S. 424: »Als eine bedeutende Anlage, in der die Traditionen der älteren Berliner Architektur-Schule mit den Bestrebungen der neueren Zeit sich vereinen, ist die *Villa von der Heydt* am Landwehr-Kanal (an der Ecke der von der Heydt- und Kaiserin-Augustastr.) zu nennen, die durch *Ende* nach Entwürfen des Geh. Oberbrth. *Lincke* ausgeführt und Anfang der 60er Jahre vollendet wurde. – Das auf hohem Unterbau errichtete zweigeschossige Haus zeigt einen streng geschlossenen Grundriss; die in Putz ausgeführte hellenische Architektur der Façaden hat ziemlich massige, schwere Verhältnisse. Die reichen, in Ziegeln und Terrakotten ausgeführten Umwährungen mit Veranden, welche das Grundstück umgeben, ebenso das zu der Villa gehörige, zierliche Wirthschaftsgebäude sind von Ende erfunden. Letzteres, eine Kombination von Ziegelrohbau und Fachwerk mit geschnitzten Giebelver-

kleidungen, mit Altanen, Erkern und Vorhallen, zeigt den sogenannten ›Schweizerstil‹ in besonders reicher Durchbildung und ist seither vielfach als Muster für derartige Anlagen benutzt worden.« Vgl. auch die Beschreibung der Villa als »ein kleines China« in Karl von der Heydts »Unser Haus«, S. 19, und die Abbildung bei Opprower. 1878–1890 war das Gebäude an die chinesische Botschaft vermietet. Die Villa von der Heydt wurde im Zweiten Weltkrieg teilweise zerstört; seit der Restaurierung hat die Hauptverwaltung der Stiftung Preußischer Kulturbesitz hier ihren Sitz (vgl. Rave/Wirth, S. 152, und Fischer u. a., S. 84).

98 *Potsdamerstraße* – Westlich des Potsdamer Platzes; Fontane wohnte seit dem 3. Oktober 1872 in der Potsdamer Straße 134 c (heute Alte Potsdamer Straße im Berliner Stadtteil Tiergarten/Mitte).

Kanalufer – Das Schöneberger Ufer.

Rialtocharakter – Die Hauptbrücke Venedigs, der Ponte Rialto, ein Marmorbogen mit einer Spannweite von 28 m bei einer Höhe von 7,5 m.

»am leichten Stabe,« … *Ibykus* – Zitat aus Schillers Ballade »Die Kraniche des Ibykus« (1797), aus der Fontane immer wieder zitiert; vgl. z. B. »Meine Kinderjahre«, Kap. 16.

Potsdamerbrücke – Die Potsdamer Brücke führt über den Landwehrkanal und verbindet die beiden Teile der Potsdamer Straße.

Pferdebahnwagen – Vgl. »Onkel Dodo«, Anm. zu S. 81 *Pferdebahngeleisen*.

Flachkahn – Vgl. Waldemars Betrachtung der Kähne in »Stine«, Kap. 15.

99 *jenseits der Eisenschienen gelegene Dreieck* – Der Blick des Erzählers fällt auf die Gleise der Magdeburger Bahn, die zum Potsdamer Bahnhof führen; mit dem Dreieck könnte das östlich davon gelegene Straßendreieck Schöneberger Straße, Tempelhofer Ufer und Luckenwalder Straße gemeint sein.

Spree-Atheners – Wortbildung in Anspielung auf Erdmann Wirckers Gedicht auf Friedrich I. von Preußen (1706): »Die

Fürsten wollen selbst in deine Schule gehen,/Drumb hastu auch für sie ein Spree-Athen gebauet.«

99 *Verhältnis der kleineren Bude zur größeren ... Schwesterbude* – Bis zum Ersten Weltkrieg waren in Berlin Toilettenhäuschen und Zeitungskiosk in einem Gebäude untergebracht.

Abendblatt – Mehrere Berliner Zeitungen erschienen als Morgen- und Abendausgabe. – Im Zeitschriftenabdruck kauft der Erzähler ein Exemplar der neuausgelieferten »Freien Bühne für modernes Leben«, also des Periodikums, in dem der Text erschien; vgl. »Überlieferung«, S. 226.

»Fliegenden Blätter« – Vgl. »Modernes Reisen«, Anm. zu S. 11 »Fliegenden Blättern«.

Straßenlinie ... unter verschiedenen Namen – Das Schöneberger und anschließende Lützow-Ufer.

Zoologischen Garten – Vgl. »Wohin?«, Anm. zu S. 89 *Die Singhalesen ... Zoologischer Garten.*

Deutz, mit Köln – Deutz ist eine am rechten Rheinufer gelegene, ursprünglich selbständige Stadt, zu Köln gehörig seit 1888, also zwei Jahre vor dem Erscheinungsjahr von »Auf der Suche«. Fontane besuchte Köln Ende August 1865.

Dom – Vgl. »Modernes Reisen«, Anm. zu S. 37 *Dom ... Altarbild ... Himmelskönigin.*

Matthäikirche – Gegenüber dem Schöneberger Ufer gelegene, 1844/45 von August Stüler (1800 – 1865) in byzantinischem Stil gebaute Kirche (Polkakirche genannt). Sie wurde von der Hofgesellschaft besucht; die Gemeinde galt als besonders fromm. Der wegen seines Humors bekannte und wegen seines orthodoxen Konservatismus umstrittene Pfarrer Karl Büchsel (1803 – 1889) predigte dort; vgl. »Von Zwanzig bis Dreißig«, Abschnitt »Der Tunnel über der Spree«, Kap. 7. In Fontanes erzählerischem Werk wird die Matthäikirche immer wieder genannt, zum Beispiel in »L'Adultera«, Kap. 20, und in »Irrungen, Wirrungen«, Kap. 1.

»Blumeshof« ... Magdeburger Platz – Blumes Hof, eine kleine, vom Bankier Johann Carl Friedrich Blume 1864 angelegte Privatstraße, die vom Schöneberger Ufer zur Lüt-

zowstraße führt (existiert heute nicht mehr). Hinter der Lützowstraße liegt der Magdeburger Platz. – Im Zeitschriftenabdruck wird der freie Blick auf den Magdeburger Platz von der parallel verlaufenden Genthiner Straße geschildert und der Gang am Schöneberger Kanalufer noch weiter ausgebreitet; vgl. »Überlieferung«, S. 226 f. Paul Schlenther bemängelte in seiner Rezension, dass der im Text beschriebene Blick auf den Magdeburger Platz in Wirklichkeit nicht möglich gewesen sei; vgl. »Wirkung«, S. 188.

100 *Brückensteg* – Die Lützow-Brücke (heute Hiroshima-Steg).
So schmal … Welten von einander scheidet – Anspielung auf Schillers »Wallensteins Tod« (I,4, Vers 221 f.; Wallenstein): »So schmal ist/Die Gränze, die zwei Lebenspfade scheidet!« (Zitiert nach Fontanes Exemplar, Theodor-Fontane-Archiv: Q 66).
lawn – (engl.) kurzgeschorener Rasen; in der Erstausgabe in Antiqua gesetzt.
Was da vorüberflutete – Der Landwehrkanal.
exotischen Torfkahn – Transportmittel für den aus den märkischen Luchgebieten stammenden preiswerten Torf, mit dem in Berlin geheizt wurde. Vgl. »Onkel Dodo«, Anm. zu S. 76 *Torfmaschine*.
Yang-tse-kiang – Der Hauptfluss Chinas mit einer Länge von 6380 km; in der Erstausgabe in Antiqua gesetzt.
Tulpenbaum – Magnolie.
Wohnungsanzeiger – Der jährlich erscheinende »Allgemeine Wohnungsanzeiger für Berlin und Umgebung«.

101 *höherer Würdenträger* – Der Gesandte Hung-Chün und der Gesandtschaftsarzt Tscheng-Tsi Piao.
sieben Attachés – Das »Berliner Adreß-Buch für das Jahr 1890« verzeichnet in der Tat sieben chinesische Attachés: Chang-Te-Y, Hung-Loueng, Pé-Yngtai, Tao-Lengkia, Tschang-Youngkien, Tscheng-Ho und Yao-Wentoung.
»Ein Innenvolk« … Ideal repräsentierend … Natürlichkeit« – Vgl. Fontanes Brief an seine Tochter Martha, 25. August 1891: »Wir erheben uns so über die Chinesen, aber darin sind diese doch das feinste Volk, daß das Wissen am höch-

sten gestellt wird. Bei uns kann man beinah sagen, es diskreditirt.«

101 *Chinese … Himmlisches Reich* – Der Kaiser von China galt als »Sohn des Himmels«.
antiken Flötenspieler – Vgl. Fontanes Entwurf »Der Flötenspieler«.
Jungen … Mädchen – Den meisten Berliner Kindern diente die Straße, besonders der Bürgersteig, als Spielplatz, da in den Höfen der Miethäuser und auf den Treppen das Spielen verboten war; vgl. Lange, S. 532.
über die Korde – Über das Springseil. Kinderspiele im Freien, die den Frühling anzeigen; vgl. »Effi Briest«, Kap. 35, und »Aus England und Schottland«, Kap. »Very, Le Pays und die ›tönernen Füße‹«.
Pelerine – Umhängemantel, Regencape.
griesig – Berliner Wortschöpfung aus frz. gris: grau; in Fontanes erzählerischem Werk mehrfach belegt, zum Beispiel in »Effi Briest«, Kap. 30, und »Mathilde Möhring«, Kap. 1.
überäugig – Anspielung auf die Basedow'sche Krankheit, die hier auf schlechte Ernährung und mangelnde Körperpflege infolge der Armut hinweist.
hüpfte – Im Zeitschriftenabdruck ist noch die umgangssprachliche Form »hupste« belegt.
Kellerbackfisches – Im Zeitschriftenabdruck noch als »Kellerwurm« bezeichnet. – Bis zu 120 000 Menschen (Statistik von 1871) lebten in den menschenunwürdigen und gesundheitsgefährdenden dunklen, engen und völlig überalterten Berliner Kellerwohnungen, die größtenteils zu gewerblichen Zwecken genutzt wurden; vgl. »Die Poggenpuhls«, Kap. 2. Zu Backfisch vgl. »Wohin?«, Anm. zu S. 88 *Backfisch*.
die Jungen – Im Zeitschriftenabdruck steht die umgangssprachliche Form »Jungens«.

102 *»Schautau.« … chinesisch … chinesiert* – »Schaute« hat mehrere Bedeutungen: (jidd.) ein charakterloser und dummer, auch hässlicher und unmoderner Mensch; auch: Vogelscheuche. Darüber hinaus ist die Form »Schautich« geläufig, der Schautenclub, eine scherzhafte Bezeichnung für das

Adelscasino; vgl. »Altes und Neues – Erzählformen des Übergangs«, S. 165.

102 *trat ihn an* – Im Zeitschriftenabdruck stellte Fontane wiederholte Bezüge zur »Freien Bühne für modernes Leben« her, wo »Auf der Suche« 1890 erstmals publiziert wurde (vgl. »Überlieferung«, S. 226). Der Erzähler wirft darin noch einen »Blick nach dem gegenübergelegenen Hause, Heydtstraße 1«, wo »Paul Lindau [wohnte], der, als er vor kaum einem Jahrzehnt in diese seine Chinagegenüberwohnung einzog, wohl schwerlich ahnte, daß er, ach, wie bald, von einem Landsmann (auch Johannes Schlaf ist ein Magdeburger) in den Spalten dieser Zeitschrift als Stagnant und zurückgebliebener Chinesling erklärt werden würde«. Die Anspielung zielte auf den Aufsatz »Prüderie«, den Schlaf am 12. März 1890 in der »Freien Bühne für modernes Leben« veröffentlicht hatte (Nr. 6). Fontane strich diesen Abschnitt für die Buchausgabe, vermutlich, weil er zu deutlich auf seinen Freund Lindau anspielte. Am 8. Mai entschuldigte er sich bei diesem: »Das letzte Heft der ›Freien Bühne‹ bringt gegen den Schluß hin auch eine fragwürdige Plauderei aus meiner Feder, worin ich, vor der chinesischen Gesandtschaft (dem eigentlichen Thema) angelangt, auch zu den Fenstern Ihrer Wohnung aufblicke und an Arno Holz und Johannes Schlaf denke, die, in einem früheren Hefte der ›Freien Bühne‹, Lindaus als einer ›veralteten Erscheinung‹ gedacht haben. Dies wollte ich ridikülisieren. Als es aber dastand, mißfiel es mir wieder, und ich bat Brahm, es lieber wegzulassen, weil man nie wissen könne, wie dergleichen aufgenommen würde. Nun steht es aber doch da. Ich kann Brahm keinen Vorwurf machen, weil ich den Entscheid in seine Hand legte, und muß mich Ihnen gegenüber getrösten, daß Sie den paar Zeilen die richtige Interpretation geben werden. Meine ganze Besorgnis wäre überflüssig, wenn die Geschichte glatter und graziöser herausgekommen wäre, das Gelungene ist immer siegreich, das Schwache wirkt leicht verdrießlich.« Lindau fühlte sich offenbar nicht gekränkt, denn Fontane bedankte sich für dessen Antwortschreiben am 10. Mai 1890: »Mir fällt

dadurch ein Stein vom Herzen. Ich gab einem Wunsche Brahms nach und schrieb drauf los, blos um was zu schreiben; bei solchen Schreibereien, wenn man nicht die Geschicklichkeit hat, die Pfauenfeder fünf Minuten lang auf der Nasenspitze tanzen zu lassen, kommt aber nie was raus.« Vgl. »Im Coupé«, Anm. zu S. 31 *will ich … über das große Wasser.*

102 *zur Maienlaube gewordene Bellevuestraße* – Der reiche Baumbestand ist typisch für das Erscheinungsbild der Berliner Straßen; die Bellevuestraße verbindet den Potsdamer Platz mit dem Kemperplatz (heute Stadtteil Mitte).
Josty – Seit 1880 befand sich Josty & Co., die mondäne Berliner Konditorei mit Lesecafé, in der Bellevuestraße 21/22, Ecke Potsdamer Platz; sie wurde im Zweiten Weltkrieg zerstört und ist heute in einem Neubau im Sony-Center am Potsdamer Platz untergebracht. Fontane erwähnt das Café, das er selbst gern besuchte, in seinem erzählerischen Werk immer wieder; vgl. »Die Poggenpuhls«, Kap. 6, und »Der Stechlin«, Kap. 31.

103 *Kon-fut-se* – Konfutius, K'ung-fu-tse, chinesischer Philosoph (551 – um 479 v. Chr.), der als Lehrer und Berater von Fürsten tätig war. Seine auf alten chinesischen Traditionen und Lehren basierende Ethik hat die chinesische Kultur und das Staatswesen maßgeblich geprägt; bis 1911 bestand der auf ihn gegründete Staatskult (»Konfuzianismus«). Er begründet seine Morallehren mit der religiösen Idee, dass rechtes Verhalten die Harmonie mit der ewigen Weltordnung, dem Tao des Himmels, erreichen könne. Dieses Verhalten bestehe in Treue gegen sich und andere, Selbstlosigkeit, Menschlichkeit, Rechtschaffenheit, Schicklichkeit, Weisheit und Aufrichtigkeit. Konfutius hat selbst keine Schriften hinterlassen; überliefert sind die von seinen Schülern zusammengestellten Aussprüche. Vgl. »Onkel Dodo«, Anm. zu S. 70 ›*das Ziel ist nichts und der Weg ist alles*‹.
Kölnische Zeitung – Die bedeutende, 1651 gegründete liberale Tageszeitung bestand bis 1945.
Platenschen Lieblingsstrophe – Letzte Strophe des fünfstrophigen Gedichts »Liebesdank« (1820) von August Graf von

Platen-Hallermünde (1796 –1835): »Zwar kommt Erhörung oft geschritten/Mit ihrer himmlischen Gewalt./Doch dann erst hört sie unsre Bitten,/Wenn unsre Bitten lang verhallt.« Im Zeitschriftenabdruck steht das genauere »unsre«.

Eine Nacht auf der Koppe. (1890.)

104 *Eine Nacht auf der Koppe. (1890.)* – Die endgültige Titelformulierung entstand aus dem ersten Arbeitstitel »Pohl's Begräbniß« (an Friedlaender, 22. Mai 1893) und dem späteren Titel des Zeitschriftenabdrucks »Auf der Koppe«; vgl. »Entstehung«, S. 179, und »Überlieferung«, S. 230 f.
Koppenwirt Pohl – Der erste Koppenwirt, Friedrich Pohl (gest. 1887), hatte 1875 die schlesische (preußische) und die böhmische Baude auf der Koppe erworben; vgl. »Stoff«, S. 150 f. Zu Baude vgl. »Der letzte Laborant«, Anm. zu S. 112 *Hampelbaude*. Fontane kannte den Koppenwirt persönlich, wie er am 27. August 1884 an seine Tochter Martha schrieb; vgl. auch »Quitt«, Kap. 3. – Am 22. Mai 1893 bat Fontane seinen Freund Friedlaender um Informationen über die Pohl-Geschichte, die knapp fünf Jahre zurücklag: »eine existirt blos in der Ueberschrift: ›Pohl's Begräbniß‹. Hinsichtlich dieser rufe ich nun Ihre Hülfe an. Ich weiß nur so viel: Pohl lag oben im Sterben, so zu sagen ›heimlich‹, und heimlich wurde er auch, als er todt war, zu Thale geschafft. Ich entsinne mich, daß das alles sehr phantastisch war, habe aber alle Details vergessen. Könnten Sie mir da aus der Noth helfen? Es genügt für mich, wenn ich für die Hauptsituationen die bloßen Ueberschriften habe; das Ausmalen leiste ich dann schon aus eignen Kräften«.
Krummhübler Sesselträgern – Vgl. »Modernes Reisen«, Anm. zu S. 5 *Koppe hinaufgetragen.* Krummhübel (Karpacz), der wichtigste Luftkurort im östlichen schlesischen Riesengebirge. Hier verbrachte Fontane seine sommerlichen Arbeitsurlaube zwischen 1872 und 1887.
die Fahne herausgesteckt – Bei Überfüllung der Baude hissten die Wirte ihre Fahnen; auf diesen Brauch wurde auch

im »Boten aus dem Riesen-Gebirge« hingewiesen: »Schneekoppe, 24. August: Der gestrige Sonnabend führte uns wieder so viele Gäste zu, daß wir gegen 7 Uhr Abends genöthigt wurden, die bekannte Fahne auf dem Kegel abermals zum Aushang zu bringen« (Nr. 198, 26. August 1890).

104 *Harfenistinnen* – Vermutlich sind Zitherspielerinnen gemeint; die Zither gehört zu den Harfeninstrumenten. In einem Brief an seine Tochter Martha vom 27. August 1884 erwähnt Fontane bei seinem Aufenthalt in Krummhübel die »oben auf der Koppe […] anwesenden Harfenmädchen«. Vgl. »Quitt«, Kap. 12.

105 *Fernrohr* – Vgl. Anm. zu S. 109 *treten … ans Fernrohr heran*. *Erdmannsdorf … Schweizerhaus … Siekes Hotel* – Erdmannsdorf, Ortsteil der schlesischen Gemeinde Zillerthal-Erdmannsdorf (Mysłakowice) im Kreis Hirschberg mit Flachsgarnspinnerei, Bleicherei und Leineweberei. Fontane hielt sich vom 24. August bis etwa 6. September 1868 dort auf und bestieg u. a. die Schneekoppe, wo er einen »prächtige[n] Sonnenunter- und aufgang« erlebte (Tagebuch, Juni – Oktober 1868). Vgl. Fontanes Schilderung seiner täglichen Einkehr im Schweizerhaus bei Siecke im Brief an seine Frau Emilie vom 28. August 1868: »Der Höhenpunkt des Tages, nach hier allgemeiner Anschauung, ist das Diner im Schweizerhaus bei Siecke. Siecke bedeutet hier etwa dasselbe wie seinerzeit Jagor unter den Linden, oder wie die Frères Provençaux im Palais royal. Ihn anzweifeln ist halb lächerlich, halb Hochverrath. Ich verhalte mich also ruhig, ganz abgesehn davon daß gute Lebensart vorschreibt, auf Reisen nicht zu tadeln. Auf diesem Briefbogen aber darf ich mein Herz ausschütten in Lob wie Tadel. Die Sache ist eigentlich dadurch erledigt, daß man für 10 Sgr drei Gerichte erhält. Da darf man nicht ins Gericht gehn. Ich berühre den Punkt auch nur, weil man mir schon im Coupé sagte: ›bei Siecke? ei, da werden Sie 'was kennen lernen; er war ursprünglich Koch; sein Sohn kocht auch; ich kann Ihnen nur gratuliren.‹ Es scheint also einfach, daß der Schlesier ein genügsamer Kerl ist. Gott erhalte ihn so, aber bewahre ihn vor Edirung von Kochbüchern. Die partie

honteuse ist die Suppe, die, unter welchem Namen sie auch auftauchen mag, immer eine einfache Lungensuppe ist, mal mit, mal ohne Mohrrüben. Alle thierischen Interna aber sind mir tief verhaßt; kaum laß ich noch die Leber gelten. [–] So bescheiden nun der substantielle Theil des Mahles ausfällt, so ist doch das Ganze nicht übel; die Arrangements, worauf Friede [Friedrich Eggers] so viel giebt, sind anmuthig und man kann beinah sagen, die Schneekoppe steht wie ein Tafelaufsatz vor einem auf dem Tisch. Man ißt nämlich halb im Freien, auf dem Podium einer zwischen zwei Schweizerhäusern gelegenen, weinumrankten Veranda, durch deren offne Bogen man aufs Gebirge blickt. Im Vordergrund Wiesen, Bach, Brücke, weiße Häuser und ein Theil des Parks. All dies ist theils schön, theils lieblich und das friedlich-Heitre des Bildes wächst dadurch, daß zahllose Sperlinge – als wäre die Veranda eine Volière – darin umher hüpfen und fliegen; jeder wirft ihnen Brotkrumen zu und so bietet sich ein immer gleiches und doch immer wechselndes Schauspiel, das ganz zu dem freundlichen Gesammtbilde paßt. [–] Zwei Kellner warten auf. Mit dem ältren, der der Veranda-Kellner ist, hab ich, unter Anwendung des bekannten Mittels, Freundschaft geschlossen.«

105 *Hirschberger Kirchhof* – Der große Friedhof in Hirschberg (Jelenia Góra) umgibt die evangelische Kirche.
»es ist bestimmt in Gottes Rat« – Anfangsvers des bei Beerdigungen oft gespielten Liedes »Nach altdeutscher Weise« von Ernst Freiherr von Feuchtersleben (1806–1849; Text) und Felix Mendelssohn Bartholdy (1809–1847; Melodie); die erste Strophe lautet: »Es ist bestimmt in Gottes Rath, / Daß man, was man am liebsten hat, / Muß meiden;/ Wiewohl nichts in dem Lauf der Welt, / Dem Herzen, ach! so sauer fällt, / Als Scheiden! ja Scheiden!«

106 *Leute … Koppe kämen … lustig* – In den Koppengasthäusern fanden auch Tanzveranstaltungen statt, für die im »Boten aus dem Riesen-Gebirge« geworben wurde.
der Tote zu Thal – Friedlaender hatte in einem Brief von der Überführung des toten Pohl erzählt. Am 30. Mai 1893 be-

dankte sich Fontane dafür und bat um weitere Informationen: »Der Anfang ist gut und der Schluß ist gut (der Blick per Teleskop von der Koppe aus auf das weiße Denkmal [es ist doch weiß?] in Hirschberg), nur das Mittelstück, von dem ich mir anfänglich am meisten versprach, läßt noch viel zu wünschen übrig. Das ist das Herabschaffen des todten Pohl von der Koppe zu Thal. Ich denke mir, daß es in derselben Nacht stattfand, möglichst still und verschwiegen, um die nach dem Spiel der Harfenistinnen tanzenden Paare nicht zu stören. Aber wie war nun, etappenweise, dieser Transport bergab? Es giebt ein berühmtes Gedicht von Platen ›Klagelied Kaiser Otto des Dritten‹, wo sie den jugendlichen todten Kaiser, von Rom her, nordwärts über die Alpen tragen. So was muß sich auch von Pohl I. erzählen lassen. Wo machten sie Rast? Wie war die Begleitung? Stockduster oder mit Stocklaternen? Wie ging es weiter als sie unten waren? etc. etc. *Ohne* diese Dinge bringe ich die Forsche nicht recht 'raus. Der Zauber steckt immer im Detail. Also bitte, richten Sie *hier* auf Ihr Auge. Von dem allem aber weiß man muthmaßlich in Schmiedeberg und bei zu Thal wohnenden Personen ebenso viel, wie oben auf der Koppe, die zum 100. Mal zu besteigen ich Ihnen, der Sie in Ihrer Güte so was vorhaben, gern ersparen möchte.«

107 *laß ihr* – Typischer Berliner Dativ statt des korrekten Akkusativs.

böhmischen Koppenbaude – Die Grenze zwischen dem Deutschen Reich und Österreich-Ungarn (heute zwischen Polen und der Tschechischen Republik) verläuft auf dem Riesengebirgskamm, der zur Schneekoppe hinaufführt. Mit »Einverleibung« ist also ein Grenzübertritt der Tanzenden auf österreichisches Staatsgebiet gemeint.

Kaiser Wilhelm – Kaiser Wilhelm I.; der historische Pohl starb im Mai 1887. Zu den Anachronismen in dieser Erzählung vgl. Anm. zu S. 108 *bei Moltke* und »Altes und Neues – Erzählformen des Übergangs«, S. 158.

108 *Hulda* – »Die Gnädige, Treue«; Modename im 19. Jahrhundert, der zunehmend als komisch galt; vgl. Hulda Niemeyer in »Effi Briest«.

108 *bei Moltke* – Am Vorabend seines 90. Geburtstages (26. Oktober 1890) hatten Studenten für den Feldherrn und Generalstabschef Graf Helmuth Karl Bernhard von Moltke (1800 bis 1891) einen Fackelzug organisiert. Hier besteht ein Anachronismus zur erzählten Zeit, die auf das Jahr 1887 festgelegt werden muss, das Todesjahr des historischen Pohl.

109 *Hugo* – »Gedanke, Gedächtnis, Geist«; zeitgenössisch beliebter Vorname. Vgl. Hugo Großmann in »Mathilde Möhring«.
treten … ans Fernrohr heran – Friedlaender hatte offensichtlich auch dieses Detail der historischen Pohl-Geschichte mitgeteilt, aus dem Fontane dann das wiederkehrende Leitmotiv erarbeitete. Am 30. Mai 1893 bedankte er sich für den guten Anfang und Schluss; am 9. Juni 1893 wiederholte er seine Dankbarkeit gegenüber dem Freund »für die Geschichte mit dem Fernrohr«, die ihm »einen guten *Schluß*« gegeben habe.

110 *Wand an Wand* – Anspielung auf Eduard Engels Erzählung »Wand an Wand«, die mit sechs weiteren Erzählungen unter dem gleichnamigen Titel Ende 1889 (Impressum: 1890) erschienen war. Engel hatte Fontane den Band zugeschickt; am 30. Januar 1890 schrieb ihm Fontane: »Ihres ›Wand an Wand‹ bin ich nicht froh geworden, auch in meiner *Künstlerseele* nicht; solche Irrengeschichten gefallen mir nur einigermaßen, wenn sie auf die harmlos humoristische Seite fallen und ausschließlich der Unglückliche selbst die Zeche zu bezahlen hat. […] Verzeihen Sie dies offne Geständniß.« Engel erzählt die Geschichte des Professors Gotthold Milde, der nach dem Tod seiner Frau durch das Klavierspiel der Kinder in der Nachbarwohnung (»hinter jener Wand«, S. 63, »jenseits der Wand«, S. 80) in den Wahnsinn getrieben wird, die Kinder tötet und schließlich selbst seinen psychischen Störungen erliegt. Neben dem nachbarlichen Leben Wand an Wand findet sich ein weiteres Motiv, das sowohl in Engels Erzählung als auch bei Fontane künstlerisch gestaltet wird: Engel beginnt mit der Schilderung des Leichenzugs bei der Beerdigung von Mildes Frau.

Der letzte Laborant. (1891.)

111 *Der letzte Laborant. (1891.)* – Zur Entstehung des Titels aus »Der letzte Laborant« (Zeitschriftenabdruck) und zur Überarbeitung für die Buchausgabe vgl. »Überlieferung«, S. 231. – Laboranten: Medizinmänner, die in ihren Laboratorien aus Heilkräutern verschiedene Essenzen destillierten und an Laien und Berufsapotheker verkauften; vgl. Reitzig, S. 30. Der Begriff ist erstmals 1724 belegt. Die Laboranten waren ursprünglich in Krummhübel, später auch in der Umgebung ansässig, dem kräuterreichsten Gebiet des Riesengebirges. Ende des 17. Jahrhunderts hatten sie sich zu einer Zunft, der sogenannten Kräutergilde, zusammengeschlossen. Gewöhnlich »erbte« der Sohn den Beruf des Laboranten vom Vater, so dass es ganze Laborantenfamilien gab.

Hirschberger Thale – Am Nordrand des schlesischen Riesengebirges sich erstreckendes Tal (Kotlina Jeleniogórska).

Agathendorf – Fiktiver Ort, vermutlich im Anklang an Agnetendorf (Jagniątków) und Arnsdorf (Miłków) gebildet. Arnsdorf war der für die umliegenden Dörfer zuständige Kirchort mit Kirche und zentralem Friedhof; vgl. »Die Poggenpuhls«, Kap. 12.

Vorgarten ... großen Glaskugel – Glaskugeln waren im Riesengebirge ein häufiges Schmuckaccessoire, das in den Glashütten, zum Beispiel bei Schreiberhau (Szklarska Poręba), hergestellt wurde.

Erdmannsdorf ... Zillerthal – Vgl. »Eine Nacht auf der Koppe«, Anm. zu S. 105 *Erdmannsdorf ... Schweizerhaus ... Sieckes Hotel.*

Gebirgsbahn – Die Schlesische Gebirgsbahn besteht aus mehreren Teilstrecken: von Kohlfurt bis Lauban, von Görlitz bis Lauban und dem am 14. Oktober 1867 eröffneten Abschnitt von Lauban nach Altwasser über Hirschberg, der durch die kleineren Ortschaften führt; vgl. Letzner, S. 55–60. 1882 wurde die »Secundärbahn« Hirschberg – Schmiedeberg eröffnet; vgl. Kasper, S. 5–10.

111 *in viele Schläge* – In »eine Reihe nebeneinander liegender Äcker« (DWB IX, Sp. 332).
Besitz ... Todes ... eine Art Gleichmacher – Vgl. Fontanes Brief an seinen Sohn Theodor, 9. Dezember 1887: »und wenn man den Tod mit Recht den großen Gleichmacher genannt hat, so hat doch auch schon der bloße Hinblick auf den Tod, das Fühlen seiner Gegenwart, etwas von dieser nivellierenden Kraft«.
Brückenbergern – Einwohner von Brückenberg (Bierutowice), einem südwestlich von Krummhübel gelegenen Luftkurort.
Querseiffnern – Einwohner von Querseiffen (Płóczki), einem Ort westlich von Krummhübel; vgl. »Quitt«, Kap. 3.
Wolfshauern – Einwohner von Wolfshau (Wilcza Poręba), Kolonie südöstlich von Krummhübel; Lehnert Menz und Förster Opitz in »Quitt« wohnen dort.
Langhüblern – Langhübel: fiktiver Ort, vermutlich in Anlehnung an Krummhübel gebildet, wo der historische letzte Laborant Zölfel lebte; vgl. Anm. zu S. 112 *Hampel*.

112 *Joseph Hieronymus* – Joseph: (hebr. Gott vermehre), Sohn Jakobs und Rahels im Alten Testament, Marias Verlobter und Ehemann im Neuen Testament; Hieronymus: einer der vier großen Kirchenväter (340–420).
Hampel – Ein im Riesengebirge auch unter den Laboranten verbreiteter Name. In Wirklichkeit hieß der letzte Laborant Ernst August Zölfel (1811–1884). Er lebte in Krummhübel, bestand am 25. September 1831 die Prüfung zur »Konzession zum Laborantengeschäfte« und führte seit 1874 als Letzter seines Standes sein Gewerbe aus (Reitzig, S. 89). In den zeitgenössischen Reiseführern wird Krummhübel als »Hauptsitz der *Laboranten*« beschrieben; vgl. Letzner, S. 122. Vgl. Fontanes Erwähnung im Brief an Friedlaender, der ihm offenbar auch den Stoff zu dieser Geschichte vermittelt hatte: »Ihre Charakteristik des alten Zoelfel [...] hat mich sehr erheitert« (19. Juli 1888). Vgl. »Stoff«, S. 152 f. In »Quitt« wird der letzte Laborant mit seinem historischen Namen Zölfel erwähnt; vgl. Kap. 4 und 6.

112 »*Weißen Roß*« – Ein Krummhübler Gasthaus mit diesem Namen ist nicht belegt.

Grätzer Bier – Ursprünglich in Grätz, später auch in der Provinz Posen und in Westpreußen gebrautes Bier, das einen hervorragenden Ruf genoss. Es wurde aus 100% Weizenmalz produziert und hatte durch ein aufwendiges Brauverfahren, in dem das Weizenmalz mit Eichenholz bis zu 48 Stunden geräuchert wurde, einen ausgeprägten rauch- und hopfenbitteren Geschmack. Mit zunehmender Lagerzeit bildete sich ein feines apfelartiges Aroma. Es wurde in hohen Spitzgläsern ausgeschenkt.

Hampelbaude – Baude: Aus den ursprünglichen hochgelegenen Hütten, die den Bauern im Sommer als Unterkünfte und Ställe dienten und wo sie die Milch der auf den Hochweiden grasenden Kühe zu Butter und Käse verarbeiteten, entwickelten sich im Zuge des beginnenden Fremdenverkehrs im 19. Jahrhundert Gebirgsgasthäuser, die den Wanderern Verpflegung und eine Unterkunft boten. Die Wirte organisierten auch für die einheimische Bevölkerung gesellige Abende mit Musik und Tanz und warben dafür in der Ortspresse; vgl. »Eine Nacht auf der Koppe«, Anm. zu S. 106 *Leute ... Koppe kämen ... lustig*. Die auf 1158 m gelegene Samuels-, seit 1800 nach ihrer Wirtin Hampel benannte Hampelbaude (Schronisko Strzecha Akademicka) ist vermutlich die älteste Baude im schlesischen Riesengebirge (1670 erstmals erwähnt). Sie wird ganzjährig vom Wirt bewohnt.

wo der Enzian anfängt – Ein Extrakt aus der Wurzel des gelben Enzians (lat. gentiana) wurde gegen Magenleiden, Verstopfung, Wassersucht, Gelbsucht, Würmer und Wechselfieber eingesetzt. Vgl. »Professor Lezius oder Wieder daheim«. Enzian wächst auf Höhen von 1000 bis 2000 m.

Kirche Wang – Eine aus dem 12. Jahrhundert stammende Stabholzkirche aus der südnorwegischen Landschaft Vang im Valdres. Friedrich Wilhelm IV. hatte die zum Abbruch bestimmte Kirche gekauft und auf Anregung der Gräfin Friederike von Redern (1774–1854) aus Buchwald in Brückenberg (Bierutowice) am Fuß der Schneekoppe 1842 bis 1844 wieder aufbauen lassen. Kurz nachdem die Novelette erschienen war, schrieb Fontane aus seinem Urlaubsort Krummhübel am 9. August 1888 an Moritz Lazarus: »Um uns her liegt schon Schnee […] dazu die Kirchenglocken von Wang und die Kuhglocken der Hampelbaude«. Vgl. Fontane an Friedlaender, 14. August 1886, »Von Zwanzig bis Dreißig«, Abschnitt »Fritz, Fritz, die Brücke kommt«, Kap. 2, »Quitt«, Kap. 6 und 13, und »Die Poggenpuhls«, Kap. 12.

112 *Forstbauden* – Am Nordabhang des Forstkamms gelegene kleine Ortschaft, auch Forst-Langwasser genannt, mit 13 Bauden.
Anna-Kapelle – Am Kräberberg, im Norden des Riesengebirges, 1481 von Welko (Bolko) und Conrad von Liebenthal erbaut, 1718 vom Grafen Hans Anton Schaffgotsch im Renaissancestil erneuert – ein Lieblingsort Fontanes während seiner Krummhübler Aufenthalte; die Anna-Kapelle wird auch in »Quitt« genannt (Kap. 3).

113 *Arzt oder Wundarzt* – Im Gegensatz zum Arzt für innere Krankheiten, der ein akademisches Studium absolviert haben musste, kümmerte sich der Wundarzt – ähnlich wie der Barbier oder Bader – aufgrund seiner handwerklichen Ausbildung um die Heilung äußerer Krankheiten.
Warmbrunn – Bad Warmbrunn (Cieplice), Kurort südwestlich von Hirschberg, den Fontane 1868 und 1869 besuchte.
Schmiedeberger – Schmiedeberg (Kowary): Bergbaustadt im östlichen Teil des schlesischen Riesengebirges; Wohnort von Georg und Elisabeth Friedlaender.
Doktors – Berliner Plural; vgl. »Irrungen, Wirrungen«, Kap. 19.
berühmter Breslauer Arzt – Nach Reitzig (S. 105) war es der »Doktor und Kreisphysikus« Kleemann aus Hirschberg, der Zölfels Heilkunst Anerkennung zollte, was als sehr ungewöhnlich galt.
Messen … Lauban und Görlitz hin beschickte … sechseckigen Flaschen – Seit dem 18. Jahrhundert wurde der Handel mit Laborantenerzeugnissen ausgebaut. Lauban (Lubań,

westlich von Hirschberg) und Görlitz gehörten zu den Hauptmärkten. Die Produkte wurden in den »überlieferten sechseckigen Spitzfläschchen« unter dem »Namen und Signum Krummhübels« verschickt und gehörten zur Standardausstattung der Hausapotheke in zahlreichen Haushalten; vgl. Reitzig, S. 39.

113 ›*Schlagwasser*‹ – Weißes (»aqua apoplecta alba«) und rotes (»aqua apoplecta rubra«) Schlagwasser war noch bis nach 1843 als Heilmittel gegen den Schlaganfall zugelassen; vgl. Reitzig, S. 96.
Melissengeist – Melisse (griech. Bienenkraut): aus der weiß- und rotblühenden Waldmelisse (melittis melissophyllum) gewonnenes, gegen Brust- und Frauenleiden sowie bei Erkältungen und Magenleiden angewandtes Heilmittel.
Fingerhut-Tropfen – Fingerhut (lat. digitalis): in sehr geringen Dosierungen als Arzneimittel gegen Wassersucht und bei Herz-Kreislauf-Erkrankungen eingesetzt; auch empfohlen bei Verstopfung der Drüsen und Verhärtung der Brüste; in Überdosis tödlich. Vgl. Dubslavs Digitalis-Kur in »Der Stechlin«, Kap. 36 –42, und Céciles Fläschchen mit Fingerhutstropfen in »Cécile«, Kap. 23.
in kleine blaue Pakete verpackter Thee – Mündlichen Berichten zufolge hatte jeder Laborant seine »Hausfarbe«. So soll der letzte Laborant Zölfel seine Kräutertees in blauen und weißen »Umhüllungen« in den Handel gebracht haben; vgl. Reitzig, S. 54.

114 *Rose* – »Rotlauf, Hautrose, Erysipelas: eine flächenhaft ausgebreitete Hautentzündung, welche sich durch ihre Rosenröte, durch Schwellung und Schmerzhaftigkeit, durch ihr Fortkriechen oft über große Körperflächen auszeichnet und meist mit Fieber verbunden ist« (Meyers Konversationslexikon, 4. Auflage 1885 –1892, Bd. 13, S. 966).
Conviviums – Tischgesellschaft.
Allermannsharnisch – (lat. allium victorialis) Wilder Verwandter der Zwiebel, wirkt blutreinigend und harntreibend. Vgl. auch »Der Stechlin«, Kap. 38.

114. *Liebstöckel* – (lat. levisticum officinale) Vielseitig verwendbare Heilpflanze; gilt auch als Aphrodisiakum; vgl. »Der Stechlin«, Kap. 38.
Hirschbrunst – (lat. fungus cervinus, boletus cervinus) Walnussgroßer unterirdischer, trüffelähnlicher Pilz.
Teufelsabbiß – gewöhnlicher Teufelsabbiss (lat. succisa pratensis Moench), Wiesenstaude aus der Familie der Kardengewächse, wird 30 bis 50 cm hoch, hat violette oder blaue Blüten und wächst auf Moor- und anderen mageren Wiesen. Der Name bezeichnet die besondere Gestalt des Wurzelstocks, der allmählich abstirbt und dann wie »abgebissen« aussieht. In der Volksmedizin wird Teufelsabbiss gegen Steinleiden eingesetzt, vor allem, wenn die Pflanze in der Nacht vor dem 24. Juni – Johannistag – gepflückt wird.
Venuswagen – Blauer Eisenhut (lat. aconitum napellus), gehört zur Familie der Hahnenfußgewächse und gilt als giftigste Pflanze Europas. Früher wurden aus Eisenhutknollen und Eisenhutkraut Salben gegen Nerven-, Muskel- und Gelenkschmerzen hergestellt.
Unsrer Lieben Frauen Bettstroh – Tausendguldenkraut, Tausendgüldenkraut (lat. centaurium erythraea), ein Enziangewächs. Es hilft bei Magen- und Darmleiden, wird gegen Leberstörungen, Gallenkoliken und Gelbsucht eingesetzt und wirkt appetitanregend.
›*Marienhaar*‹ – Als Name für eine Heilpflanze nicht geläufig, wohl aber als Synonym für Altweibersommer, die durch die Luft schwebenden Spinnfäden der Baldachinspinne; nach altem Volksglauben stammen diese Gespinste von dem Mantel der Jungfrau Maria, den sie bei ihrer Himmelfahrt trug. Womöglich hat der Laborant versucht, daraus ein Haarwuchsmittel zu destillieren.
destillierte – Destillation: »chemische oder chemisch-technische Operation, bei welcher flüchtige Flüssigkeiten von nicht oder schwer flüchtigen Substanzen durch Einwirkung der Wärme getrennt werden sollen« (Meyers Konversationslexikon, 4. Auflage 1885 – 1892, Bd. 4, S. 717).

114 *Hampels Perrücke* – Vgl. Fontanes Brief an Friedlaender, 19. Juli 1888: »Ihre Charakteristik des alten Zoelfel – ich entsinne mich mehr seiner schwarzen Perrücke als seiner selbst – hat mich sehr erheitert«. Vgl. auch Reitzig, S. 108.
Preiskurante – Warenverzeichnis mit Preisangabe.
115 *Zubereitung … im eigenen Hause … Sehenswürdigkeit* – Vgl. die Abbildung des letzten Laborantenhauses der Familie Zölfel in: Reitzig, nach S. 48. Fontane hat einem mündlichen Bericht zufolge Zölfels Laborantenhaus besichtigt, allerdings keine Zeichnung angefertigt, anders als bei Reitzig behauptet; vgl. Rost, S. 29, Anm., und Reitzig, S. 49. Reitzig beschreibt das Innere des Laborantenhauses, das aus der unteren Privatwohnung, der guten Stube im ersten Stock und den Dachräumen mit den Trockenvorrichtungen bestand (S. 49 f.), und dokumentiert aufgrund eines überlieferten Arzneibuchs die Herstellung der Essenzen durch die Laboranten (S. 57–70).
Arkanas – Arkanum: Geheimmittel. Der Plural lautet korrekt: Arkana.
Panaceen – (Von Panazea: die Allheilerin, Tochter des Äskulap) Universalmittel.
Klavier (später Harmonium) – Gegen Ende des 19. Jahrhunderts erlebte das Harmonium eine Blütezeit als Heimorgel und Hausinstrument des bürgerlichen Mittelstandes. Es wurde auch in religiösen Versammlungen genutzt, da es mit seinem Klang der Orgel näherkam als das Klavier, preiswerter als eine Orgel war und zudem in kleineren Räumen aufgestellt werden konnte.
Rübezahl – Berggeist und Herr des schlesischen Riesengebirges; er tritt in verschiedenen Gestalten auf.
Arnika – (lat. arnica montana) Bergdotterblume oder Bergwohlverleih; Arnika-Tinkturen werden vor allem äußerlich zur Behandlung von Prellungen, Verstauchungen und Entzündungen im Mund- und Rachenraum angewendet.
Isländisch Moos – (lat. cetraria) Als Tee oder in Schokolade gegen Brustleiden verabreicht; nach Reitzig (S. 3) auch

wirksam gegen Lungenkrankheiten und Verdauungsstörungen. Vgl. »Unwiederbringlich«, Kap. 26.

115 *Luftdarre* – Trockenanlage.
›Aquavit‹ – (lat. aqua vitae: Lebenswasser) Mit Kümmel aromatisierter Branntwein aus Getreide oder Kartoffeln.

116 *Kupferblase* – Auch: Brennblase; der Kupferkessel, in dem durch Wärmezufuhr der Alkohol und die Aromastoffe aus der Maische destilliert werden.
Kupferhelm – Der oberhalb der Brennblase liegende »Geisthelm«, in dem sich die Alkoholdämpfe sammeln.
Dillgeist – »Dillsamen […] geben bei der Destillation ein blassgelbes ätherisches Öl, welches […] in Alkohol und Äther leicht löslich ist und, wie die Samen, als diuretisches [harntreibendes] Mittel gebraucht wird« (Meyers Konversationslexikon, 4. Auflage 1885–1892, Bd. 1, S. 563, s. u. »Anethum«).
Fichtengeist – Aus Fichtenzapfen hergestellter Branntwein; wegen seiner ätherischen Öle wirksam gegen Husten und Heiserkeit.
Krausemünzengeist – Krauseminze (lat. mentha spicata L. var. crispa., zur Familie der Lippenblütler gehörig) ähnelt der Pfefferminze, enthält aber kein Menthol. Das durch Destillation mit Wasser gewonnene ätherische Öl der Krauseminze wird bei Erkältungskrankheiten eingesetzt (vgl. Meyers Konversationslexikon, 4. Auflage 1885–1892, Bd. 10, S. 169).
goldblinkendes Schwefeleisen – Schwefelkies (Pyrit), ein aus goldglänzenden Kristallen bestehendes Mineral.
Seidorfer Gegend – Vgl. »Gerettet!«, Anm. zu S. 123 *Seydorf*.
rektifiziertem Weingeist – Rektifizieren: Gegenstromdestillation, Trennverfahren für Flüssigkeitsgemische durch Stoffaustausch zwischen im Gegenstrom strömendem Gemischdampf und siedender Gemischflüssigkeit.
Tralles – Johann Georg Tralles (1673–1822), Physiker, entwickelte ein Instrument zur Messung des absoluten (wasserfreien) Alkoholgehalts im wasserhaltigen Weingeist und Branntwein.
die wegen ihres Eisengehalts gegen Bleichsucht – Im Zeitschriftenabdruck noch »die wegen ihres Schwefelgehalts

gegen alle Hämorrhoidalleiden und wegen …«. – Bleichsucht: Chlorose; allgemeine chronische Blutarmut, vorzugsweise bei heranwachsenden Mädchen und jungen Männern. Sie wird weniger durch Verminderung der Blutmenge als durch mangelhafte Ernährung der Gewebe und Organe verursacht.

117 *Erdmannsdorf … Sommerbesuch … Friedrich Wilhelm III.* – Erdmannsdorf: Vgl. »Eine Nacht auf der Koppe«, Anm. zu S. 105 *Erdmannsdorf … Schweizerhaus … Sieckes Hotel.* Friedrich Wilhelm III. (1770 –1840, König von Preußen seit 1797) hatte Schloss Erdmannsdorf im Jahre 1832 von den Erben des Feldmarschalls von Gneisenau gekauft.
Bischof Eylert – Rulemann Friedrich Eylert (1770–1852), Berater Friedrich Wilhelms III., laut Vehse »ein feiner Hofmann« (»Geschichte der deutschen Höfe«); wird auch in »Vor dem Sturm« erwähnt (Bd. 3, Kap. 5). Fontane benutzte Eylerts Werk »Charakterzüge aus dem Leben des Königs von Preußen, Friedrich Wilhelm III. und der Königin Louise« (Magdeburg 1842 –1846) für seine »Wanderungen«, Bd. 3 »Havelland«, Kap. »Paretz«. Das Werk beeinflusste vermutlich auch den Roman »Schach von Wuthenow«.
Hofprediger Strauß – Der Theologe Friedrich Adolf Strauß (1817 –1888), späterer Superintendent und Hofprediger in Potsdam. Fontane begegnete dem Ehepaar Strauß zum ersten Mal am 6. November 1881 (Tagebuch) und lernte es während seines Urlaubs in Thale drei Jahre später kennen: »Schon auf der Hinreise hatte ich im Coupé die Bekanntschaft des Hofpredigers Dr. Strauß mit Frau und Tochter gemacht; sie, die Frau Hofpredigerin, ist eine geborene von Alten und gefiel mir recht gut. Auch er war nicht übel. Sie luden mich zu einer Partie auf die Victorshöhe und von da nach Alexisbad, Mägdesprung, Gernrode und Suderode ein […]. Am Tage darauf waren die Sträuße meine Kaffeegäste« (Tagebuch, Mai – Dezember 1884). Vgl. auch seine Briefe an Emilie Fontane, 9., 15. und 16. Juni 1884. – Da Strauß im Todesjahr Friedrich Wilhelms III., 1840, erst 23 Jahre alt war, handelt es sich offenbar um einen Anachronismus.

117 *Kronprinz* – Friedrich Wilhelm (1795–1861), seit 1840 als Friedrich Wilhelm IV. preußischer König.
›*Hampel hat recht.*‹ – Nicht belegter Ausspruch.
Hoffräulein … Liebesverhältnis … Adjutanten – Die hier erzählte »Verschönerungskur« an einer Hofdame ist erfunden; sie wurde aber von den einheimischen Lesern geglaubt und ist in das Krummhübler Erzählgut eingegangen; vgl. Reitzig, S. 57 und 95. In Wirklichkeit wurde das drohende endgültige Verbot des Laborantenstandes im Jahre 1843 durch die Freundschaft der Gräfin Redern zu König Friedrich Wilhelm IV. und ihre Fürsprache aufgehoben; vgl. Anm. zu S. 112 *Kirche Wang*.
Prinzen Wilhelm, unseres jetzigen alten Kaisers – Wilhelm I. (1871–1888). Der Anachronismus ergibt sich durch die für die Buchausgabe eingefügte Jahreszahl 1891; der Text ist im Sommer 1888 erschienen, also kurz nach dem Tod Kaiser Wilhelms I. (vgl. »Entstehung«, S. 178).
Zinkblüten – Zinkoxid, Zinkweiß oder Zinkblüte (ZnO) ist wegen seiner antiseptischen Wirkung in medizinischen Präparaten zur Haut- und Wundbehandlung enthalten.
Josephinenhütte – 1841 angelegte Glashütte in der Nähe von Schreiberhau (Szklarska Poręba), berühmt vor allem wegen ihrer Rubingläser; vgl. Anm. zu S. 111 *Vorgarten … großen Glaskugel* und »Effi Briest«, Kap. 17.
Schneeball-Essenz – Essenz aus den Beeren des Wolligen Schneeballs (lat. viburnum lantana).

118 *König Friedrich Wilhelms III. Hinscheiden* – Am 7. Juni 1840.
Hampel … ›Ausnahmefall‹ – In Wirklichkeit hatte sich Zölfel den geforderten Prüfungen unterzogen und sie wie seine Kollegen am 2. Januar 1844 mit Auszeichnung bestanden. Seine Zulassungsurkunde blieb erhalten; vgl. den Abdruck in Reitzig, S. 105 f.
Gesetze gegen Medizinalpfuscherei – Mit dem Königlichen Bescheid vom 30. September 1843 blieb den Laboranten nur noch eine Gnadenfrist. Die Bedingungen für ihre Tätigkeit wurden verschärft, sie mussten zum Teil Prüfungen nachholen und durften nur noch wenige Präparate herstellen, die

streng kontrolliert wurden. Zudem wurde das Hausieren mit Laborantenerzeugnissen verboten, die nur noch von den Laboranten selbst auf Jahrmärkten verkauft werden konnten; vgl. Reitzig, S. 95 – 97.

118 *Liegnitzer Regierung* – Der Königliche Bescheid vom 30. September 1843 wurde jedem einzelnen Laboranten am 27. April 1844 durch die Liegnitzer Provinzialregierung zugestellt.
Gasthofe zum König von Preußen – Das Warmbrunner Gasthaus ist nicht belegt.

119 *Graf Schaffgotsch* – Altes schlesisch-böhmisches Adelsgeschlecht; ein Zweig der Schaffgotschs hatte in Schlesien die freie Herrschaft Kynast mit den Orten Warmbrunn und Hermsdorf inne. Hans Anton Schaffgotsch (1675 – 1742) ließ die Anna-Kapelle im Renaissancestil erneuern; vgl. Anm. zu S. 112 *Anna-Kapelle*.
Graf Matuschka – Sächsisch-schlesisch-böhmisches Adelsgeschlecht; hier könnte Graf Otto von Matuschka, Freiherr von Toppolczan und Spaetgen (1815 – 1890), gemeint sein. Vgl. auch »Vor dem Sturm«, Bd. 3, Kap. 5 und 13 – 15.
Telegraphenbote – Vgl. »Onkel Dodo«, Anm. zu S. 79 *Telegramm*.
Kronenorden 4. Klasse – Anlässlich seiner Krönung am 18. Oktober 1861 hatte König Wilhelm I. den Preußischen Kronenorden gestiftet, der rangmäßig dem Preußischen Adlerorden entsprach; er wurde in vier Klassen verliehen. – Die Verleihung an Zölfel wurde vorgenommen, die Feier fand aber nicht statt; vgl. Reitzig, S. 108.
Ungar – Ungarn war im 19. Jahrhundert ein Hauptexportland für Wein.
3. Juni – Der historische Zölfel starb am 28. März 1884 an einem Nierenleiden und wurde am 2. April beerdigt; vgl. Reitzig, S. 108.

120 *Haideläufer* – Kräuter- und Beerensammler.
Hampel'schen Kräuterboden – Zur historischen Beschreibung der Laboranten-Dachräume wie der Zölfel'schen Tinkturenkammer vgl. Reitzig, S. 49 f.

120 *Besingkraut* – Besing: landschaftliche Bezeichnung für Heidel- oder Blaubeere.
von der Regierung inspiziert – Vierzehn Tage nach Zölfels Tod wurde der Arnsdorfer Amtsvorsteher angewiesen, eine Bestandsaufnahme des Warenlagers vorzunehmen und alles zu beschlagnahmen. Zölfels Sohn Gustav durfte infolge der neuen Laborantenordnung das Gewerbe seines Vaters nicht mehr ausüben; vgl. Reitzig, S. 109.

Gerettet! (1891.)

121 *Gerettet! (1891.)* – Zur Entstehung des Titels aus »Gerettet!« (Niederschrift und Zeitschriftenabdruck) und zur Überarbeitung für die Buchausgabe vgl. »Überlieferung«, S. 232.
Theobaldstift in Agnetendorf – In Arnsdorf (Miłków) gab es ein gleichnamiges Krankenhaus; vgl. Reitzig in »Heemteglöckla«, Nr. 54 (1957).
heiligen Theobald – Vom Heiligen Theobald (Ubald) von Provins (ca. 1017 – 1066) gibt es zahlreiche Legenden, darunter auch einige Erzählungen von erfolgreichen Heilungen der Fallsucht.
Elisabeth – (griech. nach hebr. Eliseba: Gott ist Fülle, Vollkommenheit) In der Bibel Frau des Priesters Zacharias und Mutter Johannes des Täufers. Die heilige Elisabeth von Thüringen (1207 – 1231) war eine aufopferungsvolle Wohltäterin und Pflegerin der Armen und Kranken.
Beate – (lat.) »Die Glückliche«.
Stephan – (lat.) »Die Krone«. Erzdiakon und Erzmärtyrer, der wegen Gotteslästerung verleumdet und gesteinigt wurde.
Martinsbaude – Martinova bouda (heute in Tschechien). Zu »Baude« vgl. »Der letzte Laborant«, Anm. zu S. 112 *Hampelbaude.*
Aloys – Der heilige Aloysius, 1568 geboren, starb 1591 bei der Pflege von Pestkranken.
Ingwer ... Wacholder – Hier die daraus hergestellten Spirituosen.

121 *Doctor Melchers* – Anklang an den vermutlich ersten Laboranten Melchior Großmann (gest. 1743); vgl. Reitzig, S. 32.

122 *Brückenberg* – Vgl. »Der letzte Laborant«, Anm. zu S. 111 *Brückenbergern.*
Kirche Wang – Vgl. »Der letzte Laborant«, Anm. zu S. 112 *Kirche Wang.*
altes hexenhaftes Weib – Vermutlich hatte Friedlaender Fontane auch hierfür die historische Stoffvorlage geliefert; vgl. Fontane an Friedlaender, 12. November 1888: »[…] von Ihren Briefen hat man nicht blos Anschauungen über dies und das, sondern oft auch das ›dies und das‹ selber. So die Geschichte von der alten Jerschke. Wenn Sie sie nicht schon Ihrem im Schooße der Zukunft ruhenden Novellenschatz einverleibt haben, so möchte ich Sie bitten, mir den Stoff zu überlassen«; vgl. »Stoff«, S. 148.

123 *Legler* – Vermutlich Anspielung auf Fontanes Nachbarn 1866, den Sensenschmied und Besitzer des Mietlöhnerhauses Kajetan Legler in Arnsdorf; vgl. Reitzig in »Heemteglöckla«, Nr. 13 (1957).
Josephsbaude – Es gibt eine Josephsbaude (Josefova Bouda) in Spindlersmühle (Špindlerův Mlýn) im heute tschechischen Riesengebirge.
hat die Kräuter … den Spruch – Vgl. Dubslavs Kräuterkur in »Der Stechlin«, Kap. 38.
Timm – Vgl. Tagebuch, 8. März 1884: »Zöllner erzählt von dem Begräbnis der Frau Oberstleutnant Timm.«
Seydorf – Seidorf (Sosnówka) im schlesischen Riesengebirge zwischen Bad Warmbrunn und Brückenberg, etwa 10 km südöstlich von Hirschberg. Vgl. Fontanes Brief an Friedlaender, 4. April 1892, in dem er die Absicht äußert, in dem nicht so hoch gelegenen Seidorf seinen Urlaub zu verbringen.

125 *Knieholz* – Niedrigwüchsige, knieförmig gebogene Kiefernart, typisches Gewächs des Riesengebirges.

126 *Wohlverleih* – Arnika; vgl. »Der letzte Laborant«, Anm. zu S. 115 *Arnika.*

126 *Bilsenkraut* – (griech. Hyoscyamos) Hochgiftiges Nachtschattengewächs, schmerz- und krampfstillend.
Wärme nimmt das Fieber – Volksmedizinisch-homöopathische Weisheit: Gleiches soll mit Gleichem vertrieben werden (»similia similibus«); vgl. »Der Stechlin«, Kap. 38.
Der letzte Laborant – Vgl. »Der letzte Laborant«, Anm. zu S. 111 *Der letzte Laborant. (1891.)*

Der alte Wilhelm. (1892.)

127 *Der alte Wilhelm. (1892.)* – Zur Entstehung des Titels aus »Der alte Wilhelm« (Zeitschriftenabdruck) und zur Überarbeitung für die Buchausgabe vgl. »Überlieferung«, S. 232.
Kretscham – Schlesischer Ausdruck für Wirtshaus oder Schenke. In Krummhübel gab es den Gerichtskretscham, den Fontane in seinen Briefen mehrfach erwähnt.
katholischen Kapellchen – Vgl. die Beschreibung in »Quitt«, Kap. 13: »Zwischen ihm [Lehnert Menz] und Exner lag nur noch der Gerichtskretscham und das kleine katholische Kapellchen mit seinem Sparrenwerk und seinem rothgestrichenen Dache.«
einem dieser Häuser – Historisches Vorbild für den Schauplatz der Erzählung ist das Haus Meergans am Gehängewege Nr. 60 in Krummhübel, in dem Fontane mit seiner Tochter Martha vom 19. August bis zum 18. September 1887 logierte; vgl. »Stoff«, S. 149, und Reitzig in »Heemteglöckla«, Nr. 49 (1956), sowie Anm. zu S. 131 *Meergans*.
»das Birkicht« – In Wirklichkeit der am unteren Ende des Ortes Krummhübel gelegene Teil, ursprünglich ein Birkenwäldchen; vgl. »Quitt«, Kap. 13, und Reitzig in »Heemteglöckla«, Nr. 13 (1957).
Generalswitwe v. W. – Anspielung auf den mit Fontane bekannten Oberst Gustav von Wietersheim, seine Frau Elisabeth, geborene Ducius von Wallenberg (1822–1907), und ihre sechs Töchter; vgl. »Der deutsche Krieg von 1866«,

Bd. 1, Kap. »Die 3. und 4. Division im Hola-Wald«, S. 517: »fiel auch der Commandeur *unsres* 49. Regiments, Oberst v. *Wietersheim*«. Im Juli 1884 erwähnt Fontane in seinem Tagebuch »Frau von Wietersheim mit 5 hübschen Töchtern«.

127 *im siebentägigen Kriege gegen Österreich* – Anspielung auf Christian Friedrich Scherenbergs Gedicht »Hohenfriedberg«, das Fontane in seinem Kriegsbuch »Der deutsche Krieg von 1866« zitiert: »Willkommen König! Deine Metropole / Grüßt jubelnd Dich und Deine Heldenschaar! / Durchflog Borussia doch beschwingter Sohle / In sieben Tagen Friedrichs Sieben-Jahr« (Bd. 2, Kap. »Einzug«, S. 328; vgl. auch Fontanes »Christian Friedrich Scherenberg und das literarische Berlin von 1840 bis 1860«, Kap. 21). Der Vergleich setzt den siebentägigen Krieg von 1866 in Beziehung zum Siebenjährigen Krieg 1756 – 1763.

»*ohne Dotation*« – Hier: ohne finanzielle Abfindung der Hinterbliebenen.

128 »*Nichts Neues vor Paris.*« – Geflügeltes Wort, das auf die stereotype Meldung des Generals Theophil von Podbielski (1814 bis 1879) in den Kriegsberichten von der Belagerung von Paris zwischen dem 19. September 1870 und dem 27. Oktober 1871 zurückgeht (vgl. »Büchmann«, 12. Auflage 1880). Vgl. »Der Krieg gegen Frankreich 1870 – 1871«, Bd. 2, Kap. »Paris, Vom 1.–19. September«, und »Der Stechlin«, Kap. 17.

129 *Agnetendorf* – Jagniątków, südwestlich von Hirschberg.
Kniehosen … blauen Frack … Sammetkragen … blanken Knöpfen – Schon zur erzählten Zeit eine nicht mehr modische Gebirgstracht; vgl. Reitzig in »Heemteglöckla«, Nr. 13 (1957).

130 *Jelängerjelieber-Laube* – Jelängerjelieber: Geißblatt, stark duftende Schlingpflanze.

131 *Meergans* – Fontanes wohnten 1887 in dem Haus von Frau Meergans in Krummhübel. Vgl. Reitzig in »Heemteglöckla«, Nr. 49 (1956), und den Bericht über die Begegnung des Knaben Meergans mit Fontane. Am 16. September 1887

schrieb Fontane von »Haus Meergans« aus einen Brief an Friedlaender. Vgl. »Stoff«, S. 149.

131 *Schlächter Klose* – Historisch belegt; vgl. Fontanes Brief an Friedlaender, 11. Oktober 1886: »[…] und was das Schlimmste ist, Krummhübel ist mir verleidet. Ehe nicht das große Hôtel, das Richter, glaub ich, in der Nähe des Birkicht zu bauen plant, fertig ist, kriegen mich nicht 4 Pferde mehr in das so sehr gepriesene und ›wo der Mensch nicht hinkommt mit seiner Qual‹ (und allem möglichen andern) auch *wirklich* entzückende Krummhübel hinein. Das Ideal-Krummhübel, wie's der Passant, der aus dem Thal heraufsteigende Nachmittagskaffetrinker kennen lernt, ist himmlisch, das Alltags- und *Dauer*-Krummhübel ist eine ziemlich traurige Geschichte. ›Zum deutschen Kaiser‹ und seine Environs, Exners Schattenseite (wo die Gänse und Enten ihr Düngungswesen treiben), Förster Wenzel, Schlächter Klose, das Haus gegenüber wo Prof. Hoppe wohnte, Schlächter Jost, das steinerne Briefträgerhaus, alles was zu beiden Seiten der Hauptstraße liegt (das ›Tannicht‹ und die ›Neun Häuser‹) das Alexandrinenbad mit seiner Feuchtigkeit und seinen Pilzen, – alles ist stänkrig oder muffig oder kellrig und das grade Gegentheil von frischer Luft.«
Gerichtsschulze – Gerichtsschultheiß: »der schultheisz, welcher im namen des fürsten oder des adlichen gerichtsherrn das richteramt verwaltet« (DWb IV 1.2, Sp. 3674).

132 *Baude* – Vgl. »Der letzte Laborant«, Anm. zu S. 112 *Hampelbaude*.
Anna-Kapelle – Vgl. »Der letzte Laborant«, Anm. zu S. 112 *Anna-Kapelle*.
Armen- oder Siechenhaus – Vgl. »Altes und Neues – Erzählformen des Übergangs«, S. 169.
Kathe – Haus eines Kleinbauern oder Landarbeiters.
Betglocke – Die Abendglocke.

Professor Lezius oder Wieder daheim. (1892.)

135 *Professor Lezius oder Wieder daheim. (1892.)* – Zur Entstehung des Titels aus »Wieder daheim.« (Zeitschriftenabdruck) und zur Überarbeitung für die Buchausgabe vgl. »Überlieferung«, S. 233. – Die Namensform Lezius wurde vermutlich in Anklang an den Ägyptologen Karl Richard Lepsius (1810 – 1884) gebildet, den Fontane schon im Briefwechsel mit Lepel (14. Juli [1850]) und später mit Friedlaender (8. August 1893) erwähnt; vgl. »Im Coupé«, Anm. zu S. 35 *Pyramiden*. Etymologisch ist der Name im Mittelhochdeutschen bezeugt als ›Letz‹ in der Bedeutung eines verkehrten, wundersamen Menschen. Letzius oder Letzgus ist als latinisierter Humanisten-Name für Letz belegt. Im »Berliner Adreß-Buch für das Jahr 1893« kommt der Name Lezius mehrfach vor. Vgl. auch Ulrike, geb. Lezius, in »Quitt«, Kap. 12.

Oberlehrer – Vgl. »Modernes Reisen«, Anm. zu S. 6 *Oberlehrer*.
Realgymnasium – Das Realgymnasium wurde Mitte des 19. Jahrhunderts in Deutschland eingeführt und stand zwischen der Oberrealschule und dem Gymnasium; »Unterrichtsanstalt der mittlern Stufe, dem Gymnasium oder Progymnasium nach der Alters- und Bildungsstufe der Schüler parallel, aber unterschieden durch den Lehrplan, insofern die Realanstalten nicht die Einführung in die griechische und römische Sprache und Litteratur, sondern die Beschäftigung mit den unmittelbar für das geistige Leben der Gegenwart maßgebenden Grundwissenschaften (Mathematik, Naturwissenschaft, lebende Sprachen) in den Vordergrund stellen« (Meyers Konversationslexikon, 4. Auflage 1885 bis 1892, Bd. 13, S. 617).
trotzdem – In Berlin verbreitete Konjunktion für »obwohl«.
Gentianaceen – (lat.) Enziangewächse; vgl. »Der letzte Laborant«, Anm. zu S. 112 *wo der Enzian anfängt*.
Galle … Leverrier … Planet fehlt – Der französische Astronom und Mathematiker Urbain Jean Joseph Le Verrier (1811 bis 1877) beschäftigte sich seit 1845 mit der Bahnbewegung

des Uranus. Er hatte entdeckt, dass diese durch einen bisher unbekannten Planeten bestimmt sein müsse, dessen Ort er berechnete. Le Verriers Beobachtungen führten am 23. September 1846 zur Entdeckung Neptuns, des achten Planeten, durch den an der Berliner Sternwarte tätigen Astronomen Johann Gottfried Galle (1812–1910). Galle hatte innerhalb einer Stunde nach Beginn seiner Suche den Planeten gefunden und bestätigte mit seiner Entdeckung die Leistungsfähigkeit der Theorien von Galileo Galilei und Isaac Newton; vgl. Pappenheim, S. 33. – Fontane paraphrasiert Le Verriers Brief vom 23. September 1846; die betreffende Stelle lautet dort: »Heute möchte ich von dem unermüdlichen Beobachter verlangen, daß er einige Augenblicke der Durchforstung einer Region des Himmels widmen möge, wo es einen Planeten zu entdecken geben kann. Es ist die Theorie des Uranus, welche mich auf dieses Resultat geführt hat.«

135 *Cher Leverrier* – In der Erstausgabe in Antiqua gesetzt.
136 *Gentiana pannonica … Gentiana asclepiadea* – Lat. Namen für ungarischen (braunen) Enzian und Schwalbenwurz; in der Erstausgabe in Antiqua gesetzt.
ungewöhnlichen Namen Judith und Mirjam – Namen jüdischer Tradition. Judith: (hebr. Witwe aus Juda). Hauptperson des nach ihr benannten biblischen Buches Judith, opferte ihre Ehre dem assyrischen Feldherrn Holofernes, tötete diesen im Schlaf und rettete ihre Vaterstadt. Seit dem 10. Jahrhundert mehrfach literarisch gestaltet; im 19. Jahrhundert verbreitet durch Friedrich Hebbels Drama »Judith« (1840); vgl. »Stine«, Kap. 5, und »Die Poggenpuhls«, Kap. 10. – Mirjam: (hebr.) Seherin, Herrin, (lat.) Maria, Mutter Jesu und ältere Schwester Moses.
Karpathen – 1300 km langer Gebirgszug von der Donau bei Bratislava bis zum Banater Gebirge.
Sudeten – 310 km langes Gebirgsland zwischen Schlesien und Böhmen; es erstreckt sich in südöstlicher Richtung von der Zittauer Bucht bis zur Mährischen Pforte.
Bastians Werke – Adolf Bastian (1826–1905), Ethnograph, Hochschullehrer und 1868 Gründer des »Königlichen Muse-

ums für Völkerkunde« in Berlin. Er unternahm zahlreiche Forschungsreisen und veröffentlichte ein umfangreiches ethnographisches Werk; bis zu seinem Tod lagen über 80 Bücher und etwa 300 Artikel vor. Zu seinen Hauptwerken gehören »Der Mensch in der Geschichte. Zur Begründung einer psychologischen Weltanschauung« (3 Bände, Leipzig: Wigand 1860) und »Die Völker des östlichen Asien. Studien und Reisen« (6 Bände, Leipzig: Wigand, London: Trübner, Jena: Costenoble 1866–1871). Er war etwa 25 Jahre auf Reisen. Seine ethnographische Sammlung bildete den Grundstock des Museums für Völkerkunde. Mit Rudolph Virchow u. a. gründete er 1869 die »Berliner Anthropologische Gesellschaft«; vgl. Anm. zu S. 141 *Virchow … zurück … Präsidium*. Fontane ließ sich vermutlich durch den Beitrag von Georg Buß »Adolf Bastian« in der Zeitschrift »Zur guten Stunde« von 1893 (Sp. 123 bis 125) anregen. Buß bezeichnet darin Bastian als den »Vater der Ethnologie« und »Lehrer eines wirklichen wissenschaftlichen Reisens«.

136 *wer tief wird, wird dunkel* – Möglicherweise Anspielung auf Ferdinand Lassalles »Die Philosophie Herakleitos des Dunkeln« (Berlin 1852, ²1892). Vgl. »Christian Friedrich Scherenberg und das literarische Berlin von 1840 bis 1860«, Kap. 20: »Ferdinand Lassalle war in der zweiten Hälfte der 50er Jahre nach Berlin gekommen und bezog eine Wohnung in der Potsdamer Straße, nahe dem Hause Franz Dunckers, zu dem er, als dem Verleger seines Herakleitos, sofort in freundschaftliche Beziehungen trat.«

137 *Bahnhof Friedrichstraße* – Vgl. »Onkel Dodo«, Anm. zu S. 81 *Friedrichsstraßen-Bahnhof.*
en bandoulière – (frz.) am Schulterriemen; in der Erstausgabe in Antiqua gesetzt.
Blechmarke 1727 – In den zeitgenössischen Reiseführern wird über die besondere Einrichtung der Gepäckbeförderung in Berlin informiert: »Ankunft auf dem Bahnhof. Zu unterscheiden, ob man in ein Hôtel oder in Privatquartier geht. […] Ist kein Hôteldiener da, oder will man in ein Privatquartier, so gehe man zunächst zum Ausgang des Bahn-

hofs und lasse sich von dem dort stehenden Schutzmann eine Marke zu einer gewöhnlichen Droschke (I. oder II. Klasse [...]) oder zu einer Gepäckdroschke geben. Alsdann begiebt man sich in den Gepäckausgabe-Raum und reicht den Gepäckschein einem der dort beschäftigten Gepäckträger, dessen Mützennummer man sich merkt. Der Gepäckträger trägt das Gepäck bis an die Droschke, nachdem er deren Nummer laut aufgerufen. Wer diese Vorschläge missachtet, wird unliebsame Verzögerungen erfahren« (Grieben, S. 17); vgl. auch Baedeker (1878), S. 1.

137 *Dorotheenstraße* – Vgl. »Onkel Dodo«, Anm. zu S. 81 *Dorotheenstraße*.
Pferdebahnwagen – Vgl. »Onkel Dodo«, Anm. zu S. 81 *Pferdebahngeleisen*.
»Nach dem Kupfergraben.« – »Am Kupfergraben« (Mitte), Straße am Spreearm gegenüber der Museumsinsel.
Allee ... Victoria – Die Siegesallee im Tiergarten, die zum Königsplatz (heute Platz der Republik) führte. Dort stand die 1864 von Johann Heinrich Strack entworfene und am 2. September 1873 (Sedantag) enthüllte Siegessäule als Denkmal für die Kriege von 1864, 1866 und 1870/71. Seit 1938 steht das Denkmal auf dem Großen Stern im Tiergarten. Kritische Stimmen bemängelten die ursprünglichen Disproportionen des Monuments, die durch die spätere Aufstockung (1938) behoben wurden, und witzelten, dass die auf der Säule stehende Siegesgöttin Viktoria, die nach dem Entwurf von Friedrich Drake mit der Germania verschmolz, das einzige Berliner Mädchen ohne ein Verhältnis sei. Vgl. auch »Cécile«, Kap. 1.
Fanny Lewald – Fontane lernte die Schriftstellerin (1811 bis 1889) durch Lepel kennen und wurde in ihren Salon eingeführt. Sein Briefwechsel mit dem Freund bezeugt eine zunehmende kritische Distanzierung gegenüber der Schriftstellerin. Vgl. auch Fontane an Heinrich Kruse, 9. März 1887: »[...] ihre Geistesfrische ist erstaunlich und als Schriftstellerin kann sie sich sehen lassen, ich habe aber menschlich nie mit ihr auf einen erträglichen Fuß kommen

können, weil ich sie so über alle Beschreibung langweilig finde. […] sie ist aber langweilig aus Prinzip […].« – Der hier angesprochene Vergleich zwischen der Göttin Viktoria und Fanny Lewald bezieht sich wohl auf die beiderseits unproportionierte körperliche Erscheinung und besonders auf ihre markanten Profile.

137 *Kanonen* – Die Siegessäule trug auf zunächst drei, seit 1938 vier Trommeln vergoldete Rohre erbeuteter Kanonen.
Thor – Das zwischen 1788 und 1791 von Carl Gotthard Langhans (1732–1808) erbaute Brandenburger Tor, das von dem Viergespann (Quadriga) mit der Siegsgöttin (fertiggestellt 1793) von Johann Gottfried Schadow (1764–1859) gekrönt wird.
Tattersall – Vgl. »Wohin?«, Anm. zu S. 90 *Turf und Tattersall*. Er befand sich südlich des Brandenburger Tores und war für den Morgenausritt wohlhabender Berliner eingerichtet worden.

138 *Bismarck'sche Garten … wo er … ist?* – Von 1878 bis zu seiner Entlassung 1890 wohnte Bismarck mit seiner Familie in der Bel-Etage im Kanzlerpalais in der Wilhelmstraße 76 in der vornehmen Friedrichstadt im ehemaligen Palais des Fürsten Anton Radziwill, das 1875 vom Deutschen Reich erworben worden war (im Zweiten Weltkrieg zerstört). Hinter dem Palais befand sich ein großer, bis in die Königgrätzer Straße (heute Ebertstraße) reichender Garten mit einem alten, von Bismarck besonders geschätzten Baumbestand. Der Garten gehörte ursprünglich zum östlichen Teil des Tiergartens (vgl. »Nach der Sommerfrische«, Anm. zu S. 20 *Tiergartens*); vgl. Fischer u. a., S. 56. Nach seiner Entlassung lebte Bismarck auf seinem Gut Friedrichsruh im Sachsenwald bei Hamburg; vgl. »Effi Briest«, Kap. 18, und »Der Stechlin«, Kap. 1.
Potsdamer Platz – Wichtige Kreuzung und einer der verkehrsreichsten Plätze im Zentrum Berlins (Tiergarten/Mitte). In unmittelbarer Nähe befand sich seit 1872 Fontanes letzte Wohnung in der Potsdamer Straße 134 c (heute Alte Potsdamer Straße).

138 *Café Bellevue* – In der Bellevuestraße 1 mit Terrasse und Garten vor dem Haus dicht am Potsdamer Platz; vgl. »Die Poggenpuhls«, Kap. 6.
drei Treppen hinauf – Je höher die Wohnungen in den Berliner Mietshäusern lagen, desto preiswerter und unkomfortabler waren sie. Der wohlhabende Stadtadel und das Großbürgertum residierten in der Regel in einer repräsentativen, mit wertvollem Mobiliar ausgestatteten Bel-Etagen-Wohnung, die oft über ein eigenes Treppenhaus zugänglich war; vgl. die höhergelegene Wohnung des Barons Duquede in »L'Adultera«, Kap. 6, des Barons Papageno in »Stine«, Kap. 11, der verarmten Poggenpuhls in »Die Poggenpuhls«, Kap. 1, das Gespräch darüber, ob die Wohnung der Möhrings im dritten oder sogar vierten Stock liege, in »Mathilde Möhring«, Kap. 1, und den Essay »Die Drei-Treppen-hoch Leute«.
Guirlande fehlte – Vgl. die mit Girlanden geschmückten Eingangstüren in »Irrungen, Wirrungen«, Kap. 24, »Cécile«, Kap. 18, und »Effi Briest«, Kap. 26.

139 *Drossen … überschwemmt … Sumpf* – Anspielung auf die zahlreichen Oderüberschwemmungen in Drossen (Ośno) im damaligen preußischen Regierungsbezirk Frankfurt/Oder. Vgl. »Vor dem Sturm«, Bd. 1, Kap. 13, und »Frau Jenny Treibel«, Kap. 7.
Kirche Wang – Vgl. »Der letzte Laborant«, Anm. zu S. 112 *Kirche Wang*.
Stehaufglas – Glas mit beschwertem Boden, das sich aus der Schräglage wieder selbst aufrichtet.
Josephinenhütte – Vgl. »Der letzte Laborant«, Anm. zu S. 117 *Josephinenhütte*.

140 *Thee … Kultursache* – Vgl. »Nach der Sommerfrische«, Anm. zu S. 21 *Thee … undeutschesten aller Getränke*.
Schulrat Rönnekamp – Im »Berliner Adreß-Buch für das Jahr 1890« ist ein Garteninspektor E. Rönnekamp verzeichnet.
Neuen See – Bekannter Freizeittreffpunkt im Berliner Tiergarten; im Sommer wurde gerudert, im Winter lief man Schlittschuh.

140 *wenn der Sand durch ist* – Anspielung auf die Sanduhr als Symbol der Vergänglichkeit.
Kunstausstellung – Alle zwei Jahre fanden zwischen Anfang September und Anfang November im Gebäude der Kunstakademie Unter den Linden 38, dem ehemaligen Marstallgebäude, die Berliner Kunstausstellungen statt. An der Stelle des Akademiegebäudes steht heute der 1903 gebaute Komplex der Staatsbibliothek zu Berlin. Fontane hat zahlreiche Kunstausstellungen besprochen (vgl. NFA XXIII/1–2).

141 *Huth … ›Herren‹* – Weinlokal in der Potsdamer Straße 139, in dem sich die Angehörigen wohlsituierter Kreise begegneten; Ausschank südafrikanischer Weine (Kapweine). Fontane traf sich dort selbst gelegentlich mit »Herren«; vgl. Holtze, S. 131–141.
Brauneberger – Trockener Weißwein aus Brauneberg an der Mosel.
Virchow … zurück … Präsidium – Der bedeutende Mediziner und linksliberale Politiker Rudolph Ludwig Karl Virchow (1821–1902). Zusammen mit den Ethnologen Wilhelm Koner, Adolf Bastian und Rudolf Hartmann gründete er am 17. November 1869 die »Berliner Anthropologische Gesellschaft« (heute »Berliner Gesellschaft für Anthropologie, Ethnologie und Urgeschichte«), deren Vorsitz er mit wenigen Unterbrechungen bis zu seinem Tod führte. Am 1. April 1870 folgte in Mainz die erste Zusammenkunft der »Deutschen Anthropologischen Gesellschaft«, der Virchow ebenfalls vorstand; vgl. Anm. zu S. 136 *Bastians Werke* und S. 143 *Virchow … Schädel ausgemessen … Afrika*.
Tiergarten – Vgl. »Nach der Sommerfrische«, Anm. zu S. 20 *Tiergartens*.
Stühle stehen … fünf Pfennig … billig – Gegen eine geringe Gebühr konnte man sich auf den im Tiergarten aufgestellten Stühlen etwa eine Stunde ausruhen.

142 *Kroll* – »Krolls Etablissement« an der Westseite des Königsplatzes vor dem Brandenburger Tor in der Nähe des Tiergartens (Mitte), 1844 auf Initiative Friedrich Wilhelms IV.

(1795–1861) von dem Breslauer Joseph Kroll (1799–1848) gebaut. Mit seinem Restaurant einschließlich Sommer- und Wintergarten, Varieté, Ball-, Theater- und Konzertsaal, Sommerbühne und Ausstellungslokal war das größte Vergnügungslokal Berlins ein kultureller und gesellschaftlicher Anziehungspunkt und galt als Inbegriff der Berliner Volksbelustigung; seit 1896 Neues Königliches Opernhaus (»Kroll-Oper«); vgl. »Die Poggenpuhls«, Kap. 6.

142 *Bellevue* – Schloss Bellevue, 1785/86 von Michael Philipp Boumann (1706–1776) gebaut (Tiergarten); heute Amtssitz des deutschen Bundespräsidenten.
Zeltenstraße – An der Spree gelegene Straße durch den Tiergarten; hier befanden sich zahlreiche Cafés, Bierhäuser und Vergnügungslokale.
Rousseau-Insel – Die idyllisch im Tiergarten gelegene Rousseauinsel.
Große Teichbaude – Im schlesischen Riesengebirge nahe der Prinz Heinrich-Baude am nördlichen Riesengebirgskamm an der Ostseite des Kleinen Teichs (1183 m, Schronisko Samotnia). Zu »Baude« vgl. »Der letzte Laborant«, Anm. zu S. 112 *Hampelbaude*.
Großen Teich – In der Nähe des Mittagssteins unterhalb des Riesengebirgskamms liegt der von steilen Felswänden umgebene Große Teich (1225 m). In dem milden Winter 1865/66 wurden aus dem Teich viele tausend Zentner Eis gesägt und nach Berlin geschafft. – Auch in Berlin gab es mehrere große Teiche, zum Beispiel im Zoologischen Garten und in Friedrichshain.

143 *der richtige Berliner* – Anspielung auf Hans Meyers 1878 erstmals erschienene und bis heute in zahlreichen Auflagen vorgelegte Sammlung »Der richtige Berliner in Wörtern und Redensarten«.
Gentianen – Enziane; vgl. »Der letzte Laborant«, Anm. zu S. 112 *wo der Enzian anfängt*.
Virchow … Schädel ausgemessen … Afrika – Virchows zahlreiche Reisen führten ihn nicht nur nach Oberschlesien (1848), sondern auch in den Kaukasus (1881), (mit Schlie-

mann) nach Ägypten, Nubien, die Peloponnes (1888) und 1892 nach Afrika. Durch Schädelmessungen und Erhebungen in Berliner Schulen über Haar-, Augen- und Hautfarbe versuchte er, aus anthropologischer Sicht Material zur Erfassung der verschiedenen »Rassen« zu gewinnen; vgl. seine Studie »Über einige Merkmale niederer Menschenrassen am Schädel« (Berlin: Dümmler 1875). Vgl. Anm. zu S. 141 *Virchow … zurück … Präsidium.*

143 ›*Boten aus dem Riesengebirge*‹ – »Der Bote aus dem Riesen-Gebirge«, in Hirschberg erscheinende, 1844 gegründete liberal-demokratische Lokalzeitung.

Anthropologische – Die »Berliner Anthropologische Gesellschaft«, deren »Zeitschrift für Ethnologie« von Virchow herausgegeben wurde.

Zu diesem Band

Der edierte Text folgt grundsätzlich zeichengetreu der ersten Buchausgabe: Von vor und nach der Reise. Plaudereien und kleine Geschichten von Theodor Fontane. Berlin W: F. Fontane & Co. 1894. Zugrunde gelegt wurde das Exemplar des Theodor-Fontane-Archivs Potsdam (96/22); für die Textkonstitution wurden darüber hinaus das Exemplar der Österreichischen Nationalbibliothek Wien (97458-B. Neu Mag) sowie eines aus Privatbesitz konsultiert.

In der ersten Buchausgabe gesperrte Textauszeichnungen erscheinen kursiv. In Antiqua gesetzte Wörter – Namen oder im Bewusstsein der Zeitgenossen noch als Fremdwörter benutzte Ausdrücke – werden nicht hervorgehoben. Die Anmerkungen weisen auf die typographischen Auszeichnungen der Erstausgabe hin.

An folgenden Stellen (Seite, Zeile) wurde in den Text der ersten Buchausgabe eingegriffen:

Modernes Reisen. Eine Plauderei. (1873.)

6,3	Mittsommerzeit] Mitsommerzeit
11,5	gelegene] gelegenen
12,29	die] die,
14,1	*Table d'hôte's-Unsinn*] *Table d'hote's-Unsinn*

Nach der Sommerfrische. (1880.)

15,15	›Ueber] »Ueber
15,16	Ruh‹] Ruh«
24,33	›daheeme‹] »daheeme«

Im Coupé. (1884.)

28,13	›Dame von Welt‹] »Dame von Welt«
29,24	Sie] sie
29,27	gewissem] gewissen

30,10	›shortcomings‹] „shortcomings"
31,13	›ja‹ und einem ›nein‹] »ja« und einem »nein«
33,8	Sie] sie
34,8	›Ich] »»Ich
34,9	Fürst,‹ sagte ich, ›und] Fürst,«« sagte ich, »»und
34,12	biete …‹«] biete ..«
35,7	›Guides‹ und ›Handbooks‹] »Guides« und »Handbooks«
36,33	desselben] derselben
37,23	›low‹ und ›shocking‹] »low« und »shocking«

Der Karrenschieber von Grisselsbrunn. (1885.)

39,34	›Schick‹] »Schick«
40,22	›ich] »ich
40,24	treffen.‹] treffen.«
41,1	›Sie] »Sie
41,3	„Karre zu schieben"] ›Karre zu schieben‹
41,10	kam …‹] kam …«
41,13	so?‹] so?
41,13	›Ja] Ja
41,16	›Gut] »Gut
41,19	*wollen.‹*] *wollen.«*
41,21	›Ich werde,‹ fuhr ich fort, ›mit] »Ich werde,« fuhr ich fort, »mit
41,28	halten.‹] halten.«
41,34	wir.] wir.«
42,4	›aber] »aber
42,5	lassen.‹] lassen.«
42,11	›Sagen] »Sagen
42,12	meine.‹] meine.«
42,13	›Weiß] »Weiß
42,13	gekommen.‹] gekommen.«
42,17	weiter? …«] weiter? …

Eine Frau in meinen Jahren. (1886.)

44,2 um sie als] um Sie als
44,22 Sie] sie
45,29 Table d'hôte] Table d'hote
46,13 Sie] sie
46,30 »Hier] ›Hier
46,31 Kind …«] Kind …‹
49,2 ›Hier] »Hier
49,2 Kind.‹] Kind.«

Onkel Dodo. (1886.)

53,2 Gesichter] Gesicher
54,13 Herz.] Herz
57,10 Ihr] ihr
61,29 ›es zieht.‹] »es zieht.«
63,29 Sie] sie
64,20 ›Likör‹] »Likör«
64,21 ›sette‹] »sette«
64,34 Crème] Crême
65,20 ›hier bin ich.‹] »hier bin ich.«
65,33 da?] da.
66,15 ›baff‹] »baff«
67,20 überdachte] üderdachte
69,11 ›Zur Gesundheit‹] »Zur Gesundheit«
69,15 ›zur Gesundheit‹] »zur Gesundheit«
75,20 ›das hülfe,‹] »das hülfe,«
78,28 schräglaufenden] schräglaufendeu
79,1 Glück und] Glück nnd

Wohin? (1888.)

82,17 Redensarten.] Redensarten
85,22 ›Jugenderinnerungen‹] »Jugenderinnerungen«
87,8 von] vor
87,17 ›Giftbude‹] »Giftbude«
89,29 ›Singhalesen‹] »Singhalesen«

91,30	›Sehr erfreut‹] »Sehr erfreut«
92,8	›Lieber] »»Lieber
92,24	werden?‹] werden?««
93,7	›schmustrige Ecke‹] »schmustrige Ecke«
93,24	›Mein] »Mein
93,26	Ihnen.‹] Ihnen.«
94,2	beiseite] bei seite
94,12	›wenig‹] »wenig«
94,24	›Meine] »»Meine
94,34	Tisch.‹«] Tisch.««
95,10	›Fünf] »»Fünf
95,13	sind.‹] sind.««
95,15	›… *wenn*] »»… *wenn*
96,4	zu!‹] zu!««
96,7	›Wir] »»Wir
96,8	Kranzler,‹] Kranzler,««
96,9	›um] »»um
96,12	machen.‹] machen.««

Auf der Suche.
Spaziergang am Berliner Kanal. (1889.)

97,29	ziemlich] ziemmlich

Eine Nacht auf der Koppe (1890.)

107,4	nein.«] nein«
107,21	Tochter] Tochter,
108,22	Mollige] Mollig e

Der letzte Laborant. (1891.)

113,7	›die] »die
113,7	besser.‹] besser.«
113,11	›wenn] »wenn
113,14	hätte.‹] hätte.«
113,16	›der] »der
113,18	Geschichte,‹] Geschichte,«

113,26   ›Schlagwasser‹] »Schlagwasser«
113,31   ›daß] »daß
114,2   auch.‹] auch.«
114,9   ›daß es hülfe.‹] »daß es hülfe.«
114,25   ›Marienhaar‹] »Marienhaar«
114,28   ›Höre] »Höre
114,29   „Marienhaar"] ›Marienhaar‹
114,30   sein,‹] sein,«
115,1   ›Fehlschläge‹] »Fehlschläge«
115,33   ›Aquavit‹] »Aquavit«
116,3   ›Geister‹] »Geister«
116,9   ›Geist‹] »Geist«
116,32   ›„der Geist"] »der Geist«
116,34   „Geist"] »Geist«
117,1   lassen.‹] lassen.«
117,6   ›Was sagen Sie dazu?‹] »Was sagen Sie dazu?«
117,9   *›Hampel hat recht.‹*] *»Hampel hat recht.«*
117,10   ›Hampel hat recht‹] »Hampel hat recht«
117,30   ›Hampel hat recht‹] »Hampel hat recht«
118,5   ›Schwefel- und Eisengeist‹] »Schwefel- und Eisengeist«
118,19   ›Ausnahmefall‹] »Ausnahmefall«
118,21   ›daß] »daß
118,24   belassen.‹] belassen.«
118,28   ›letzten Laboranten‹] »letzten Laboranten«
118,32   ›weil] »weil
119,1   hielt,‹] hielt,«
119,11   ›Excellenz‹] »Excellenz«
119,12   ›daß] »daß
119,16   habe.‹] habe.«
119,17   ›Hampels Tag der Ehren,‹] »Hampels Tag der Ehren,«
119,25   ›daß] »daß
119,28   „Medizinalpfuscherei"] »Medizinalpfuscherei«
119,29   wolle.‹] wolle.«
120,12   ›Alles] »Alles
120,16   werden.‹] werden.«
120,23   fest.«] fest.

Der alte Wilhelm. (1892.)

131,2   Wirtin,] Wirtin
132,3   es was] eswas
134,18   mal] wal

Professor Lezius oder Wieder daheim. (1892.)

136,19   ›leichtverständlich‹] leichtverständlich‹
136,20   Kellnersache] Kellnersach e
136,24   darunter] darun ter
138,1   Bismarck'sche] Bismark'sche
141,17   ›Herren‹] »Herren«
141,26   zurück?] zurück.
143,1   und] nnd
143,12   ›Boten aus dem Riesengebirge‹] »Boten aus dem Riesengebirge«

Literaturhinweise
(Vgl. auch »Zu dieser Ausgabe«)

Literarische Quellen

Eduard Engel, Wand an Wand. In: E. E., Wand an Wand und andere Novellen. Dresden, Wien 1890, S. 49 – 100.

[Johann Wolfgang] Goethe's sämmtliche Werke. Vollständige Ausgabe in sechs Bänden. Erster und zweiter Band. Stuttgart 1863 [Exemplar aus Fontanes Handbibliothek, Theodor-Fontane-Archiv: Q 36].

L[udwig] Pietsch, Wallfahrt nach Olympia im ersten Frühling der Ausgrabungen (April und Mai 1876) nebst einem Bericht über die Resultate der beiden folgenden Ausgrabungs-Campagnen. Reisebriefe. Berlin 1879 [Exemplar aus Fontanes Handbibliothek, Theodor-Fontane-Archiv: Q 60].

[Friedrich] Schillers sämtliche Werke in zwölf Bänden. Bd. 5 – 6. Stuttgart, Tübingen 1847 [Exemplar aus Fontanes Handbibliothek, Theodor-Fontane-Archiv: Q 66].

Fontanes Briefe und andere Briefausgaben

Richard Brinkmann und Waltraut Wiethölter, Theodor Fontane. Teil 1 und 2. München 1973 (Dichter über ihre Dichtungen 12/1 und 12/2).

Hanna Delf von Wolzogen und Itta Shedletzky (Hrsg.), Theodor Fontane und Wilhelm Wolfsohn – eine interkulturelle Beziehung. Briefe, Dokumente, Reflexionen. Bearb. von H. D. v. W. u. a. Tübingen 2006 (Schriftenreihe wissenschaftlicher Abhandlungen des Leo Baeck Instituts 71).

Regina Dieterle (Hrsg.), Theodor Fontane und Martha Fontane. Ein Familienbriefnetz. Berlin, New York 2002 (Schriften der Theodor Fontane Gesellschaft 4).

Walter Hettche (Hrsg.), Briefe Julius Rodenbergs an Theodor Fontane. In: Fontane Blätter 45 (1988), S. 20–44.

Walter Hettche (Hrsg.), Theodor Fontane, Briefe an Georg Friedlaender. Aufgrund der Edition von Kurt Schreinert und der Handschriften neu hrsg. und mit einem Nachwort versehen. Mit einem Essay von Thomas Mann. Frankfurt am Main, Leipzig 1994.

Charlotte Jolles, »Dutzende von Briefen hat Theodor Fontane mir geschrieben ...« Neuentdeckte Briefe Fontanes an Eduard Engel. In: Jahrbuch der Deutschen Schillergesellschaft 28 (1984), S. 1–59.

Helmuth Nürnberger (Hrsg.), Theodor Fontane, Briefe an Hermann Kletke. München 1969.

Gabriele Radecke (Hrsg.), »Möge die Firma grünen und blühn«. Briefe an den Sohn Friedrich. In: Fontane Blätter 64 (1997), S. 10–63.

Gabriele Radecke (Hrsg.), Theodor Fontane – Bernhard von Lepel. Der Briefwechsel. Kritische Ausgabe. Berlin 2006 (Schriften der Theodor Fontane Gesellschaft 5.1 und 5.2).

Hans-Heinrich Reuter (Hrsg.), Theodor Fontane, Briefe an Julius Rodenberg. Eine Dokumentation. Berlin, Weimar 1969.

Kurt Schreinert (Hrsg.), Theodor Fontane, Briefe an Georg Friedlaender. Heidelberg 1954.

Christa Schultze (Hrsg.), Theodor Fontanes Briefwechsel mit Wilhelm Wolfsohn. Berlin 1988.

Fontanes Werke

Theodor Fontane, Aufsätze zur Bildenden Kunst. Erster und zweiter Teil. Hrsg. von Kurt Schreinert u. a. München 1970 (Sämtliche Werke XXIII/1-2). [NFA XXIII/1-2]

Theodor Fontane, Berliner Ton. In: Theodor Fontane, Unterwegs und wieder daheim. Hrsg. von Kurt Schreinert und Jutta Neuendorff-Fürstenau. München 1972 (Sämtliche Werke XVIII), S. 464-470. [NFA XVIII]

Theodor Fontane, Causerien über Theater. Erster und zweiter Teil. Hrsg. von Edgar Groß und Kurt Schreinert. München 1964 (Sämtliche Werke XXII/1-2). [NFA XXII/1-2]

Theodor Fontane, Colonieen. In: Theodor Fontane, Unterwegs und wieder daheim. Hrsg. von Kurt Schreinert und Jutta Neuendorff-Fürstenau. München 1972 (Sämtliche Werke XVIII), S. 406-408. [NFA XVIII]

Theodor Fontane, Der deutsche Krieg von 1866. Bd. 1: Der Feldzug in Böhmen und Mähren. Bd. 2: Der Feldzug in West- und Mitteldeutschland. Mit Illustrationen von Ludwig Burger. München 1979 [Photomechan. Nachdruck der Erstausgabe Berlin 1870/71].

Theodor Fontane, Der Karrenschieber (Entwurf). In: Das Fontane-Buch. Beiträge zu seiner Charakteristik – Unveröffentlichtes aus seinem Nachlaß – Das Tagebuch aus seinen letzten Lebensjahren. Hrsg. von Ernst Heilborn. Berlin 1919, S. 91 bis 94.

Theodor Fontane, Ein Sommer in London. Dessau 1854.

Theodor Fontane, Erste Reise nach England. 1844. In: Theodor Fontane, Erinnerungen, Ausgewählte Schriften und Kritiken. Dritter Band: Reiseberichte und Tagebücher, zweiter Teilband: Tagebücher. Hrsg. von Helmuth Nürnberger u. a. München 1997 (Werke, Schriften und Briefe, Abt. III), S. 769-816. [HFA III,3/2]

Theodor Fontane, Kissingen, Ende August [1867]. In: Theodor Fontane, Unterwegs und wieder daheim. Hrsg. von Kurt Schreinert und Jutta Neuendorff-Fürstenau. München 1972 (Sämtliche Werke XVIII), S. 380-384. [NFA XVIII]

Theodor Fontane, Meine Kinderjahre. Berlin 1894.
Theodor Fontane, Rügen. In: Theodor Fontane, Unterwegs und wieder daheim. Hrsg. von Kurt Schreinert und Jutta Neuendorff-Fürstenau. München 1972 (Sämtliche Werke XVIII), S. 402 f. [NFA XVIII]
Theodor Fontane, Unechte Korrespondenzen. Bd. 1: 1860–1865. Hrsg. von Heide Streiter-Buscher. Berlin, New York 1996 (Schriften der Theodor Fontane Gesellschaft 1.1).
Theodor Fontane, Von Zwanzig bis Dreißig. Berlin 1898.
Theodor Fontane, Wir lernen das. Ein unveröffentlichter Novellenentwurf. Hrsg. von Christine Hehle. In: Fontane Blätter 76 (2003), S. 12–25.
Theodor-Fontane-Archiv und Stadtbibliothek Wuppertal (Hrsg.), Oceane kehrt zurück. Potsdam 2001.
Wolfgang Rasch (Hrsg.), Theodor Fontane, *Reisen* – Die Erstfassung von *Modernes Reisen* aus dem Jahr 1873. In: Fontane Blätter 74 (2002), S. 10–33.
Sonja Wüsten. (Hrsg.), Theodor Fontane, Rheinreise 1865. In: Fontane Blätter 2 (1971), Heft 4, S. 225–251.
Sonja Wüsten (Hrsg.), Theodor Fontane, Reisen in Thüringen. Notiz- und Tagebuchaufzeichnungen aus den Jahren 1867 und 1873. Potsdam 1973 (Fontane Blätter, Sonderheft 3).

Historische Quellen, Nachschlagewerke, Ausstellungskataloge und Hilfsmittel

Hans Bahlow, Deutsches Namenlexikon. Herkunft und Bedeutung von 15 000 Vor- und Nachnamen. Bindlach 2004.
Roland Berbig und Bettina Hartz, Theodor Fontane im literarischen Leben. Zeitungen und Zeitschriften, Verlage und Vereine. Berlin, New York 2000 (Schriften der Theodor Fontane Gesellschaft 3), S. 374–381.
Die Bibel oder die Heilige Schrift des Alten u. Neuen Testaments nach der deutschen Uebersetzung von Dr. Martin Luther. Mit Holzschnitten nach Zeichnungen der ersten Künstler Deutschlands. Stuttgart, München 1850.

Wilhelm Binder, Sprichwörterschatz der Deutschen Nation. Aus mündlichen und schriftlichen Quellen gesammelt; nebst sprachlichen und geschichtlichen Erläuterungen. Stuttgart 1873.

Martin Bocian unter Mitarbeit von Ursula Kraut und Iris Lenz, Lexikon der biblischen Personen. Mit ihrem Fortleben in Judentum, Christentum, Islam, Dichtung, Musik und Kunst. Stuttgart 1989 (Kröners Taschenausgabe 460).

Börsenblatt für den Deutschen Buchhandel und die verwandten Geschäftszweige 61 (1894), 1. Bd., Januar bis März 1894. Leipzig 1894.

Georg Büchmann, Geflügelte Worte. Der Citatenschatz des Deutschen Volks. Erste bis zwölfte Auflage Berlin 1864–1880.

Deutsches Wörterbuch von Jacob und Wilhelm Grimm. Band 1 bis 33. München 1984 [Photomechan. Nachdruck der Erstausgabe Leipzig 1854–1971] = DWB.

Fontane und sein Jahrhundert. Hrsg. von der Stiftung Stadtmuseum Berlin. Berlin 1998.

Handwörterbuch des deutschen Aberglaubens. 10 Bände. Hrsg. von Hans Bächtold-Stäubli unter Mitwirkung von Eduard Hoffmann-Krayer. Augsburg 2005 [Photomechan. Nachdruck der Erstausgabe Berlin 1927–1942].

Charlotte Jolles und Walter Müller-Seidel (Hrsg.), Die Briefe Theodor Fontanes. Verzeichnis und Register. Bearb. von Rainer Bachmann u. a. München 1987.

Hiltgart L. Keller, Reclams Lexikon der Heiligen und der biblischen Gestalten. Legende und Darstellung in der bildenden Kunst. Stuttgart ^{7}1991.

Karl Marx, Friedrich Engels, Werke. Bd. 19. Berlin 1962.

Hans Meyer, Der richtige Berliner in Wörtern und Redensarten. Berlin 1878.

Meyers Konversationslexikon in 18 Bänden. Leipzig, Wien ^{4}1885 bis 1892.

Oekonomische Encyklopädie oder allgemeines System der Staats-, Stadt-, Haus- und Landwirthschaft in alphabetischer Ordnung. Hrsg. von Johann Georg Krünitz. Berlin 1780–1785.

Wolfgang Rasch (Hrsg.), Theodor Fontane – Bibliographie. Werk und Forschung. In Verbindung mit der Humboldt-Universität zu Berlin und dem Theodor-Fontane-Archiv Potsdam hrsg. von Ernst Osterkamp und Hanna Delf von Wolzogen. 3 Bände. Berlin, New York 2006.

Erwin Rex (Bearb.), Fesch und vornehm. Lexikon der guten Lebensart für alle Verhältnisse des häuslichen und geselligen Lebens. Berlin 1892 (Bibliothek des geselligen Lebens 2).

Lutz Röhrich, Lexikon der sprichwörtlichen Redensarten. 5 Bände. Freiburg ^{5}2001.

Tante Betty (Hrsg.), Nürnberger Puppen-Kochbuch. Nürnberg ^{9}1896.

C. F. Trachsel, Glossarium der Berlinischen Wörter und Redensarten dem Volke abgelauscht und gesammelt. Berlin 1873.

Ferd[inand] Bernh[ard] Vietz, Icones Plantarum. Medico-Oeconomico-Technologicarum cum earum fructus ususque descriptione./Abbildungen aller medizinisch-ökonomisch-technologischen Gewächse samt der Beschreibung ihres Nutzens und Gebrauches. Vol. I und II. München 1972 [Photomechan. Nachdruck der Erstausgabe Wien 1800].

Karl Friedrich Wilhelm Wander (Hrsg.), Deutsches Sprichwörter-Lexikon. Ein Hausschatz für das deutsche Volk. Augsburg 1987 [Photomechan. Nachdruck der Erstausgabe Leipzig 1867].

Georg Wolpert, »Fire, but don't hurt the flag!« Die Verlagseinbände der ersten Buchausgaben Theodor Fontanes (Teil II). In: Fontane Blätter 81 (2006), S. 126–145.

Berlin- und Reiseliteratur

Alle Berliner Straßen und Plätze. Von der Gründung bis zur Gegenwart. Lexikon. Hrsg. von Hans-Jürgen Mende. 4 Bände. Berlin 1998.

Hermann Bausinger, Bürgerliches Massenreisen um die Jahrhundertwende. In: Soll und Haben. Alltag und Lebensformen bürgerlicher Kultur. Hrsg. von Ueli Gyr. Zürich 1995, S. 131–147.

Berlin, Potsdam und Umgebungen. Praktischer Wegweiser. Berlin ^{29}1883 (Grieben's Reise-Bibliothek 6).

Berlin, Potsdam und Umgebungen. Separat-Abdruck aus Baedeker's Nord-Deutschland. Freiburg 1987 [Photomechan. Nachdruck der Erstausgabe Leipzig 1878].

Berlin und seine Bauten. Hrsg. vom Architekten-Verein zu Berlin. 2 Theile. Berlin 1877.

Berliner Adreß-Buch für das Jahr 1888. Unter Benutzung amtlicher Quellen redigirt von A. Ludwig. Berlin 1888 [http://www.adressbuch.zlb.de].

Berliner Adreß-Buch für das Jahr 1890. Unter Benutzung amtlicher Quellen redigirt von A. Ludwig. Mit dem neuesten Plan von Berlin. Hrsg. von W. und A. Loewenthal. Berlin 1890 [http://www.adressbuch.zlb.de].

Die Brunnen- und Bade-Orte, Seebäder und klimatischen Kurorte Deutschlands, Oesterreich-Ungarns, Belgiens, Hollands etc. Berlin ^{10}1886 (Grieben's Reise-Bibliothek 17).

Oscar Diruf, Bad Kissingen und seine Heilquellen. Würzburg ^{6}1892.

Ernst Fabricius und Ludwig Pietsch, Führer durch das Pergamon- und Olympiapanorama. Berlin 1886.

Bernd Fischer u. a. (Hrsg.), Zwischen Wilhelmstraße und Bellevue. 500 Jahre Diplomatie in Berlin. Berlin 1998.

Friedrich Wilhelm Hackländer, Im Damencoupé. In: F. W. H., Krieg und Frieden. Stuttgart o. J. [um 1885].

Karl von der Heydt, Unser Haus. [Ohne Ort] 1919.

Eduard Hildebrandt, Reise um die Erde. Nach seinen Tagebüchern und mündlichen Berichten erzählt von Ernst Kossak. 3 Bände. Berlin 1867.

Friedrich Holtze, Tischrunde im Weinhaus Huth. In: »Erschrecken Sie nicht ich bin es selbst«. Erinnerungen an Theodor Fontane. Hrsg. von Wolfgang Rasch und Christine Hehle. Berlin 2003, S. 131 – 141.

Woldemar Kaden, Bad Kissingen. Kissingen 1892.

Klaus Christian Kasper, Die »Riesengebirgsbahn«. Zillerthal-Erdmannsdorf – Krummhübel. Erinnerungen von anno dazumal bis 1945. Bonn 2004.

Gabriele M. Knoll, Reisen als Geschäft. Die Anfänge des organisierten Massentourismus. In: Reisekultur. Von der Pilgerfahrt zum modernen Tourismus. Hrsg. von Hermann Bausinger u. a. München ²1999, S. 336 – 343.

Annemarie Lange, Berlin zur Zeit Bebels und Bismarcks. Zwischen Reichsgründung und Jahrhundertwende. Berlin 1972.

Burkhart Lauterbach, Tourismus. Eine Einführung aus Sicht der volkskundlichen Kulturwissenschaft. Würzburg 2006 (Kulturtransfer 3).

D[avid] Letzner, Riesengebirge und die Grafschaft Glatz. Hildburghausen 1869 (Meyer's Reisebücher, Redaction Berlepsch).

Carl Friedrich Mosch, Die Heilquellen Schlesiens und der Grafschaft Glatz. Breslau, Leipzig 1821.

Horst W. Opaschowski, Tourismusforschung. Opladen 1989 (Freizeit- und Tourismusstudien 3).

Rolf Opprower, Hinter Fontanes Chinesischer Mauer. Von der Ministervilla zur Pralinenfabrik – Die wechselvolle Geschichte eines Hauses. In: Der Tagesspiegel, Nr. 4772, 21. Mai 1961.

Paul Ortwin Rave und Irmgard Wirth, Die Bauwerke und Kunstdenkmäler von Berlin (Tiergarten). Berlin 1955.

Wolfgang Schivelbusch, Geschichte der Eisenbahnreise. Zur Industrialisierung von Raum und Zeit im 19. Jahrhundert. München 1977 (Hanser Anthropologie).

Claus Siebenborn, Unter den Linden. Galanter Bilderbogen um Berlins berühmte Straße 1647 – 1947. Berlin 1949.

Robert Springer, Berlin die deutsche Kaiserstadt: nebst Potsdam und Charlottenburg mit ihren schönsten Bauwerken und hervorragendsten Monumenten. Berlin 1988 [Photomechan. Nachdruck der Erstausgabe Berlin 1876].

Udo Wörffel, Theodor Fontane im Riesengebirge. Husum 2000.

Rezensionen zu
»Von vor und nach der Reise« (1894)

Joseph Viktor Widmann, Neues und Altes von Theodor Fontane. In: Der Bund 45 (1894), Nr. 111, 22. April 1894.

rb., Theodor Fontane. Von, vor und nach der Reise. In: Neue Preußische [Kreuz-] Zeitung, Nr. 242, 27. Mai 1894, Morgenausgabe, 2. Beilage.

nz [Karl Emil Franzos], Litterarische Notizen. In: Deutsche Dichtung 16 (1894), S. 36.

M. Rachel, Romane und Novellen. In: Blätter für literarische Unterhaltung, Nr. 24, 14. Juni 1894.

P[aul] S[chlenther], Von vor und nach der Reise. Plaudereien u. kleine Geschichten von Theodor Fontane. In: Sonntags-Beilage zur Vossischen Zeitung, Nr. 27, 8. Juli 1894.

L. B., Theodor Fontane, Von, vor und nach der Reise. In: Die Nation, Nr. 8, 24. November 1894, S. 114.

anon., Für die oberen Zehntausend der Sommerfrischler … In: Deutsche Roman-Zeitung (Beiblatt) 1894, Bd. 3, Sp. 431.

Forschungsliteratur

Conrad Alberti, Natur und Kunst. Beiträge zur Untersuchung ihres gegenseitigen Verhältnisses. In: Theorie des Naturalismus. Hrsg. von Theo Meyer. Stuttgart 1973, S. 152–166. [Erstdruck Leipzig 1890]

Udo von Alvensleben, Die Lütetsburger Chronik. Geschichte eines friesischen Häuptlingsgeschlechts. Göttingen ²1988.

Christian Andree, Geschichte der Berliner Gesellschaft für Anthropologie, Ethnologie und Urgeschichte, 1869–1969. In: Festschrift zum hundertjährigen Bestehen der Berliner Gesellschaft für Anthropologie, Ethnologie und Urgeschichte 1869 bis 1969. Erster Teil: Fachhistorische Beiträge. Hrsg. von Hermann Pohle und Gustav Mahr. Berlin 1969, S. 9–140.

Karl Baedeker GmbH (Hrsg.), Baedeker. Ein Name wird zur Weltmarke. Die Geschichte des Verlages. Ostfildern 1998.

Michael Davidis, Der Verlag von Wilhelm Hertz. Beiträge zu einer Geschichte der Literaturvermittlung im 19. Jahrhundert, insbesondere zur Verlagsgeschichte der Werke von Paul Heyse, Theodor Fontane und Gottfried Keller. Frankfurt am Main 1982.

Nina Diezemann, Die Kunst des Hungerns. Anorexie in literarischen und medizinischen Texten um 1900. Hamburg 2005.
Leonhard Gribble, Die großen Detektive. 150 Jahre Kriminalistik. München 1965 (Heyne Sachbuch 24).
Anna-Maria Gutmann-Heger, Kneipp und Schroth: »Im Wasser ist Heil«. In: Deutsches Ärzteblatt 98, Ausgabe 13, 30. März 2001, S. A-857, B-729 und C-671.
Walter Hettche, Vom Wanderer zum Flaneur. Formen der Großstadt-Darstellung in Fontanes Prosa. In: Theodor Fontane. Am Ende des Jahrhunderts. Internationales Symposium des Theodor-Fontane-Archivs zum 100. Todestag Theodor Fontanes 13. bis 17. September 1998 in Potsdam. Hrsg. von Hanna Delf von Wolzogen in Zusammenarbeit mit Helmuth Nürnberger. Würzburg 2000. Band III: Geschichte, Vergessen, Großstadt, Moderne, S. 149–160.
Walter Keitel, Helmuth Nürnberger und Hans-Joachim Simm: Anhang. In: Theodor Fontane, Sämtliche Romane, Erzählungen, Gedichte, Nachgelassenes. Siebenter Band: Von, vor und nach der Reise, Erzählungen, Prosafragmente und -Entwürfe. Hrsg. von W. K., H. N. und H.-J. S. München ²1984, S. 587 bis 638 (Theodor Fontane, Werke, Schriften und Briefe, Abt. I). [HFA I/7]
Gabriele M. Knoll, Reisen als Geschäft. Die Anfänge des organisierten Tourismus. In: Reisekultur. Von der Pilgerfahrt zum modernen Tourismus. Hrsg. von Hermann Bausinger u. a. München ²1999, S. 336–343.
Alfred Lehmann, Zwischen Schaubuden und Karussells. Ein Spaziergang über Jahrmärkte und Volksfeste. Frankfurt am Main 1952.
Thomas Macho, Zoologiken. Tierpark, Zirkus und Freakshow. In: TheaterPeripherien. Konkursbuch 35. Hrsg. von Hartmut Fischer. Tübingen 2001, S. 13–33.
Christoph Michel (Hrsg.), Goethe. Sein Leben in Bildern und Texten. Frankfurt am Main 1987.
Klaus-Peter Möller, Der vorgetäuschte Erfolg. Zum Problem der Erstausgaben, Neuauflagen, Neudrucke bei Theodor Fontane. In: Fontane Blätter 68 (1999), S. 192–216.

Klaus-Peter Möller, Die Verlagsverträge im Theodor-Fontane-Archiv. Teil I. In: Fontane Blätter 68 (1999), S. 29 – 72.

Walter Müller-Seidel, Theodor Fontane. Soziale Romankunst in Deutschland. Stuttgart ³1994.

Jutta Neuendorff-Fürstenau, Anhang. In: Theodor Fontane, Unterwegs und wieder daheim. Anhang: Korrespondenzen, Kommentare, Register. Hrsg. von J. N.-F. München 1972 (Sämtliche Werke XVIIIa), S. 823 – 878. [NFA XVIIIa]

Helmuth Nürnberger, Fontanes Welt. Berlin 1997.

Hans E. Pappenheim, Karten- und Vermessungswesen im Schaffen Theodor Fontanes. In: Jahrbuch für Brandenburgische Landesgeschichte 4 (1953), S. 26 – 34.

Bettina Plett, Die Kunst der Allusion. Formen literarischer Anspielungen in den Romanen Theodor Fontanes. Köln, Wien 1986 (Kölner Germanistische Studien 23).

Gabriele Radecke, Vom Schreiben zum Erzählen. Eine textgenetische Studie zu Theodor Fontanes »L'Adultera«. Würzburg 2002 (Epistemata 358).

Hans Reitzig, Die Krummhübler Laboranten. Vom Werden, Wirken und Vergehen einer schlesischen Heilmännerzunft. Ein Beitrag zur Volkskunde Schlesiens und zur Geschichte der deutschen Volksmedizin. Münster 1952.

Hans Reitzig, Theodor Fontane und Krummhübel [in 13 Fortsetzungen]. In: Heemteglöckla, Nr. 38 f. (1954), Nr. 42 – 44 (1955), Nr. 47 – 51 (1956) und Nr. 52 – 54 (1957).

Hans-Heinrich Reuter, Theodor Fontane. Erster und zweiter Band. Darmstadt 1970.

F. K. Richter, Theodor Fontane und die Krummhübler Laboranten. In: Schlesien 1973, Nr. 2, S. 110 – 112.

Wolfgang E. Rost, Örtlichkeit und Schauplatz in Fontanes Werken. Berlin, Leipzig 1931 (Germanisch und Deutsch 6).

Eda Sagarra, Von, vor und nach der Reise. Plaudereien und kleine Geschichten. In: Fontane-Handbuch. Hrsg. von Christian Grawe und Helmuth Nürnberger. Stuttgart 2000, S. 627 – 632.

Kurt Schreinert, Erläuterungen. In: K. S. (Hrsg.), Theodor Fontane, Briefe an Georg Friedlaender. Heidelberg 1954, S. 327 bis 400.

Arthur Spiethoff, Die wirtschaftlichen Wechsellagen. Aufschwung,
 Krise, Stockung. Mit einer Einleitung von Edgar Salin. Bd. 2:
 Tafeln. Tübingen, Zürich 1955.
Georg Wolpert, Die Veröffentlichungen Theodor Fontanes in der
 Zeitschrift »Zur guten Stunde«. Datierungsfragen. Unveröffent-
 lichtes Manuskript 2007.

Für freundliche Unterstützung danken wir dem Stadtmuseum Berlin (Dr. Lothar Schirmer und Bettina Machner), dem Theodor-Fontane-Archiv Potsdam (Dr. Hanna Delf von Wolzogen, Klaus-Peter Möller und Peter Schaefer), der Staatsbibliothek zu Berlin – Preußischer Kulturbesitz (Dr. Eef Overgaauw und Dr. Jutta Weber), dem Deutschen Literaturarchiv/Schiller-Nationalmuseum, Handschriftenabteilung und Bibliothek (Dr. Jutta Bendt), Dr. Michael Ewert (München), Dr. Johannes John (München), Thomas Kesselboth (Tirpersdorf/Vogtland), Dr. Wolfgang Rasch (Berlin), Georg Wolpert (Kreuzwertheim), Magdalena Frank (Berlin), Dr. Christine Hehle (Wien) und Dr. Christina Salmen (Aufbau-Verlag).

Den Band widmen wir Herrn Professor Dr. Peter Wruck zum 75. Geburtstag.

W. H. und G. R.

Zu dieser Ausgabe

Die Abteilung »Das erzählerische Werk« innerhalb der Großen Brandenburger Ausgabe enthält alle Romane, Romanfragmente und Erzählungen Fontanes. Sie stützt sich auf die Bestände des Theodor-Fontane-Archivs Potsdam sowie auf alle verfügbaren Materialien in anderen Archiven und Sammlungen.

Die Edition folgt in buchstaben- und zeichengetreuer Wiedergabe dem jeweils zuverlässigsten Text, d. h. in den meisten Fällen der ersten Buchausgabe. Dabei sind Inkonsequenzen in Orthographie und Interpunktion, die sich aus dem Fehlen verbindlicher Normen erklären, im Allgemeinen beibehalten. Eine Ausnahme bildet die sehr unterschiedlich gehandhabte Kennzeichnung von wörtlicher Rede, Zitaten und Zitaten innerhalb wörtlicher Rede: Fehlende An- und Abführungszeichen werden ergänzt, bei mehrfacher Anführung ist die Abfolge der Zeichen folgende: »„‚ ' "«. Offensichtliche und eindeutig zu korrigierende Druckfehler und Setzerversehen werden im Text berichtigt. Alle Eingriffe in den Text sind in dem Abschnitt »Zu diesem Band« nachgewiesen; problematische Fälle werden gegebenenfalls durch eine Anmerkung erläutert. Nicht übernommen werden typographische und drucktechnische Verfahren wie andere bzw. kleinere Schrift für fremdsprachige Textstellen und Verse, Doppelstrich für Wortkoppelung und Silbentrennung, Sternchen für die Kennzeichnung größerer Zwischenräume, Einzug bei den Kapitelanfängen.

Im Rahmen dieser Ausgabe werden generell spitze Anführungszeichen verwendet. Hervorgehobene Worte und Satzteile erscheinen in kursiver Schrift. Es werden stets drei Auslassungspunkte gesetzt, auch wenn in der ersten Buchausgabe teils weniger, teils mehr stehen. Anstelle des im damaligen Buchdruck geläufigen Zeichens für »etc.« erscheint im edierten Text die heute gebräuchliche Abkürzung.

Der Kommentar gliedert sich in folgende Abschnitte: Stoff,

Interpretation, Entstehung, Wirkung, Überlieferung, Anmerkungen. In der Beschreibung der handschriftlichen Überlieferung werden folgende Begriffe verwendet:

Notizen – Materialsammlungen, Namenslisten, Skizzen, aufgeklebte Zeitungsausschnitte
Entwürfe – Aufzeichnungen, die erkennen lassen, dass mit dem gesammelten Material bereits produktiv umgegangen wird
Brouillon – Zusammenhängendes Textkonvolut; überwiegend fortlaufender, meist mehrfach überarbeiteter Text
Abschrift – Meist von Emilie Fontane angefertigt, z. T. noch mit Korrekturen und Überarbeitungen des Autors, als Vorlage für den Setzer bestimmt.

Die verschiedenen Überlieferungsstufen werden durch ausgewählte Beispiele charakterisiert. Handschriftlich überlieferte Texte sind buchstaben- und zeichengetreu wiedergegeben, wobei die Kennzeichnung der Doppelkonsonanten durch einen Strich (z. B. ñ) aufgelöst wurde. Zusätze der Herausgeber erscheinen kursiv.

Im interpretatorischen Kapitel äußert sich der jeweilige Herausgeber zu inhaltlichen oder gestalterischen Aspekten. Die Anmerkungen erklären Personen und Sachverhalte, erläutern veraltete und regionale Worte und Wendungen, übersetzen fremdsprachige Textstellen, erschließen Motivzusammenhänge und verweisen auf andere Werke Fontanes. Innerhalb von Zitaten erfolgt die Kennzeichnung von Absätzen durch [–]. Die Band- und Seitenzahlen bei den Gedichten, den Tagebüchern und den »Wanderungen« beziehen sich auf die Große Brandenburger Ausgabe. Für die zitierten Briefe vgl.: Die Briefe Theodor Fontanes. Verzeichnis und Register. Hrsg. von Charlotte Jolles und Walter Müller-Seidel. München 1988.

Für die Neuausgabe und Neukommentierung des erzählerischen Werks werden folgende Fontane-Editionen und ihre Kommentare dankbar genutzt:

Sämtliche Werke. Hrsg. von Edgar Groß, Kurt Schreinert, Rainer Bachmann, Charlotte Jolles, Jutta Neuendorff-Fürstenau und Peter Bramböck. München 1959 ff., Abt. I-III (Nymphenburger Ausgabe).

Werke, Schriften und Briefe. Hrsg. von Walter Keitel und Helmuth Nürnberger. München 1962 ff., Abt. I-IV (Hanser-Ausgabe).

Romane und Erzählungen in acht Bänden. Hrsg. von Peter Goldammer, Gotthard Erler, Anita Golz und Jürgen Jahn. 4. Aufl. Berlin und Weimar 1993 (Aufbau-Ausgabe).

Autobiographische Schriften. Hrsg. von Gotthard Erler, Peter Goldammer und Joachim Krueger. Bd. I-III. Berlin und Weimar 1982.

Gedichte. Hrsg. von Joachim Krueger und Anita Golz. Bd. 1-3. 2., durchgesehene und erweiterte Aufl. Berlin 1995 (Große Brandenburger Ausgabe).

Tagebücher. Hrsg. von Charlotte Jolles und Gotthard Erler unter Mitarbeit von Rudolf Muhs und Therese Erler. Bd. 1-2. Berlin 1994 (Große Brandenburger Ausgabe).

Wanderungen durch die Mark Brandenburg. Hrsg. von Gotthard Erler und Rudolf Mingau. Bd. 1-8. Berlin 1997 (Große Brandenburger Ausgabe).

Emilie und Theodor Fontane, Der Ehebriefwechsel. Hrsg. von Gotthard Erler unter Mitarbeit von Therese Erler. Bd. 1-3. Berlin 1998 (Große Brandenburger Ausgabe).

Die wesentliche Forschungsliteratur zu Fontanes Leben, Werk und Wirkung, die von den Herausgebern herangezogen wurde, ist verzeichnet in:

Charlotte Jolles, Theodor Fontane. 4., überarbeitete und erweiterte Aufl. Stuttgart–Weimar 1993 (Sammlung Metzler, Realien zur Literatur).

Darüber hinaus benutzte Arbeiten sind in dem Abschnitt »Zu diesem Band« genannt.

Inhaltsverzeichnis

Von vor und nach der Reise

Modernes Reisen. *Eine Plauderei.* (1873.) 5
Nach der Sommerfrische. (1880.) 15
Im Coupé. (1884.) 27
Der Karrenschieber von Grisselsbrunn. (1885.) 38
Eine Frau in meinen Jahren. (1886.) 43
Onkel Dodo. (1886.) 52
Wohin? (1888.) 82
Auf der Suche. *Spaziergang am Berliner Kanal.* (1889.) . 97
Eine Nacht auf der Koppe. (1890.) 104
Der letzte Laborant. (1891.) 111
Gerettet! (1891.) 121
Der alte Wilhelm. (1892.) 127
Professor Lezius oder Wieder daheim. (1892.) 135

Anhang

Stoff 147
Altes und Neues – Erzählformen des Übergangs 154
Tabellarische Übersicht der Datierungen 172
Entstehung 172
Wirkung 181
Überlieferung 189
Anmerkungen 234
Zu diesem Band 337
Zu dieser Ausgabe 354

Fontane, Das erzählerische Werk
ISBN 978-3-351-03113-8
Bd. 19
ISBN 978-3-351-03131-2

Aufbau ist eine Marke
der Aufbau Verlagsgruppe GmbH

1. Auflage 2007
© AufbauVerlagsgruppe GmbH, Berlin 2007
Lektorat Christina Salmen
Gesamtgestaltung Heinz Hellmis
Satz LVD GmbH, Berlin
Druck und Binden Kösel, Krugzell
Printed in Germany

www.aufbau-verlag.de